富媒体智能型教材出版说明

"财经高等职业教育富媒体智能型教材开发系统工程"入选国家新闻出版广电总局新闻出版改革发展项目库，并获得文化产业专项资金支持，是"国家文化产业资金支持媒体融合重大项目"。项目以"融通""融合""共建""共享"为特色，是东北财经大学出版社积极落实国家推动传统媒体与新媒体融合发展的重要举措之一。

"财道书院"智能教学互动平台是该工程项目建设成果之一。该平台通过系统、合理的架构设计，将教学资源与教学应用集成于一体，具有教学内容多元呈现、课堂教学实时交互、测试考评个性设置、用户学情高效分析等核心功能，是高校开展信息化教学的有力支撑和应用保障。

富媒体智能型教材是该工程项目建设成果之二。该类教材是我社供给侧改革探索性策划的创新型产品，是一种新形态立体化教材。富媒体智能型教材秉持严谨的教学设计思想和先进的教材设计理念，为财经职业教育教与学、课程与教材的融通奠定了基础，较好地避免了传统教学模式和单一纸质教材容易出现的"两张皮"现象，有助于教学质量的提高和教学效果的提升。

从教材资源的呈现形式来说，富媒体智能型教材实现了传统纸质教材与数字技术的融合，通过二维码建立链接，将VR、微课、视频、动画、音频、图文和试题库等富媒体资源丰富呈现给用户；从教材内容的选取整合来说，其实现了职业教育与产业发展的融合，不仅注重专业教学内容与职业能力培养的有效对接，而且很好地解决了部分专业课程学与训、训与评的难题；从教材的教学使用过程来说，其实现了线下自主与线上互动的融合，学生可以在有网络支持的任何地方自主完成预习、巩固、复习等，教师可以在教学中灵活使用随堂点名、作业布置及批改、自测及组卷考试、成绩统计分析等平台辅助教学工具。

富媒体智能型教材设计新颖，一书一码，使用便捷。使用富媒体智能型教材的师生首先下载"财道书院"APP或者进入"财道书院"（www.idufep.com）平台完成注册，然后登录"财道书院"输入教材封四学习卡中的激活码建立或找到班级和课程对应教材，就可以开启个性化教与学之旅。

"重塑教学空间，回归教学本源！""财道书院"平台不仅仅是出版社提供教学资源和服务的平台，更是出版社为作者和广大院校创设的一个自主选择和自主探究的教与学的空间，作者和广大院校师生既是这个空间的使用者和消费者，也是这个空间的创造者和建设者，在这里，出版社、作者、院校共建资源，共享回报，共创未来。

最后，感谢各位作者为支持项目建设所付出的辛劳和智慧，也欢迎广大院校在教学中积极使用富媒体智能型教材和"财道书院"平台，东北财经大学出版社愿意也必将陪伴广大职业教育工作者走向更加光明而美好的职教发展新阶段。

东北财经大学出版社

国家文化产业资金支持媒体融合重大项目

高等职业教育教学改革特色教材·旅游类

旅游法规实务

Lüyou Fagui Shiwu （第三版）

杨朝晖　主　编

曹勇　王彬　刘婷立　副主编

东北财经大学出版社　大连

Dongbei University of Finance & Economics Press

图书在版编目（CIP）数据

旅游法规实务 / 杨朝晖主编. —3 版. —大连：东北财经大学出版社，
2019.2（2021.4 重印）

（高等职业教育教学改革特色教材·旅游类）

ISBN 978-7-5654-3388-7

Ⅰ．旅…　Ⅱ．杨…　Ⅲ．旅游业–法规–中国–高等职业教育–教材　Ⅳ．
FD922.296

中国版本图书馆 CIP 数据核字（2019）第 002611 号

东北财经大学出版社出版

（大连市黑石礁尖山街 217 号　邮政编码　116025）

网　　址：http：//www.dufep.cn

读者信箱：dufep@dufe.edu.cn

大连天骄彩色印刷有限公司印刷　　东北财经大学出版社发行

幅面尺寸：185mm×260mm　字数：397 千字　印张：18.25　插页：1

2019 年 2 月第 3 版　　　　　　　2021 年 4 月第 6 次印刷

责任编辑：张旭凤　石建华　　　　责任校对：魏　巍　张晓鹏

封面设计：张智波　　　　　　　　版式设计：钟福建

定价：45.00 元

教学支持　售后服务　联系电话：（0411）84710309

版权所有　侵权必究　举报电话：（0411）84710523

如有印装质量问题，请联系营销部：（0411）84710711

第三版前言

此次教材全面修订是为了及时反映立法新动态，适时调整，与时俱进。《中华人民共和国旅游法》的颁布是旅游法制史上的里程碑。自其实施以来，旅游行业规章制度也随之有所调整和变化。因此，本教材的内容和栏目资料，也作了实时更新。

考虑到理论知识的难易程度、认知规律和教学安排，我们斟酌了教材的布局谋篇，法理更简单务实，凸显教材的实用性和操作性，更符合高职院校的学习特点和教学需求。

教材的修订正是把最新课程教学成果反映在教材中的最佳途径，可以为学习者提供更多的教辅资料。自第二版教材出版之后，我们的教师团队不断积累和丰富素材，开发制作了一系列微课。又恰逢东北财经大学出版社打造"财经高等职业教育富媒体智能型教材开发系统工程"之春风，我们受到张旭凤女士竭诚的邀请、鼓励和支持，接受了富媒体教材开发任务，希望将这些教研成果呈献给更多的师生，为推动旅游法规信息化教学尽到绵薄之力。

在富媒体教材中，我们提供了丰富的课程资源教辅资料，包括教学视频、微课、教学课件、教学大纲、教学日历、学习指南和教案等。不仅如此，在教材的设计上，此次修订做了以下几项工作：

（1）章首引入知识结构思维导图，以简明、生动的形式向学生更直观、全面地呈现教材知识结构，脉络清晰，条理分明。

（2）章内增加二维码，将短小精悍的微课、精彩纷呈的教学辅助性资料贯穿其中，将我们用心打造的这些特色资源分享给学习者，提高学习效率和质量。读者只需用手机"扫一扫"，就能够轻松浏览。这些微课和资料都是针对当前旅游法规的热点、重点、难点而精心拍摄制作和遴选编写的，有助于打通教与学过程中知识和能力的关键点。学习者可以不受时空限制，利用碎片化的时间随时随地学习、思考、领悟。

（3）结合导游证考试要求，此次修订不仅尽可能覆盖各大知识考点，而且经过细致归纳或分析后将使学习者学习起来有所侧重，为学证结合搭建桥梁。考虑到这门课程内容的特殊性，编者不仅注重对法规内容清楚阐述，明晰边界，还适当对其所依据的法理进行点睛式讲解，以使学习者真正学懂旅游工作实际中经常接触到的法律法规基础性知识等，做到考学两通。

此次教材的修订，感谢教材编委的全体同仁对教材的精雕细琢、匠心打造。本书由杨朝晖（武汉职业技术学院）担任主编，曹勇（重庆文理学院）、王彬（武汉职业技术学院）、刘婷立（武汉海军工程大学）担任副主编，负责大纲制定、统稿定稿、小栏目的技术监制等工作。教材内容编写分工如下：杨朝晖编写第1、2、3、7章；曹勇编写第4、9、10章；杨华（重庆工商职业学院）编写第5、6章；王彬编写第8章；谭杰倪（重庆城市管理职业学院）编写第11章；刘婷立编写第12章。

感谢微课视频制作团队的全体师生合作参与，微课视频的制作由杨朝晖担任主讲老师，王彬和杨朝晖负责技术监制，刘婷立律师和刘璐总经理（湖北省海外旅游集团有限公司门市总经理）担任嘉宾，武汉职业技术学院优秀学生剧组的同学们担任各种角色演员和配音员，他们是管若涵、李胜、胡振宇、汪伦、段诗琪、李嘉雯、徐靓、宫珏、张锦萍、沈梦杰、童星。感谢王彬老师专业的信息化技术指导与技术监制，感谢刘婷立律师全程参与教学设计、课件开发、视频的录播和拍摄工作，感谢刘璐总经理参与视频拍摄，感谢学生剧组的成员们参与剧本的设计、编写与视频拍摄。课程团队历时两年拍摄制作了微课视频，制作耗时长，工作量大，之后旅游法规又有了更新和变化，希望读者在使用本教材时结合最新的法规灵活地进行学习和讨论。

由于编者时间和水平有限，书中难免有疏漏和不足之处，敬请广大读者批评指正。

编　者

2018年10月

第二版前言

2009年12月1日，《国务院关于加快发展旅游业的意见》发布，在旅游法制建设方面指出要抓紧旅游综合立法，加快制定旅游市场监管、资源保护、从业规范等专项法规，不断完善相关法律法规。旅游法制建设工作由此获得新的发展契机。2013年，《国民旅游休闲纲要》和《中华人民共和国旅游法》的出台，为旅游业长期而深入的发展提供了制度性保障，预示着中国旅游业将有巨大的腾飞。

在旅行社管理方面，2009年1月21日，国务院第47次常务会议通过了《旅行社条例》，自2009年5月1日起施行，从而取代了《旅行社管理条例》。同年5月3日，《旅行社条例实施细则》配套施行，对旅行社管理措施和方法作出了更为细化的规定。2010年，国家旅游局和中国保险监督管理委员会联合发布了《旅行社责任保险管理办法》，自2010年2月1日起施行。国家旅游局2001年5月15日发布的《旅行社投保旅行社责任保险规定》同时废止。

在旅游饭店管理方面，2009年2月28日，第十一届全国人大常委会第七次会议通过了《中华人民共和国食品安全法》。2009年8月，中国旅游饭店业协会对《中国旅游饭店行业规范》进行了修订。虽然该规范只是行业规范，但是对饭店业的规范服务和经营管理起到重要的调整作用。2010年10月18日，国家质检总局、国家标准化管理委员会发布了新版《旅游饭店星级的划分与评定》（GB/T14308—2010），并由国家旅游局制定了配套的实施办法。

在旅游投诉方面，2008年6月6日国家旅游局废止了部分规章制度，其中1991年6月1日由国家旅游局公布的《旅游投诉暂行规定》被废止，由《旅行社质量保证金赔偿暂行办法》《旅行社管理条例实施细则》代替。2010年1月4日，国家旅游局通过了《旅游投诉处理办法》，自2010年7月1日起施行，针对旅游纠纷问题的处理作出了相关的规定。《旅行社质量保证金暂行规定》及其实施细则、《旅行社质量保证金赔偿暂行办法》同时废止。

在出入境方面，2012年6月30日，第十一届全国人大常委会通过了《中华人民共和国出境入境管理法》，并自2013年7月1日起施行。

在消费者权益保护方面，2013年10月25日，第十二届全国人大常委会第五次会议审议并通过了《消费者权益保护法》修正案，并自2014年3月15日起施行。这是自1993年

《消费者权益保护法》实施二十年以来的第一次大修订。

2013年4月25日，第十二届全国人大常委会第二次会议通过了《中华人民共和国旅游法》，自2013年10月1日起施行。它具有划时代的意义，标志着中国的旅游法律体系基本形成。

此次教材的修订正是为了体现旅游业发展的最新动态和立法新进程。除此之外，我们还在形式体例方面作了新的改进。考虑到高职院校学生学习的特点和教师灵活组织教学的需要，针对法律实务的特色，设计和提供了多元化的教学情境，章前有知识结构图表、案例导入，正文中穿插"以案说法""法规速递""行业广角""国际视域""知识链接""法律小讲坛"等生动有趣的学习栏目，章后有本章小结、自测题，文风活泼新颖，语言通俗简明。本书兼具理论性、实用性和操作性，可以作为高等职业院校旅游和酒店管理类专业的教材，也可以作为各种考试培训教材或饭店经营管理人员的参考书。

本书由杨朝晖担任主编，曹勇、陈筱担任副主编，负责大纲制定和统稿定稿工作。内容编写分工如下：杨朝晖（武汉职业技术学院）编写第1、2、3、7、8章和附录；曹勇（重庆文理学院）、梁俊华（武汉民政职业技术学院）共同编写第4章；杨朝晖和陈筱（江汉大学）共同编写第5章；杨华（重庆工商职业学院）编写第6章；陈筱编写第9章；曹勇编写第10章；谭杰倪（重庆城市管理职业学院）编写第11章；梁俊华编写第12章。

本书自出版以来深受到广大院校师生的青睐，在此深表感谢，并希望本书修订后能够获得一如既往的支持。在此次教材的修订过程中，我们得到了东北财经大学出版社张旭凤女士的热情帮助，并提供了宝贵的意见和建议，在此表示诚挚的谢意！

编　者
2014年1月

目 录

二维码资源目录

本书案例目录

第1章

旅游法概述

学习目标

通过本章学习，了解旅游业发展过程中产生的法律问题，掌握旅游法的概念、调整对象和作用，了解我国的旅游立法状况及法制建设，掌握我国的旅游法律体系，简要了解国外旅游立法概况。

知识结构思维导图

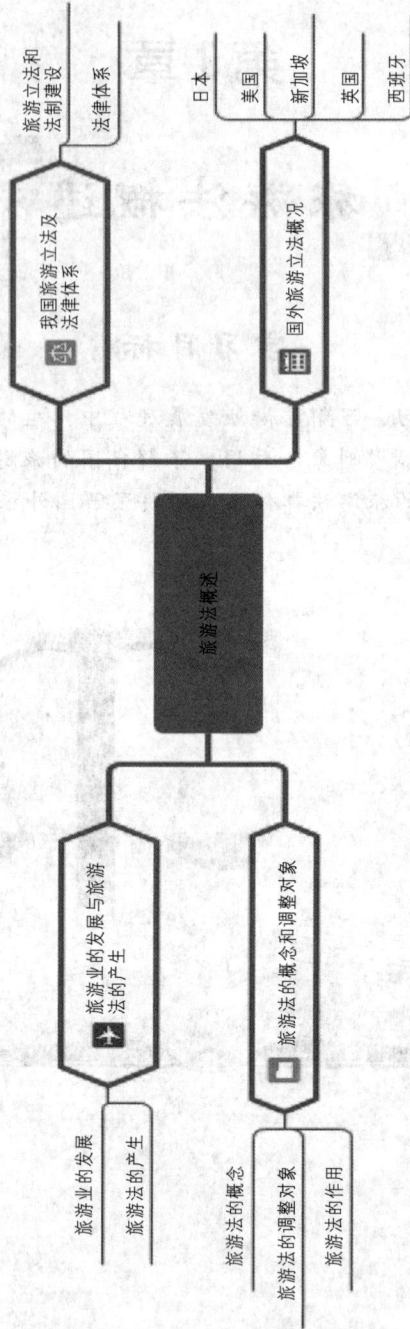

旅游法概述

我国旅游立法及法律体系
- 旅游立法和法制建设
- 法律体系

国外旅游立法概况
- 日本
- 美国
- 新加坡
- 英国
- 西班牙

旅游业的发展与旅游法的产生
- 旅游业的发展
- 旅游法的产生

旅游法的概念和调整对象
- 旅游法的概念
- 旅游法的调整对象
- 旅游法的作用

案例导入　　　　　　　　　　"五朵金花"维权记

某老年大学模特队的"五朵金花"——五个老姐妹，一起到旅行社报名参加了"夕阳最美"张家界—桂林专列9日游。大家好不容易争取到5张下铺，并且以每人2 580元的价格与旅行社签订了合同，只待出发。

出团前两天，该团的全程陪同导游给王阿姨（代表）打了个电话。除了一些温馨提醒外，导游的一句"当地天气炎热，火车卧铺通风不好，最好带把扇子"，让王阿姨大吃一惊。经询问才知，该专列是非空调车。王阿姨马上召集其余四位姐妹，大家纷纷表示，车上没有空调可不行，因为天气热，大家年龄大，有的还有高血压病史。于是，五个老姐妹找到了旅行社，要求旅行社退还全款。当初接待五位阿姨的前台接待人员回复她们：从最初咨询到合同签订，大家一直在研究的就是铺位和价格，对行程的内容没有过任何的质疑和疑问，这份行程上写得非常清楚，餐食、住宿、交通等细节都白纸黑字地注明了。合同中虽然没有体现出"非空调卧铺"字样，但在合同的一部分，即"旅游行程"中标注得非常清晰。五位阿姨拿出自己当时确认签字的行程一看，的确在最下面有一行不是很大的字，写明了交通工具是"非空调卧铺"。那么，前台接待人员没有把旅游团所有真实情况——表述清楚有责任没有？阿姨们没有仔细阅读便签字认同，她们能不能顺利退团呢？

条款：

《旅游法》第九条　旅游者有权自主选择旅游产品和服务，有权拒绝旅游经营者的强制交易行为。旅游者有权知悉其购买的旅游产品和服务的真实情况。旅游者有权要求旅游经营者按照约定提供产品和服务。

案例分析：

《旅游法》规定，旅游者有权知悉其购买的旅游产品和服务的真实情况，即旅游者有权就包价旅游合同中的行程安排、成团最低人数、服务项目的具体内容和标准、自由活动时间安排、旅行社责任减免信息，以及旅游者应当注意的旅游目的地相关法律、法规和风俗习惯、宗教禁忌、依照中国法律不宜参加的活动等内容，要求旅行社作详细说明，并有权要求旅行社在旅游行程开始前提供旅游行程单。

本案例中，旅行社未能将所乘坐的交通工具的具体标准口头告知游客，导致游客以常理作出了乘坐的交通工具是"火车空调硬卧"的判断，而报名参加该团并同旅行社签订了旅游合同。所以，在本案例中，旅行社因未尽到自身提醒义务，应承担相应的违约责任。

资料来源　李娌．案例解读《旅游法》[M]．北京：旅游教育出版社，2014.

1.1　旅游业的发展与旅游法的产生

旅游法是旅游业发展到一定历史阶段的产物，它随着旅游业的发展而产生和发展。

旅游活动作为人类活动的一种重要社会现象，最早产生于原始社会末期和奴隶社会的形成时期。其产生之后，在奴隶社会和封建社会的漫长历史时期，无论内容还是形式都在不断地向前发展，既有日趋活跃的以经济为目的的旅行经商活动，也产生了如公务旅行、宗教旅行、观光旅行、消遣旅行、文化和修学旅行等旅游活动形式。然而，奴隶社会和封建社会的旅游活动仍然是分散的和个别的，不可能形成、最终也没有形成一个产业门类。

进入近代以后，随着资本主义生产关系的确立和工业革命的兴起，社会生产力和阶级关系发生了巨大变化。社会经济的迅速发展、资产阶级财富的积累及工人阶级带薪假期的出现，为旅游活动的发展奠定了基础，为更多的人外出旅游提供了机会和条件。但是，由于大多数人没有外出旅游的经验，特别是对远距离的出境游更是陌生，需要有机构提供帮助，这一需要导致了一个新的经济领域——旅游业的产生。19世纪40年代，在英国出现了专门从事旅游活动的组织者和经营机构——旅行社，这标志着人类的旅游活动进入一个新的历史阶段，也标志着旅游业的诞生。

此后，在欧洲和北美相继出现了许多类似的旅游经营组织，它们极大地推动了旅游业的发展。此时，旅游活动的规模和范围扩大了，旅游活动的内容和形式丰富了，这使得旅游者与旅游服务行业之间的关系日趋复杂。一些注重法制的国家，试图用法律手段解决在旅游活动中产生的矛盾和纠纷，然而专门调整社会旅游经济关系的法律在这时还未出现，但一个新的产业门类的应运而生为旅游业的产生和发展创造了条件。

第二次世界大战结束以后，全球局势相对稳定，各国都致力于本国的经济建设，世界经济和社会状况不断出现新的进展，加之科学技术的重大突破，这些发展变化都对第二次世界大战以后旅游业的发展起了很大的推动作用。特别是20世纪60年代，旅游业成为世界上发展势头最为强劲并且持久不衰的产业，在世界经济中扮演着越来越重要的角色。据统计，在第二次世界大战以后的半个世纪中，全世界国际旅游收入总额从初期的年约21亿美元增长到年逾4 000亿美元，约占全世界国际贸易总额的10%；全世界国际旅游人次也从初期的年约2 530万人次发展到年逾5亿人次。旅游业由于具有创汇率高、投资回报高、提供就业机会多、能带动相关产业发展、促进文化交流等特点，已被越来越多的国家所重视，各国纷纷采取有力措施促进本国旅游业的发展。进入20世纪90年代，旅游业的发展速度已高居全球产业之首，成为世界上最大的产业。

然而，旅游业的发展也产生了一系列问题，给社会带来了消极影响。纵观各国旅游发展实践，出现频率高、对旅游业发展影响大、各国政府和旅游业界普遍关注的问题主要有旅游业发展的法律环境问题、旅游者合法权益保护问题、旅游资源生态环境保护问题、旅游企业经营中的法律问题、智力成果保护问题、税收问题、犯罪问题、旅游国际合作问题、旅游争议解决问题等。如何处理好旅游活动与生态环境保护之间、旅游者与旅游经营者之间、旅游经营者之间、国家旅游业之间以及旅游业的发展与政治、经济、文化之间等一系列错综复杂的社会关系呢？许多国家和政府，特别是旅游发达国家逐步认识到通过法律手段来规范和调整旅游业存在的各种社会关系的迫切性和重要性。因此，旅游法的产生成为时代需求和历史必然。

可见，旅游法植根于旅游活动的发展过程中。在此过程中形成的各种社会关系、矛盾和纠纷是各种旅游法律关系赖以产生的社会基础。它是客观的，不以人的意志为转移。但它达到一定发展阶段后必然会对上层建筑提出立法要求。各国政府基于对这种客观规律性的认识而不断作出努力是旅游法产生的主观基础。因此，可以得出结论：旅游法是旅游活动发展的必然产物，它符合部门法产生的一般要求，是调整旅游社会关系的主要法律。

法律小讲坛 1-1　　　　　旅游合同陷阱

　　旅游合同陷阱是旅游经营者（主要是旅行社）利用自己的专业优势，故意在旅游合同中对保护旅游者权益的条款进行弱化，通过含糊其辞、易产生歧义的用语来诱骗旅游者，或是签订根本不具有有效性的合同。通过对调查问卷数据的分析和实地走访，在现行旅游市场中存在的合同陷阱问题主要表现在三个方面（如图1-1所示）。

　　第一，由于旅行社单方面掌握着旅游合同制定的主动权，对合同中涉及旅游者权益的条款规定不明确或没有规定，从而导致其服务缩水。

　　第二，旅行社在旅游合同中玩文字游戏，用模棱两可的、不规范的、易产生歧义的语言、文字等标识，使旅游者误解。

　　第三，旅游合同自身的有效性也存在问题。在旅游者参加旅行社组织的旅游活动中，即使与旅行社签订了旅游合同，但如果旅行社无证经营、超越其经营范围或是违反国家相关规定，仍会因为合同自身的有效性存在疑问，致使旅游者无法成功地运用法律维权。

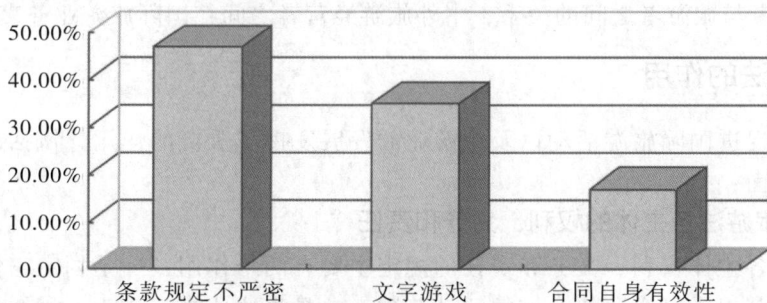

图 1-1　旅游合同陷阱

资料来源　杨婧宇，陆阳，倪娜．论旅游合同陷阱及其法律对策［M］//杨富斌，等．旅游法论丛（第一辑）.北京：中国旅游出版社，2005：78-90.

1.2　旅游法的概念和调整对象

1.2.1　旅游法的概念

　　旅游法是调整旅游活动领域中各种社会关系的法律规范的总称。

　　旅游法有广义和狭义之分。广义的旅游法是一个法律法规体系，它是由国家制定或认可的调整旅游活动中产生的各种社会关系的法律法规的总称；狭义的旅游法是指旅游基本法，即规定一国发展旅游事业的根本宗旨、根本原则和旅游活动各主体根本权利义务的法律。在我国，广义的旅游法包括全国人民代表大会制定的旅游法律、国务院制定的旅游行政法规、国家旅游行政主管部门制定的部门规章、地方旅游法规以及我国政府缔结、承认的国际旅游公约和规章等；狭义的旅游法是指《中华人民共和国旅游法》。

1.2.2　旅游法的调整对象

不同的部门法各有其特定的调整对象，即调整特定的社会关系，解决特定的社会矛盾。法律正是通过对这些特定的社会关系所进行的规范性调整，实现国家相应的管理意图。由于各种法律规范所确认、调整的社会关系和具体规定的权利义务不同，因而法律关系也有不同的种类。例如，国家行政机关相互之间或国家行政机关与公民、法人之间基于行政法规形成的行政法律关系；公民之间或公民与集体、国家之间，由于财产关系和人身关系，基于民法而形成的民事法律关系；罪犯因作出侵害他人人身或财产行为，基于刑法而形成的国家或被害人同罪犯之间的刑事法律关系等。

旅游法是调整旅游活动领域中各种社会关系的法律规范的总和。旅游法的调整对象，主要是指在旅游活动中（包括旅游管理、经营、参观游览等与旅游有关的活动）形成的带有旅游或体现旅游活动特点的社会关系。在旅游业的发展中，需要由法律调整的特定社会关系有：行政管理部门与旅游经营者之间的关系；行政管理部门与旅游者之间的关系；行政管理部门之间的关系；上下级旅游行政管理部门之间的关系；旅游经营者相互之间的关系；旅游经营者与旅游者之间的关系；中外旅游经营者之间在国际旅游业务交往中的关系。

1.2.3　旅游法的作用

旅游法对促进国际旅游活动以及旅游业的发展发挥了重要的作用，概括起来大致表现在以下几个方面：

1）规定旅游法各主体的权利、义务和责任

旅游法对各主体权利、义务和责任的规定主要有两个作用：一是划定它们的应为、可为和勿为，为其提供一个法律允许的活动范围；二是将这些规定作为一种衡量标准，判断各主体的行为是否合法有效。在旅游活动领域中，凡属合法有效的行为，其主体都会在法律的保护下顺利实现其利益和目标；反之，凡属违法无效的行为，法律将不予保护，而且如果这种行为侵犯了其他主体的合法权益，法律将会给予必要的制裁。

2）为旅游的发展创设良好的法律环境

由于旅游法明确规定了各主体的权利、义务和责任，使各主体在法律允许的范围内从事自己的活动，各享其权，各尽其责，各得其利，从而保证了旅游活动的正常秩序，为旅游的发展创设了一个良好的法律环境。

3）丰富了部门法体系

微课 1-1：
《旅游法规实务》宣传片

无论各国是否有系统的旅游立法计划，仅凭各国政府出于对旅游立法活动客观必要性的认识而制定旅游法律法规这一点，就可以使调整旅游社会关系的各种法律规范在事实上形成一个相对独立的新的法律部门，在事实上丰富了各国的法律体系，即在传统的刑法、民法、商法、经济法、行政法等部门法之外又增加了一个旅游法。在国际法中也逐渐形成一个发展中的新分支——国际旅游法，从而使法律体系得以丰富和发展。

1.3 我国的旅游立法及法律体系

1.3.1 我国的旅游立法和法制建设

1) 立法概念

立法又称法的制定，是指国家机关依照其职权范围，通过一定程序制定、修改、废止法律规范的活动。它既包括拥有立法权的国家机关的立法活动，又包括被授权的其他国家机关制定从属于法律的规范性法律文件的活动。

2) 立法程序

立法程序是指拥有立法权的国家机关制定法律、法规的工作次序。它包括制定、修改、废止和解释法律的工作程序。在我国，根据有关法律法规的规定，制定法律的程序通常包括提出法律议案、审议法律草案、通过法律和公布法律四个步骤。

3) 立法体制

从我国的旅游立法体制来看，宪法由全国人民代表大会制定；旅游基本法即《中华人民共和国旅游法》和单行法律由全国人大常委会制定；旅游行政法规由国务院根据宪法和有关法律制定；旅游部门规章由国务院有关部、委、局制定；地方性旅游法规依据法规的级别、使用的区域，分别由法律规定的地方权力机关、地方行政机关制定，如图1-2所示。

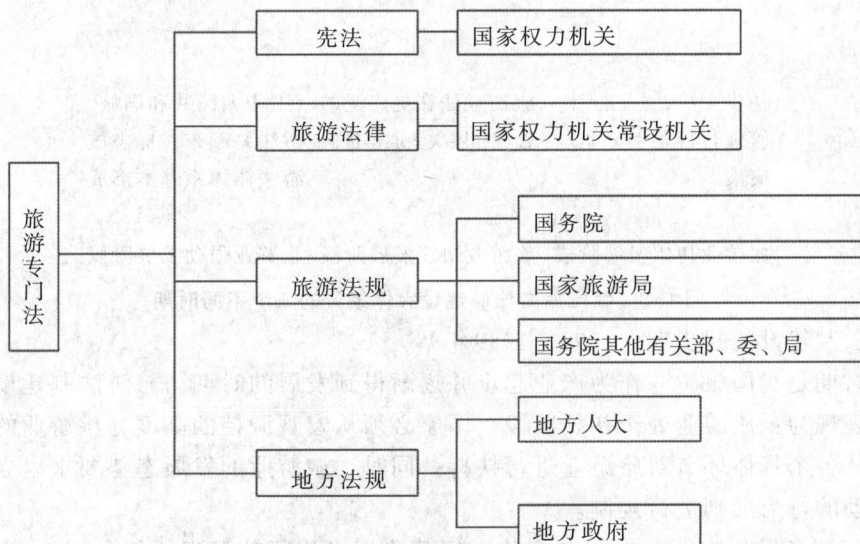

图1-2 我国旅游专门法体系

资料来源 杨富斌，等. 旅游法论丛（第一辑）[M]. 北京：中国旅游出版社，2005.

4) 法律效力

旅游法律法规在宪法的指引下，逐步建立起各个层次的旅游专门法体系。由于旅游立法机关层次的不同，它们所制定的法律法规的效力也是不同的。在我国，旅游法律法规的效力由高到低依次为宪法、旅游基本法、行政法规、地方性法规。旅游基本法是旅游业的大法，它规范旅游业发展的基本问题，由国家立法机关的常设机关制定，属于国家二级法的范畴；旅游法规，指国务院以国务院令的形式颁布的规范性文件，以及有关部、委、局以部门令的形式颁布的规范性文件，当然这两种规范性文件的法律效力是不同的；地方性法规主要是指地方立法机关制定的规范性文件以及在此基础上制定的地方政府部门规章。其相互关系是：宪法是依据，依据宪法制定法律法规；应当以国家法律、法规为制定地方旅游法规、规章的依据，不能出现越位现象。

5）我国旅游法制建设

在中华人民共和国成立以后很长一段时间里，我国的旅游工作主要以接待一些社会主义国家的友好人士和少数外国旅游者为主，国家旅游法制建设基本上是一片空白，仅有一些基础性文件间接地对旅游接待工作提出了一定的要求。自1978年改革开放以来，旅游业作为我国一个新型产业，其经济地位日益突显出来。为适应新时期旅游业发展的需要，加强对旅游业发展的指导、监督和管理，旅游法制建设也被提到重要议事日程上来。从总体上看，1978年以来我国旅游法制建设大体经历了三个不同时期（如图1-3所示）。

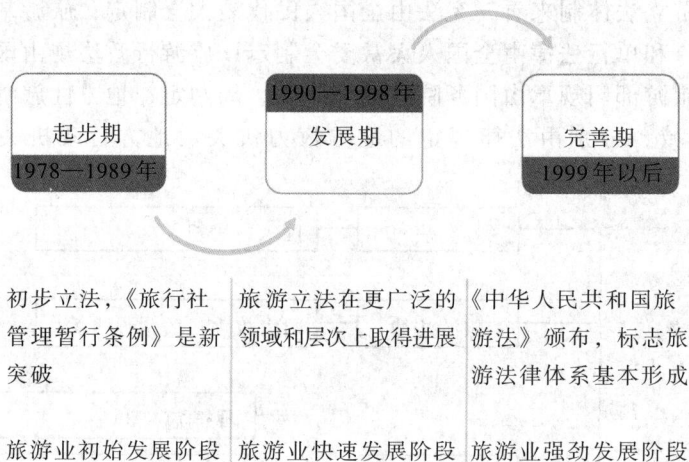

1990—1998年		
起步期	发展期	完善期
1978—1989年		1999年以后

初步立法，《旅行社管理暂行条例》是新突破	旅游立法在更广泛的领域和层次上取得进展	《中华人民共和国旅游法》颁布，标志旅游法律体系基本形成
旅游业初始发展阶段	旅游业快速发展阶段	旅游业强劲发展阶段

图1-3 我国旅游法制建设大体经历的三个不同时期

（1）法制建设的起步期（1978—1989年）

这一时期是我国旅游业作为产业起步并逐渐得到发展的时期。旅游法制建设起步期的主要特征表现为：旅游业处于初始阶段，国家必须从宏观调控的高度为旅游业的发展理顺关系，并从各个具体环节对旅游业进行扶持。同时，旅游业的发展态势要求以立法的形式对旅游活动的行为准则进行规制。

1985年国务院发布了我国第一个旅游行政法规《旅行社管理暂行条例》，它标志着我国旅游法制建设的新突破。旅游管理部门也开始制定旅游行业的行政法规，具体地规范旅游活动。随后，《中华人民共和国环境保护法》《中华人民共和国文物保护法》《风景名胜区管理暂行条例》《旅游业治安管理办法》等一系列涉及旅游业的法律法规出台，为这个时期的旅游业发展起到了重要的协调、制约和保障作用。1985—1989年，各级政府为旅游业制定和发布了 120 余件规范性文件，其中由省、自治区、直辖市人民政府制定和发布的地方政府旅游规章 16 件；由省、自治区、直辖市旅游行政管理部门制定和发布的规范性文件 105 件。这些规章和规范性文件，很多都是围绕旅游管理体制改革展开的，它以法规的形式明确了旅游行政管理部门的行业管理职能。这一阶段各地方政府还加强了对旅行社、导游以及旅游饭店的管理，规范了外地旅游办事机构的设立和运作，依法促进了旅游从业人员素质培训和教育等工作，并将旅游业管理工作纳入了法制轨道。

（2）法制建设的发展期（1990—1998 年）

这一时期我国旅游法制建设的总体特征是：中国旅游业已基本上完成了基础建设，即将转入快速发展时期。在国际国内旅游业发展的新形势下，旅游法制建设在更为广泛的领域和层次上取得了进展，依法治旅、依法兴旅已成为这个时期的发展需要。

1990 年国家旅游局①经国务院批准，下发了《关于进一步清理整顿旅行社意见的通知》，制定颁布了《旅游安全管理暂行办法》《关于在国外设立旅游经营机构的暂行管理办法》等相关法规文件和部门规章。1991 年，国务院以国发〔1991〕8 号文件的形式转发了国家旅游局起草的《关于加强旅游行业管理若干问题的请示》，为实现旅游全行业管理上轨道提供了政策依据。同年，国家旅游局还初步完成了《中华人民共和国旅游法》和《中华人民共和国旅游法实施细则》送审稿。1997 年 10 月 15 日，国家旅游局、外交部、公安部、海关总署共同制定了《边境旅游暂行管理办法》。1998 年 5 月 15 日，国家旅游局通过了《旅游统计管理办法》。

这一时期，随着《里约环境与发展宣言》《21 世纪议程》《生物多样性公约》《关于旅游业的 21 世纪议程》《可持续旅游发展宪章》《可持续旅游发展行动计划》等国际性重要文件的陆续面世，可持续发展观对旅游业产生了革命性的影响，对中国旅游业的发展及旅游法制建设的方向提出了新要求。结合新形势、新要求，国家旅游局从安全管理、加强对旅行社的质量管理、加强对旅游资源的管理、加强旅游区环境保护、加强旅游市场管理和旅游发展规划管理诸多方面入手，以可持续发展观为指导，进一步加大了对旅游业发展各个层面的管理力度。

（3）法制建设的完善期（1999 年以后）

经过 20 多年的探索和实践，一条符合中国国情的旅游业发展道路已经基本形成。随着中国加入世界贸易组织、社会主义市场经济体制的不断完善以及旅游业作为国民经济新增长点地位的确定，旅游业走上了理性、科学的发展轨道。旅游立法和执法工作成效显著，旅游法制体系基本形成，中国旅游法制建设正逐步走向健康完善的新时期。

1999 年国家旅游局发布了《旅游发展规划管理暂行办法》，促进了中国旅游业可持续性发展。2000 年国务院办公厅发布了《国务院办公厅转发国家旅游局等部门关于进一步发展假日旅游若干意见的通知》，这是新形势下指导国内假日旅游发展的纲领性文件。2001 年又下发了《国务院关于进一步加快旅游业发展的通知》，这对我国旅游宏观综合性立法提供了极为重要的依据。

---

① 2018 年 3 月，根据第十三届全国人民代表大会第一次会议批准的国务院机构改革方案，将文化部、国家旅游局的职责整合，组建文化和旅游部，详见本书"知识链接 2-1：中华人民共和国文化和旅游部"。

　　进入 21 世纪，旅游法制建设方面密集出台了许多法律法规，取得了重大的立法成就。在此期间，国家旅游局与相关部门清理和废除了一批与 WTO 原则相违背的规章制度。为了适应 WTO 行业规范要求，各地根据国务院的政策、法规和国家旅游局的规章制度，结合各自实际又相应出台或修订了一批地方性法规和规章制度。自 2009 年开始，旅游法制建设取得了重大进展和新的突破。2013 年《中华人民共和国旅游法》的颁布与实施，是我国旅游法制建设发展史上重要的里程碑。它标志着中国的旅游法律体系基本形成并日益成熟。2014 年第十二届全国人大常委会第十二次会议听取和审议了全国人大常委会执法检查组关于检查旅游法实施情况的报告，并提出了审议意见。会后，国家旅游局结合旅游法的实施，制定了旅游业发展新战略，印发了《关于贯彻党的十八届四中全会精神 全面推进依法兴旅、依法治旅的意见》，中国旅游业进入法治建设新时期。

　　在旅行社管理方面，2009 年 1 月 21 日，国务院第四十七次常务会议通过了《旅行社条例》，自 2009 年 5 月 1 日起施行，从而取代了《旅行社管理条例》。同年《旅行社条例实施细则》配套施行，对旅行社管理措施和方法作出了更为细化的规定。此后，《旅行社条例》及其实施细则分别在 2016 年和 2017 年进行了修订。2010 年，国家旅游局和中国保险监督管理委员会联合发布了《旅行社责任保险管理办法》，自 2010 年 2 月 1 日起施行。

　　在导游管理方面，2017 年 10 月 7 日国务院对运行多年的《导游人员管理条例》进行了部分修改，同年原国家旅游局发布新版本的《导游管理办法》，取代了《导游人员管理实施办法》。

　　在旅游饭店管理方面，2009 年 8 月，中国旅游饭店业协会对《中国旅游饭店行业规范》进行了修订。虽然该规范只是行业规范，但是对饭店业的规范服务和经营管理起到重要的调整作用。2010 年 10 月 18 日，国家质检总局、国家标准化管理委员会发布了新版《旅游饭店星级的划分与评定》（GB/T 14308—2010），并由国家旅游局制定了配套的实施办法。

　　在旅游投诉方面，2008 年 6 月 6 日，国家旅游局作出废止部分规章的决定，其中 1991 年 6 月 1 日由国家旅游局公布的《旅游投诉暂行规定》被废止。2010 年 1 月 4 日，国家旅游局通过了《旅游投诉处理办法》，自 2010 年 7 月 1 日起施行，针对旅游纠纷问题的处理作出了相关规定。

　　在出入境方面，2012 年 6 月 30 日，第十一届全国人大常委会通过了《中华人民共和国出境入境管理法》，并自 2013 年 7 月 1 日起施行。2017 年 4 月 13 日国家旅游局、公安部、国务院台湾事务办公室修订并公布实施了《大陆居民赴台湾地区旅游管理办法》。

　　最具有划时代意义的旅游法制史上的立法大事件是旅游基本法出台。为保障旅游者和旅游经营者的合法权益，规范旅游市场秩序，保护和合理利用旅游资源，促进旅游业持续健康发展，2013 年 4 月 25 日，第十二届全国人大常委会第二次会议通过了《中华人民共和国旅游法》（简称《旅游法》），自 2013 年 10 月 1 日起施行。《旅游法》共 10 章 112 条，分总则、旅游者、旅游规划和促进、旅游经营、旅游服务合同、旅游安全、旅游监督管理、旅游纠纷处理、法律责任、附则。《旅游法》的出台，有利于转变旅游发展方式，调整旅游产业和产品结构；有利于规范旅游市场秩序，保护旅游者和旅游经营者合法权益；

有利于协调行业管理关系，促进旅游业及相关行业发展。《旅游法》在提升法律层级，增强法律规范的权威性、系统性，完善我国旅游法律制度、促进旅游业持续健康发展等方面具有重大意义。

2018年3月2日，国家旅游局第三次局长办公会议审议通过了《旅游行政许可办法》，同年5月1日起施行。《旅游行政许可办法》分为总则、实施机关、申请与受理、审查与决定、听证、档案管理、监督检查和附则，共八章五十条。《旅游行政许可办法》修订内容主要包括适用主体和规章名称、旅游行政许可的实施、旅游行政许可的监督检查等。当前我国已形成由《旅游行政许可办法》《旅游行政处罚办法》《旅游投诉处理办法》共同组成、用以专门规范行政程序性行为的较完整的规章体系。

还有一些与旅游业发展息息相关的通用性法规也有了新变化。2009年2月28日，第十一届全国人大常委会第七次会议通过了《中华人民共和国食品安全法》。2012年6月30日，第十一届全国人大常委会第二十七次会议通过了《中华人民共和国出境入境管理法》。2013年10月25日，第十二届全国人大常委会第五次会议审议并通过了《消费者权益保护法》修正案，并自2014年3月15日起施行。这是自1993年《消费者权益保护法》实施20年以来的第一次大修订。

微课1-2：旅游法有哪些新亮点?

中国旅游业的法制建设，经过上述三个不同时期的探索与实践，基本形成了一整套较为完善的法律法规体系，为我国旅游事业的健康发展提供了有力的法律保障。

1.3.2　我国旅游法律体系

我国旅游法律体系具有两类多层次的特点。中国目前有两类法律法规调整着旅游业的社会关系。第一类是通用性的法律法规，如《中华人民共和国合同法》等。尽管这些法律从立法意图上不是专门针对旅游社会关系制定的，但事实上它所提供的法律原则和规定也适用于旅游事业。第二类则是专门性的旅游法律法规。这种旅游专门立法的原因是在旅游活动领域存在着某些不同于一般经济或社会关系的特殊的权利义务，仅用通用性法律的一般原则和规定，不足以调整这些特殊关系。

从我国旅游领域的立法格局来看，其法律体系根据立法体制的不同和法律法规层级效力的不同，分为以下层次：

1）全国人民代表大会及其常务委员会制定的法律

（1）宪法。宪法是我国的根本大法，是一切法律制定的依据。根据宪法规定，全国人民代表大会及其常务委员会行使国家立法权，是专门的国家立法机关。只有全国人大及其常务委员会才有权制定法律。对于我国旅游业而言，全国人大及其常务委员会制定的一些法律也适用于旅游业的经营与管理，属于通用性法律法规。

（2）旅游基本法。旅游基本法即《旅游法》，其地位和作用不仅对于旅游法律体系的建立和发展具有非常重要的意义，而且对于我国旅游业的整体发展也具有规范和指导意义。《旅游法》确立了旅游综合协调、市场联合执法、投诉受理、安全综合管理四个机制，建立了旅游公共服务、旅游编制和规划评价、旅游发展和促进三大体系，突出了以人为本理念，明确了旅游者的权利义务。这在各国旅游立法中也是一大亮点。《旅游法》采取综合立法模式，涉及行政、经济、民事三大方面，在规范旅游活动、经营活动领域呈现出诸多亮点。

（3）其他相关法律。旅游业的发展离不开相关行业的协调与配合。我国规范民事活动、经济活动或行政行为的许多法律法规对旅游业的发展和旅游企业的经营均有指导作用。如我国《刑法》《民法通则》《合同法》《公司法》《消费者权益保护法》《反不正当竞争法》《价格法》《出境入境管理法》《保险法》《食品安全法》《文物保护法》《民事诉讼法》等，都在不同程度上对旅游社会关系起到了调整作用。

2）国务院及各个部委制定的行政法规和部门规章

国务院有权根据宪法和法律制定行政法规，发布有关决定和命令。国务院发布的决定和命令属于规范性文件的，同样具有行政法规的效力。国务院所属的部、委、局可以在本部门的权限内，发布命令、指示和规章。国务院和国家旅游行政管理部门制定的行政法规和部门规章是我国旅游法律体系的重要组成部分。下面对不同阶段发布的行政法规和部门规章进行简单的归纳整理，在使用时务必注意其时效性。

（1）旅游行政法规

国务院针对旅游业专门制定的旅游行政法规主要有《旅行社管理暂行条例》、《旅行社管理条例》（已废止）、《旅行社条例》、《导游人员管理条例》、《风景名胜区管理暂行条例》、《风景名胜区条例》、《中国公民出国旅游管理办法》等。

（2）旅游部门规章

旅游部门规章是由国家旅游行政管理部门制定的一些规定和技术性规范，是目前我国规范旅游业的最主要的法律法规，涉及旅游业的吃、住、行、游、购、娱各个环节和不同领域。

①旅行社管理方面。

主要有国家旅游局发布的《旅行社条例实施细则》《旅行社质量保证金存取管理办法》《旅行社服务质量赔偿标准》《关于外国企业在中国设立旅游常驻代表机构的审批管理办法》《中外合资经营旅行社试点经营出境旅游业务监管暂行办法》等。

②导游人员管理方面。

主要有国家旅游局发布的《导游管理办法》、《出境旅游领队人员管理办法》（已废止）、《导游员职业等级标准》、《导游证管理办法》等。

③旅游饭店管理方面。

主要有国家旅游局发布的《〈旅游饭店星级的划分与评定〉（GB/T 14308—2010）实施办法》。

④旅游安全管理和保险方面。

主要有国家旅游局发布的《旅游安全管理办法》《重大旅游安全事故报告制度试行办法》《重大旅游安全事故处理程序试行办法》《旅行社办理旅游意外保险暂行规定》以及国家旅游局与中国保监会联合发布的《旅行社责任保险管理办法》等。

⑤出境旅游管理方面。

主要有国家旅游局制定的《旅行社出境旅游服务质量》，还有国家旅游局联合其他部门共同发布的《边境旅游暂行管理办法》《大陆居民赴台湾地区旅游管理办法》等。

⑥旅游资源保护方面。

主要有国家旅游局发布的《旅游景区质量等级管理办法》《旅游资源保护暂行办法》等。

⑦旅游纠纷处理方面。

主要有国家旅游局发布的《旅游投诉处理办法》等。

3）地方人大和政府制定的地方性法规

改革开放以来，我国各地方人大、政府都很重视旅游业的发展。有的地方，旅游业已成为当地的龙头产业之一。然而随着旅游业的快速发展，旅游市场关系日趋复杂，许多不尽如人意的问题不断出现，旅游者合法权益得不到有效保护，严重影响了地方旅游形象。各地方人大、政府对旅游立法工作高度重视，先后出台了旅游管理条例。这些地方旅游管理条例，一般都对本地旅游资源的开发和保护、旅游经营和管理、旅游者的权利和义务、旅游主管部门的职能等作出明确规定，同时还有对违反条例的有关行为给予具体处罚的规定。条例的制定和颁布，使得地方各级旅游部门和旅游经营单位依法治旅、守法经营的意识大大增强。同时，地方性旅游管理条例的出台，也使全国性的旅游法规建立在比较坚实的基础上。

微课1-3：出游，需要提防哪些陷阱？

以案说法1-1　　　　　　　　　　以实际行动践行《旅游法》

2013年国庆"黄金周"是《旅游法》实施之后的首个"黄金周"，旅游名城桂林从细微做起，在一些小改进、小措施上体现了对《旅游法》严格落实和对游客周到服务的不懈追求。

国庆期间到桂林旅游的游客发现，他们的导游手里除了小旗、话筒等常规硬件之外，还多背了一个环保袋。原来这是响应《旅游法》文明出游的规定，桂林市在全市范围内发起了"袋装出游，带走垃圾留下文明"的文明出游主题活动，引导游客文明出游。现在街头巷尾、景区内外，导游随身携带的环保袋，成为桂林本次"黄金周"游客文明出游特有的符号。桂林的导游们除了为游客作导游介绍外，还多了一句暖心的提示语："各位游客，新实施的《旅游法》明确提出了文明出游的要求，请各位游客把烟头、纸巾等垃圾扔到垃圾桶里边，如果哪个地方实在是条件有限，没有垃圾桶的话，导游这边给大家准备了环保袋、垃圾袋，大家有要扔的垃圾可以扔到导游这边。"虽然只是一个小小的环保袋、垃圾袋，却让导游们不仅可以自豪地向游客介绍桂林的美景，同时也可以让游客一起参与到桂林保护环境的行动当中来，为保护美丽桂林、构建和谐旅游环境出一份力。

一个小小的环保袋是一个践行《旅游法》的活动，也是一个文明出游的符号。对于桂林开展的这个特别的文明旅游活动，游客在支持的同时，也感受到了桂林旅游人的环保意识和文明素质。

条款：

《旅游法》第四十一条 导游和领队从事业务活动，应当佩戴导游证、领队证，遵守职业道德，尊重旅游者的风俗习惯和宗教信仰，应当向旅游者告知和解释旅游文明行为规范，引导旅游者健康、文明旅游，劝阻旅游者违反社会公德的行为。

解读：

随着《旅游法》的贯彻和正式施行，全国开展了针对"文明旅游"的各种宣传和引导工作。倡导文明出游、提升公民素质成为中国旅游业快速发展的当务之急。

文明出行不只是对游客的提醒，对旅游行业相关机构也有了一定的要求。比如，在出行说明会上，向游客介绍旅游目的地相关风俗习惯、文明旅游要求及相关法律法规，引导游客遵守旅游文明行为；在出游过程中，加强对游客文明出行的教育与引导，反复提醒、劝导游客，尽可能避免游客因文化、民俗差异问题而出现不文明的旅游行为。

目前，大多数旅行社与客人在出团前签订的合同中也会涉及一些文明旅游温馨提示，如提前告知游客旅游目的地的风土人情、风俗习惯，并提醒游客尊重当地习俗，拒绝不文明行为。导游也会在带团时多次和游客强调一些细节。旅游点、景区也从不同的渠道和角度向游客进行宣传并引导游客文明出行。本案例体现出桂林当地履行《旅游法》的实践做法，对业界有一定的借鉴作用。

资料来源 李婵. 案例解读《旅游法》[M]. 北京：旅游教育出版社，2014.

1.4 国外旅游立法概况

纵观世界各国，尤其是旅游较发达国家的旅游立法活动及其产物，旅游法律法规主要有两种情况：

一是调整旅游活动的规定见于通用性的法律法规之中，例如，德国的民法典、南斯拉夫的债务关系等。其中有些国家的立法者认为，旅游活动用通用性法律的一般规定足以调整，未必需要专门针对旅游进行系统立法。

二是专门就旅游事业制定法律法规。在旅游业较发达的国家，政府多已意识到，仅靠借用其他法律中的原则性规定，不足以有效地调整旅游活动中的社会关系。因为旅游活动有其不同于一般经济活动、社会文化活动的特殊性。这些特殊性在法律上的反映，就是旅游社会关系的主体在法律上权利、义务、责任的某些特点，而这些特点必须在法律规定中体现出来。在专门制定的旅游法律法规中又可分为两类：第一类是确定一个国家旅游事业发展根本方针的旅游基本法；第二类是针对旅游企业经营或旅游发展中某些具体问题而制定的专门法律法规。

以下我们重点介绍几个典型国家的旅游立法概况。

1.4.1 日本的旅游立法

第二次世界大战后，日本的旅游业随着经济的复苏而发展起来。为了促进旅游各行业和交通运输的发展，以及旅游资源开发和保护，提高旅游服务质量，旅游法制建设迅速发展，日本政府建立了以"旅游基本法"为支撑、76件法律法规与之相配套的相对完备的旅游法律体系。它包括旅游基本法、旅行业法以及与旅游相关的法律在内的一系列法律，主要有：

1）旅游基本法

1963年，为适应发展日本观光业的要求，确立旅行观光业在国民经济中的地位，国会通过并颁行了《观光基本法》。该法规定了日本发展旅游事业的基本方针，明确了对旅游者的保护、旅游设施的配备、行政机关及有关旅游团体等内容。

2007年1月1日，《观光立国推进基本法》实施。该法明确规定政府、旅游企业、全体国民在实施观光立国时应承担的责任，要求政府大力发展旅游高等教育、培养高素质人才，并专辟观光立国推进基本计划章节，以指明旅游业发展方向。

2）旅行业法

1952年，日本政府颁布《旅行联络法》，规定对旅游商人进行注册登记，进行必要的监督。

1972年，日本政府又制定了《旅行业法》，取代过去的《旅行联络法》，减少其中有关管理的内容，增加了关于交易的内容，在旅游业种类、交易形式、旅游业务、各营业部门的设置、契约条款的认可和达成交易的书面交付等方面，都作出了明确而具体的规定。

1995年，日本国会对《旅行业法》进行修改，批准通过了《日本旅行业法修改草案》，自1996年4月1日起施行。其修改的内容包括：修改注册登记制度、改善营业保证金制度、改善旅行社等的业务工作、加强旅行社协会的指导权限。

除此之外，日本还制定了一系列针对旅游企业、旅游协会、旅游从业人员、民间资金的使用和旅游资源的立法，如《国际观光饭店整备法》《翻译导游法》《国际观光振兴法》《综合疗养地域整修法》《利用民间资金整修旅游设施临时措置法》《标准旅行业约款》等。

3）与旅游相关的法律

为了适应旅游活动和旅游业发展的需要，日本一些与旅游相关的行业也制定了相应的法律，如《历史古迹名胜天然纪念物保护法》《国立公园保护法》《重要美术作品保护法》《国际旅游温泉法》《出入国境管理法令》《进入国内检疫法》《自然公园法》等。

1.4.2 美国的旅游立法

美国政府对发展旅游事业十分重视，并制定了一系列法律法规，包括旅游基本法和各种单行旅游法规。

1）美国旅游基本法

1979年5月，美国政府颁布了旅游基本法——《全国旅游政策法》。该法共设三编，在国家发展旅游业的作用、设立全国旅游政策委员会的政策、旅游资源的保护、旅行游览发展公司的政策、旅游者的政策五个方面作出了规定。

2007年，美国旅游业遭遇了入境旅游持续下滑的危机。这意味着国民收入、税收和就业岗位的减少，进而影响到美国形象的提升。2007年6月，有议员在参议院会议上提出《2007年旅游促进法案》。

2）旅游单行法规

美国政府制定了各种旅游单行法规，从多方面保证旅游事业的健康稳定发展。这些旅游单行法规包括保护公园和游览地的法律，旅游资源开发、利用和游览地的环境保护的具体规定，关于食宿业方面的法律，关于旅行社业的法律等。此外，与旅游有关的行业也有单行法规，如运输业法、商业法等，从不同方面保证了美国旅游业的发展。

1.4.3 新加坡的旅游立法

新加坡旅游业迅猛发展，成绩斐然，被世界公认为利用现代化城市发展旅游业的独特模式。新加坡政府通过法律手段来对旅游业实行宏观调控，并通过严格执法，使旅游业得以健康发展。例如在新加坡，未经旅游局批准，任何人不得在其商号上使用"旅游"和"旅行"这两个词，甚至不得使用任何意指或者暗示旅游的文字或者图案。违者将被处以2 000新元的罚款或者不少于1年的监禁。

《旅游促进局法》规定了旅游业管理机构的组成和职能、各种协会的组成、旅游业的地位及其范围，以及旅游业法律制度，例如赔偿基金制度、旅行社申领执照制度、导游管理制度等。《旅游促进税法》规定设立"旅游促进基金"，其基金来源是旅游促进税，并对旅游促进税的征收程序、征收对象以及比例做了规定。还规定赔偿金制度，旅行社开办时，除须具有一定注册资本外，还须缴纳一笔赔偿基金，并对赔偿基金的管理、缴纳数额、缴纳方式以及用途和用途限制做了规定。

《旅行社法》规定，开办旅行社必须向旅游促进局申请执照、登记注册、缴纳费用，取得旅游局批准和营业执照方可开业。《导游管理和颁发执照规则》规定了从事导游职业的执业制度。

《饭店法》规定了饭店管理机构是社会事务部管辖下的"新加坡饭店执照局"，并对其管理权限、方式做了规定。旅游局虽不拥有饭店管理权，但却可以对饭店依法征税，指定饭店为旅游促进局会员，还可以投资建造饭店或购买饭店股份，成为股东。新加坡虽未实行饭店星级制度，但一些规模较大的饭店经旅游促进局吸收成为会员后，可作为该局指定的旅游饭店向海外推销和宣传。

新加坡还规定了旅游者投诉制度，对旅游者投诉采用民间调解和司法裁判两种形式。前者由旅游局将投诉信件转到"新加坡消费者协会"，由其派人与双方当事人协商调解，调解不成的，则由当事人向法庭起诉，请求司法裁判。游客若成为不道德行为的受害者，可向小额赔偿法庭提出申诉。为方便旅游者，法庭为观光客设立快速处理制度，可于两三天内开庭审理，不需要律师及陪审团。

1.4.4 英国的旅游立法

作为英美法系国家的英国，其判例法在立法中占有较大比例，而且形成和建立了较为完备的调整纵向法律关系和横向法律关系的旅游法律体系。1969年，英国颁布实施了旨在促进英国旅游业发展的《英国旅游发展法》；1985年，英国制定了《旅行批发商条例》

和《旅行代理人条例》，并根据欧共体的相关法令颁布了《关于包价旅行、包价度假、包价旅游的规定》。此外，英国还在旅游饭店、导游管理、旅游景区的开发和保护等方面作出了规定。

1.4.5 西班牙的旅游立法

西班牙是以入境旅游为主的旅游发达国家。虽然西班牙没有制定旅游基本法，但在旅游法制建设方面仍然做得较为理想。其立法集中在对旅游市场主体的规范上：如有关饭店的《饭店设施分等定级标准》《公寓、带廊平房和其他旅游住宿设施标准》《度假公寓和度假住房标准》；有关餐饮的《旅游餐馆标准》《餐馆、咖啡馆、酒吧、娱乐场所、俱乐部以及类似场所的旅游标准》；有关导游的《开展私营旅游导游活动的规定》等；有关旅行社的《旅行社自身经营活动的规定》以及《旅行社的规定》等。

■ 本章小结

本章主要介绍旅游业发展过程中旅游法的产生及存在的法律问题，重点分析了旅游法的概念、调整对象和作用；同时描述了中国旅游立法状况和旅游法制建设的进程，突出论述了中国的旅游法律体系。最后简要介绍典型国家旅游立法的概况，使学生能了解更丰富的旅游立法资料。

■ 主要概念

旅游法 旅游立法 旅游法律体系

■ 选择题

1.立法是指国家机关依照其职权范围，通过一定程序（   ）法律规范的活动。
A.制定　　　　　　B.修改　　　　　　　C.废止
2.我国旅游法律体系是（   ）的法律体系。
A.一类多层次　　　B.两类多层次　　　　C.多类多层次
3.国务院颁布的（   ）是我国旅游法制建设史上第一个行政法规。
A.《旅行社管理条例》
B.《中国公民自费出国旅游管理暂行办法》
C.《旅行社管理暂行条例》

■ 判断题

1.旅游法是一个多元化、多层次的法律法规体系。　　　　　　　　　　（   ）
2.通用性法规不是专门针对旅游社会关系制定的，所以它们不能适用于旅游业的经营与管理。

（   ）

■ 简答题

1. 简述旅游法的概念和调整对象。
2. 简述旅游法的作用。
3. 简述我国旅游立法概况。
4. 简述我国的旅游法律体系。

■ 案例分析题

游客李某到某景区游览时，因不慎在景区的一个冰洞摔断腿，遂与景区就赔偿责任发生纠纷。景区认为自己不应承担责任，其理由是：景区已在冰洞门口处放置了一个提示牌，上面有"小心路滑，注意安全"的警示，因此景区已经尽到告知义务，况且李某是个成年人，自己应该知道冰洞的危险性，所以不应承担责任。李某则辩称，虽然冰洞门口确实有一个提示牌，但是牌子太小且放在暗处，一般游客很难注意到，并且，这种提示非常概括笼统，并没有明确地说明冰洞路面有冰，不宜穿高跟鞋等，所以自己摔断腿的责任，主要应由景区负责。双方各持己见、互不相让。后经法院调查，李某的陈述是真实的。

请问：本案例中，何方应对此事故承担主要责任？应当承担哪些责任？

■ 实训题

请同学们调查或搜集资料，了解《中华人民共和国旅游法》实施对旅游业的影响。

第2章

旅游法律关系

学习目标

通过本章学习，掌握旅游法律关系的概念、特征和构成要素，学会分析我国旅游业中存在的法律关系，尤其是旅游行政法律关系和旅游民事法律关系，懂得我国旅游法律关系是如何被保护的。

知识结构思维导图

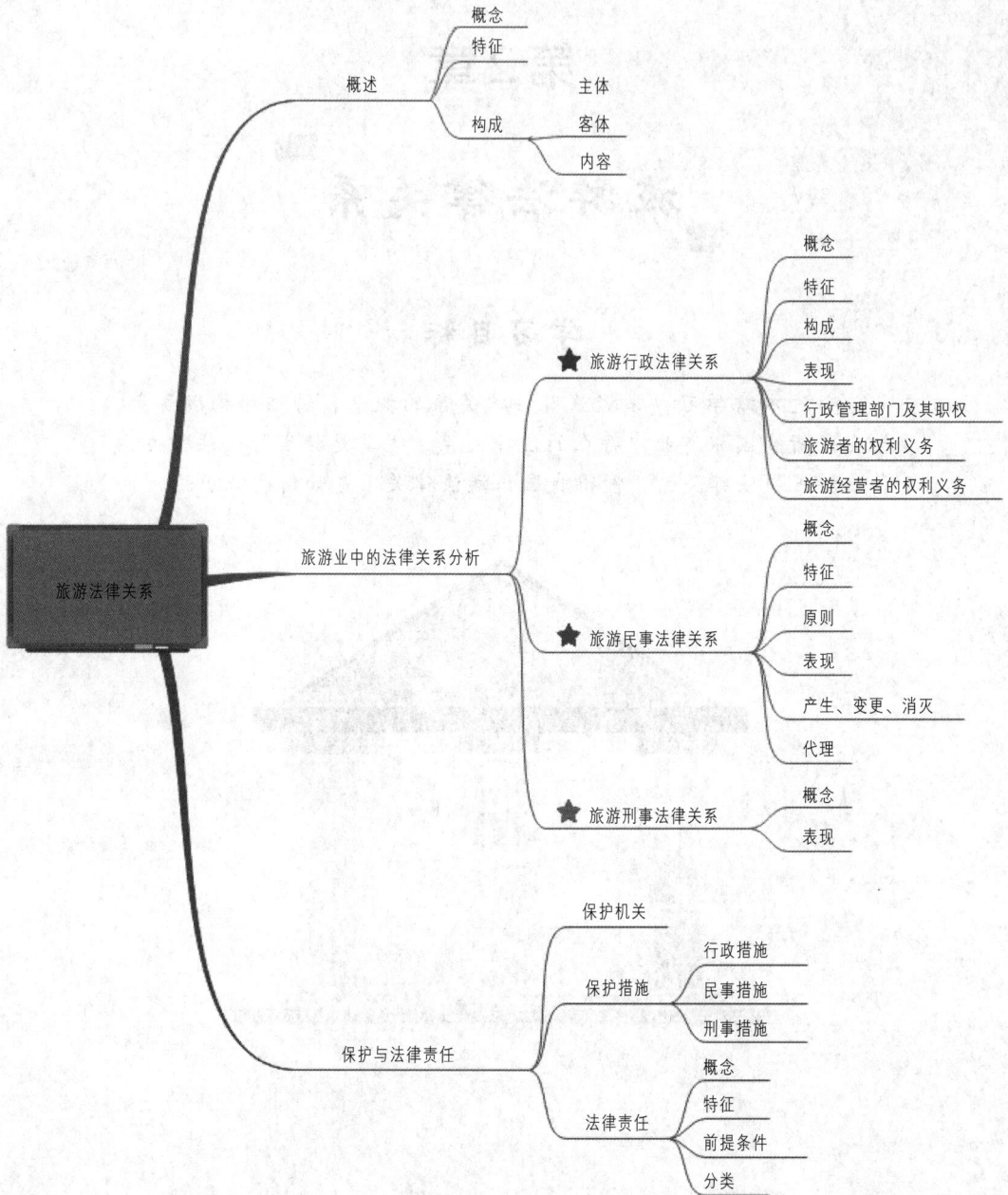

概述
- 概念
- 特征
- 构成
  - 主体
  - 客体
  - 内容

旅游法律关系

旅游业中的法律关系分析
- ★ 旅游行政法律关系
  - 概念
  - 特征
  - 构成
  - 表现
  - 行政管理部门及其职权
  - 旅游者的权利义务
  - 旅游经营者的权利义务
- ★ 旅游民事法律关系
  - 概念
  - 特征
  - 原则
  - 表现
  - 产生、变更、消灭
  - 代理
- ★ 旅游刑事法律关系
  - 概念
  - 表现

保护与法律责任
- 保护机关
- 保护措施
  - 行政措施
  - 民事措施
  - 刑事措施
- 法律责任
  - 概念
  - 特征
  - 前提条件
  - 分类

　　　　　　　　找不回来的团款

赵女士母女 2 人报名某旅行社的英法欧洲 12 天旅游团，签订出境旅游合同时交团款 34 958 元、担保金 15 000 元，及参团所需的个人资料，并表明须母女同行，合同约定："如出现被拒签或拒绝入境等情况，游客需承担机票及签证损失费。"经过面试后，旅行社工作人员突然电话告知赵女士，因其女儿赴法国签证被拒，不能随团出游，并要求其承担签证费 2 000 元/人、机票及综合业务损失费 5 500 元/人，合计每人被扣近半团款。赵女士认为扣除费用太高。

案例分析：

不能全额退款，签证被拒并非旅行社原因造成，无论签证是否成功，签证费用均应当由客人承担。旅行社提出的扣除费"过高"。本案中，旅行社提出扣除的费用为三项：（1）签证费，可以扣除，因为签证被拒旅行社不存在过错；（2）机票费，应当根据机票的预定以及退订可能性等实际情况进行综合判断；（3）综合业务损失费，旅行社只能扣除必要的费用，应当列举具体项目的支出或者根据合同约定扣除，而综合业务损失费往往是旅行社在没有损失凭证的情况下用以扣除团费的名目，不应当得到支持。

资料来源　佚名. 省旅游局公布"十大旅游投诉案例分析"，这些问题最典型［EB/OL］.（2017-11-20）.http：//news.163.com/17/1120/19/D3N63N7A00014AEE.html.

2.1　旅游法律关系概述

2.1.1　法律关系及旅游法律关系的概念与特征

1）法律关系的概念与特征

法律关系是法律规范在调整人们行为的过程中形成的权利、义务关系。法律关系是社会关系的一种特殊形态，与一般的社会关系相比，其特征是以法律为前提而产生，以法律上的权利、义务为内容，以国家强制力作为保障手段的社会关系。

2）旅游法律关系的概念与特征

旅游法律关系是指由旅游法律规范所确认和调整的、在旅游活动中所形成的当事人之间的权利、义务关系。旅游法律关系除了具有法律关系的一般特征之外，还表现为广泛性。旅游法律关系无论从其主体范围，还是从权利、义务范围看，都是十分广泛的。这种广泛性的特点是由旅游活动和旅游业务的综合性决定的。从旅游活动和旅游业务的主体来看，既有旅游者、旅游企业，又有政府的旅游主管机构和其他有关主管机构，还有各类旅游组织。这些主体之间，既有横向的平等主体之间的关系，又有纵向的管理与被管理之间的关系。从旅游活动和旅游业务的内容看，既有观光游览、度假，又有专业或专题性质的旅游项目；既有本国政府旅游主管机构对旅游企业的成立、经营进行规定、指导和检查监督，又有国际旅游组织对各国旅游政策、旅游规划和旅游法律、法规的制定、实施进行协调，还有国内或国际仲裁机构对发生在旅游活动和旅游业务各参加者之间的消费者争议或商事纠纷进行调解和裁决。上述所有当事人及其活动中涉及的权利、义务关系，都要由调整旅游关系的各种法律，包括国内法和国际法作出规定。旅游法律关系尽管内容丰富、范围广泛，却非杂乱无章。旅游法律关系以旅游为主线，从旅游活动的固有特点和自身规律出发，将旅游活动的参加者及其权利、义务统一起来，从而形成旅游法律关系的特点。

2.1.2 法律关系及旅游法律关系的构成

1）法律关系的构成

任何法律关系都是由主体、客体和内容三个要素构成的。

（1）法律关系的主体

法律关系的主体是指法律关系的参加者，即在法律关系中享有权利和承担义务的人，又称为权利主体和义务主体。法律上所称的"人"主要包括自然人和法人。法律关系主体参加法律关系有资格的限制，在法学上称为权利能力和行为能力。

（2）法律关系的客体

法律关系的客体是指权利和义务所指向的对象，又称权利客体和义务客体。它是将法律关系主体间的权利和义务联系在一起的中介，没有法律关系的客体作为中介，就不可能形成法律关系。因此，客体是构成任何法律关系都必须具备的一个要素。

法律关系客体主要包括几类：

①物。法律上所说的物包括一切可以称为财产权利对象的自然之物和人造之物。

②行为。在法律关系客体的意义上，行为指的是权利和义务所指向的作为和不作为。

③智力成果。作为客体的智力成果指的是人们在智力活动中所创造的精神财富，其表现形式有科学发明、工业设计、专利、商标和服务标记、专有技术等。

④人身权益。包括人格利益和身份利益，是人格权和身份权的客体。

（3）法律关系的内容

法律关系的内容是指法律关系主体间在一定条件下依照法律或约定所享有的权利和承担的义务，是人们之间利益的获得或付出的状态。对权利、义务可以从不同的角度，按照不同的标准进行分类。根据权利和义务所体现的社会内容的重要性，可以把权利、义务分为基本的权利义务和普通的权利义务；根据权利和义务的适用范围不同，可以把权利、义务分为一般的权利义务和特殊的权利义务。

2）旅游法律关系的构成

同法律关系一样，任何一项具体的旅游法律关系都是由主体、客体和内容三个要素构成的，如图2-1所示。缺少其中任何一个要素，都不能构成旅游法律关系。一个要素变更，原来的法律关系也随之改变。

（1）旅游法律关系的主体

旅游法律关系的主体是指参加旅游活动，依法享有旅游权利和承担旅游义务的当事人。在旅游法律关系中必须有两个或两个以上的当事人，旅游法律关系方能成立。而且，旅游法律关系的主体必须具有旅游法律关系主体的资格且具备相应的权利能力和行为能力。

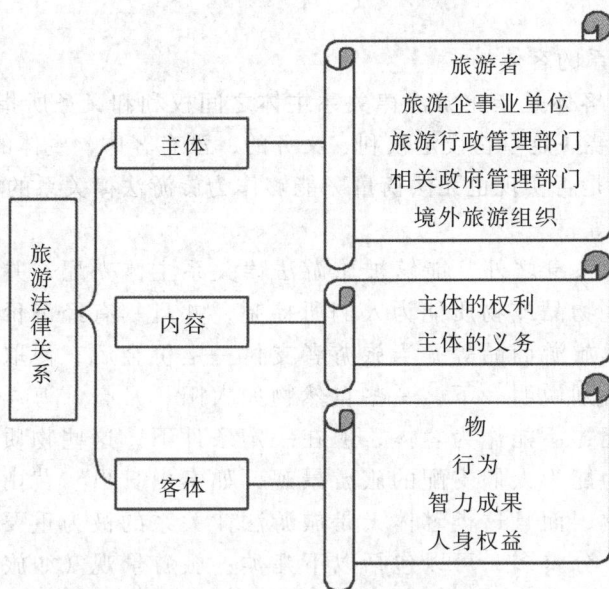

图 2-1　旅游法律关系的构成要素

在我国，按照有关旅游法律、法规的规定，能够作为旅游法律关系主体的当事人有下列几类：

①旅游者。旅游者是暂时离开常住地达 24 小时以上，在异地进行食、住、行、游、购、娱等活动，以求得物质和精神享受的人。旅游者包括国内旅游者和境外旅游者。旅游者是自然人，是旅游接待国（地区）的公民。作为公民，旅游者具有一定的权利能力和行为能力，能够依法享受服务、承担义务。境外旅游者的法律地位，通常由其所到各国根据国际法上外国人法律地位的一般原则，在其国内法中加以规定，有时也通过双边或多边条约加以规定。对于境外旅游者，我国一般按照国际惯例，在特定范围内给予其互惠的国民待遇。

②旅游企事业单位。这包括旅行社、旅游饭店、旅游交通运输部门、旅游服务公司以及旅游资源管理部门，此外还有为旅游者提供各种服务的餐饮、商业、娱乐、邮电、银行等行业。旅游企事业单位一般应具备法人资格，能够独立享有民事权利、承担民事义务，在其经营范围和职责范围内开展旅游服务活动。

③旅游行政管理部门。这主要包括文化和旅游部以及地方各级旅游行政管理部门（如省文化和旅游厅、市旅游委员会等）。文化和旅游部是国务院主管全国旅游行业的部门。

④相关政府管理部门。这主要包括工商、公安、税务、海关等政府管理部门，可以依照各自的权限管理旅游方面的事务。

⑤境外旅游组织。境外旅游者来中国或到内地旅游以及中国旅游者到境外旅游，必然需要我国旅游组织同境外旅游组织的协商和联系，因而境外旅游组织便成为我国旅游法律关系的主体。我国一些现行的旅游法规中明确规定了境外旅游者在我国旅游法律关系中的主体地位，如《旅行社条例》规定，该条例同样适用于外国旅行社在中国境内设立的长驻

机构。

（2）旅游法律关系的客体

旅游法律关系的客体是指旅游法律关系主体之间权利和义务所指向的对象，也称标的。通常主体都是围绕一定事物设定权利、义务的，没有客体，主体的权利、义务就会失去目标，权利、义务是否实现也无法衡量。能够作为旅游法律关系的客体的有物、行为、智力成果和人身权益等。

①物。指存在于人身之外、能够被旅游法律关系主体支配，并能产生一定物质利益的物质财富。这些物品或物质能为人们所控制，并且具有经济价值。例如，旅游资源、旅游基础设施、旅游商品等，当旅游者支付一定价金后，便取得了参观权、使用权或所有权。这里特别说明一下，一些自然物如太阳、月亮、海洋、山脉等，虽然其本身不能为主体支配，不能作为客体，但在一定条件下，这些物质的产生、运动、变化的现象可以转化为能为人们支配的旅游景观，如泰山日出、黄山云、钱塘潮等，这些景观则可作为客体，而且这类客体又是旅游法律关系的极为重要的客体。作为旅游法律关系客体的物十分繁多，可以包括以下几类：旅游景观（如旅游景区、景点等）、旅游设施（如旅游酒店、车辆等）、旅游商品（如地方特产等）、货币或有价证券、旅游者的物品等。

②行为。作为旅游法律关系客体的行为可以分为作为和不作为。旅游法律关系中的行为大部分属于作为，如服务行为、管理行为等。服务行为指旅游业职工利用资源或设施为旅游者提供的一系列分工合作的劳务活动，如翻译、导游服务、组织游览以及各种代理服务。管理行为指各级旅游行政管理部门、旅游经营单位内部行使与担负的与旅游职能相适应的管理活动。

旅游法律、法规也有一些不作为的规定，如原《旅行社管理条例》第十二条规定："经营人员未经旅行社同意，不得披露、使用或允许他人使用其所掌握的旅行社商业秘密。"这里对经营人员披露旅行社秘密行为的抑制，就是一种不作为。

③智力成果。在法律关系客体中，智力成果的表现形式有科学发明、工业设计、专利、商标和服务标记、专有技术等。如旅游企业的注册商标（包括商品和服务）、标记、某一项管理方案等，都属于精神财富，其所有权的使用和转让是有偿的。特定的非物质财富也可作为旅游法律关系的客体。

④人身权益。人身权益是和人身不可分离的权益，它是不直接具有财产内容但和财产有着密切联系的利益，包括名誉、荣誉、姓名、名称、生命健康、智力成果中的人身利益等。

旅游法律关系的客体可能是单一客体，表现为主体间权利、义务共同指向的对象是单一的，如旅行社接受旅游者委托，为其代购国际机票；也可能是复合客体，表现为主体间权利、义务共同指向的对象不是单一的，如旅行社与旅游者签订旅游合同，除得到相应的服务（行为）外，还要通过旅游设施（物）满足其旅游需求，这种客体具有交互性的特点。

以案说法 2-1　　旅游服务行为可以成为旅游法律关系的客体

　　某国际旅行社接待一个香港服装业旅游团前往贵州旅游，委派导游员陈某为旅游团的全程陪同导游员。旅游团行至安顺时，在参观了当地蜡染厂后，对蜡染工艺产生了浓厚的兴趣，于是向导游员陈某提出，希望利用第二天上午自由活动时间，请陈某协助联系蜡染厂，安排一次蜡染工艺座谈会，如需费用，可由旅游团支付。导游员陈某拟第二天上午访友，故对安排座谈会不感兴趣，遂以行程计划无此项内容，且联系安排座谈会不属于导游职责为由予以拒绝。旅游团再三向导游员陈某反映，请其予以协助，但陈某仍然不允。为此，旅游团客人十分不满。旅游结束后，旅游团投诉至旅游行政管理部门，并在港报上披露此事，对内地导游人员的"职责"提出质疑，这造成了极其恶劣的影响。

　　案例分析：

　　作为导游人员，提供周到、细致的服务是职业的必然要求。本案中，陈某因个人私事而拒绝游客提出的合理要求，不愿安排蜡染工艺座谈会，使得香港服装业旅游团游客在旅游过程中失去了本可以接触蜡染工艺的机会，陈某的做法是欠妥当的。由此可以看出其旅游服务行为不能尽如人意，游客的不满也是因其服务行为而引起的。在本案中，旅游服务行为就是双方权利义务所指向的对象，即旅游法律关系的客体。

　　资料来源　裴春秀. 旅游法实例说［M］. 长沙：湖南人民出版社，2004.

　　（3）旅游法律关系的内容

　　旅游法律关系的内容指旅游法律关系的主体依法享有的权利和承担的义务，反映着旅游法律关系主体的具体关系，决定着旅游法律关系的实质。

　　旅游法律关系主体依法享有的权利，是指旅游法律关系主体依法享有的某种权能或利益。旅游法律关系主体依法承担的义务，是指旅游法律关系主体依法承担的某种必须履行的责任，表现为负有义务者必须依法按权利享有者的要求作出某种行为或不作出某种行为。例如，旅行社在收取旅游者支付的费用后，必须按约定组织旅游者旅行游览，为旅游者提供相应服务，不得擅自改变旅游路线、增加费用、减少活动项目；负有义务者不履行或不适当履行义务，要受到法律制裁。

以案说法 2-2　　旅游权利和旅游义务同在

　　洛阳某旅行社接待了 JBW-9710 日本团，委派导游员谢某为全陪随团服务，谢某为牟取回扣，向客人建议将原定餐食改为"洛阳水席"，并进行了言过其实的夸张宣传，当客人询问是否需要增加费用时，谢某答复水席标准不会超过原定餐饮标准。但当客人面对"洛阳水席"的汤汤水水时，发觉与谢某宣传的不相符，连呼上当。第二日，谢某又向游客宣布，因"洛阳水席"标准超过原定标准故需加收少量餐费。对此，部分团员表示不满，但因已食用了"洛阳水席"，不得不交出超支餐费。

　　事后，游客投诉该旅行社。谢某则称，为了使客人品尝地方风味，做了夸张的宣传，但动机是好的，而客人食用了"洛阳水席"加收餐费理所当然，并无不妥。

案例分析：

本案例中，谢某违背了诚信原则，误导消费者食用"洛阳水席"，在承诺不超过原定餐饮标准后，提供质低的汤汤水水，这是明显的欺诈行为。然而谢某并未就此打住，第二天又以餐饮超标为由，加收费用。谢某依法收取必要费用是其权利，但同时谢某负有保证给游客提供与所支付费用相称服务的义务，谢某不履行义务就是侵犯他人的权利。

资料来源　裴春秀. 旅游法实例说［M］. 长沙：湖南人民出版社，2004.

2.2　我国旅游业中的法律关系分析

由于我国旅游法律规范所确认、调整的对象即社会关系不同，以及旅游法律规范具体规定的权利义务不同，因而旅游法律关系也有不同的种类。我国旅游业中的法律关系主要表现为旅游行政法律关系、旅游民事法律关系、旅游刑事法律关系。

2.2.1　旅游行政法律关系

1）行政法律关系的概念

行政法是调整行政关系的法律规范的总称，或者说是有关行政权配置、运行以及对行政权进行监督的法律规范系统。行政法律关系是指经行政法规范调整的，因实现国家行政职能、实施行政权而发生的行政主体之间、行政主体与行政相对人之间以及行政主体与其他国家机关、社会组织和公民之间的权利与义务关系。

2）行政法律关系的特征

与法律关系相比，行政法律关系具有下列重要特征：

①行政法律关系主体身份的多样性和行政主体的恒定性；

②行政法律关系类型的丰富性和专业性；

③行政法律关系主体权利义务的对应性和不对等性；

④行政法律关系中国家权力的不可处分性和个体权利运行的有限性；

⑤行政法律关系设定的灵活性与及时性。

3）行政法律关系的构成

任何行政法律关系均由主体、内容和客体三要素构成。行政法律关系主体是指行政法律关系中享有权利和承担义务的组织和个人，包括行政主体、行政相对人以及对行政的监督主体。行政法律关系的内容指行政法律关系主体之间的权利和义务，不同类型的行政法律关系的主体之间的权利和义务各不相同。行政法律关系客体指行政法律关系主体的权利、义务共同指向的对象，包括物、人身、行为和智力成果。

4）旅游行政法律关系的表现

在旅游活动和旅游业务中，存在许多旅游行政管理法律关系。这种关系中，双方的地位并不是平等的，而是一种管理与被管理、监督与被监督的关系。这种关系在性质上是一种纵向的隶属型法律关系，一方更多地表现为权利而另一方更多地表现为义务。当前，我国大量的旅游法律法规的表现形式为旅游行政法规和部门规章，它们主要调整的对象包括：国家行政管理部门与旅游经营者之间的关系；国家行政管理部门与旅游者之间的关系；国家行政管理部门之间的关系；上下级行政管理部门之间的关系等。例如，旅游行政管理部门有权对旅游经营者的经营项目、服务质量、收费标准、外汇结算、财务制度等进行必要的管理、检查、指导和监督，却不需要承担对等义务。旅游经营单位有义务向政府税务主管机构纳税而无要求回报的权利。这种旅游行政管理部门与旅游经营者之间的管理与被管理、监督与被监督的关系就是旅游行政管理法律关系。又如，旅行社在业务经营中假冒其他旅行社的注册商标、品牌和质量认证标志的，由工商、旅游行政管理部门依照有关法律、法规处罚。这种关系也属于旅游行政管理法律关系。

5）旅游行政管理部门及其职权

旅游行政管理部门是我国各级政府管理旅游行业的行政机关。旅游行政管理部门作为政府管理旅游业的行政机关，应当依法行政，在法律规定的范围内对旅游业行使管理权。旅游行政管理部门的特征是：行使国家行政权；机构设置、权利义务的内容来源于相关法律规定；是独立的组织；有明确编制和固定的工作人员；以国家拨款作为其主要经济来源。我国旅游行政管理部门的设置分为国家旅游行政管理部门和地方旅游行政管理部门。它们各自在其权限范围内行使职权。

┌ 行业广角 2-1

旅游行政主管机构是旅游法律关系的重要主体之一，这类机构的设置在各国不尽相同。根据世界旅游组织提供的资料，世界各国的旅游行政管理模式大致分为五种，见表 2-1。

表 2-1 目前世界各国的旅游行政管理模式

管理模式	主要的采用国家	特点
旅游委员会模式	保加利亚、美国	实施跨职能部门的统一领导
旅游部模式	菲律宾、尼泊尔、叙利亚、埃及、塞内加尔、墨西哥、牙买加、巴哈马、罗马尼亚、意大利、卢森堡等 20 多个国家	在行政上将旅游管理职能设立为直属内阁的一个部级机构。由部级专业职能部门归口管理，强调专业化与综合性
混合职能模式	马来西亚、巴基斯坦、印度、斯里兰卡、肯尼亚、法国、西班牙、日本、韩国、荷兰	将旅游管理职能和政府其他职能结合在一个机构里，以协调行业合作。该模式主要有两种情况：一种是混合职能部；另一种是在其他职能部下设旅游主管机构
旅游局模式	中国、朝鲜、巴巴多斯等十几个国家和地区	旅游局在行政级别上略低于部，但直属国务院（内阁），单一行使旅游管理职能。它由副部级专业职能部门归口管理，强调专业化
非中央机构模式	伊拉克、爱尔兰等 30 多个国家和地区	最高旅游行政主管机构不属于政府部门序列。它主要发挥行业协作组织作用，突出行业自主管理

知识链接 2-1　　　　中华人民共和国文化和旅游部

中华人民共和国文化和旅游部是国务院的组成部门，2018年3月根据第十三届全国人民代表大会第一次会议批准的国务院机构改革方案设立。

机构设置：为增强和彰显文化自信，统筹文化事业、文化产业发展和旅游资源开发，提高国家文化软实力和中华文化影响力，推动文化事业、文化产业和旅游业融合发展，方案提出，将文化部、国家旅游局的职责整合，组建文化和旅游部，作为国务院组成部门。不再保留文化部、国家旅游局。十三届全国人大一次会议表决通过了关于国务院机构改革方案的决定，批准设立中华人民共和国文化和旅游部。

主要职责：贯彻落实党的宣传文化工作方针政策，研究拟定文化和旅游工作政策措施，统筹规划文化事业、文化产业、旅游业发展，深入实施文化惠民工程，组织实施文化资源普查、挖掘和保护工作，维护各类文化市场包括旅游市场秩序，加强对外文化交流，推动中华文化走出去等。

6）旅游者的基本权利和义务

旅游者是指暂时离开常住地达24小时以上，在异地他乡进行食、住、行、游、购、娱等活动，以求得物质和精神享受的人。旅游者包括国际旅游者和国内旅游者。国际旅游者主要是指到目的地国家旅行游览的外国人。在我国，国际旅游者除外国人之外，还包括来内地（祖国大陆）旅行游览的华侨、香港同胞、澳门同胞、台湾同胞以及外籍华人。国内旅游者主要是指参加国内旅行游览的本国公民，也包括去国外旅行游览的本国公民。

旅游者的基本权利：

旅游者是旅游业赖以生存和发展的重要因素，是旅游法律关系中重要的主体，其所享有的权利和承担的义务是国家根据其在法律上的地位，通过相关的法律、法规规定的，是我国宪法和法律、法规规定的有关权利在旅游活动中的延伸。旅游者作为消费者参加旅游活动，享有《消费者权益保护法》中所规定的权利，包括安全保障权、知悉真情权、自主选择权、公平交易权、获得赔偿权、依法结社权、获取知识权、获得尊重权和监督批评权等。除此之外，综观各国法律和有关国际条约，旅游者作为特定的民事法律关系的主体，还享有其他的合法权益，包括自由旅行权、逗留权、享受医疗权、自由缔约权、寻求法律救济权、残疾人旅游权、旅游者替代权、时间浪费请求权等。

旅游者的基本义务：

①不得从事危害国家安全、损害社会公共利益、破坏社会公共秩序的行为；

②支付接受旅游服务所应偿付的合理费用，遵守与旅游企业之间签订的旅游合同，违反合同应当承担相应责任；

③禁止赌博、嫖娼、吸毒、观看和传播淫秽物品及从事其他犯罪活动；

④爱护旅游资源，保护旅游设施；

⑤到异国他乡游览观光，在领略异邦风景、民俗，陶冶情操的同时，也应当尊重当地人民的感情。

7）旅游经营者的基本权利和义务

旅游经营者主要指旅行社、饭店、车（船）公司、商店、游乐场所、旅游点等旅游经营单位。旅游经营者以自己依法注册登记的经营范围，通过开展业务经营，享有旅游权利，承担旅游义务。

旅游经营者的权利：

①旅游经营者最基本的权利是在法律允许的范围内的自主经营权。作为这一权利的直接结果，它们可以自行处分、使用其财产，不受旅游行政主管机构的不必要的制约。

②旅游经营者可以在其业务范围内自由缔结各种商务合同，包括与旅游者或其他有关企业之间的合同。

③旅游经营者有权保护自己的合法权利和利益，在其合法权益受损害时有权申请主管部门予以解决。

旅游经营者的义务：

①实体性义务。在经营过程中，旅游经营者需遵守有关旅游业的各种法律、法规，主要包括市场监管、合同、财政金融、卫生、进出口、税务等方面的法律、法规，履行一定的实体性义务，进行合法经营。

②程序性义务。旅游经营者必须按照各种审批和登记手续履行程序性义务。

③对旅游者的义务。旅游经营者应当尊重旅游者、保护旅游者的合法权益，遵守与旅游者之间的合同。当其行为造成旅游者损失时，应当承担损害赔偿责任。

2.2.2　旅游民事法律关系

1）民事法律关系的概念

民法是调整平等主体的公民之间、法人之间、公民和法人之间的财产关系和人身关系的法律规范的总称。民事法律关系是平等主体之间发生的、符合民事法律规范的、以权利义务为内容的社会关系，是民法对平等主体之间的人身关系和财产关系加以调整的结果。

2）民事法律关系的特征

①民事法律关系的主体地位平等，以此区别于行政法律关系和刑事法律关系。由主体的地位平等所决定，民事法律关系中的权利义务一般是对等的。通常情况下，一方取得权利必须以承担相应的义务为前提，不允许只享受权利而不承担义务，或只承担义务而不享受权利，否则，就违反了民事法律关系的主体地位平等的要求。

②民事法律关系主要根据当事人的意志发生。民事法律关系的这种特点，是民法贯彻意思自治原则的体现。相反，行政法律关系和刑事法律关系，都不取决于当事人的意志，而是根据法律的规定发生的。

③民事法律关系的保障措施具有补偿性。由于民事法律关系的当事人地位平等，因此，一方不能惩罚另一方，惩罚只能存在于主体地位不平等的法律关系中（如刑事法律关系和行政法律关系）。在民事法律关系被破坏时，民事责任也只是补偿受害人的损失，一旦涉及惩罚，就脱离了民法的范围而进入行政法或刑法的领域。

3) 民事法律关系中的基本原则

在民事法律关系中,民事主体遵循以下基本原则:①民事主体地位平等原则;②自愿原则;③公平原则;④等价有偿原则;⑤诚实信用原则;⑥禁止权利滥用原则。

以案说法2-3　　　　　　　　　　　　　　　泡汤的蜜月之旅

桥先生、苏女士夫妻为度蜜月在某旅行社报名参加尼泊尔、不丹八天游,在签署旅游合同后全款支付了团费。同时他们按照旅行社要求,提供了出境游所需资料。

但当夫妻俩到达香港机场办理出境尼泊尔手续时却出现了尴尬的一幕,苏女士因个人身份证件问题无法办理落地签而被拒绝登机。苏女士无法出行,桥先生也选择取消行程。而他们所遇情形与旅行社的事前告知不一致,因旅行社指导有误而导致蜜月之行泡汤。

在合同解除责任承担问题上,夫妻二人与旅行社无法达成一致意见,于是向旅游主管部门投诉,后调解不成,遂向法院起诉,要求该旅行社全额退还其旅游费用,并赔偿旅游费用20%的违约金及夫妻二人由此产生的交通住宿费。

法院最终认定,苏女士因旅行社原因无法出行,桥先生有权据此取消行程,旅行社指导有误应承担全部责任,判决旅行社退还夫妻二人全部旅游团费,并依照合同条款支付旅游团费总额20%的违约金,驳回了夫妻二人其他诉讼请求。

案例分析:

在旅游活动中,有亲密关系的人如夫妻、父母子女等一同出游是常见的。如果因为旅行社的原因导致亲密关系旅游者中的部分人无法出行,其他人有权以此为由解除合同。旅行社应当承担全额退还团款并支付违约金等违约责任。其中违约金足以填补违约带来的损失时,其他赔偿诉讼将不予支持。本案中,合同约定的团款20%的违约金足以填补夫妻二人的损失,因此法院支持了违约金之后,没有再支持夫妻二人的赔偿损失请求。

资料来源　佚名. 省旅游局公布"十大旅游投诉案例分析"这些问题最典型[EB/OL]. (2017-11-20). http://news.163.com/17/1120/19/D3N63N7A00014AEE.html.

4) 旅游民事法律关系的表现

在旅游活动和旅游业务中,也大量存在旅游民事法律关系。在这种关系中,当事人的法律地位是平等的,权利义务也是对等的,民事主体遵循平等互利、等价有偿和诚实信用的原则。这种关系在性质上是一种横向的平权型法律关系,主要由民事法律、法规来调整。旅游民事法律关系主要存在于旅游经营者相互之间、旅游经营者与相关部门之间、旅游经营者与旅游者之间、中国旅游经营者与外国旅游经营者之间。例如,旅行社中组团社与接团社之间会发生从团队收取的旅游收入按一定比例分配的经济关系,旅游饭店之间联号经营提取管理费用及使用专有的管理模式和缴纳管理费用所形成的权利义务关系,旅游交通中铁路、公路、水路联运形成的"一条龙"服务和利益分配的权利义务关系等。这种旅游经营者之间的平等互利和等价有偿的权利义务关系就是旅游民事法律关系。又如,旅游者和旅行社之间签订旅游合同,旅游者因支付了一定的旅游费用而成为旅游消费的权利享有者,旅游经营单位因获得一定的旅游收入而成为旅游供应的义务承担者。旅游者和旅游经营者之间形成的平等的旅游权利和旅游义务关系也属于旅游民事法律关系。

5）旅游民事法律关系的产生、变更与消灭

法律关系总是处于不断的变化发展之中，引起法律关系产生、变更和消灭的前提条件是法律事实。旅游法律关系的产生，是指因某种法律事实使旅游法律关系主体之间形成权利、义务关系。例如，某旅行社与旅游者签订合同的行为，使旅行社和旅游者之间形成一定的权利、义务关系。这种旅游法律关系受国家法律保护和监督。旅游法律关系的变更，是指因某种法律事实的存在，使已经形成的旅游法律关系主体、客体或权利、义务发生改变。例如，旅行社在组织旅游活动时，改变与旅游者约定的旅游线路、交通方式、住宿条件等，则会引起双方权利和义务的变更。旅游法律关系的变更通常受到严格限制。除不可抗力或主体间实现协商取得一致以外，一般不得随意改变，否则要承担相应的法律责任。旅游法律关系的消灭，是指因某种法律事实的存在，使主体双方的权利、义务消灭。例如，双方当事人按照旅游合同规定履行了全部义务后，合同即消灭。

（1）民事法律事实的概念

民事法律事实是符合民法规范，能够引起民事法律关系发生、变更和消灭的客观现象。

例如，旅游者在旅游目的地每日常规的起居、用餐等活动，一般不被认为是法律事实。因旅游者自身的原因而发生的轻微疾患，也不被认为是法律事实。但如果由于旅馆提供不符合卫生标准的餐饮导致旅游者食物中毒或者由于旅游过程中遇特大洪水造成旅游者财物受损，则可被认为属于法律事实。前者可引起侵权责任的法律后果，后者可能导致保险公司对旅游者损害的保险赔偿责任。

（2）民事法律事实的特征

①法律事实是一种客观现象。没有表现为客观现象的主观意识，不是法律事实。例如，内心存在订立合同的意思，却未表示出来，这种内心意思不能使合同成立。

②作为法律事实的客观现象必须同一定的法律效果相联系，能够引起民事法律关系的发生、变更和消灭。并非一切客观情况都可以作为法律事实，日出日落、闲谈，不能引起任何法律效果，因而不是法律事实；而人的出生、死亡、成年等，能够引起一定的法律效果，因而是法律事实。

③作为法律事实的客观现象必须符合民法的规定。客观现象能否作为法律事实，是由民法规定的。违反民法规定的客观现象，不是法律事实。

（3）民事法律事实的分类

民事法律事实根据是否与当事人的意志有关，可以分为事件和行为两大类。

①事件指与当事人的主观意志无关而能够引起民事法律关系发生、变更和消灭的客观现象。人的自然死亡、自然灾害、战争等，均为人力不能抗拒的客观现象，皆为事件。例如，伊拉克战争导致境外旅行商退团；大型泥石流的发生导致旅行社与旅游者签订的合同终止。

②行为指与当事人的意志有关而能够引起法律关系产生、变更和消灭的人的自觉活动和行为。例如，旅游团队办理住店手续、离店手续，前者是法律关系产生，后者是法律关系终止。行为的主要特征是人通过外部表现出来的、有意识的或有意志的、能产生一定法

律后果的活动。

在旅游活动中，事件固然是引起法律关系产生、变更和终止的因素，但是更为重要的是人的行为。根据行为的内容与形式是否符合法律规定，行为可以分为合法行为和不合法行为；根据当事人行为的活动方式不同，行为可分为作为（积极行为）和不作为（消极行为），如图2-2所示。

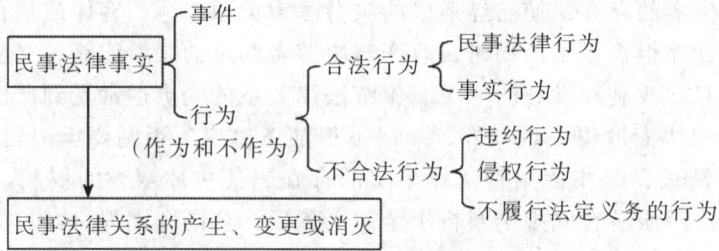

图2-2　民事法律事实的分类

6）旅游活动中的民事代理

（1）代理的含义和特征

代理人在代理的权限内以被代理人的名义同第三人实施法律行为，所产生的权利、义务由被代理人承担，称作代理。其中，代替他人实施法律行为的人称为代理人；由他人代替自己实施法律行为的人称为被代理人；与代理人实施法律行为的人称为第三人，如图2-3所示。

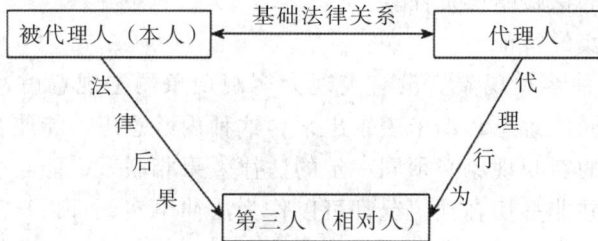

图2-3　代理法律关系

代理的特征表现为：代理人是代替被代理人实施法律行为；代理人以被代理人名义进行代理活动；代理人在代理的权限内进行代理活动；代理人在代理的权限内可以独立为意思表示；代理行为所产生的法律后果由被代理人承担。

代理广泛运用于旅游业务中。例如，旅行社接受旅游者委托，代办入境、出境及签证手续，代购、代订国内外交通客票，代为托运或提取行李物品，代订客房、餐饮、物品等；旅游饭店接受住店客人委托，代订出租汽车，代寄邮件物品，代购生活用品等。旅游者虽然也可通过自身的旅游法律行为实现其旅游愿望，但在受到时间、专业知识、环境以及其他条件限制的特殊情况下，通过旅游代理人的代理活动能更好地实现旅游愿望。旅游中的代理，是民法规定的代理制度在旅游业中的应用。

（2）旅游代理行为的有效要件

旅游代理行为有效是指代理行为能直接导致被代理人与第三人之间的旅游权利与旅游

义务的确立、变更或终止。这种代理行为除了必须具备旅游法律行为的有效要件外，还必须具备以下几个方面的条件：

①旅游代理人必须事先取得代理权。代理权可以是根据被代理人的委托而取得，也可以是根据法律、法规的规定或有权机关的指定而取得。例如，在旅行社的委托代理业务中，国内的业务要填写委托单，海外的业务要有受委托的国际电报、传真或其他函件，作为取得委托代理权的根据。

②旅游代理人必须在代理权限内独立地以自己的意思表示进行代理活动。例如，旅行社要按旅游者授权的范围，以自己的旅游法律行为为旅游者安排约定等级和约定时间的客房、汽车和交通票据，而不能进行代理权限以外的行为。

③旅游代理人的代理活动必须以被代理人的名义进行，并符合被代理人的利益，所产生的旅游权利和旅游义务均由被代理人享有或承担。例如，为旅游者代办入境、出境及签证手续，代办旅行证件等，都是以被代理人的名义进行的，所办证件归旅游者使用，所需办证费用也由旅游者承担。

对于违背上述各项条件的所谓的"代理"行为，是无效的代理行为。例如，未经授权的"代理"行为、超越代理权的"代理"行为、代理权终止以后的"代理"行为、滥用代理权的行为等，给第三人或被代理人造成损失的，由代理人自己承担赔偿责任。例如，旅行社超越委托多订客房，其超出代理权限多订房间的费用由旅行社自行承担。

（3）旅游活动中代理权的行使

根据我国法律的规定，代理人取得代理权的根据是被代理人的委托、法律的规定、人民法院或指定机关的指定。由于代理关系发生的根据不同，代理分为委托代理、法定代理和指定代理。在旅游活动中，代理主要表现为委托代理。

旅游活动中的委托代理，是指代理人根据被代理人的委托而进行的代理。例如，旅行社基于旅游者的委托而为其代订交通票据、代订旅馆、代订餐饮等。在委托代理中，代理人的代理权是被代理人授予的，被代理人授予代理权的形式可以是书面的，也可以是口头的；根据代理权限的范围不同，委托代理可以是一般委托代理，也可以是特别委托代理。

代理人在代理权限内实施法律行为，代表被代理人行使权利和承担义务，应正确行使代理权，做到亲自进行代理活动，不得擅自转委托；必须在维护被代理人利益的前提下行使代理权，不得滥用代理权；在代理权限内行使代理权，不得无权代理，不得接受正当报酬以外的其他利益。

（4）旅游活动中代理权的终止

代理作为一种法律关系，因一定法律事实的出现而终止。由于代理权发生的根据以及代理的种类不同，引起代理终止的原因也不同。

旅游中的委托代理，因下列情形之一的出现而终止：代理期间届满或代理事务完成，是委托代理终止最常见的原因；被代理人取消委托或代理人辞去委托；作为被代理人或代理人的法人终止；代理人死亡以及代理人丧失行为能力。

2.2.3 旅游刑事法律关系

1) 刑事法律关系的概念

刑法是规定犯罪、刑事责任和刑罚的法律，是掌握政权的统治阶级为了维护本阶级政治上的统治和经济上的利益，根据其阶级意志，规定哪些行为是犯罪并应当负何种刑事责任，给予犯罪人何种刑事处罚的法律。刑法有广义与狭义之分。广义的刑法是一切刑事法律规范的总称，狭义的刑法仅指刑法典，即《中华人民共和国刑法》。

刑事法律关系是指刑事法律所调整的国家与公民（包括某些特定法人）之间的一种社会关系。在刑事法律关系中，权利与义务的主体一方是以公安机关、检察机关、法院为代表的国家，另一方是触犯了刑事法律或者为刑事侵害行为所侵害或者依法参与刑事诉讼活动的公民。刑事法律关系由刑事法律关系的主体、内容、客体三部分组成。

2) 旅游刑事法律关系的表现

许多违反旅游法的行为，如果情节恶劣、后果严重，便成为触犯刑律的犯罪行为。正因为这样，一些旅游法规明确规定了严重违反旅游法规要追究刑事责任的条款。例如，《旅行社经理资格认证管理规定》中明确指出："私自出售、转让、伪造旅行社经理人员资格证书者，由旅游行政管理部门注销或没收其资格证书。有非法所得的，没收其非法所得。触犯刑律的，由司法机关追究其刑事责任。"这种受到刑法调整的旅游者和旅游经营者与国家之间的社会关系属于旅游刑事法律关系。

以案说法 2-4　　　　　　　　　　布拉旅行涉嫌低价揽客骗取消费者预付款

2017年，上海市消费者权益保护委员会（简称消保委）接到众多消费者关于悦行信息科技（上海）有限公司（布拉旅行）不履行约定的投诉，消费者集中反映布拉旅行通过微信公众号、微博、手机APP等渠道，低价招揽客户，并以预收款方式销售旅游产品。在消费者向其确认具体行程时，该公司以种种理由拒不履行合同约定且迟迟不予退款，相关投诉达到4 800余件（2017年1月至2018年2月）。市消保委介入调查后发现，布拉旅行商业模式可能存在重大缺陷，并危及消费者预付款安全。为此，市消保委于2018年1月发布公开披露，对布拉旅行侵害消费者合法权益的行为予以批评，并对消费者作出相关警示。披露发布后，公安部门随即跟进介入。2018年3月5日，浦东新区人民检察院依法以涉嫌合同诈骗罪对犯罪嫌疑人批准逮捕。浦东新区检察院称，布拉旅行在明知公司无实际履行能力的情况下，仍以低于成本价的价格进行超卖，以负债来维持公司运作。至2017年年底案发，布拉旅行骗取客户预付款1.8亿余元。

案例分析：

诚实信用是经营者应当恪守的首要原则。《中华人民共和国消费者权益保护法》第四条规定："经营者与消费者进行交易，应当遵循自愿、平等、公平、诚实信用的原则。"经营者在预售产品和服务时，应当保证其能够切实履行合同相关约定。如果发生不可预见情形，导致其无法履约，也应当及时告知消费者并作出相应补偿。如果经营者明知其无法实际履行合同约定，却仍然向消费者销售产品和服务，其目的显然是骗取消费者钱款。该行为不仅违反了《中华人民共和国消费者权益保护法》，更是一种犯罪行为，不法经营者必将为其行为承担相应的法律责任。

资料来源　应冠文. 沪2017年度十大投诉案例公布 旅游投诉成重灾区［EB/OL］.（2018-03-12）. http：//www.kankanews.com/a/2018-03-12/0038366885.shtml.

2.3　旅游法律关系的保护与法律责任

旅游法律关系的保护是指国家机关监督旅游法律关系的主体正确行使权利、切实履行义务并对侵犯旅游法律关系主体合法权利或不履行法定义务的行为追究法律责任的活动。

2.3.1　保护机关

1）国家旅游行政管理机关

国家各级旅游行政管理机关是管理旅游业的政府职能部门。它有权依据旅游法规，在其职责范围内，运用奖励或处罚的方法保护旅游法律关系。

2）相关的国家行政管理机关

工商、公安、税务、卫生等管理部门可以依法对旅游活动主体作出奖励或处罚的决定。

3）司法机关

人民检察院或人民法院根据法律的规定，分别对在旅游活动中触犯法律者，行使检察权和审判权。各级法院还可以对旅游活动的民事法律行为作出判决。

2.3.2　保护措施

国家机关主要通过立法活动、行政管理活动和司法活动，采取行政措施、民事措施和刑事措施，监督旅游法律关系主体正确行使权利、切实履行义务，并对侵犯旅游法律关系主体合法权利或不履行法定义务的行为追究法律责任。

1）行政措施

行政措施主要包括奖励的方法和处罚的方法。对于模范遵守国家法律、法规，对旅游业作出显著贡献的，由行政管理机关予以奖励；对于违反国家法律、法规的，可以给予处罚。

2）民事措施

民事措施是指判令有过错的一方承担相应的民事责任。在旅游法律关系的保护中，判令当事人支付违约金和赔偿金是经常采取的措施。

3）刑事措施

刑事措施是指对于构成犯罪的依法追究刑事责任。

2.3.3　法律责任

1）法律责任的概念和特征

法律责任是指因违反了法定义务或契约义务，或不当行使法律权利、权力所产生的，由行为人承担的不利后果。

法律责任是社会责任的一种，它与其他社会责任（如政治责任、道义责任等）有密切联系，但是法律责任与其他社会责任有原则性区别。法律责任的特点在于：

①法律责任首先表示一种因违反法律上的义务（包括违约等）关系而形成的责任关系，它是以法律义务的存在为前提的。

②法律责任还表示为一种责任方式，即承担不利后果。法律责任方式是由法律规定的，它通常有两种，即补偿与制裁。

③法律责任具有内在逻辑性，法律责任是由违法行为引起的，两者之间存在着因果关系。

④法律责任的追究是由国家强制力实施或潜在保证的。

2）承担法律责任的前提条件

承担法律责任，其前提条件是必须有违法行为。违法行为的构成须同时具备以下几个方面的条件：

（1）主体

主体指违法主体或者承担法律责任的主体。根据我国法律、法规的规定，公民中年满18周岁的成年人，具有完全的责任能力，可以独立地进行各项活动，并且承担法律责任。未成年人和不能辨认或不能控制自己行为的精神病人，其活动及其责任应区别不同情况，由其代理人或监护人负责。

（2）过错

过错是指行为人决定其行为并承担法律责任的主观心理状态（故意或过失）。故意或过失在不同的法律领域中具有不同的意义。在刑事法律领域，行为人故意或过失的心理状态是判定其主观恶性的重要依据，也是区别罪与非罪、此罪与彼罪、罪轻罪重的重要依据。在民事法律领域，故意或过失是构成一般侵权行为的要素。在行政法律领域，实行过错推定的方法。一般而言，只要行为人实施了违法行为就视其为主观有过错，不必再深究其主观因素了，法律另有规定的除外。这是承担法律责任的主观要件。

（3）违法行为

违法行为是指违反法律所规定的义务、超越权利的界限行使权利以及侵权行为的总称。一般认为违法行为包括犯罪行为和一般违法行为。通常情况下，违法行为是法律责任产生的前提，没有违法行为就没有法律责任。违法行为可以分为作为和不作为两种。例如，按照我国《商标法》和《旅行社条例》的规定，国家保护注册商标、品牌和质量认证标志的专用权，因此假冒其他旅行社的注册商标、品牌和质量认证标志的行为就是以作为的形式、侵犯他人权益的违法行为。再如，按照我国《旅行社办理旅游意外保险暂行规定》的要求，旅行社在组织团队旅游时，为保护旅游者的利益，应代旅游者向保险公司支付保险费，一旦旅游者在旅游期间发生意外事故，可以按照合同约定由承保的保险公司向旅游者支付保险金。旅行社未为旅游者办理旅游意外保险，就是以不作为的形式侵犯了旅游者权利的违法行为。

（4）损害事实

损害事实是指受到的损失和伤害的事实，包括对人身的、财产的、精神的（或三方面兼有的）损害或伤害。损害应当具有确定性，而且必须根据社会的一般观念和公众意识予以认定。这是承担法律责任的客观要件。

（5）因果关系

因果关系是指违法行为与损害事实之间的因果关系。违法行为是损害事实出现的原因，损害事实是违法行为引起的必然结果。法律归责原则上要求证明违法行为与损害事实之间存在着内在的因果关系。

3）法律责任的分类

根据违法行为所违反的法律的性质，旅游法律责任主要可以分为旅游行政责任、旅游民事责任和旅游刑事责任三种。

（1）旅游行政责任

旅游行政责任是指行为人实施了违反旅游行政法规的行为，尚未构成犯罪，由旅游或其他行政管理部门追究而必须承担的法律责任。按照执行机关的不同，行政性的强制措施可以分为行政处罚和行政处分两种。这两种行政强制措施可以适用于追究单位违法的行政责任，也可以适用于追究个人违法的行政责任。

旅游行政处罚是旅游行政管理机关和其他行政管理机关对于违反旅游或其他行政管理法律、法规的人给予的行政制裁。旅游行政处罚的种类主要有违反旅游管理的处罚，违反治安管理的处罚，违反工商、行政、金融等管理的处罚，违反旅游资源保护管理的处罚。此外，在旅游活动和旅游经营管理活动中，违反消防管理、食品卫生管理、外汇管理等行为，情节轻微、尚未构成犯罪的，也会依法受到行政处罚。

旅游行政处罚的形式主要有：①警告；②通报批评；③责令限期整改；④停业整顿；⑤吊销旅游经营许可证；⑥降低等级，取消星级；⑦暂停涉外经营定点资格，取消涉外经营定点资格；⑧扣留导游证和导游证书，收回导游证和导游证书，吊销导游证书；⑨没收经理资格证书，注销经理资格；⑩建议或会同市场监督管理机关吊销营业执照等。

旅游责任中的行政处分是根据旅游法律、法规和其他有关法律、法规，由旅游行政管理机关、旅游企事业单位根据行政隶属关系，对犯有轻微违法失职行为，尚不构成刑事处分的工作人员的法律制裁。根据《国务院关于国家行政机关工作人员的奖惩暂行规定》和《企业职工奖惩条例》的规定，对国家行政机关工作人员和职工的行政处分形式有下列几种：警告、记过、记大过、降级、降职、撤职、留用察看、开除。

（2）旅游民事责任

旅游民事责任指在旅游活动中，行为人因违反旅游法律、法规从事不法行为，或者不履行合同义务，从而侵犯了对方的民事权利或者使对方的民事权利得不到实现，依法应承担的法律责任。

民事责任具有自身的特点：①民事责任是违反民事法律规范所应承担的法律责任。②它是违约或违法行为人对受害人承担的一种法律责任。③它主要是一种财产责任。④它的责任范围与所造成的损失或损害的大小相适应，一般具有补偿与恢复原状的性质。

根据我国《民法通则》的规定，承担民事责任的方式主要有：停止侵害，排除妨碍，返还财产，支付违约金，恢复原状，消除影响，恢复名誉，赔礼道歉，赔偿损失等。上述各种方式，既可单独适用，也可合并适用。特别是因侵权而致人损害时，在责令行为人承担其他民事责任的同时，均可请求赔偿损失。

（3）旅游刑事责任

旅游刑事责任是指行为人实施了违反旅游法律、法规或其他有关法律、法规的行为，情节严重构成犯罪，必须承担刑法规定的法律责任。与其他法律责任相比，刑事责任具有严厉性的特点。刑事违法行为的性质和其所造成的严重危害性，决定了刑事责任在各种法律责任中是最严重的责任。例如，我国《旅行社条例》规定："旅行社违反本条例的规定，损害旅游者合法权益的，应当承担相应的民事责任；构成犯罪的，依法追究刑事责任。"《旅行社经理资格认证管理规定》规定："私自出借、转让、伪造旅行社经理人员资格证书触犯刑律的，由司法机关追究其刑事责任。"《评定旅游（涉外）饭店星级的规定》规定："对违反本规定条款，情节严重，构成犯罪的，依法追究法律责任。"有关边境旅游的法规中有关于"伪造、涂改、冒用、转让出入证件，情节严重，构成犯罪的，依法追究刑事责任"的规定等。

按照我国刑法的规定，刑罚分为主刑和附加刑。主刑有管制、拘役、有期徒刑、无期徒刑、死刑五种。附加刑有罚金、剥夺政治权利和没收财产三种。主刑独立适用。附加刑可在判处主刑时附加适用，但有时也可独立适用。例如，对于旅游经营单位利用业务上的便利进行投机倒把、走私贩私、行贿受贿等犯罪行为，可以独立使用罚金的刑罚。

我国刑法规定刑事责任还可以分为财产刑和非财产刑两类。财产刑是指罚金和没收财产，包括剥夺犯罪人的部分和全部财产。非财产刑包括自由刑、生命刑和政治权利刑。自由刑包括管制、拘役、有期徒刑和无期徒刑，是剥夺犯罪人的人身自由，强迫其改造，使之不再危害社会的刑罚。生命刑即死刑，是剥夺犯罪人的生命的刑罚。政治权利刑是剥夺犯罪人一定时间或终身的政治权利。此外，对于外国人在我国的犯罪行为，我国还规定了驱逐出境的刑罚。

■ 本章小结

本章主要分析旅游法律关系的概念、特征及我国旅游业中的法律关系，尤其是旅游行政法律关系和旅游民事法律关系的构成，论述旅游民事法律关系的产生、变更与消灭，以及旅游活动中的代理行为，最后介绍旅游法律关系保护的机构、措施和法律责任的承担。

■ 主要概念

法律关系　旅游法律关系　法律关系主体　法律关系客体　法律关系内容　行政法律关系　民事法律关系　刑事法律关系　民事法律事实　代理　法律责任

■ 选择题

1.旅游法律关系的构成要素包括（　　　）。

A.主体　　　　　　B.客体　　　　　　C.事实　　　　　D.内容

2.代理人在代理权限内以被代理人的名义同第三人实施法律行为，所产生的权利义务由（ ）承担。

A.代理人　　　　　　B.被代理人　　　　　C.第三人　　　　　D.代理人和被代理人

3.根据违法行为所违反的法律的性质，法律责任可以分为（ ）。

A.行政责任　　　　　B.民事责任　　　　　C.刑事责任　　　　　D.道德责任

■ 判断题

1.任何法律关系都是由主体、客体和内容三个要素构成的。　　　　　　　　　（ ）

2.任何法律关系主体的地位都是平等的。　　　　　　　　　　　　　　　　（ ）

3.在法律关系客体的意义上，行为指的是权利和义务所指向的作为。　　　　（ ）

4.当事人之间的民事法律关系根据法律的有关规定就能够产生。　　　　　　（ ）

5.代理人在代理的权限内以代理人的名义同第三人实施法律行为，所产生的权利义务由代理人承担。　　　　　　　　　　　　　　　　　　　　　　　　　　　　（ ）

■ 简答题

1.简述旅游法律关系的概念和特征。

2.简述旅游法律关系的三大构成要素。

3.简述民事法律事实的概念和种类。

■ 案例分析题

某单位15位员工假期参加某旅行社组织的到某地旅游的活动，旅行社安排旅游团住宿在A宾馆。旅游活动开始后的第二天，大家用过晚餐后，有一位旅游者呕吐并腹泻，腹部绞痛难忍，旅行社及时将其送入医院。随后，除一位在外用餐的旅游者外，另外13位旅游者均出现不同程度的呕吐和腹泻现象，经医院检查确诊为急性肠炎。卫生防疫部门对旅游团就餐的宾馆进行了检查，将造成旅游者集体呕吐和腹泻的原因确定为：餐厅提供的食物不符合卫生标准，细菌严重招标。为此，旅游团的行程被迫延迟。事后，A宾馆负责人承认旅游者集体呕吐和腹泻是由于其工作失误所致，同意并保证承担由此产生的旅游损失费用和治疗费用。但是，旅游结束之后很长时间，A宾馆一直没有兑现赔偿承诺。旅游者认为，宾馆是由旅行社安排的，所以旅行社应当赔偿由于就餐食物不洁造成的损失。旅行社认为，造成旅游者集体食物中毒的事故是A宾馆工作失误所致，旅行社也是受害者，不应对旅游者进行赔付。双方不能达成一致意见。于是，旅游者向旅游质量监督管理部门投诉。

请问：（1）此案例中的旅游法律关系是怎样的？

（2）旅游者用餐不洁，责任该由谁来负？

■ 实训题

请同学们查阅资料并在课堂交流旅游法律关系保护的措施和方法。

第3章

旅游合同法律制度

学习目标

通过本章学习，认识合同及旅游合同的概念和法律特征，掌握旅游合同订立的原则、程序、内容和形式，了解旅游合同的效力、履行、变更、转让、终止、解除以及违约责任的法律规定，懂得旅游格式合同的利弊及其管理的相关理论。

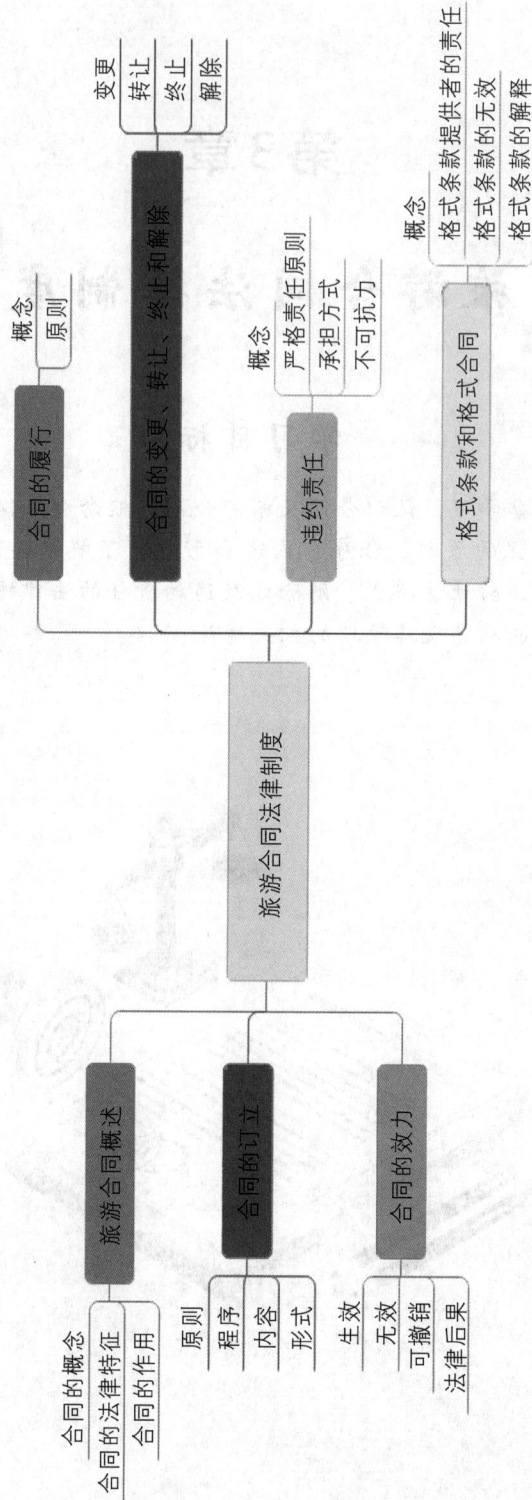

知识结构思维导图

旅游合同法律制度

旅游合同概述
- 合同的概念
- 合同的法律特征
- 合同的作用

合同的订立
- 原则
- 程序
- 内容
- 形式

合同的效力
- 生效
- 无效
- 可撤销
- 法律后果

合同的履行
- 概念
- 原则

合同的变更、转让、终止和解除
- 变更
- 转让
- 终止
- 解除

违约责任
- 概念
- 严格责任原则
- 承担方式
- 不可抗力

格式条款和格式合同
- 概念
- 格式条款提供者的责任
- 格式条款的无效
- 格式条款的解释

案例导入　　　　　　　　　　　　游客未履行配合义务案

2014年9月10日，张某、张×1（此为法院判决书上的表达，为隐去未成年人姓名而设）与北京观奇国际旅行社有限公司（下称"观奇国旅"）订立《团队出境旅游合同》，约定观奇国旅按照《旅游行程单》的行程安排为张某及张×1提供住宿、交通及导游服务。张某及张×1的旅游时间为2014年9月17日至2014年10月8日，旅游费用合计54 910元/人。其中也门段的具体行程为：2014年9月22日乘坐飞机由多哈前往也门首都萨那；9月23日游览萨那，夜宿萨那；9月24日乘坐飞机由萨那前往龙血岛首府哈迪布，9月24日至26日在龙血岛以及周边游览，9月26日傍晚回到哈迪布；9月27日乘坐飞机由哈迪布前往萨那；9月28日游览萨那；9月29日乘坐飞机由萨那前往迪拜。

后张某与张×1如期开始旅行。9月22日，张某与张×1在卡塔尔多哈机场办理登机手续，准备前往也门首都萨那时，得知该航班目前停飞。于是张某、张×1通过转机抵达也门亚丁，入境也门。其后张某、张×1向观奇国旅表示自己会前往萨那，要求保证在萨那、龙血岛的接待。但观奇国旅回复萨那至龙血岛的航班已取消，且迫于萨那严峻的局势，境外接待社已停止一切旅游接待服务。并劝告张某、张×1不要冒险，尽快离开也门，并承诺尽量与境外接待社协商退还其相关费用。同日，中国外交部领事司和中国驻也门使馆也发出提醒，那段时间也门首都萨那安全形势急剧恶化，武装冲突有扩大趋势，在萨那的中国公民如无特别紧急事务，应尽快撤离。

张某和张×1认为，观奇国旅单方面终止了也门段的合约，拒绝提供也门境内的一切服务，导致也门段行程完全未能进行，并造成其在也门境内滞留数日，直到9月29日才得以离开。他们认为观奇国旅的行为构成违约，故起诉要求其赔偿各项损失并承担违约责任。

请问：（1）该旅行社是否违约？应否承担违约责任？为什么？

（2）旅游者的要求是否合理？应如何处理这起纠纷？

案例分析：

一、委托境外旅行社接待不应认定为转团，但应当经过旅游者同意

本案中，观奇国旅认为其向第三人（境外接待社）购买旅游产品，是履行委托合同的行为，不属于转团，故不同意赔偿张某的违约金。而法院认为，观奇国旅未经张某同意将其应对张某履行的合同义务转给第三人履行已构成合同中关于未经旅游者同意转团的行为，应承担违约责任。笔者认为，本案中，观奇国旅只是把在也门段的旅游接待业务委托给第三人履行，是比较典型的组团社委托境外地接社履行旅游合同义务的行为，而且该行为也不符合《团队出境旅游合同》中关于"转团"的定义，所以法院将其认定为"转团"并不妥当。

又根据《旅游法》第六十九条之规定"经旅游者同意，旅行社将包价旅游合同中的接待业务委托给其他具有相应资质的地接社履行的……"，所以，即便观奇国旅的行为是委托地接社履行合同义务，也应当事先取得旅游者的同意。从这一点来看，旅行社确实存在违约行为，但承担什么样的违约责任，应依据合同的具体约定。

二、游客未尽配合义务，应依法承担相应责任

本案中，法院依据我国《旅游法》第十五条的规定，认为旅游者违反旅行社的安全警示以及对国家应对重大突发事件暂时限制其旅游活动的措施不配合，所以判定张某承担相应责任。结合《侵权责任法》第二十六条"被侵权人对损害的发生也有过错的，可以减轻侵权人的责任"和第二十七条"损害是因受害人故意造成的，行为人不承担责任"这两条规定，旅游者违反安全警示规定等导致对自身人身或财产的损害的，旅游者对于自身的过错应承担相应的责任，即减轻甚至免除相对方的责任。

其实，我国《旅游法》第六十七条对旅游途中出现不可抗力情形的处理方式进行了比较详细的规定，比如"合同不能继续履行的，旅行社和旅游者均可以解除合同。合同不能完全履行的，旅行社经向旅游者作出说明，可以在合理范围内变更合同；旅游者不同意变更的，可以解除合同。合同解除的，组团社应当在扣除已向地接社或者履行辅助人支付且不可退还的费用后，将余款退还旅游者；合同变更的，因此增加的费用由旅游者承担，减少的费用退还旅游者"。因此，当旅游者和旅行社就出现不可抗力情形能否继续旅游行程发生争议时，如果旅游者不同意变更行程，旅行社可以单方解除合同，然后旅行社按照法律规定或合同约定退还旅游者相应费用，采取相应的安全和安置措施并协助旅游者返程。

资料来源　牛米网.案例分析 游客未尽配合义务，旅行社可以免责［EB/OL］.［2018-06-06］.http：//baijiahao.baidu.com/s？id=1602481746045857936&wfr=spider&for=pc.

3.1　旅游合同概述

3.1.1　旅游合同的概念

合同，是双方当事人意思表示一致的协议。我国《合同法》第二条规定："本法所称合同，是平等主体的自然人、法人、其他组织之间设立、变更、终止民事权利义务关系的协议。"在旅游过程中，旅游业的经营者和旅游者同属于有平等地位的民事主体，旅游经营者提供服务的过程中，双方需要订立合同明确彼此间的权利义务关系，这就是旅游合同。

旅游合同有狭义和广义之分。狭义的旅游合同指旅游者与旅游经营者关于旅游者支付有关费用，由旅游经营者提供各种旅游条件及相应服务的协议。广义的旅游合同指旅游经营者提供旅游服务、旅游者支付旅游费用的合同，以及为提供旅游服务而形成的旅游合同关系，包括旅游者与旅行社，旅行社与旅行社，旅行社与旅游住宿、餐饮、运输及其他服务业经营者的合同关系。德国旅游法律规定了广义的旅游合同。我国统一合同法征求意见稿第四稿规定的旅游合同和日本旅游法规定的旅游合同均是狭义的旅游合同。本书采用狭义的旅游合同概念。

3.1.2　旅游合同的法律特征

旅游合同是合同中的一个类别，具有合同的一般性，同时又具有特殊性。概括起来，

旅游合同具有以下几个法律特征：

1）旅游合同是特定的民事主体之间意思表示一致的民事法律行为

旅游合同是一种民事法律行为。旅游合同以意思表示为出发点，并且按意思表示的内容赋予法律效果，因而是一种民事法律行为。这些民事法律行为涉及面广，既包括旅游经营者为游客提供餐饮、住宿、交通、游览、购物、娱乐等综合性服务，又包括游客支付费用、遵守规则等各种行为。旅游合同的民事主体具有特定性。旅游合同的一方是旅游经营者即旅行社。根据《旅行社条例》的规定，在我国能够经营旅游业务的只能是旅行社，即以营利为目的，从事旅游业务的企业。旅行社必须经国家旅游行政主管部门批准并在市场监督管理部门依法登记后，才具有法人资格来经营旅行社业务。旅行社分为国内旅行社和国际旅行社，依法只有国际旅行社才可以签订涉外旅游合同。旅游合同的另一方是旅游者。旅游者是暂时离开常住地达 24 小时以上，在异国他乡进行食、住、行、游、购、娱等活动，以求得物质和精神享受的人。

2）旅游合同的内容是旅行游览业务活动中双方约定的旅游权利和义务

旅游合同的内容是该合同的核心部分，是旅游合同得以成立并具有法律约束力所不可缺少的，也是当事人权利义务的体现。旅游合同的内容主要表现为旅行社提供旅游服务，旅游者支付旅游费用。旅游合同属于双务合同。旅游者与旅行社设立以旅游权利和旅游义务为内容的旅游合同，从而使旅游者的吃、住、行、游、购、娱等活动均通过合同形式进行。经合同双方当事人同意，可以依法设立、变更和终止民事权利义务。

3）旅游合同的客体是主体为实现一定的旅游活动目的而约定的旅游权利和旅游义务所指向的事物

旅游合同双方因旅游权利和旅游义务而联结起来，又因共同指向的客体而使权利和义务得以实现。旅游合同的客体主要是旅行社提供的服务。旅行社所经营的业务，包括为旅游者代办出入境手续，招徕、接待旅游者，为旅游者提供食宿等有偿服务，具有综合性、有形性和无形性相结合以及跨地域的特征，有别于一般的服务行为。

3.1.3　旅游合同的作用

旅游合同是记载旅游双方或多方当事人之间权利义务关系的协议，在旅游活动中起到至关重要的作用，具体表现为以下几个方面：

1）旅游合同能为旅游活动当事人的权利提供法律保障

旅游合同一般以书面形式作出，是双方当事人合意的结果。一方的权利应得到法律的维护，同时也应履行相应的义务，如果一方违约或侵权，则应根据合同的内容承担相应的法律责任。

2）旅游合同能为维护社会整体旅游秩序提供法律保障

旅游事业是一项由旅游业相关部门共同组成的综合性经济事业，同时又是一项跨地区、跨国度的紧密联系的统一整体。旅游合同将各方面的协作关系有机地联系起来，使得交通、娱乐、购物、住宿等各个环节有序运作，从而使旅游合同中的各项旅游内容得以顺利完成。

3）旅游合同能为旅游纠纷处理提供法律依据

旅游合同规定旅游双方当事人权利，又约束其违法行为，旅游合同一旦订立，且合同内容符合法律规定，双方当事人就有严格遵守的义务。一方当事人违反旅游合同的约定就是对他方权利的侵犯，他方提起诉讼的依据便是双方签订的旅游合同。

3.2 旅游合同的订立

3.2.1 旅游合同的订立原则

旅游合同订立的基本原则是合同当事人在合同活动中应当遵守的基本准则，也是人民法院、仲裁机构在审理、仲裁合同纠纷时应当遵循的原则。我国《合同法》第三条和第八条的内容都是关于合同订立基本原则的规定，主要有以下几个原则：

1）平等原则

《合同法》第三条规定："合同当事人的法律地位平等，一方不得将自己的意志强加给另一方。"平等原则要求旅游合同双方当事人必须遵守以下几点：第一，在订立合同时，任何一方无权强制他人服从自己的意志；第二，合同依法成立后，对当事人双方产生平等的约束力，不允许任何一方享有特权；第三，因合同而产生纠纷时，当事人平等地受法律的保护；第四，合同当事人一方没有处罚或惩罚对方当事人的权利。

2）自愿原则

《合同法》第四条规定："当事人依法享有自愿订立合同的权利，任何单位和个人不得非法干预。"合同自愿原则主要包括缔约自愿、合同实现的手段和目的自愿、选择合同形式的自愿、变更或解除合同的自愿、合同争议解决方式的自愿。任何违背当事人意志的合同内容都是无效的或者是可以撤销的。

3）公平原则

《合同法》第五条规定："当事人应当遵循公平原则确定各方的权利和义务。"公平原则是法律最基本的价值取向，法律的基本目标就是在公平与正义的基础上建立社会秩序。公平原则要求合同当事人应当根据公平、正义的观念确定各方的权利和义务，各方当事人都应当在不侵害他人合法权益的基础上实现自己的利益，不得滥用自己的权利。

4）诚实信用原则

《合同法》第六条规定："当事人行使权利、履行义务应当遵循诚实信用原则。"在民法中，诚实信用通常被誉为"帝王原则"。在旅游合同的所有环节中都适用诚实信用原则。在旅游合同签订之前，旅游广告的发布必须遵循诚实信用原则。在旅游合同签订之后，旅行社和旅游者都应为履行合同积极创造条件，做好准备工作；在发生不可抗力时，要及时通知对方，尽可能减少对方的损失；如果出现违约情形，应主动承担违约责任。

5）遵守法律和维护道德原则

《合同法》第七条规定："当事人订立、履行合同，应当遵守法律、行政法规，遵守社会公德，不得扰乱社会经济秩序，损害社会公共利益。"此原则是对自愿原则的限制和补充。合同活动中的自愿原则是以遵守法律、法规，尊重社会公德，不损害社会公共利益为前提的。

微课3-1：
跟团旅游要签
订合同吗？

微课3-2：
订立合同的过
程是怎样的？

3.2.2 旅游合同的订立程序

订立合同的程序，实质上是双方当事人依法就旅游合同的主要条款经过协商达成一致的过程。《合同法》第十三条规定："当事人订立合同，采取要约、承诺方式。"因此，订立旅游合同的过程，分为要约和承诺两个阶段。

1）要约

（1）要约的概念

所谓要约，是指要约人希望和他人订立合同的意思表示。由此可见，要约是一种意思表示而不是一种民事法律行为，即要约仅仅表达了要约人单方面希望与他人订立合同的愿望。如果该要约没有得到受要约人的承诺，则不能产生要约人所期望的法律效果；但是要约又具有一定的法律意义，即要约一经发出就具有法律上的意义，也就是说，该要约一旦得到受要约人的承诺，就产生法律效果。

（2）要约的条件

要约作为表达希望与他人订立合同的一种意思表示，必须具备特定的条件。按照《合同法》第十四条的规定，要约必须具备以下两个条件：第一，内容具体确定。要约内容的"具体确定"，是指要约的内容必须包含要约人所希望订立合同的基本条款，如果受要约人表示同意，合同即告成立。第二，表明经受要约人承诺，要约人即受该意思表示约束。要约作为表达希望与他人订立合同的一种意思表示，其内容已经包含了可以得到履行的合同成立所需要具备的基本条件。在此情况下，如果受要约人表示接受此项要约，则双方达成订立合同的合意，合同也即告成立。例如，旅行社为招徕游客，向某公司发出一份线路宣传品，如果这份旅游线路宣传品中包含了旅游行程（包括交通工具、游览景点、住宿标准、餐饮标准等）安排、旅游价格、违约责任等，则应视为要约，即其内容是具体确定的，如果该公司表示接受该要约，双方即可达成订立合同的合意，而旅行社就要受该要约的约束。

（3）要约邀请及其特点

所谓要约邀请，又称要约引诱，是指希望他人向自己发出要约的意思表示。由此可见，要约邀请具有以下两个特点：第一，要约邀请是一种意思表示，即通过要约邀请将自己内在的希望他人向自己发出要约的意思表达出来。第二，要约邀请是希望他人向自己发出要约的意思表示。要约邀请作为一种意思表示，表达的内容是希望他人向自己发出要约。这是要约邀请与要约的本质区别。

由于要约和要约邀请都是发生在订立合同过程中的一种意思表示，而且两者之间在法律上具有不同的意义，所以区分要约和要约邀请的界限，明确要约邀请的范围和种类，对于合同实践具有重要的意义。

2）承诺

（1）承诺的概念

所谓承诺，是指受要约人同意要约的意思表示。

（2）承诺的条件

一般认为，一项有效的承诺，必须符合以下条件：第一，承诺必须由受要约人向要约人作出。第二，承诺必须是对要约明确表示同意的意思表示。第三，承诺必须在要约有效的期限内作出。第四，承诺的内容必须与要约的内容相一致。

（3）承诺作出的方式

《合同法》第二十二条规定："承诺应当以通知的方式作出，但根据交易习惯或者要约表明可以通过行为作出承诺的除外。"

由此可见，承诺应当以通知即明示的方式作出，缄默或者不作出某种行为不视为承诺。所谓明示的方式，是指受要约人以语言、文字或者其他直接表达意思的方式作出表示同意要约这一内在意思的形式。但是，根据《合同法》的规定，下列两种情况可以例外：第一，根据交易习惯。第二，根据要约的要求。

3.2.3　旅游合同的内容

所谓合同的内容，是指当事人之间就设立、变更或者终止权利义务关系表示一致的意思。合同内容通常也被称为合同条款。

按照当事人意思自治的原则，合同内容由当事人自主协商确定，法律一般不予干预。《合同法》第十二条中规定："合同的内容由当事人约定。"但是，为了示范较完备的合同条款，《合同法》第十二条对合同的主要条款做了规定，主要包括：

1）当事人的名称或者姓名和住所

这是合同必备的首要条款。当事人是合同权利义务的承受者，没有当事人，合同的权利义务就失去了存在的意义，给付和受领给付便无从谈起，因此，订立合同必须有当事人这一条款。当事人由其名称或姓名和住所加以特定化、固定化，所以，具体合同条款的草拟必须写清当事人的名称或姓名和住所。

2）标的

标的是合同法律关系的客体，即合同当事人之间权利义务所指向的对象。合同不规定标的，就会失去目的和意义，合同就不可能成立。标的不仅是所有合同必须具备的条款，而且必须是确定的、具体明确的。合同的种类很多，合同的标的也多种多样。例如，货物、货币、工程项目和劳务等。在旅游合同中，合同的标的主要是旅游经营者提供的旅游服务行为。

3）数量和质量

标的的数量和质量是确定合同标的的具体条件，当事人必须要明确；否则，当事人的权利义务就无法确定。数量是指以数字方式和计量单位方式对合同标的进行具体的确定。质量是指以成分、含量、纯度、尺寸、精密度、性能等来表示的合同标的内在素质和外观形象的优劣状况。在大多数合同中，数量是必备条款。同时，合同中也应对质量问题尽可能地规定细致、准确和清楚。国家有强制性规定标准的，必须按照规定标准执行，如果有其他质量标准的，应尽可能约定其适用的标准。

4）价款或报酬

价款或报酬，有时也称价金，是指一方当事人履行义务时另一方当事人以货币形式支付的代价。在合同的标的为物时，取得标的物所应当支付的代价为价款；在合同的标的为行为时，获得行为服务所应当支付的代价为报酬。在旅游合同中应当明确规定价款或报酬的数额，包括单价和总价，以及计算标准、结算方式和程序等。价款或报酬标准一般由当事人根据旅游市场供需行情协商确定，但国家和旅游部门有规定的，必须严格依据规定。

5）履行期限、地点和方式

履行期限，是指当事人履行合同义务的起止时间。旅游合同的履行期限是当事人双方履行旅游合同义务的时间界限，是确定旅游合同是否按时履行或迟延履行的客观标准，是一方当事人要求对方当事人履行义务的时间依据。在旅游合同规定的期限内，当事人必须严格按照旅游合同的规定履行义务，实现权利。到期不履行即为逾期，就要承担法律责任。

履行地点，是指当事人在什么地方履行合同义务和接受履行合同义务。履行地点是发生纠纷后确定法院管辖的依据，因此应当规定得明确具体。

履行方式，是指当事人采取什么样的方法履行自己在合同中的义务。合同的标的不同，则履行合同的方式也不同。例如，价款或者报酬的支付方式、结算方式等，可采用现金结算、转账结算、异地转账结算、委托收款等。

6）违约责任

违约责任，是指合同当事人不履行或者不完全履行合同约定的义务所引起的法律后果，即应当承担的法律责任。当事人承担违约责任的方式，主要有支付违约金和赔偿金两种。

7）解决争议的方法

解决争议的方法，是指当事人之间在履行合同过程中发生了争议之后，通过什么样的办法来处理争议。争议的解决方法有两种：一是诉讼解决，即通过向人民法院起诉由人民法院依法裁判解决争议。二是非诉讼解决。非诉讼解决又有三种方式：一是由双方当事人通过友好协商的方式解决；二是由双方当事人邀请第三人主持调解，解决争议；三是由双方当事人事先或事后约定由仲裁机构仲裁解决争议。我国法律规定，如果当事人选择了仲裁的方式解决争议，就不能再向人民法院起诉。

知识链接 3-1　　　　　　　《旅行社条例》中关于旅游合同的规定

第二十八条　旅行社为旅游者提供服务，应当与旅游者签订旅游合同并载明下列事项：

（一）旅行社的名称及其经营范围、地址、联系电话和旅行社业务经营许可证编号；

（二）旅行社经办人的姓名、联系电话；

（三）签约地点和日期；

（四）旅游行程的出发地、途经地和目的地；

（五）旅游行程中交通、住宿、餐饮服务安排及其标准；

（六）旅行社统一安排的游览项目的具体内容及时间；

（七）旅游者自由活动的时间和次数；

（八）旅游者应当交纳的旅游费用及交纳方式；

（九）旅行社安排的购物次数、停留时间及购物场所的名称；

（十）需要旅游者另行付费的游览项目及价格；

（十一）解除或者变更合同的条件和提前通知的期限；

（十二）违反合同的纠纷解决机制及应当承担的责任；

（十三）旅游服务监督、投诉电话；

（十四）双方协商一致的其他内容。

第二十九条　旅行社在与旅游者签订旅游合同时，应当对旅游合同的具体内容作出真实、准确、完整的说明。

旅行社和旅游者签订的旅游合同约定不明确或者对格式条款的理解发生争议的，应当按照通常理解予以解释；对格式条款有两种以上解释的，应当作出有利于旅游者的解释；格式条款和非格式条款不一致的，应当采用非格式条款。

3.2.4　旅游合同的形式

所谓合同的形式，又称合同的方式，是指当事人之间订立合同的方式，即当事人采用合同形式来表现所订立合同的内容。《合同法》第十条规定："当事人订立合同，有书面形式、口头形式和其他形式。"

1）书面形式

书面形式，是指以文字表现当事人所订合同的形式。《合同法》第十一条规定："书面形式是指合同书、信件和数据电文（包括电报、电传、传真、电子数据交换和电子邮件）等可以有形地表现所载内容的形式。"书面形式的最大优点是合同有据可查，发生纠纷时容易举证，便于分清责任。因此，对于关系复杂的合同、重要的合同，最好采用书面形式。

2）口头形式

口头形式，是指当事人只用口头语言为意思表示订立合同，而不用文字表达协议内容的合同形式。凡当事人无约定、法律未规定须采用特定形式的合同，均可采用口头形式，当发生争议时当事人必须举证证明合同的存在及合同关系的内容。所以，对于不能及时清结的合同和标的数额较大的合同，不宜采用这种形式。

3）其他形式

其他形式，是指口头形式、书面形式以外的合同形式，包括推定形式和默示形式。所谓推定形式，是指当事人并不直接用书面或者口头形式进行意思表示，而是通过实施某种行为来做意思表示。例如，饭店客房租赁合同期满时，承租人和出租人都没有提出合同终止的问题，而且承租人继续支付租金，出租方也继续接受租金，从这种行为中可以推定出租人已经同意延长该客房租赁合同的租赁期。所谓默示形式，是指当事人采用沉默的方式进行意思表示，也就是以默认的方式对合同表示认可。

3.2.5　旅游合同订立的主体资格

旅游合同的当事人可以是自然人，也可以是法人或非法人组织。根据法律规定，对自然人而言，无民事行为能力的自然人不具有订立合同的行为能力，限制民事行为能力的人，具有订立与其能力相适应的合同的能力。法人及非法人组织具有民事权利能力和民事行为能力，它们也具有订立合同的主体资格，可在其核准登记的范围内订立合同或在其目的范围内订立合同。

1）旅游者

①具有完全行为能力的旅游者（年满 18 周岁和 16 周岁以上不满 18 周岁，以自己的劳动收入为主要来源的人），可以独立与旅游企业签订旅游合同。

②限制民事行为能力的旅游者（8 周岁以上不满 18 周岁和不能完全辨认自己行为的成年人），可以独立与旅游企业订立与其年龄、智力或者精神健康状况相适应的旅游合同，其他旅游合同由其法定代理人代理，或者征得其法定代理人同意。

③无民事行为能力的旅游者（不满 8 周岁和不能辨认自己行为的人），由他们的法定代理人代理订立旅游合同。

2）旅游企业

①依法取得营业执照的旅游企业，在其经营范围内有权与旅游者或其他旅游企业（如旅游交通部门、旅游饭店、旅游景点等）订立合同。

②经营对外招徕并接待或只经营接待外国人、华侨、港澳台同胞来中国、归国或回内地（大陆）旅游的旅行社有权签订来华旅游合同。

3）代理人

旅游合同的当事人可以委托代理人订立合同。代理人代订合同，要有授权委托书，并且在授权范围内有权独立与旅游企业签订旅游合同。

3.3　旅游合同的效力

3.3.1　合同生效

旅游合同的效力是指旅游合同的法律约束力。旅游合同生效是指已经成立的合同在当事人之间产生了一定的法律约束力，即法律效力。《合同法》第八条规定："依法成立的合同，对当事人具有法律约束力。当事人应当按照约定履行自己的义务，不得擅自变更或解除合同。"

合法有效的合同受法律的保护，能够产生当事人预期的法律后果。合同生效的条件主要有以下几个方面：第一，主体合法（行为人具有相应的行为能力）；第二，当事人的意思表示真实；第三，内容合法（不违反法律或社会公共利益）；第四，形式或程序合法。合同生效除了具备上述一般有效条件外，在特殊情况下，还须具备特别有效要件，才能产生法律效力，如法律、行政法规规定，合同应当办理批准、登记手续才生效的，应依照其规定。

依法成立的合同自成立时起生效。合同成立和合同生效是密切联系的，但它们是两个不同的概念。合同成立是当事人意思表示一致，达成合意，充分体现和尊重当事人的意志自由。但是合同成立并不等于合同生效。法律规定了合同生效的条件，如果已经成立的合同不具备合同生效的条件，则该合同不能生效，不能对合同当事人产生法律约束力。

微课3-3：
合同订立就
一定有效吗？

3.3.2 无效旅游合同

1）无效旅游合同的概念

无效旅游合同是指已经成立但欠缺法定的有效条件而被确认为无效的旅游合同。

无效旅游合同具有以下特点：

①无效旅游合同具有违法性。

②不能产生当事人订立合同时的预期效果。

③无效旅游合同自始无效。

2）无效旅游合同的几种情形

我国《合同法》第五十二条规定，有下列情形之一的，合同无效：

①一方以欺诈、胁迫的手段订立合同，损害国家利益。

②恶意串通，损害国家、集体或者第三人利益。

③以合法形式掩盖非法目的。

④损害社会公共利益。

⑤违反法律、行政法规的强制性规定。

除了上述无效合同外，我国《合同法》第五十三条还规定："合同中的下列免责条款无效：造成对方人身伤害的；因故意或者重大过失造成对方财产损失的。"

3.3.3 可撤销旅游合同

1）可撤销旅游合同的概念

可撤销旅游合同是指当事人的意思表示有缺陷，当事人有权请求人民法院或仲裁机构变更或者撤销的旅游合同。

2）可撤销旅游合同的特点及与无效合同的区别

可撤销旅游合同的特点如下：

①意思表示不真实。

②合同是否撤销由当事人自己决定。

③合同在未经撤销前是有效的。

可撤销合同和无效合同是不相同的。虽然两者都是自始无效，并产生恢复原状的效力，但两者是有区别的，主要表现在：

①可撤销合同主要是意思表示不真实的合同，无效合同则是违反法律强制性规定或损害社会公共利益的合同。因此，法律赋予可撤销合同中的当事人有撤销权，并自主决定是否撤销合同，法院不强制干涉。而无效合同中的当事人无自主选择权，法院可依职权强行干预。

②可撤销合同在被撤销前是有效的，而且当事人可以不撤销合同而要求变更合同使之继续有效，但无效合同则当然无效。

③可撤销合同中撤销权人所拥有的撤销权，法律对之有除斥期间的规定，而无效合同是没有期限规定的。

3）可撤销旅游合同的情形

根据《合同法》第五十四条的规定，可撤销旅游合同包括以下几种情形：

（1）因重大误解订立的旅游合同

这类合同是指当事人对合同的性质、对方当事人以及标的等重大事项缺乏了解，或者了解不正确，发生了错误的认识而签订的旅游合同。重大误解一般具有以下特征：第一，误解人本身有过错，因过错而导致重大误解；第二，必须是对合同内容的重大误解，一般的也不会导致合同的解除；第三，误解影响到当事人所享有的权利和所承担的义务；第四，误解与合同订立之间存在因果关系，即正是由于对合同内容的重大误解才导致了合同的成立。

（2）显失公平订立的旅游合同

这类合同是指一方当事人利用优势或利用对方急需或无经验，致使双方的权利义务关系明显违反平等互利、等价交换原则的旅游合同。

显失公平的旅游合同应具备三个条件：一是对一方当事人有重大不利；二是不利一方不是出于真正自愿；三是这种不利为法律所不允许。显失公平旅游合同的签订有两种情况：一种是乘人之需而显失公平；另一种是因条件苛刻而显失公平。这种合同一经争议，应予撤销。

3.3.4　合同无效和合同被撤销的法律后果

《合同法》第五十六条规定："无效的合同或者被撤销的合同自始没有法律约束力。合同部分无效，不影响其他部分效力的，其他部分仍然有效。"第五十七条规定："合同无效、被撤销或者终止的，不影响合同中独立存在的有关解决争议方法的条款的效力。"

《合同法》第五十八条规定，无效合同和被撤销合同的法律后果通常有以下三种情况：

1）返还财产

合同无效或被撤销后，当事人因该合同取得的财产，应当返还给原所有权人；不能返还或者没有必要返还的，取得财产的一方应当折价补偿。

2）赔偿损失

一方当事人有过错的，应当赔偿对方因此所受到的损失；双方都有过错的，应当按各自过错的程度承担相应的责任。

3）追缴财产

当事人恶意串通，损害国家、集体或第三人利益的，因此取得的财产收归国家所有或者返还给集体、第三人。

3.4 旅游合同的履行

3.4.1 合同履行的概念

合同的履行是指合同双方当事人按照合同中约定的内容，全面完成各自承担的义务，从而使合同当事人实现订立合同的目的。如果合同双方当事人都全面履行了合同约定的义务，称为合同的全部履行；只履行了部分义务称为合同的部分履行；如果合同双方都未履行自己的义务称为合同未履行。合同的履行是《合同法》中一个极为重要的问题。合同的订立是前提，合同的履行是关键。

3.4.2 履行旅游合同的原则

合同当事人在履行合同的过程中要遵循基本的原则。按照《合同法》的规定，合同履行应遵循以下原则：

1）全面履行原则

《合同法》第六十条规定："当事人应当按照约定全面履行自己的义务。"所谓全面履行原则，是指合同双方当事人完全按照合同约定的标的、数量、质量、品种、价款、履行地点、履行期限、履行方式以及包装、结算等要求履行义务。全面履行原则是判定合同当事人是否全面履行合同义务以及当事人是否存在违约事实以及是否承担违约责任的重要法律准则。

一般来说，正确全面履行包括三个方面的内容：一是按照合同约定的标的履行。未按合同约定的品质交付的，属于履行中的违约。二是按照合同约定的数量、质量、品种等全面履行，不能只履行部分，另一部分不履行。三是履行合同的主体、时间、地点和方式都必须适当。凡法律规定或合同约定不能由他人代为履行的，则不能由他人代为履行。履行的时间、地点和方式也不得随意变更，未经对方同意，擅自变更履行时间、地点和方式即构成违约，应承担相应的法律责任。

2）诚实信用原则

《合同法》第六十条第二款规定："当事人应当遵循诚实信用原则，根据合同的性质、目的和交易习惯履行通知、协助、保密等义务。"这就是诚实信用原则。诚实信用原则是现代市场交易的"帝王原则"，它不仅是合同订立的基本原则，也是合同履行的基本原则。合同依法成立后，当事人除了应当按照约定全面履行合同义务外，更重要的是强调当事人应当履行依据诚实信用原则所产生的义务。在履行合同的过程中，各方当事人除自己全面履行合同外，还要积极为对方履行合同创造必要的条件，提供必要的方便，不得为对方履行合同设置障碍；在履行义务前，应及时通知对方，以便对方做好接受履行的准备；当发生不可抗力或其他原因，造成合同不能履行或者不能按时履行时，也应及时通知对方，以便采取相应措施，避免或减少损失；交付标的物时，应如实告知对方相关注意事项，标的物有瑕疵的也应如实告知。总之，双方在合同履行中都应恪守信用，诚实无欺。

有些事项合同中虽然没有约定，或者约定不明确，但是按照诚实信用原则或者根据交易习惯，当事人负有通知、协作、保密等义务的，当事人也应当履行。这既是诚实信用原则在履行合同中的体现，也是合同当事人应承担的随附义务。

3）协助履行原则

协助履行原则，是指当事人不仅要适当履行自己所负的合同义务，而且基于诚实信用原则，在对方当事人履行合同义务时要积极协助，提供条件和方便，配合对方完成履行行为。

合同的履行如果只有义务人履行的行为，没有权利人的接受行为，是难以保证合同正确履行的。协助履行是诚实信用原则在合同履行方面的体现。一般认为，协助履行原则包括以下内容：第一，义务人履行义务，权利人主动受领；第二，权利人要为义务人创造条件，提供方便；第三，在履行合同中，双方当事人应加强联系，及时沟通，发现影响合同履行的情况，应及时通知对方，采取必要的措施，排除影响合同履行的因素，避免或减少损失。

4）经济合理原则

当事人订立合同通常情况下都是为了实现一定的经济目的，使双方都有利可图。在合同谈判时，双方是对手，但在合同履行时，双方应是交易的伙伴，任何一方在谋求自己最大利益的同时应当尽量减少对方的支出，使双方付出最小的成本，取得最大的合同利益。这主要体现在变更合同时和发生纠纷时，双方都应遵循经济合理原则，将损失尽量减少到最小限度。

微课3-4：合同履行的原则有哪些？

3.5 旅游合同的变更、转让、终止和解除

3.5.1 旅游合同的变更

1）旅游合同变更的概念

我国《合同法》第七十七条规定："当事人协商一致，可以变更合同。"变更合同，是指合同成立之后，尚未履行完毕之前，由合同当事人双方依法对原合同的内容所进行的修改。合同变更包括以下内容：

①合同变更发生在合同成立之后到合同没有完全履行之前。这里的没有完全履行之前包括合同订立之后根本没有履行和没有完全履行以前的期间，如果合同没有成立或者合同已经履行完毕，就不会发生合同变更的情形。

②合同变更是对已经成立的合同部分内容的变动或者修改，如果是对合同的全部内容进行变动或修改，就不属于合同的变更，而是重新协商订立合同。

③合同变更须经当事人协商一致。根据当事人意思自治原则，合同是双方当事人协商一致的结果，合同成立并生效后，任何一方当事人均不能随意变更。

④有些合同的变更须经批准。《合同法》第七十七条第二款规定："法律、行政法规规定变更合同应当办理批准、登记等手续的，依照其规定。"这就是说，经过当事人协商一致，可以变更合同。但是，依照法律、行政法规的规定，变更合同应当办理批准、登记手续的，还应当依据法律、行政法规的规定办理手续。这一方面体现了合同当事人意思自治的原则，同时又体现了对某些合同实行必要的国家干预原则。

2）当事人对合同变更的内容约定不明确的处理

《合同法》第七十八条规定："当事人对合同变更的内容约定不明确的，推定为未变更。"因为变更后的合同权利义务只有明确了，才能履行并产生法律上的约束力。如果变更后的合同权利义务不明确，则无法履行，不利于法律保护当事人的权益。对此，《合同法》规定"推定为未变更"，也就是说，法律不予认可双方当事人内容不明确的变更，对双方当事人不产生法律上的约束力。

微课3-5：
旅游合同可以
变更吗？

3.5.2　旅游合同的转让

1）旅游合同转让的概念

所谓旅游合同转让，是指旅游合同当事人依法将合同的全部或部分权利义务转让给他人的合法行为。其含义如下：

①合同转让是合同当事人将其享有的权利或者承担的义务全部或部分转让给他人，即转让给合同当事人以外的人，也称为第三人。例如，旅行社将其根据旅游合同享有的权利或承担的义务全部或部分转让给另一家旅行社。

②合同转让不是合同内容的改变，即在合同转让中并不改变合同中所约定的权利义务，而是权利享有主体将其权利全部或部分转让给他人，或者是义务承担主体将其应承担的义务转让给他人，而作为合同内容的权利义务并不因转让而改变。例如，旅行社将其应当履行的为旅游者代订机票的义务转让给另一家旅行社，在此情形下，订机票的义务仍然应当履行，只不过履行代订机票义务的履行者因转让而发生了改变。

③合同转让属于一种合法行为。合同当事人只要符合《合同法》及其他有关法律、法规的规定进行转让，就不受他人干涉，其行为就受法律的保护。例如，旅行社将其依据旅游合同取得的权利或承担的义务转让给另一旅行社，只要该行为符合《旅行社条例》，即为合法行为并受法律保护。

④合同转让应当经过对方同意或者通知对方方可产生法律效力。具体来讲，《合同法》第八十条规定："债权人转让权利的，应当通知债务人。未经通知，该转让对债务人不发生效力。"《合同法》第八十四条规定："债务人将合同的业务全部或者部分转移给第三人的，应当经债权人同意。"例如，某旅行社依据成立并生效的旅游合同取得了向旅游者收取旅行费用的权利，但因招徕人数不足，该旅行社可将已签约的旅游者转让给另一旅行社，由另一旅行社向旅游者收取旅行费用。但该转让权利的行为，应当通知旅游者，未

经通知，该转让对旅游者不发生效力。如果某旅行社将承担的组织、安排旅游者游览的义务全部或部分转移给另一旅行社，必须得到旅游者的同意。

⑤合同涉及审批手续的，还须办理有关手续。《合同法》规定，法律、行政法规规定转让权利或转移义务应当办理批准、登记手续的，依照其规定；否则，转让不会得到法律上的认可。

2）合同权利的转让

（1）合同权利转让的含义

所谓合同权利的转让，是指合同中享有权利的一方当事人通过协议将自己的债权全部或部分转让给第三人的行为。

（2）合同权利转让的限制

根据《合同法》第七十九条的规定，合同转让并不是任意进行的，其转让是受一定限制的。合同权利的转让应当受到下列限制：

第一，根据合同性质不得转让的，合同权利不得转让。这主要是指具有人身性质的权利不得转让。具有人身性质的权利，属于非财产性的权利，是指债权人基于自己的人格和身份而享有的权利，包括人格权和身份权。属于这种性质的合同权利是不能转让的。

第二，按照当事人约定不得转让的，合同权利不得转让。合同是双方当事人意思表示一致的结果。如果双方当事人在合同中有合同权利不得转让的约定，债权人就不得违反该约定进行转让，否则应承担违约责任。

第三，依照法律规定不得转让的，合同权利不得转让。例如，根据法律规定转让合同权利必须经过批准的合同，必须经过批准方可转让；如果批准机关不予批准，债权人就不能擅自进行转让。

（3）债权人转让债权必须履行的义务

第一，通知义务。债权人的通知应以书面为宜，并应让债务人出具收到通知的字据，以免产生争议。《合同法》规定，债权人转让权利的通知不得撤销，但经受让人同意的除外。这一规定也体现了必要的国家干预原则和当事人意思自治原则。

第二，债权人转让主债权应承担从债权的义务。《合同法》第八十一条规定："债权人转让权利的，受让人取得与债权有关的权利，但该从权利专属于债权人自身的除外。"所谓从权利，是指与主权利有关、与主权利存在从属关系的权利。例如，与债权有关的抵押权、利息债权、违约金债权、损害赔偿的请求权等。从权利一般是随主权利的转让而转让的，但属于人身权的权利是不能转让的，如人格权、身份权等。

第三，债权人转让权利需要办理登记的应进行登记，即根据法律、法规的规定，转让权利应当办理登记、批准手续的，债权人必须履行登记、批准的义务。

3）合同义务的转让

（1）合同义务转让的含义

所谓合同义务转让，是指合同中的债务人将自己应当履行的义务转让给第三人的行为。

（2）债务人转让义务必须遵守的规则

第一，必须经债权人同意。《合同法》中的这一规定是为了保护债权人的权利。应当说明的是，债务人转移债务不同于债权人转让债权，前者必须经另一方当事人即债权人的同意，而后者只要债权人履行了通知义务即可，不必经债务人同意。

第二，新债务人应承担从债务。《合同法》第八十六条规定："债务人转移债务的，新债务人应当承担与主债务有关的从债务，但该从债务专属于原债务人自身的除外。"这就是说，从债务是随着主债务转移的。例如，担保债务就是主债务的从债务。但是，属于债务人人身性质的从债务是不能转移的。

第三，应依法办理有关手续，即根据《合同法》第八十七条的规定，债务人转移义务，法律、法规规定应当办理批准、登记手续的，应当办理批准、登记手续。

4）合同权利义务的概括转移

合同权利义务的概括转移是指合同当事人一方经过对方同意，将其债权债务一并转移给第三人，由第三人概括地接受这些债权债务。合同权利义务概括转移以后，第三人取代原合同一方当事人的地位。由于此种转移涉及合同义务的转移，因此需要取得另一方当事人的同意。

5）当事人订立合同后合并或者分立的权利义务的行使和承担

《合同法》第九十条规定："当事人订立合同后合并的，由合并后的法人或其他组织行使合同权利，履行合同义务。当事人订立合同后分立的，除债权人和债务人另有约定的以外，由分立的法人或者其他组织对合同的权利和义务享有连带债权，承担连带债务。"

微课3-6：
合同可以
转让吗？

3.5.3 旅游合同的终止

1）旅游合同终止的概念

旅游合同的终止，也就是旅游合同权利义务的终止，是指当事人双方终止合同关系，合同所确定的当事人之间权利义务关系消灭。

2）合同终止的法律规定

《合同法》第九十一条规定了合同的权利义务终止的情形：

①债务已经按照约定履行；

②合同解除；

③债务相互抵销；

④债务人依法将标的物提存；

⑤债权人免除债务；

⑥债权债务同归于一人；

⑦法律规定或者当事人约定终止的情形。

3）合同终止后的法定义务

《合同法》第九十二条规定："合同的权利义务终止后，当事人应当遵循诚实信用原则，根据交易习惯履行通知、协助、保密等义务。"

《合同法》第九十八条规定："合同的权利义务终止，不影响合同中结算和清理条款的效力。"

3.5.4　旅游合同的解除

1）旅游合同解除的概念

旅游合同的解除是指旅游合同订立后尚未完全履行前，合同当事人根据法律规定的条件和程序提前终止旅游合同，使合同关系归于消灭。旅游合同解除后尚未履行的，终止履行。

2）旅游合同解除的形式

旅游合同的解除有协议解除和法定解除两种形式。

（1）协议解除

协议解除是基于旅游合同当事人的意思而解除合同的一种形式，是一种双方的法律行为。《合同法》第九十三条规定："当事人协商一致，可以解除合同。"协议解除是合同自愿原则在终止合同关系中的一种运用形式。

（2）法定解除

法定解除是指合同成立后，在未履行或者履行中，当事人一方行使法定解除权而终止合同。法定解除是一种单方法律行为。《合同法》第九十四条规定了5种法定解除合同的情形：

①因不可抗力致使不能实现合同目的；

②在履行期限届满之前，当事人一方明确表示或者以自己行为表明不履行主要债务；

③当事人一方迟延履行主要债务，经催告后在合理期限内仍未履行；

④当事人一方迟延履行债务或者有其他违约行为致使不能实现合同目的；

⑤法律规定的其他情形。

3.6　旅游合同的违约责任

3.6.1　违约责任的概念

违约责任是指合同当事人一方不履行合同义务或者履行义务不符合约定时，依法应当承担的民事责任。违约责任制度的建立，对于强化当事人的合同意识，维护正常、稳定的市场秩序，保护当事人合法权益，保障社会主义市场经济的健康发展，具有重要的作用。

违约责任具有以下特点：

（1）违约责任的产生是以合同的有效存在为前提的；

（2）违约责任是合同当事人不履行债务所应当承担的责任；

（3）违约责任只能在合同当事人之间产生；

（4）违约责任可以由合同当事人自行约定。

3.6.2 违约责任的严格责任原则

在存在有效合同的前提下，并非所有违反旅游合同的行为都要承担违约责任。在民事法律中，严格责任原则是确定行为人民事责任的根据和标准，是确定民事违约责任的基础。严格责任原则的确定，对于违约责任的构成要件、损害赔偿的范围、举证责任的承担等具有重大的意义。

《合同法》第一百零七条规定："当事人一方不履行合同义务或者履行合同义务不符合约定的，应当承担继续履行、采取补救措施或者赔偿损失等违约责任。"由此规定可见，《合同法》规定的违约者责任不要求证明行为人在主观上是否存在过错，而只要行为人没有履行合同或者履行合同不符合约定，就应当承担违约责任。《合同法》采取严格责任原则，有利于促使合同当事人认真履行合同义务，以避免违约情形发生后，违约方设法证明自己主观上无过错而逃避责任。

根据《合同法》的规定，当事人承担违约责任必须同时具备以下两个条件：

①要有违约行为。违约行为是违约责任发生的客观原因。违约行为是合同当事人一方不履行合同义务或者履行合同义务不符合约定及法律规定的客观事实。履约是合同法律效力的必然要求，也是实现合同当事人所追求的经济目的的根本途径。由于当事人的违约行为导致合同债权得不到正常实现，违约一方应承担相应的违约责任。

②违约行为与损害结果之间具有因果关系。因果关系是指行为与结果之间引起与被引起的合乎逻辑的关系。如果损害结果不是违约行为所导致的，那么不负损害赔偿责任。

3.6.3 违约责任的承担方式

根据《合同法》第一百零七条规定，违约责任的形式主要有以下三种：

1）继续履行

继续履行是指在合同违约方不履行合同或者履行合同不符合约定时，另一方当事人可以要求其在合同履行期限届满后继续按照合同所约定的主要条件继续履行合同义务的行为。

在适用这种违约责任方式时，必须符合下列条件：

①当事人一方不履行合同义务或者履行合同义务不符合约定。这是适用一切违约责任方式的条件，当然也是适用继续履行的前提条件。如果在违约行为发生之前，债务人履行合同债务，属于正常的合同履行，不属于强制实际履行。

②债权人提出继续履行的权利要求。违约方违反合同后，债权人享有选择权，既可以要求违约方继续履行，也可以不要求违约方继续履行。当然，债权人提出继续履行的要求有合理的期限，期限届满则此权利消灭。

③存在实际履行的可能。根据《合同法》第一百一十条的规定，客观上存在着实际履行的可能，是违约方承担继续履行的违约责任的必备条件。继续履行的目的是促使违约方履行原合同规定的义务，但如果因为违约方的违约使合同丧失了履行的可能性，在此情况下，强制债务人履行义务也是不可能的。继续履行的不可能有两种含义：一是事实上的不能；二是法律上的不能。在不存在继续履行的可能性的情况下，双方只能解除合同，由违约方承担赔偿损失等其他责任。

2）采取补救措施

采取补救措施是指违约方违约后，主动采取措施，对违约行为进行补救的行为，其目的在于消除、减轻因违约给对方当事人造成的损失。

3）赔偿损失

《合同法》第一百一十二条规定："当事人一方不履行合同或者履行合同义务不符合约定的，在履行义务或者采取补救措施后，对方还有其他损失的，应当赔偿损失。"赔偿损失是指违约方因不履行或不完全履行合同义务给对方造成损失时，依法或者根据合同约定应赔偿对方当事人所受损失的行为。

以案说法 3-1　　　　　　　适用违约金还是定金罚则，两者只可选其一

某旅行社接待了一个由 22 人组成、计划于"五一"期间去海南四夜五天游的旅游团。经过双方协商约定，费用为每人 2 300 元，团费总计 50 600 元。先支付 2 200 元（100 元/人）作为定金；如果任何一方违约，应按照总团费的 5%向对方支付违约金。旅行社收取定金后，出具了收款单据。随后，该旅行社立即和海南地接社联系，并通报了团队情况。但因为距"五一"时间尚远，该旅行社并未和地接社确认该团。而这一年"五一"是我国政府实施的第一个黄金周，所以不管是国内团还是境外团全部爆满。得知消息后，该旅行社立即与海南地接社联系，但海南地接社以没有确认为由拒绝接待该团队。该旅行社又四处与海南的其他旅行社联系，但均被拒绝。最后，该旅行社不得已只好取消了组团，并决定给每位客人退还定金 100 元，再赔偿 100 元。游客还要求旅行社按照约定承担总团费 5%的违约金，即 2 530 元（115 元/人），但被旅行社拒绝了。于是游客投诉至旅游行政管理部门。

案例分析：

本案中，旅行社取消组团的行为确实已经构成违约，依法应当承担违约责任。因此，该旅行社在退还客人 100 元/人的同时，又赔偿客人 100 元/人，这种处理方式是完全符合法律规定的。

《合同法》第一百一十五条规定："当事人可以依照《中华人民共和国担保法》约定一方向对方给付定金作为债权的担保。债务人履行债务后，定金应当抵作价款或者收回。给付定金的一方不履行约定的债务的，无权要求返还定金；收受定金的一方不履行约定的债务的，应当双倍返还定金。"第一百一十六条规定："当事人既约定违约金，又约定定金的，一方违约时，对方可以选择适用违约金或者定金条款。"因此，在要求旅行社承担违约金或者双倍返还定金方面，游客只能选择其一，而不能同时要求旅行社承担两种方式的责任。

资料来源　佚名. 适用违约金还是定金罚则，两者只可选其一［EB/OL］.（2010-10-12）［2013-12-31］. http://www.gdtourismlaw.com/ebnews.asp? id=366.

3.6.4　不可抗力

1）不可抗力的概念

《合同法》第一百一十七条规定："本法所称不可抗力，是指不能预见、不能避免并不能克服的客观情况。"不可抗力通常分为自然现象和社会现象。自然现象有地震、水涝、洪灾等；社会现象有政治骚乱、罢工等。

2）不可抗力的构成条件

微课3-7：遭遇不可抗力是否可以免责?

不可抗力具有严格的构成条件。根据《合同法》规定，主要有以下几个方面：

（1）不可预见性

所谓不可预见性，是指合同当事人在订立合同时对于不可抗力事件是否会发生是不可能预见的。应当指出的是，所谓不可预见，是指在当时的客观、主观条件下，该当事人是不可能预见到的。

（2）不可避免性

所谓不可避免性，是指合同当事人对于可能出现的意外情况尽管采取了及时合理的措施，其在主观上作了很大的努力，但在客观上并不能阻止这一意外情况的发生。

（3）不可克服性

所谓不可克服性，是指合同当事人对于意外事件所造成的损失是不能克服的。如果意外事件造成的结果可以通过当事人的努力而得到克服，则该事件不属于不可抗力事件。

3）不可抗力的法律后果

《合同法》第一百一十七条规定："因不可抗力不能履行合同的，根据不可抗力的影响，部分或者全部免除责任，但法律另有规定的除外。当事人延迟履行后发生不可抗力的，不能免除责任。"可见，不可抗力作为免责事由是有时间限制的，即它只发生在合同订立之后、履行完毕之前。如果不可抗力发生在合同订立之前或者履行之后，都不能构成不可抗力事件。此外，如果当事人延迟履行义务后发生不可抗力的，也不能成为免责事由。

4）遭遇不可抗力一方当事人的义务

《合同法》第一百一十八条规定："当事人一方因不可抗力不能履行合同的，应当及时通知对方，以减轻可能给对方造成的损失，并且应当在合理期限内提供证明。"由此规定可知，遭遇不可抗力一方当事人具有及时通知的义务和提供证明的义务。当一方当事人遭遇不可抗力时，必须及时通知对方，并在合理的期限内提供证明，这是法定的义务。如果当事人没有履行这两项义务，则不能部分或全部免除违约责任。

3.7　旅游格式条款和旅游格式合同

3.7.1　格式条款和格式合同的概念

格式条款是当事人为了重复使用而预先拟定并在订立合同时未与对方协商的条款。在一份合同中，可以包含有格式条款和非格式条款。如果该合同的所有条款都是格式条款，那么该合同就是格式合同。

3.7.2　格式条款提供者的责任

《合同法》第三十九条第一款规定："采用格式条款订立合同的，提供格式条款的一方应当遵循公平原则确定当事人之间的权利和义务，并采取合理的方式提请对方注意免除或限制其责任的条款，按照对方的要求，对该条款予以说明。"由此可见，格式条款的提供者具有如下两项责任：

1）遵循公平原则确定当事人之间的权利和义务

所谓公平原则，是指格式条款的提供者在拟定格式条款时，应当将双方的权利义务确定得相互对等，双方当事人享有的权利和承担的义务大体相当，而不能一方只享有权利不承担义务，或者享有的权利明显大于承担的义务。如果格式条款的提供者在拟定格式条款时，确定自己享有大量的权利而只承担极少的义务，或者确定对方承担大量的义务而只享有少量的权利，这种格式条款违反公平原则，是"显失公平"的合同条款，可由人民法院或者仲裁机构予以变更或者撤销。

2）提示或者说明的义务

按照《合同法》的规定，格式条款的提供者应当采取合理的方式提请对方注意免除或限制其责任的条款，按照对方的要求，对该条款予以说明。所谓免除或者限制责任的条款，是指规定免除或者限制格式条款提供者责任的各种条件的条文。所谓合理的方式，就是指以能使对方当事人引起注意的方式提醒对方当事人考虑这些条款的含义。当对方当事人对免责条款存有疑虑时，格式条款的提供者应当予以说明。如果格式条款的提供者不尽提请对方注意和说明的义务，那么可以认为是利用提供格式条款的有利条件，将有利于自己而不利于对方的免责条款夹塞到合同中去，违背了订立合同应当遵守的诚实信用的原则。

3.7.3　格式条款的无效

1）格式条款无效的概念

格式条款无效是指由于格式条款中含有法律所禁止的内容，或者在订立合同时违反法律规定而导致格式条款无效的情况。

2）格式条款无效的条件

《合同法》第四十条规定："格式条款具有本法第五十二条和第五十三条规定情形的，或者提供格式条款一方免除其责任、加重对方责任、排除对方主要权利的，该条款无效。"

由此可见，格式条款中含有下列内容的，该条款无效：

①具有《合同法》第五十二条规定情形之一的，合同无效。这些情形有：一方以欺诈、胁迫的手段订立合同，损害国家利益；恶意串通，损害国家、集体或者第三人利益；以合法形式掩盖非法目的；损害社会公共利益；违反法律、行政法规的强制性规定。

②具有《合同法》第五十三条规定情形之一的，合同中的免责条款无效。这些情形有：造成对方人身伤害的；因故意或者重大过失造成对方财产损失的。

③提供格式条款一方当事人免除自己责任。所谓免除责任，是指格式条款中含有免责条款提供者按照通常情形应当承担的主要义务，一般与合同的标的、数量、质量、履行期限、履行地点等有关。

④加重对方责任，即指格式条款中含有通常情况下对方当事人不应当承担的义务。

⑤排除对方当事人主要权利。所谓排除对方当事人主要权利，是指格式条款中含有排除对方当事人按照通常情形应当享有的主要权利。例如，旅游者依法享有选择并接受服务的权利，如果旅游业经营者在格式合同中规定旅游者必须接受某项服务，就是排除了旅游者的主要权利，因为"选择权"是旅游者依法享有的一项主要权利。

3.7.4　格式条款的解释

1）格式条款的解释的含义

格式条款的解释，是指当事人采用格式条款订立合同后，在履行过程中因对有关条款的含义有不同的理解，应当采用何种原则进行解释。

《合同法》第四十一条规定："对格式条款的理解发生争议的，应当按照通常理解予以解释。对格式条款有两种以上解释的，应当作出不利于提供格式条款一方的解释。"按此规定，格式条款争议的解释原则为不利于格式条款的提供者，即当事人双方对格式条款含义的理解发生争议时，应当作出不利于格式条款提供者的解释。

2）格式条款和非格式条款不一致时的采用

《合同法》第四十一条规定："格式条款和非格式条款不一致的，应当采用非格式条款。"当事人在采用格式条款订立合同时，如果在格式条款中未能将对方合意全部表达清楚，还可以另行签订书面协议，或者对格式条款进行修改，以其他的文字代替格式条款。在这种情况下，一份合同就具有了格式条款和非格式条款两部分，即由格式条款和非格式条款构成一份完整的合同。如果当事人在履行合同的过程中，发现格式条款和非格式条款存在不一致的地方，应当采用非格式条款。因为非格式条款不是当事人一方事先拟定的，而是双方当事人在经过协商之后确定的，因而更能充分地反映和表达双方当事人的意愿。

■ 本章小结

本章主要介绍旅游合同的概念、特征和作用，分析旅游合同的订立、效力、履行、变更、转让、终止、解除以及违约责任等一般性的法律规定，着重论述了旅游格式合同及其解释等问题。

■ **主要概念**

　　合同　旅游合同　要约　承诺　无效旅游合同　可撤销旅游合同　合同的履行　合同的变更　合同的转让　合同的终止　合同的解除　严格责任原则　不可抗力　格式条款　格式合同

■ **选择题**

　　1.合同是平等主体的自然人、法人、其他组织之间（　　）民事权利义务关系的协议。

　　A.设立　　　　　　　　B.变更　　　　　　　　C.终止　　　　　　　　D.履行

　　2.当事人订立合同的形式有（　　）。

　　A.书面形式　　　　　　B.口头形式　　　　　　C.其他

　　3.合同有效的条件是（　　）。

　　A.主体合法　　　　　　B.意思表示真实　　　　C.内容合法　　　　　　D.形式合法

■ **判断题**

　　1.旅游合同的客体是主体为实现一定的旅游活动目的而约定的旅游权利所指向的事物。
　　　　　　　　　　　　　　　　　　　　　　　　　　　　　　　　　　　　（　　）

　　2.依法成立的合同，对当事人具有法律约束力。当事人应当按照约定履行自己的义务，不得变更或解除合同。　　　　　　　　　　　　　　　　　　　　　　　　（　　）

　　3.要约邀请是指希望他人向自己发出要约的意思表示。　　　　　　　　　（　　）

　　4.承诺应当以通知的方式作出，不能通过行为作出。　　　　　　　　　　（　　）

　　5.无效的合同或者被撤销的合同自始没有法律约束力。合同部分无效，不影响其他部分效力的，其他部分仍然有效。　　　　　　　　　　　　　　　　　　　　　（　　）

■ **简答题**

　　1.简述旅游合同订立的原则和程序。

　　2.简述旅游合同的形式和内容。

　　3.合同生效需具备哪些条件？如何认定无效合同？

　　4.简述合同被认定为无效合同和被撤销合同后的法律后果。

　　5.简述旅游合同履行的原则。

　　6.违约承担民事责任有哪些形式？

■ **案例分析题**

　　温州籍学生王兵为自己和姐姐王娟在其就学的杭州市的某旅行社报名参加了海南三日自助游，并签订了旅游合同。合同约定前两日旅行社安排四处景点，由导游带队，第三日游客自由安排活动，自由活动期间责任自负。活动的第三天由于没有特别安排，王兵和姐

65

姐决定在酒店的游泳场浮潜，但王娟不幸发生了意外。返回温州后王娟的家人将酒店和旅行社一并起诉到当地法院，称由于意外发生在旅游期间，酒店没有尽到告知义务，应当对此事负责，当初负责组团出游的旅行社承担补充责任，要求两方支付死亡赔偿金、精神抚慰金共23万元。

请问：旅行社在游客自行安排活动期间履行什么义务？承担什么责任？旅游合同中的免责条款是否有效？

■ 实训题

请同学们分组到旅行社调查我国旅游合同运用的现状，并分析旅游格式合同的重要性。

第4章

消费者权益保护法律制度

学习目标

通过本章学习，了解消费者、旅游消费者及消费者权益保护法的概念，理解消费者权益保护法的立法宗旨和基本原则，掌握旅游消费者的权益和旅游经营者的义务、旅游消费者合法权益的国内国际保护措施、损害消费者权益的法律责任。

知识结构思维导图

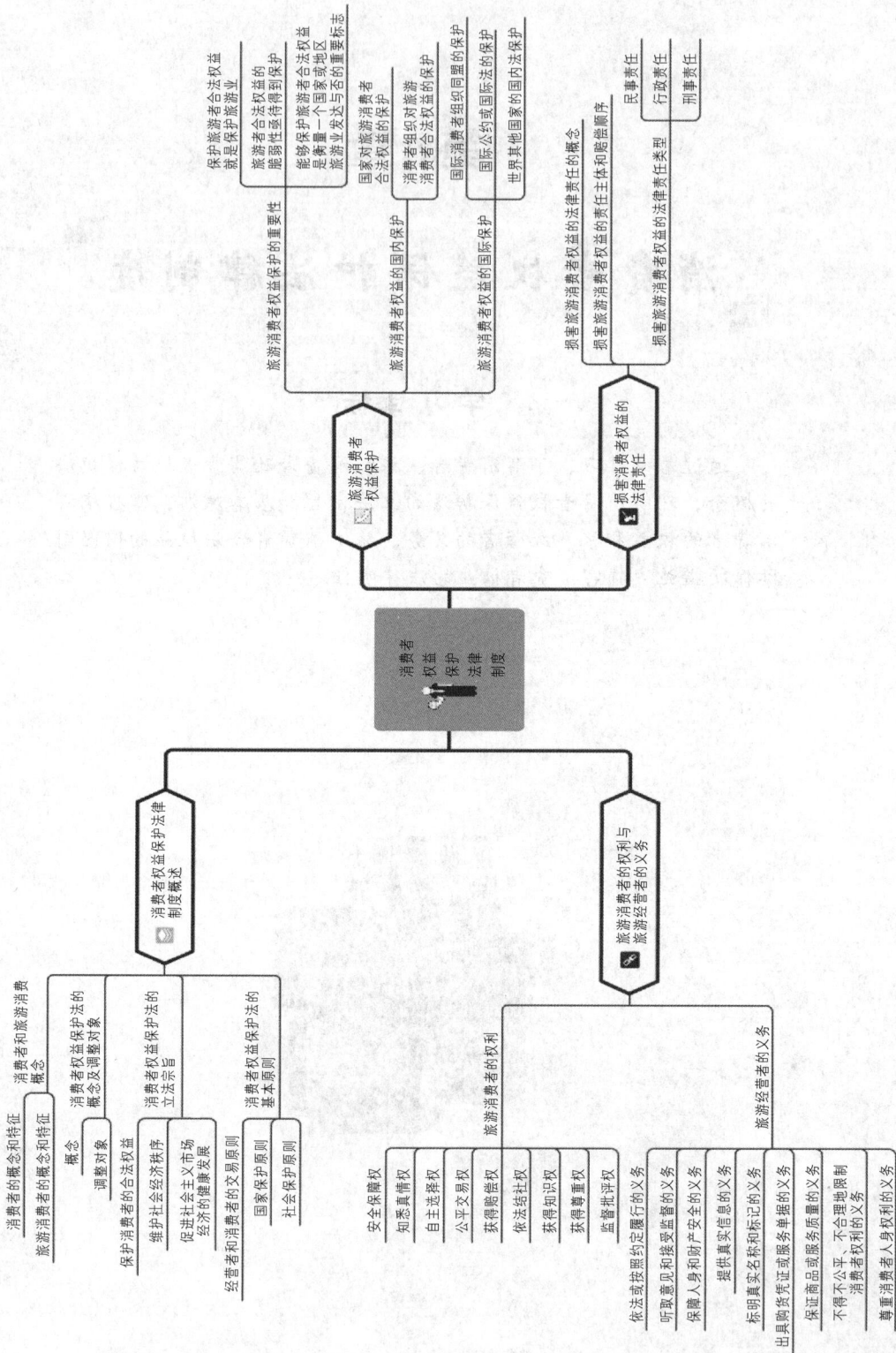

消费者权益保护法律制度

旅游消费者权益保护

- 旅游消费者权益保护的重要性
  - 保护旅游者合法权益就是保护旅游业
  - 旅游者合法权益的脆弱性决定着得到保护
- 旅游消费者权益的国内保护
  - 能够保护旅游者合法权益是衡量一个国家或地区旅游业发达与否的重要标志
  - 国家对旅游消费者合法权益的保护
  - 消费者组织对旅游消费者合法权益的保护
- 旅游消费者权益的国际保护
  - 国际公约对国际法的保护
  - 国际消费者组织或同盟对旅游消费者合法权益的保护
  - 世界其他国家的国内法保护

损害消费者权益的法律责任

- 损害旅游消费者权益的法律责任的概念
- 损害旅游消费者权益的法律责任主体和能力简介
- 损害旅游消费者权益的法律责任类型
  - 民事责任
  - 行政责任
  - 刑事责任

消费者权益保护法律制度概述

- 消费者和旅游消费概念
  - 消费者的概念和特征
  - 旅游消费者的概念和特征
- 消费者权益保护法的概念及调整对象
  - 概念
  - 调整对象
- 消费者权益保护法的立法宗旨
  - 保护消费者的合法权益
  - 维护社会经济秩序
  - 促进社会主义市场经济的健康发展
- 消费者权益保护法的基本原则
  - 经营者消费者的交易原则
  - 国家保护原则
  - 社会保护原则

旅游消费者的权利与旅游经营者的义务

- 旅游消费者的权利
  - 安全保障权
  - 知悉真情权
  - 自主选择权
  - 公平交易权
  - 获得赔偿权
  - 依法结社权
  - 获得知识权
  - 获得尊重权
  - 监督批评权
- 旅游经营者的义务
  - 依法或按照约定履行的义务
  - 听取意见和接受监督的义务
  - 保障人身和财产安全的义务
  - 提供真实信息的义务
  - 标明真实名称和标记的义务
  - 出具购货凭证或服务单据的义务
  - 保证商品或服务质量的义务
  - 不得不公平、不合理地限制消费者权利的义务
  - 尊重消费者人身权利的义务

案例导入　　　　　　表演时间有变动 注意事项应告知

市民X先生2017年4月份购买了厦门市H景区的门票。H景区的海报宣传以及售票处均标注最后一场主题表演的时间是晚上七点。但当X先生在晚上七点前抵达表演现场时，却被工作人员告知当天晚上七点的表演场次临时取消。X先生认为临时取消表演却未告知游客，景区存在责任，要求景区给予合理的解释。

接到投诉后，厦门市旅游质监所立即联系H景区了解情况。H景区解释当晚七点的表演场次确实是因故临时取消的，在表演场馆外已张贴通知告知游客，但未能及时在售票处告知该情况。经调解，景区同意X先生改天再免费入园游玩一次，双方达成和解。

问题：

你认为景区的行为违反了《消费者权益保护法》中的哪条规定？

案例分析：

根据《消费者权益保护法》第八条的规定："消费者享有知悉其购买、使用的商品或者接受的服务的真实情况的权利。"这意味着，消费者对产品具有知情权，而经营者需要尽告知义务。本案的核心在于景区对于表演取消是否尽到了告知义务。若未尽到告知义务，则给消费者造成的损失应由景区方承担。类似的案件还有：未告知不能带食品入园、未告知景区临时关闭出口、未告知景区内部分场馆或游乐设施关闭等。

资料来源　蕊蕊，赵开忠，柯颖翔. 厦门市旅游质监所发布2017年旅游投诉十大典型案例［EB/OL］. ［2018-01-22］. http://www.xmtravel.gov.cn/lyxw/lyxw/201801/t20180122_1842482.htm.

4.1　消费者权益保护法律制度概述

旅游活动中的消费者权益保护是近年来随着旅游业的不断发展愈来愈受到关注的热点问题。《消费者权益保护法（修正案）》（2013年10月第十二届全国人大常委会第五次会议审议通过，2014年3月15日正式实施）、《旅游法》（2013年4月第十二届全国人大常委会第二次会议审议通过，2013年10月1日正式实施）、《旅行社条例》（2016年2月、2017年3月国务院两次修订）、《旅行社条例实施细则》（2016年12月国家旅游局修订）等法律、法规和政策规章，为保护旅游者合法权益奠定了坚实的基础，提供了法律和政策依据。

4.1.1　消费者和旅游消费者的概念

1）消费者的概念

根据《消费者权益保护法》第二条的规定，消费者是指为生活消费需要购买、使用商品和接受服务的自然人。消费者具有以下法律特征：

（1）消费主体是自然人。从多数学者和司法机关审判案件来看，单位为奖励内部员工而购买旅行社的商品或接受其服务而发生法律争议的，可以适用《旅游法》《合同法》等其他法律法规。

（2）消费性质属于生活消费。生活消费是指为了满足个人生活需要而消费物质产品或者消耗劳动服务的行为，而不包含除"农民购买、使用直接用于农业生产的生产资料"外的一切生产性消费。

（3）消费客体是商品和服务。商品是指市场上买卖的为人们的物质生活和文化生活所需要的物品。服务是指为方便人们日常的物质生活和文化生活而有偿作出的工作或者劳动。但商品和服务限于法律允许提供的范围；凡法律禁止购买、使用的商品和禁止接受的服务，不能作为消费客体向消费者提供。

（4）消费对象由经营者提供。消费对象就是经营者以营利为目的，向消费者有偿提供的商品或服务。

（5）消费方式包括购买、使用商品和接受服务。购买是人们直接地、有偿地获得商品，取得其财产所有权的合法手段。使用是人们按照商品的性能和用途加以合理利用并将其实际消耗于生活过程中的行为。购买者和使用者有时是一致的，有时是相分离的。接受是人们直接地、有偿地获得服务并将其实际消耗于生活过程中的行为。承担服务费用的人，有时是服务的实际享受者，有时则承担服务费用而让他人实际享受。

2）旅游消费者的概念

消费者是经济学范畴中经济运行的三大主体之一。旅游者是旅游活动的重要主体，是进行旅游消费、享受旅游服务的人。旅游消费者既具有消费者的一般共性，又具有旅游者的特有个性。作为旅游消费者，必须具备以下一些特点：一是要离开惯常住所到其他地方旅游；二是要有一定的闲暇时间，到异地停留一定时间；三是要有旅游活动需要的经济支付能力。若不具备这些特征，即不属于此处讨论的旅游消费者的范畴。综上所述，旅游消费者是指为了满足自身精神需要，购买、使用旅游经营者提供的商品或接受旅游经营者提供的服务的自然人。

知识链接4-1　　　　旅游消费者的权益有哪些特征？

由于旅游消费者权益是旅游者在旅游活动过程中所享有的权利以及应取得的利益，因而旅游活动的特殊性决定了旅游消费者权益不同于其他消费者权益的特征。

1.同步性

旅游消费者权益与旅游消费者是共生的。当一个人参加某次旅游活动时，才成为一名旅游消费者，随之也就享有了旅游消费者权益，如果没有参加旅游活动，那就不是旅游消费者，也就不可能享有旅游消费者权益。当一次旅游活动结束后，旅游消费者的身份自然消失，其所伴生的旅游消费者权益也相应消失，因而旅游消费者与旅游消费者权益是同步出现又同步消失的。

2.一次性

旅游者的身份是有指向性的，它仅限于某一次具体的旅游活动，而不是多次旅游活动。作为一次具体的旅游活动是有明确的起止时间的，因此，只有在某一次具体的旅游活动存续期间，旅游者的身份才有效，一旦当次旅游活动结束，旅游者的身份也随之结束。

因为旅游者的身份是旅游者权益保护的前提，所以旅游者身份的一次性也就决定了旅游者合法权益的一次性特征，既不能提前预支该项权益，也不能延期享有该项权益。

3.地域性

旅游是人们出于移民和就业任职以外的其他原因离开自己的常住地前往异地的旅行和逗留活动，以及由此引起的现象和关系的总和。可见，旅游消费者必须离开居住地前往异地时才能享有旅游消费者权益，但这个异地不需要明确是一个、几个或距离居住地有多远，只有旅游消费者离开居住地到异地旅游，在这个地域产生的权益才属于旅游消费者的权益。

4.双重性

美国著名的旅游学教授罗伯特·W.麦金托什则将旅游动机划分为身体方面的动机、文化方面的动机、社会交往方面的动机、地位和声望方面的动机四种基本类型。其中第一种动机属于物质层面的动机，而后三者属于精神层面的动机。因为一个人的旅游往往不是某一方面单一的活动，而是一种综合性的活动，所以人们外出旅游时也很少是出于一个方面的动机，可以说旅游消费者的旅游动机是双重性的。这也决定了旅游消费者权益的双重性，它不同于其他消费者或享有物质权益或享有精神权益，而是既享有物质权益又享有精神权益。在通常情况下，旅游消费者的精神权益比物质权益显得更为重要，同时精神权益也比物质权益更容易受到侵害。

5.复杂性

第一，侵害旅游消费者权益的主体具有复杂性，"食、住、行、游、购、娱"旅游六大要素的相关企业在旅游消费者进行旅游活动中都可能发生损害旅游消费者权益的行为。第二，旅游消费者权益的构成具有复杂性，根据《消费者权益保护法》的规定，旅游消费者应享有安全保障权、知情权、自主选择权、公平交易权、求偿权、结社权、获取知识权、获取尊重权、监督批评权九项权利。第三，维护旅游消费者合法权益的适用法律、法规具有复杂性，既包括《消费者权益保护法》《产品质量法》《反不正当竞争法》《民法通则》、《合同法》等通用法律，也包括《旅行社条例》《旅行社条例实施细则》《导游人员管理条例》《导游服务质量》《旅游投诉处理办法》等旅游管理法律、法规，还包括如《江苏省旅游行业管理规定》等一些地方性旅游法规。

资料来源　佚名. 旅游消费者的权益有哪些特征？［EB/OL］.［2017-09-19］. http: //s.yingle.com/w/xf/106050.html.

4.1.2　消费者权益保护法的概念及调整对象

消费者权益保护法是调整消费者为生活消费需要而购买、使用商品或者接受服务过程中，与经营者、国家机关发生的权益保护关系的法律规范的总称。它是经济法的重要部门法。从中可以看出，消费者权益保护法的调整对象包括三个方面：消费者与经营者之间的商品交换关系；国家机关与经营者之间的监督管理与被监督管理的关系；国家机关与消费者之间的保护与被保护、指导与被指导的关系。

消费者权益保护法有广义和狭义之分。广义的消费者权益保护法指所有涉及消费者权益保护的各种法律规范的总和。而狭义的消费者权益保护法指国家有关保护消费者权益的专门立法，即1993年10月31日第八届全国人大常委会第四次会议通过、2013年10月25日第十二届全国人大常委会第五次会议修订的《中华人民共和国消费者权益保护法》。我们应从广义角度来理解消费者权益保护法。

4.1.3 消费者权益保护法的立法宗旨

根据我国《消费者权益保护法》第一条"为保护消费者的合法权益，维护社会主义经济秩序，促进社会主义市场经济的健康发展，制定本法"的规定，消费者权益保护法的立法宗旨有三层含义：

1）保护消费者的合法权益

在社会生活中，损害消费者权益的问题时有发生，"假、冒、伪、劣"商品横行，服务领域管理混乱，服务质量差，收费随意等，严重损害了消费者的利益。《消费者权益保护法》明确规定了消费者的权利、经营者的义务。政府机构和社会各方面为保护消费者的合法权益，把对消费者权益的维护纳入有法可依、有法必依、执法必严、违法必究的社会主义法制建设轨道，使消费者的合法权益切实得到保障。

2）维护社会经济秩序

在市场经济条件下，由于经营者片面追求利润的最大化，有些经营者会置法纪于不顾，损害消费者的权益；同时为了获得更多消费者的支持，拥有更大的市场，经营者之间又充满着激烈的竞争。总之，围绕着社会生产、交换、消费等一系列活动，经营者与消费者之间、经营者与经营者之间的行为关系，直接影响到社会经济秩序。《消费者权益保护法》通过立法手段，规范经营者的交易行为，不仅是保护消费者合法权益的需要，也是维护社会经济秩序的需要。

3）促进社会主义市场经济的健康发展

社会主义市场经济是以公有制和按劳分配为主体，以共同富裕为原则，以国家宏观调控为指导的一种现代市场经济。同时，社会主义市场经济也是法制经济。完善对消费者权益的保护，进一步规范经营者的交易行为，既是对社会主义市场经济秩序的维护，又是对经济发展的促进和保障。完善消费者权益保护制度，既是建设和巩固社会主义市场经济的重要内容，也是为社会主义市场经济的健康发展提供法律依据。

4.1.4 消费者权益保护法的基本原则

1）经营者与消费者的交易原则

经营者与消费者交易应遵循的原则，既是对经营者行为的原则规范，也是对市场交易基本规律的抽象和概括。根据《消费者权益保护法》第四条的规定，该原则内容包括：

①自愿原则。经营者与消费者进行交易时，要尊重消费者的意愿；建立交易关系，亦应真正出于消费者意愿。

②平等原则。这是商品经济的本质要求，交易双方法律地位平等，不得恃强凌弱。

③公平原则。双方交易符合等价交换的价值规律本质要求和社会商业道德规范精神。

④诚实信用原则。双方在交易中应友好合作、实事求是、恪守信用。

2）国家保护原则

国家保护原则就是国家采取措施保护消费者的合法权益不受侵害的原则。国家保护原则体现在以下几个方面：

①国家制定保护消费者权益的政策、法律，明确消费者在社会经济生活中，特别是在与生产经营者的关系中所处的特殊法律地位，消费者享有的权利，以及对消费者地位和权利的保护措施等。

②有关国家机关负责对实际生活中发生的侵犯消费者权益的行为进行监督、查处。

③国家司法机关采取迅速、便捷的方式解决消费者与经营者发生的消费纠纷，维护消费者的利益。

④国家设立专门的保护消费者的组织机构，专门从事保护消费者权益的活动。

⑤国家倡导文明、健康、节约资源和保护环境的消费方式，反对浪费。

3）社会保护原则

社会保护原则即除国家对消费者提供特别保护之外，社会各界都有相应的责任、义务对消费者权益进行保护的原则。根据《消费者权益保护法》第六条、第十三条和第三十六条的规定，消费者权益的社会保护原则包含以下内容：

①国家鼓励、支持一切组织和个人对损害消费者合法权益的行为进行社会监督。

②消费者协会和其他消费者组织有权对商品和服务进行社会监督。

③大众传播媒介应当做好维护消费者合法权益的宣传，对损害消费者合法权益的行为进行舆论监督。

④消费者应当努力学习消费者权益保护的法律法规和商品或者服务的知识，提高自我保护意识和维护合法权益的能力。

需要指出的是，国家保护原则属于主导地位，是核心原则。这首先表现在消费者权益保护法中，绝大部分条款是用来规定国家对消费者的保护的；其次表现在社会保护对国家保护的依赖关系上，国家保护是社会保护的强有力的后盾。

微课4-2：
新《消费者权
益保护法》有
哪些亮点？

4.2　旅游消费者的权利与旅游经营者的义务

4.2.1　旅游消费者的权利

旅游消费者的权利是旅游者权益保护的核心内容。消费者的权利是指消费者有权作出一定的行为或者要求他人作出一定的行为。这是国家对消费者进行保护的前提和基础。根据《消费者权益保护法》第七条至第十五条的规定，消费者享有九项权利。《旅游法》对旅游消费者的某些权利做了进一步细化的规定。

1）安全保障权

《消费者权益保护法》第七条规定："消费者在购买、使用商品和接受服务时享有人身、财产安全不受损害的权利。消费者有权要求经营者提供的商品和服务，符合保障人身、财产安全的要求。"

安全保障权是消费者享有的一项重要权利。《消费者权益保护法》第十八条规定："经营者应当保证其提供的商品或者服务符合保障人身、财产安全的要求。对可能危及人身、财产安全的商品和服务，应当向消费者作出真实的说明和明确的警示，并说明和标明正确使用商品或者接受服务的方法以及防止危害发生的方法。宾馆、商场、餐馆、银行、机场、车站、港口、影剧院等经营场所的经营者，应当对消费者尽到安全保障义务。"《旅游法》第五十条规定："旅游经营者应当保证其提供的商品和服务符合保障人身、财产安全的要求。旅游经营者取得相关质量标准等级的，其设施和服务不得低于相应标准；未取得质量标准等级的，不得使用相关质量等级的称谓和标识。"

安全保障权是指旅游消费者在购买、使用商品或者接受服务时，享有人身、财产安全不受侵犯的权益。为保障消费者安全保障权实现，消费者有权要求经营者提供的商品和服务，符合保障人身、财产安全的要求。安全保障权包括人身安全权和财产安全权。人身安全权，具体指生命安全权和健康安全权。财产安全权是旅游消费者顺利参加旅游活动的物质基础，也是法律保护的内容。

以案说法4-1　　　　　　　　　　　　　漂流无保障，引出人命案

刘先生一家3口参加了当地旅行社组织的苏杭四日游。行程第二天，旅行社安排他们参加天目溪的竹筏漂流活动。当天下午3时许，旅行社安排游客登筏，导游说了声"一切听筏工的"，便离开竹筏到下游目的地等候。刘先生一家登上了018号竹筏。由于长时间受水流冲刷，竹筏上长满青苔，非常滑。筏工是临时找来的民工，属无证上岗。筏工为赶时间违规抄近路，结果误入漩涡聚集的危险河段，最深处达7米。由于天气恶劣，风势很大，降雨很猛，水流湍急，竹筏剧烈摇晃。突然，刘先生的女儿在竹筏旋转晃动时落入水中。刘先生急忙跃入水中，筏上乘客一面大声呼救，一面将筏上的救生圈扔给刘先生。由于风力较大，刘先生未能接到救生圈。经过大家的共同努力，他们救起了被刘先生全力托出水面的女儿，刘先生却终因体力不支而沉入水底。事发后，受害人家属钱某向法院起诉状告旅行社，请求赔偿。

案例分析：

本案中，游客在天目溪漂流期间无必要的安全保障措施，致使受害人刘先生死亡，而旅游经营者在危急之中无任何救援措施，使保障安全权成为一句空话。事故发生后，经营者未及时安排寻找、打捞受害人，从而延误了救人时机，其事故责任完全应由旅行社和漂流经营者承担。国家旅游局曾颁布《漂流旅游安全管理暂行办法》，其中明确规定对漂流工具安全性能进行检验，漂流工作人员考试合格后才能准予上岗；督促漂流经营者落实企业内部的安全管理责任，制定安全保障措施和事故应急反应计划，为游客办理人身意外伤

害保险等。根据《消费者权益保护法》及相关法律规定，旅行社和漂流经营者应赔偿刘先生死亡所造成的损失。

资料来源　裴春秀.旅游法实例说［M］.长沙：湖南人民出版社，2004.

2）知悉真情权

《消费者权益保护法》第八条规定："消费者享有知悉其购买、使用的商品或者接受的服务的真实情况的权利。消费者有权根据商品或服务的不同情况，要求经营者提供商品价格、产地、生产者、用途、性能、规格、等级、主要成分、生产日期、有效期限、检验合格证明、使用方法说明书、售后服务，或者服务的内容、规格、费用等有关情况。"

《消费者权益保护法》第二十八条规定："采用网络、电视、电话、邮购等方式提供商品或者服务的经营者，以及提供证券、保险、银行等金融服务的经营者，应当向消费者提供经营地址、联系方式、商品或者服务的数量和质量、价款或者费用、履行期限和方式、安全注意事项和风险警示、售后服务、民事责任等信息。"

《旅游法》第三十二条规定："旅行社为招徕、组织旅游者发布信息，必须真实、准确，不得进行虚假宣传，误导旅游者。"

《旅游法》第四十四条第一款规定："景区应当在醒目位置公示门票价格、另行收费项目的价格及团体收费价格。景区提高门票价格应当提前六个月公布。"

知悉真情权是指旅游者购买、使用商品或接受服务时，享有知悉其所购买使用的商品的真实情况的权利。旅游者有权根据商品或者服务的不同情况，要求旅游经营者按照法定的方式表明其相关内容。

3）自主选择权

《消费者权益保护法》第九条规定："消费者有自主选择商品或者服务的权利。消费者有权自主选择提供商品或服务的经营者，自主选择商品品种或者服务方式，自主决定购买或者不购买任何一种商品、接受或者不接受任何一项服务。消费者在自主选择商品或服务时，有权进行比较、鉴别和挑选。"《旅游法》第九条规定："旅游者有权自主选择旅游产品和服务，有权拒绝旅游经营者的强制交易行为。旅游者有权知悉其购买的旅游产品和服务的真实情况。旅游者有权要求旅游经营者按照约定提供产品和服务。"

自主选择权是指旅游消费者在购买商品或接受服务时，享有自主选择商品或者服务的权利。例如旅游者在旅游活动中对旅游线路的自主选择、对旅游商品的自主选择和对自费旅游项目的自主选择等。

旅游消费者的自主选择权的内容是：旅游者有权自主选择提供商品或者服务的经营者。例如，旅游者外出旅游可选择甲旅行社也可选择乙旅行社为其服务；自主选择商品的品种或者服务的方式；自主决定是否购买任何一种商品，接受或者不接受任何一项服务；在选择商品或者接受服务时，有权进行比较、鉴别和挑选。

自主选择权具有以下特征：①旅游者选择商品或者接受服务的行为必须自愿。任何违背旅游消费者自由意志使其作出消费选择的行为，都是对旅游者自主选择权的侵害。②自主选择权是一种相对权。旅游者自主选择商品或者服务的行为，必须是依照法律、法规，遵守社会公德，不侵害国家、集体、他人合法权益的合法行为。③旅游者自主选择权的行使不排除经营者向旅游者进行商品、服务的介绍和推荐。买与不买、接受与不接受取决于旅游者的自主意志，经营者的介绍、推荐行为有助于旅游者更多地了解将要购买或者接受的商品的性能和用途、服务的真实情况，但作为经营者，不得有违背消费者意愿搭售商品或者附加其他不合理条件而销售商品的行为。

4）公平交易权

《消费者权益保护法》第十条规定："消费者享有公平交易的权利。消费者在购买商品或者服务时，有权获得质量保障、价格合理、计量准确等公平交易条件，有权拒绝经营者的强制交易行为。"《旅游法》第四十四条第二、第三款规定："将不同景区的门票或者同一景区内不同游览场所的门票合并出售的，合并后的价格不得高于各单项门票的价格之和，且旅游者有权选择购买其中的单项票。景区内的核心游览项目因故暂停向旅游者开放或者停止提供服务的，应当公示并相应减少收费。"

《旅游法》第三十五条规定："旅行社不得以不合理的低价组织旅游活动，诱骗旅游者，并通过安排购物或者另行付费旅游项目获取回扣等不正当利益。旅行社组织、接待旅游者，不得指定具体购物场所，不得安排另行付费旅游项目。但是，经双方协商一致或者旅游者要求，且不影响其他旅游者行程安排的除外。发生违反前两款规定情形的，旅游者有权在旅游行程结束后三十日内，要求旅行社为其办理退货并先行垫付退货货款，或者退还另行付费旅游项目的费用。"

公平交易权是指旅游消费者在购买商品或者接受服务时享有获得质量保障、价格合理、计量正确等公平交易条件的权利。

5）获得赔偿权

《消费者权益保护法》第十一条规定："消费者因购买、使用商品或接受服务受到人身、财产损害的，享有依法获得赔偿的权利。"

获得赔偿权是指旅游消费者因购买、使用商品或者接受服务受到人身、财产损害的，享有依法律或合同规定向旅游企业索赔的权利。如果旅游者获得的赔偿得不到满足，有权在当地寻求可行的法律援助。享有求偿权的主体是因购买、使用商品或接受服务而受到人身、财产损害的人，即受害人，具体包括商品购买者、商品使用者、接受服务者以及第三人。通常旅游消费者因购买使用商品或接受服务而受到人身、财产的损失，可依法获得赔偿，并不需要商品生产者、销售者或提供服务者具有过错。

6）依法结社权

《消费者权益保护法》第十二条规定："消费者享有依法成立维护自身合法权益的社会组织的权利。"

在旅游消费领域，分散的旅游消费者在议价力量、承受能力等方面处于弱势地位，只有组织起来，才能与拥有雄厚经济实力的经营者相抗衡。随着科技的进步和经济的发展，旅游活动的内容日益丰富多彩，旅游消费的方式和层次也在不断更新，尤其是旅游活动的跨地域性，使旅游消费者越来越难以掌握商品和服务的有关知识，也越来越依赖经营者提供的介绍和说明，旅游消费者被虚假的广告、说明欺骗的概率在增大。因此，依法成立社会组织，通过有组织的活动，维护自身合法权益，既是旅游消费者的权利，也是国家鼓励全社会共同保护旅游消费者合法权益的体现。中国消费者协会和地方各级消费者协会既是我国主要的消费者组织，也是对旅游消费者合法权益进行保护的社会组织。其作用主要是：组织旅游消费者，形成对商品和服务的广泛监督，促使一些侵害旅游消费者权益的纠纷得到及时解决；充当政府和旅游消费者之间的桥梁；指导旅游消费者的消费行为，提高旅游消费者的自我保护意识。

7）获取知识权

《消费者权益保护法》第十三条规定："消费者享有获得有关消费和消费者权益保护方面的知识的权利。消费者应当努力掌握所需商品或者服务的知识和使用技能，正确使用商品，提高自我保护意识。"

获取知识权也称接受教育权，指旅游消费者在接受旅游服务中，享有获得与旅游有关的消费知识（如服务内容及其他相关信息）以及旅游者合法权益保护方面知识的权利。获得有关知识既是知悉真情权、自主选择权等其他权利实现的重要保障，也是旅游消费者的主要权利。

旅游消费知识主要包括：正确的消费态度；有关旅游目的地的风俗、习惯、禁忌；相关法律、政策；旅游六大要素中涉及旅游消费的有关知识等内容。旅游消费者此项权利的实现，需要旅游消费知识的教育和灌输。一方面，国家机关、社会、旅游业的经营者应开辟途径，帮助消费者实现此项权利。旅游消费者有权要求旅游行政管理部门、消费者社会组织和大众传媒，提供有关旅游消费和旅游消费者权益保护方面的知识。另一方面，旅游消费者获取知识权利的彻底实现，还有赖于消费者自身的努力。旅游消费者应提高自我保护意识，努力掌握所需商品或服务的知识和使用的技能，正确使用商品，接受服务。

8）获得尊重权

《消费者权益保护法》第十四条规定："消费者在购买、使用商品和接受服务时，享有人格尊严、民族风俗习惯得到尊重的权利，享有个人信息依法得到保护的权利。"《消费者权益保护法》第二十七条规定："经营者不得对消费者进行侮辱、诽谤，不得搜查消费者的身体及其携带的物品，不得侵犯消费者的人身自由。"《旅游法》第十条规定："旅游者的人格尊严、民族风俗习惯和宗教信仰应当得到尊重。"

获得尊重权是指旅游消费者在购买、使用商品或接受服务时，享有其人格尊严和民族风俗习惯得到尊重的权利，享有个人信息依法得到保护的权利。尊重旅游消费者的人格尊严和民族风俗习惯，保护公民的个人信息，是社会文明进步的表现，也是尊重和保障人权的重要内容。作为经营者和其他消费者应当自觉地尊重旅游消费者的人格尊严和民族风俗习惯，保护旅游消费者的个人信息，禁止非法搜查、检查、侮辱、诽谤等，禁止未经同意泄露、出售或非法提供消费者个人信息。

以案说法4-2　　官某诉孟定某度假酒店、北京三快科技有限公司侵犯肖像权纠纷案

北京三快科技有限公司（美团网经营者）与云南临沧孟定镇某度假酒店签订了《美团网网络服务合同》，允许其在美团网发布酒店信息。

官某与好友在孟定旅游时，拍摄照片一张，并于当日在自己的新浪微博上发表了以该照片为内容的信息。次年，官某再到孟定游玩，通过手机中的美团网搜寻附近的酒店信息时，发现孟定某度假酒店在美团网中未经同意使用了自己上一年拍摄的照片，而且将照片作为该酒店商业宣传资料之一。官某向耿马自治县人民法院提起诉讼，要求孟定某度假酒店以及北京三快科技有限公司依法承担赔偿损失和合理开支、赔礼道歉的民事责任。

法院经审理认为，孟定某度假酒店未经官某许可，擅自将其拍摄的照片发布在互联网上，侵害了官某的合法权益，依法应承担赔偿损失和合理开支、赔礼道歉的民事责任，并应在《临沧日报》或临沧电视台发表致歉信，赔礼道歉，以及支付官某公证费及精神损失费。而北京三快科技有限公司作为网络服务提供者，在官某未起诉前，并不知道涉案图片已经侵权，不存在应当知道涉案图片权利情况，且收到起诉材料后已删除了涉案图片，及时采取了必要措施，不应再承担侵权赔偿责任。

案例分析：

权利人享有的信息网络传播权受法律保护，任何组织和个人将他人作品通过信息网络向公众提供，应当取得权利人许可，未经权利人许可，通过信息网络向公众传播其作品的，应当依法承担停止侵害、赔偿损失等民事责任。

资料来源　佚名. 云南省高院解读旅游纠纷十大典型案例［EB/OL］. （2017-12-13）［2018-07-28］. http://kmts.kmta.gov.cn/infodetail.aspx? Aid=39&id=3246.

9）监督批评权

《消费者权益保护法》第十五条规定："消费者享有对商品和服务以及保护消费者权益工作进行监督的权利。消费者有权检举、控告侵害消费者权益的行为和国家机关及其工作人员在保护消费者权益工作中的违法失职行为，有权对保护消费者权益工作提出批评、建议。"

监督批评权是指旅游消费者享有对商品和服务以及保护旅游消费者权益工作进行监督的权利。监督批评权可具体分解为四项权能：

①检举权，指旅游消费者有权对旅游行政管理部门及其工作人员在保护旅游消费者权益工作中的违法失职行为和经营者侵犯旅游消费者合法权益的违法行为进行检举和揭发。我国各级旅游行政管理部门为便于旅游消费者实现检举权均设立了投诉电话。

②控告权，指旅游消费者对旅游行政管理部门的工作人员的违法失职行为和经营者的侵权行为，既可向司法机关起诉，也可要求行政机关处理。

③批评权，指旅游消费者有权对旅游行政管理部门工作人员在工作中的缺点和错误提出批评意见。

④建议权，指旅游消费者有权对商品和服务的价格、质量、计量、服务态度等进行监

督，对有关消费者权益保护机构的各项工作，有权提出意见。

以上除了根据我国《消费者权益保护法》第二章规定的消费者所具有的一般权利外，综观世界各国法律和有关国际条约，旅游消费者还具有其他一些合法权益，如自由旅行权、逗留权、享受医疗权、自由公正地缔结旅游服务合同权、寻求法律救济权、残疾人的旅游权等。

知识链接4-2　　　　　《旅游法》中关于旅游者的权利和义务的规定

第九条　旅游者有权自主选择旅游产品和服务，有权拒绝旅游经营者的强制交易行为。

旅游者有权知悉其购买的旅游产品和服务的真实情况。

旅游者有权要求旅游经营者按照约定提供产品和服务。

第十条　旅游者的人格尊严、民族风俗习惯和宗教信仰应当得到尊重。

第十一条　残疾人、老年人、未成年人等旅游者在旅游活动中依照法律、法规和有关规定享受便利和优惠。

第十二条　旅游者在人身、财产安全遇有危险时，有请求救助和保护的权利。

旅游者人身、财产受到侵害的，有依法获得赔偿的权利。

第十三条　旅游者在旅游活动中应当遵守社会公共秩序和社会公德，尊重当地的风俗习惯、文化传统和宗教信仰，爱护旅游资源，保护生态环境，遵守旅游文明行为规范。

第十四条　旅游者在旅游活动中或者在解决纠纷时，不得损害当地居民的合法权益，不得干扰他人的旅游活动，不得损害旅游经营者和旅游从业人员的合法权益。

第十五条　旅游者购买、接受旅游服务时，应当向旅游经营者如实告知与旅游活动相关的个人健康信息，遵守旅游活动中的安全警示规定。

旅游者对国家应对重大突发事件暂时限制旅游活动的措施以及有关部门、机构或者旅游经营者采取的安全防范和应急处置措施，应当予以配合。

旅游者违反安全警示规定，或者对国家应对重大突发事件暂时限制旅游活动的措施、安全防范和应急处置措施不予配合的，依法承担相应责任。

第十六条　出境旅游者不得在境外非法滞留，随团出境的旅游者不得擅自分团、脱团。

入境旅游者不得在境内非法滞留，随团入境的旅游者不得擅自分团、脱团。

4.2.2　旅游经营者的义务

旅游经营者的义务，是指专门或主要经营旅游业务，直接为旅游者提供单项或多项服务的单位和个人在经营活动中依法应当履行的责任，也就是旅游经营者依法必须作出一定的行为或者抑制自己的某种行为。旅游经营者应履行下列义务：

1）依法或按照约定履行的义务

《旅行社条例》第二十六条规定："旅行社为旅游者安排或者介绍的旅游活动不得含有

违反有关法律、法规规定的内容。"第二十七条规定："旅行社不得以低于旅游成本的报价招徕旅游者。未经旅游者同意，旅行社不得在旅游合同约定之外提供其他有偿服务。"《消费者权益保护法》第十六条规定："经营者向消费者提供商品或服务，应当依照本法和其他有关法律、法规的规定履行义务。经营者和消费者有约定的，应当按照约定履行义务，但双方的约定不得违背法律、法规的规定。经营者向消费者提供商品或者服务，应当恪守社会公德，诚信经营，保障消费者的合法权益；不得设定不公平、不合理的交易条件，不得强制交易。"

关于旅游经营者义务的原则性、概括性的规定，具体包括以下三方面的内容：

①旅游经营者向旅游消费者提供商品或者服务，应当按照国家法律、法规的规定履行义务。旅游经营者在商品质量方面必须依照《产品质量法》，保证货真价实，如因提供的商品质量问题造成人身伤亡、财产损失，必须承担赔偿责任。在卫生安全方面，应当依照《食品卫生法》《药品管理法》《化妆品卫生监督条例》的规定从事经营和履行义务。在计量保证方面，应依照《计量法》的规定，严禁缺斤短两和使用不合格的计量器具损害旅游消费者的利益。在价格方面，应当依照《价格管理条例》的规定，严禁利用变相抬价、乱涨价而牟取暴利。在信息方面，应依照《商标法》《广告法》的规定，向旅游消费者提供真实准确的信息，履行守法的义务。

②旅游经营者和旅游消费者有约定的，应当按照约定履行义务，但双方的约定不得违背法律、法规的规定。为了保护旅游业的健康发展，旅游经营者不得向旅游消费者介绍和提供法律、法规禁止的旅游项目，如含有损害国家利益和民族尊严内容的旅游项目；含有民族、种族、宗教、性别歧视内容的旅游项目；含有淫秽、迷信、赌博内容的旅游项目；含有其他被法律、法规禁止的内容的旅游项目。旅行社不得以低于旅游成本的报价招徕旅游者。未经旅游者同意，旅行社不得在旅游合同约定之外提供其他有偿服务。

③旅游经营者提供商品或服务，国家规定或者与旅游消费者的约定应承担包修、包换、包退或者其他责任的，应当按照国家规定或约定履行，不得故意拖延或者无理拒绝。

2）听取意见和接受监督的义务

《消费者权益保护法》第十七条规定："经营者应当听取消费者对其提供的商品或服务的意见，接受消费者的监督。"

旅游经营者听取意见和接受监督的义务，有以下两层含义：①旅游经营者要通过有效途径或方式接受消费者的批评和建议。例如设立专门机构，配置专职人员收集、听取消费者的批评和建议，与消费者对话等。②把向旅游消费者提供商品或服务的活动置于旅游消费者有效监督之下。比如一些旅行社通过问卷调查了解领队人员、导游员的服务情况，通过回访了解旅游者对旅游线路的意见，通过随团实地了解旅游活动的安排，都是主动接受监督的表现。

3）保障人身和财产安全的义务

《旅行社条例》第三十九条规定："旅行社对可能危及旅游者人身、财产安全的事项，应当向旅游者作出真实的说明和明确的警示，并采取防止危害发生的必要措施。发生危及旅游者人身安全的情形的，旅行社及其委派的导游人员、领队人员应当采取必要的处置措施并及时报告旅游行政管理部门；在境外发生的，还应当及时报告中华人民共和国驻该国使领馆、相关驻外机构、当地警方。"据此要求旅游经营者承担如下义务：

①提供的商品和服务应当符合国家标准或者行业标准，国家标准和行业标准是国家强制性标准，必须遵守，否则应当承担相应的责任。例如，导游人员提供服务应当符合国家制定的导游服务标准等。

②对于暂时没有标准的，应保证符合人身健康、财产安全的要求。

③对可能危及人体健康和安全的商品和服务，旅游经营者要事先向旅游者作出真实的说明和明确的警示，并标明或说明正确使用商品和接受服务的方法。

④发现提供的商品和服务有严重缺陷，即使旅游者采用正确使用方法仍可能导致危害的，应及时告知旅游者，并采取切实可行的防范措施。

4）提供真实信息的义务

根据法律规定，旅游经营者提供真实信息的义务包括以下三个方面：①旅游经营者应当向旅游消费者提供有关商品或者服务的真实信息，不得作引人误解的虚假宣传。如旅游经营者向旅游消费者提供的旅游线路和日期、餐饮和住宿标准、旅游服务价格等内容，不得使用模糊、不确定语言误导甚至欺骗旅游消费者，使其权益受损。②旅游经营者对旅游消费者就其提供的商品或者服务的质量和使用方法等问题提出的询问，应当作真实明确的答复。③旅游经营者提供商品或者服务应当明码标价，不得有价格欺诈行为。所谓明码标价，是指旅游经营者对自己提供的商品或者服务，既要标明计价单位又要标明单位价格。旅游经营者在收取旅游费用时，应严格遵守国家有关价格的法律、法规和政策，执行有关旅游收费标准。旅游中增加服务项目需要加收费用的，应当事先征得旅游消费者的同意。

以案说法4-3　　　　　　　　　　**高某诉某珠宝店买卖合同纠纷案**

旅游者高某旅游途中到昆明市景星珠宝城某珠宝店，以人民币32 000元价款购买了"冰翠"手镯一对、戒指一只，某珠宝店补写了收款收据一份给高某，并在涉案商品彩色照片上盖章并注明"以上物品系本店所售"。后高某将其购买的两件物品进行检验，结论为购买的手镯、戒指均为玻璃材质。为此高某认为，某珠宝店以高额价款出售普通玻璃材质首饰的行为构成欺诈，遂诉至法院。

法院经审理认为，某珠宝店对其销售给高某的饰品的性质陈述前后矛盾，对高某提交的鉴定结论未提出有效的证据予以反驳，应当认定某珠宝店在明知其销售的涉案商品系玻璃制品，却以"冰翠"为名抬高价格出售，诱导高某作出错误的意思表示，从而作出错误的选择，并以高额价款购买涉案商品。某珠宝店在销售商品过程中故意隐瞒真实情况、诱导消费者作出错误意思表示的行为，构成民事欺诈，法院判决某珠宝店退还原告高某货款32 000元，以及相关损失96 000元。

案例分析：

判定经营者的行为是否构成民事欺诈，需重点审查经营者是否具有故意告知对方虚假情况、故意隐瞒真实情况，导致旅游消费者作出错误意思表示的行为。在经营者拒不承认其销售行为存在欺诈的情况下，可以客观鉴定结论为依据，通过对经营者、消费者认知能力的分析，推定经营者的行为是否构成欺诈。

资料来源　佚名. 云南省高院解读旅游纠纷十大典型案例［EB/OL］.（2017-12-13）［2018-07-28］. http：//kmts.kmta.gov.cn/infodetail.aspx？Aid=39&id=3246.

5）标明真实名称和标记的义务

《消费者权益保护法》第二十一条规定："经营者应当标明其真实名称和标记。租赁他人柜台或场地的经营者，应当标明其真实名称和标记。"根据此条规定，该项义务主要包含两个方面的内容：一方面，旅游经营者、租赁他人柜台或场地的旅游经营者，应当如实标明企业名称或营业标记。另一方面，只能使用自己真实的旅游企业名称或营业标记，不得使用未经登记核准的企业的名称；不准擅自改动、使用经核准登记的企业名称；不准假冒他人企业名称和他人持有的营业标记，不准仿冒或使用与他人企业名称或营业标记相似，足以使旅游消费者混淆的企业名称或营业标记。

6）出具购货凭证或服务单据的义务

《消费者权益保护法》第二十二条规定："经营者提供商品或者服务，应当依照国家有关规定或者商业惯例向消费者出具发票等购货凭证或服务单据；消费者索要购货凭证或者服务单据的，经营者必须出具。"购货凭证，是指销售者和购买者之间建立的买卖合同履行后，由销售者向购买者出具的证明合同履行的书面凭证，如销货凭证、行业专用发票、保修单、收费收据等。服务单据，是指提供服务方在提供服务方与接受服务方的服务合同履行后，向接受服务方出具的证明合同履行的书面凭证，如报销凭证、行业专用发票、服务卡等。

在旅游实践中，往往会发生旅游经营者和旅游消费者的纠纷事件，要处理好这些纠纷，凭证和单据是非常重要的依据。因此，旅游经营者应当按照国家有关规定或者商业惯例，向旅游消费者出具购货凭证或者服务单据；旅游消费者索要购货凭证或服务单据时，旅游经营者必须出具。

7）保证商品或服务质量的义务

《消费者权益保护法》第二十三条规定："经营者应当保证在正常使用商品或者接受服务的情况下，其提供的商品或者服务应当具有的质量、性质、用途和有效期限。但消费者在购买商品或者接受该服务前已经知道其存在瑕疵，且该瑕疵不违反法律强制性规定的除外。经营者以广告、产品说明、实物样品或者其他方式表明商品或者服务的质量状况的，应当保证其提供的商品或者服务的实际质量与表明的质量状况相符。"广告、产品说明、实物样品等，是旅游经营者推销其商品或服务的重要手段，也是广大旅游消费者选择购买商品和接受服务的重要依据，任何商品或者服务与实际质量状况不相符合的宣传，都会损害旅游消费者的合法权益，旅游经营者必须对其承担责任。

《消费者权益保护法》第二十四条规定："经营者提供的商品或者服务不符合质量要求的，消费者可以依照国家规定、当事人约定退货，或者要求经营者履行更换、修理等义务。没有国家规定和当事人约定的，消费者可以自收到商品之日起七日内退货；七日后符合法定解除合同条件的，消费者可以及时退货，不符合法定解除合同条件的，可以要求经营者履行更换、修理等义务。"

《消费者权益保护法》第二十五条规定："经营者采用网络、电视、电话、邮购等方式销售商品，消费者有权自收到商品之日起七日内退货，且无须说明理由，但下列商品除外：（一）消费者定做的；（二）鲜活易腐的；（三）在线下载或者消费者拆封的音像制品、计算机软件等数字化商品；（四）交付的报纸、期刊。"

以案说法4-4　　　　　　　　旅游行程差别大

2015年3月23日至4月2日，刘某以某药业曲靖分店的名义，组织陈某等一行40人到新马泰旅游，费用是每人6 800元。刘某承诺该次旅游是高品质游，住宿餐饮可比五星级。然而在旅游中刘某擅自减少景点、降低就餐标准，取消了马六甲海峡、黑风洞等5个景点。回国后陈某等多次与刘某协商未果，无奈之下向工商部门投诉。

罗平县消协接到市局批转省工商局转办函当天，立即和陈某等人取得联系，并安排调解工作事宜。联系刘某时，其要么不接电话，要么迟迟不露面，该案陷入僵局。消协人员想到刘某是以某药业公司的名义组团，便和某药业公司取得联系，告知刘某在罗平组团到新马泰旅游的情况。某药业公司领导十分重视，召开会议并派人员协助解决。经调解人员多次做三方工作，最终达成协议，刘某向40名游客每人赔偿600元，此投诉得以圆满解决。

《消费者权益保护法》第十六条规定："经营者向消费者提供商品或者服务，应当恪守社会公德，诚信经营，保障消费者的合法权益；不得设定不公平、不合理的交易条件，不得强制交易。"《合同法》第八条规定："依法成立的合同，对当事人具有法律约束力。当事人应当按照约定履行自己的义务，不得擅自变更或者解除合同。"工商人员认为，陈某等一行40人到新马泰旅游，事先与刘某达成了约定，签订了旅游合同，刘某不得单方面擅自修改合同内容。

案例分析：

随着经济的迅速发展和人们生活水平的提高，旅游不再只是特殊人群才能参与的活动，旅游活动的大众化，使得旅游成为人们生活中不可缺少的一部分。为此，旅游合同就成为规范当事人权利义务、切实保障旅游者合法权益的重要依据。市场监督人员提醒消费者在签订旅游合同时要认真阅读条款，关注注意事项及违约责任。

8) 不得不公平、不合理地限制消费者权利的义务

《消费者权益保护法》第二十六条规定："经营者在经营活动中使用格式条款的，应当以显著方式提请消费者注意商品或者服务的数量和质量、价款或者费用、履行期限和方式、安全注意事项和风险警示、售后服务、民事责任等与消费者有重大利害关系的内容，并按照消费者的要求予以说明。经营者不得以格式合同、通知、声明、店堂告示等方式，作出排除或者限制消费者权利、减轻或者免除经营者责任、加重消费者责任等对消费者不公平、不合理的规定，不得利用格式条款并借助技术手段强制交易。格式条款、通知、声

明、店堂告示等含有前款所列内容的，其内容无效。"

旅游经营者不得从事不公平、不合理交易的义务，有以下两层含义：

①旅游经营者不得以格式合同、通知、声明、店堂告示等方式，作出对旅游消费者不公平、不合理的规定。

②旅游经营者不得以格式合同、通知、店堂告示等方式，限制旅游消费者权利，并减轻、免除其损害旅游消费者合法权益时应当承担的民事责任。如果经营者的格式合同、通知、店堂告示等含有上述所禁止的内容，其内容无效。

9）尊重消费者人身权利的义务

《消费者权益保护法》第二十七条规定："经营者不得对消费者进行侮辱、诽谤，不得搜查消费者的身体及其携带的物品，不得侵犯消费者的人身自由。"第二十九条规定："经营者收集、使用消费者个人信息，应当遵循合法、正当、必要的原则，明示收集、使用信息的目的、方式和范围，并经消费者同意。经营者收集、使用消费者个人信息，应当公开其收集、使用规则，不得违反法律、法规的规定和双方的约定收集、使用信息。"

根据法律规定，旅游经营者尊重旅游消费者人身权利的义务包含以下四个方面的内容：

①不得对旅游消费者进行侮辱、诽谤。对旅游消费者进行侮辱、诽谤，是指旅游经营者自己或利用他人，散布捏造虚伪事实，侮辱、诋毁旅游消费者的人格尊严。

②不得搜查旅游消费者的身体及其携带物品。搜查旅游消费者的身体及其携带的物品，是指旅游经营者由于缺乏对商品的安全保护措施，以商品丢失为名，无根据地搜查顾客身体及其携带的物品，这是严重的侵权行为。

③不得侵犯旅游消费者的人身自由。侵犯旅游消费者人身自由是指旅游经营者商业道德水平低下，对旅游消费者实行"强买"，不从销售者意愿就辱骂甚至殴打顾客，严重侵犯旅游消费者人身及合法权益，破坏正常的工作和生活秩序。

④不得侵犯旅游消费者的个人信息安全。旅游经营者及其工作人员对收集的消费者个人信息必须严格保密，不得泄露、出售或者非法向他人提供。经营者应当采取技术措施和其他必要措施，确保信息安全，防止消费者个人信息泄露、丢失。在发生或者可能发生信息泄露、丢失的情况时，应当立即采取补救措施。经营者未经消费者同意或者请求，或者消费者明确表示拒绝的，不得向其发送商业信息。

以案说法 4-5 ◼　　　　　　　　　侵犯消费者人身权，有权获得赔偿

2011 年 10 月 5 日，导游员小王带一旅游团去某珠宝商店购物。当小王带游客从珠宝店出来时，该店服务员陈小姐挡住了其中一位游客徐先生的去路。陈小姐说："我们怀疑你顺手牵羊拿了本店的一串珍珠。"徐先生听后勃然大怒。陈小姐说："看你贼眉鼠眼的样子，就知道不是好人，做贼心虚了吧！"说完陈小姐就叫商场保安人员将徐先生强行拉到办公室，对其进行全身搜查，时间长达半小时之久。在没有发现首饰后，才放了徐先生。

珠宝店的这一行为，激起了全团游客的愤慨。更为气愤的是，在事情发生的过程中，导游员小王始终保持沉默，事后也没有安慰游客。于是徐先生等游客便向旅游局质监所投诉，要求讨回公道，赔偿精神损失。

案例分析：

该案例中，对于在游客和珠宝店发生纠纷时导游员小王无动于衷的表现，旅行社应对其加强教育，对珠宝店陈小姐及保安人员等侵犯消费者人身权的行为，旅游行政管理部门应责令其改正，并避免类似事件再次发生。另外，根据《消费者权益保护法》的规定，该店将承担侵犯游客徐先生人身权的法律责任。因为该店服务人员和保安人员的言行，侮辱了徐先生的人格，侵犯了徐先生的人格尊严和人身自由，所以应向徐先生赔礼道歉，并赔偿精神损失。

4.3　旅游消费者权益保护

4.3.1　旅游消费者权益保护的重要性

1）保护旅游者合法权益就是保护旅游业

旅游业是当今的朝阳产业，已经成为许多国家增加外汇收入，平衡国际收支；大量回笼货币，促进市场繁荣；积累建设资金，提供就业机会；扩大国际交流，带动相关行业的支柱性产业。然而，旅游业发展构成诸要素中，主体是旅游者。旅游者的合法权益得不到保护，就会失去旅游业发展的主体。由此可见保护旅游者合法权益十分重要。

2）旅游者合法权益的脆弱性亟待得到保护

旅游消费作为特殊消费，其合法权益很容易受到伤害。一方面，旅游者购买的是一种特殊商品和服务，如明媚的阳光、新鲜的空气、蓝色的大海、平缓的沙滩、优雅的风景、古老的文明、异族的文化和周到的服务等。这些特殊的商品和服务多数只能感受和体验，不可以拿到手上触摸、欣赏或带回家，它们要么给旅游者带来愉悦的感觉，留下美味的回忆，要么给旅游者造成无尽的忧伤和留下深深的遗憾。另一方面，旅游者的消费活动是在异地进行的，其合法权益容易受到伤害和产生不安全感与危机感。加之消费时不像购买一般商品那样，可以凭购买凭证得到某种物质保证和补偿，故保护旅游者合法权益显得尤为重要。

3）能否保护旅游者合法权益是衡量一个国家或地区旅游业发达与否的重要标志

实践证明，凡是旅游者的合法权益屡屡受到侵害的地方，它的旅游业不可能发达。虽然个别旅游经营者通过侵犯旅游者合法权益的方式暂时得到一些利益实惠，但从长远角度看，损害了当地旅游业的整体形象，最终会导致旅游业的衰退和不景气。因此，许多重视旅游业的国家都把保护旅游者合法权益放在旅游立法的重要位置，纷纷制定和颁布许多法律、法规和行业规章，规范旅游者与旅游业有关部门的关系，保护旅游者合法权益。从世界各国旅游业发展史来看，并不从一开始就对保护旅游者合法权益具有充分认识。绝大多数国家经历了一个从不重视到重视，从没有立法到专门立法，从规模小到规模大，从浅层认识到深层认识等一系列的发展过程。对旅游者合法权益保护的重视程度在一定意义上成为衡量一个国家旅游业发展水平和发展阶段的重要标准之一。

4.3.2 旅游消费者权益的国内保护

1）国家对旅游消费者合法权益的保护

国家对旅游消费者合法权益的保护是由立法机关、行政机关、司法机关通过采取相应措施来实现的。

（1）立法保护

完善的法律、法规、规章和政策体系是国家保护旅游消费者合法权益的基础和依据。第一，国家采取立法措施保护旅游消费者的合法权益，并将有关消费者政策上升为法律、法规、规章和强制性标准；第二，在制定有关旅游消费者权益的法律、法规、规章和强制性标准时，根据不同情况，通过不同方式听取旅游消费者和消费者协会等组织的意见和要求。改革开放后，我国颁布了旅行社质量保证金制度、旅行社责任险制度等一系列保护旅游者合法权益的法律、法规、规章，为保护旅游消费者合法权益提供了法律依据。

（2）行政保护

各级人民政府与保护消费者权益密切相关的职能部门应当依照法律、法规的规定，在各自职责范围内，履行保护消费者合法权益的行政职能。

各级人民政府通过行使领导权、监督权来履行保护消费者合法权益的职责。其中负责消费者权益保护的市场监管部门要承担起主要职责。此外，质量检验、卫生监督、进出口商品检验、物价、旅游资源的行业主管部门等均要承担起自己职责范围内的管理责任。

按照国家有关规定，文化与旅游管理部门负有对所属行业经营者监督管理的职责。因此，文化与旅游管理部门应当行使下列保护消费者权益的职责：加强旅游经营者的管理，预防发生损害旅游消费者权益的行为；对于已出现的问题积极进行调查处理，并强化有关旅游消费者权益的服务职能；认真听取旅游者、消费者协会及其他保护旅游消费者权益的社会团体对旅游经营者的交易行为、商品和服务质量问题的意见，及时调查处理。

（3）司法保护

对在提供旅游商品和旅游服务中侵害旅游消费者合法权益的经营者的违法犯罪行为负有惩处职责的公安机关、检察机关、审判机关，应当依照法律、法规的规定履行职责。人民法院应当采取措施，方便旅游消费者提起诉讼。对符合《民事诉讼法》起诉条件的旅游消费者权益争议，必须受理，及时审理。

2）消费者组织对旅游消费者合法权益的保护

国家鼓励支持一切组织和个人对损害消费者的行为进行社会监督。各级消费者组织在社会保护中发挥着至关重要的作用。消费者组织目前在我国主要指中国消费者协会和地方各级消费者协会。消费者协会是依法成立并对商品和服务进行监督的保护消费者合法权益的社会组织。其公益性职责如下：

①向消费者提供消费信息和咨询服务，提高消费者维护自身合法权益的能力，引导文

明、健康、节约资源和保护环境的消费方式；

②参与制定有关消费者权益的法律、法规、规章和强制性标准；

③参与有关行政部门对商品和服务的监督、检查；

④就有关消费者合法权益的问题，向有关部门反映、查询，提出建议；

⑤受理消费者的投诉，并对投诉事项进行调查、调解；

⑥投诉事项涉及商品和服务质量问题的，可以委托具备资格的鉴定人鉴定，鉴定人应当告知鉴定意见；

⑦就损害消费者合法权益的行为，支持受损害的消费者提起诉讼或者依照《消费者权益保护法》提起诉讼；

⑧对损害消费者合法权益的行为，通过大众传播媒介予以揭露、批评。

消费者协会作为非营利的、公益性的社会组织，不得从事商品经营和营利性服务，不得以收取费用或者其他牟取利益的方式向消费者推荐商品和服务。

4.3.3　旅游消费者权益的国际保护

旅游是一项跨国界的综合性社会活动，随着世界旅游经济的大力发展，各国政府和国际组织对旅游者合法权益保护重要性的认识不断提高，制定了大量保护旅游者合法权益的法律、法规，缔结了各种双边、多边条约或国际公约。由于旅游活动的涉外性，国际社会十分重视对旅游者合法权益的保护。

国际消费者组织同盟（International Organization of Comsumers Unions，IOCU），是规模最大、影响范围最广的国际性消费者保护组织。它是1960年由美国消费者联盟、英国消费者协会、澳大利亚消费者协会、荷兰消费者联盟、比利时消费者协会5个消费者组织在海牙发起设立的。截至2012年，该组织成员包括115个国家的220个消费者组织，其总部原设在海牙，现迁至伦敦。中国消费者协会已于1987年被该组织接纳为正式会员。

在国际法方面，1970年4月布鲁塞尔外交会议通过了《世界旅游宣言》，该宣言指出："只有人们得到休息、度假和自由旅行的机会，旅游事业的发展才有可能。""各国政府不得限制旅游者出入国境，也不得对他们设置各种心理障碍。"1985年9月索菲亚会议产生了《旅游权益法案》和《旅游法规》，规定各国应该制定一系列政策以促进国内和国际旅游及闲暇活动的健康发展，应确保国内和国际旅游者自由旅行，不得对旅游者采取任何歧视措施。另外，各国在旅游者合法权益保护方面缔结了各种国际公约，如《统一国际航空运输某些规则的公约》《国际海上人身安全公约》《雅典公约》，以及一系列双边和多边协定，标志着世界旅游者合法权益保护的立法逐步趋向统一。

在国内法方面，由于旅游业能带来大量外汇，拉动内需，各国政府也采取有力措施保护旅游者合法权益。《法国民法典》《德国民法典》中都含有对旅游者合法权益保护的规定。大多数国家还制定了专门的旅游法以加强对旅游者合法权益的保护，例如《巴西联邦共和国旅游组织法》《美国全国旅游者政策法》《墨西哥旅游法》《比利时旅游资格法》《日本旅游基本法》等。以上各国的民法和旅游法律、法规明确规定旅游经营者必须履行各种义务而不能侵害旅游者的合法权益。一旦旅游者的合法权益受到损害，旅游者有权向经营者索赔。这些规定涉及旅行社、旅馆、交通、导游等旅游活动主要环节，全面保护了旅游者的合法权益。

随着现代旅游业的兴起，世界各国逐渐认识到传统法律和商业习惯已不能有效调整旅游合同这种新的商事关系和新型合同，也不能公平处理各种合同纠纷，因此各国相应地在旅游法和民法中制定、增补了大量调整合同的法律规范，建立了旅游合同法律制度。例如，《德国民法典》第651条，《南斯拉夫债务关系法》第859条至第896条，以及日本、英国等国的旅游基本法中都有相应规定。1970年，为了统一各国的不同规定，布鲁塞尔外交会议通过了《布鲁塞尔旅行契约国际公约》，对旅游合同立法产生了深远的影响。

国际视域4-1　　　　　　　　各国对住宿权利的不同规定

由于各国法律的具体规定不同，导致客人在不同国家住宿权利受到侵害时是否得到赔偿以及赔偿标准均有较大差异，事故发生地的偶然性、各国法律的差异性均可能使同一性质甚至同一情节的纠纷得到完全不同的处理结果。

如对客人安全问题，不同国家对不同的致伤原因执行不同的法律。在德国和埃塞俄比亚，饭店对由于房屋缺点造成的客人受伤负有不可推卸的责任；而在英国和意大利，饭店只要证明房屋缺点并非主观疏忽所致即可免除责任。对于起诉，有的国家允许客人按合同纠纷起诉，有的国家要求按侵权行为起诉，部分国家允许客人自选。因此，有关国家政府、国际组织尤其是国际饭店协会、统一私法国际协会制定了几个饭店业务方面的国际法规或公约来调整饭店业务中的各种关系，以期待各国饭店能对国际客人按相对统一的标准处理损害赔偿问题，客人因此在所到各处都能够得到同样的合理保护。

资料来源　刘敢生，胡夏冰. 饭店经营法律问题解析——守法与盈利［M］. 北京：旅游教育出版社，2006.

4.4　损害旅游消费者权益的法律责任

4.4.1　损害旅游消费者权益的法律责任的概念

损害旅游消费者权益的法律责任是指损害旅游消费者权益的行为人违反保护旅游消费者的法律规定或与旅游消费者约定的义务而依法应承担的法律后果。

知识链接4-3　　　　　　　　旅游消费者权益争议的解决途径

旅游消费者和旅游经营者发生权益争议的，可以通过下列途径解决：

（一）与经营者协商和解；

（二）请求消费者协会或者依法成立的其他调解组织调解；

（三）向有关行政部门投诉；

（四）根据与旅游经营者达成的仲裁协议提请仲裁机构仲裁；

（五）向人民法院提起诉讼。

根据《旅游法》第九十三条的规定，消费者协会、旅游投诉受理机构和有关调解组织在双方自愿的基础上，依法对旅游者与旅游经营者之间的纠纷进行调解。

4.4.2　损害旅游消费者权益的责任主体和赔偿顺序

消费者在合法权益受到损害时，有权要求损害赔偿。法律根据不同情况规定了赔偿主体及其赔偿顺序，具体情形有以下几种：

①消费者在购买、使用商品时，其合法权益受到损害的，可以向销售者要求赔偿。属于生产者的责任或属于向销售者提供商品的其他销售者的责任的，销售者有权向生产者或其他销售者追偿。

②因商品缺陷造成人身、财产损害的，可以向销售者要求赔偿，也可以向生产者要求赔偿。属于生产者责任的，销售者赔偿后，有权向生产者要求赔偿。属于销售者责任的，生产者赔偿后，有权向销售者追偿。

③消费者在接受服务时，其合法权益受到损害的，可以向服务者要求赔偿。

④消费者在购买、使用商品或者接受服务时，其合法权益受到损害，因原企业分立、合并的，可以向变更后承受其权利、义务的企业要求赔偿。

⑤使用他人营业执照的违法经营者提供商品或者服务，损害消费者合法权益的，消费者可以向其要求赔偿，也可以向营业执照的持有人要求赔偿。

⑥消费者在展销会、租赁柜台购买商品或者接受服务，其合法权益受到损害的，可以向销售者或者服务者要求赔偿。展销会结束或者柜台租赁期满后，也可以向展销会的举办者、柜台的出租者要求赔偿。展销会的举办者、柜台的出租者赔偿后，有权向销售者或者服务者追偿。

⑦消费者通过网络交易平台购买商品或者接受服务，其合法权益受到损害的，可以向销售者或者服务者要求赔偿。网络交易平台提供者不能提供销售者或者服务者的真实名称、地址和有效联系方式的，消费者也可以向网络交易平台提供者要求赔偿；网络交易平台提供者作出更有利于消费者的承诺的，应当履行承诺。网络交易平台提供者赔偿后，有权向销售者或者服务者追偿。网络交易平台提供者明知或者应知销售者或者服务者利用其平台侵害消费者合法权益，未采取必要措施的，依法与该销售者或者服务者承担连带责任。

⑧经营者利用虚假广告或者其他虚假宣传方式提供商品或者服务，使消费者合法权益受到损害的，可以向经营者要求赔偿。广告经营者、发布者发布虚假广告的，消费者可以请求行政主管部门予以惩处。广告的经营者、发布者不能提供经营者真实名称、地址和有效联系方式的，应承担赔偿责任。广告经营者、发布者设计、制作、发布关系消费者生命健康的商品或者服务的虚假广告，造成消费者损害的，应当与提供该商品或者服务的经营者承担连带责任。

⑨社会团体或者其他组织、个人在关系消费者生命健康商品或者服务的虚假广告或者

其他虚假宣传中向消费者推荐商品或者服务，造成消费者损害的，应当与提供该商品或者服务的经营者承担连带责任。

4.4.3　损害旅游消费者权益的法律责任类型

《消费者权益保护法》及相关法律法规对经营者损害消费者权益应当承担的法律责任进行了明确的规定。

微课4-3：
消费者如何
索赔？

1）民事责任

（1）违反有关法律、法规应承担的民事责任

根据《消费者权益保护法》第四十八条的规定，经营者提供商品或服务有下列情形之一的，除《消费者权益保护法》另有规定外，应当按照其他有关法律、法规的规定，承担民事责任：

①商品或者服务存在缺陷的；

②不具备商品应当具备的使用性能而出售时未作说明的；

③不符合在商品或者其包装上注明采用的商品标准的；

④不符合商品说明、实物样品等方式表明的质量状况的；

⑤生产国家明令淘汰的商品或者销售失效、变质的商品的；

⑥销售的商品数量不足的；

⑦服务的内容和费用违反约定的；

⑧对消费者提出的修理、重作、更换、退货、补足商品数量、退还货款和服务费用或者赔偿损失的要求，故意拖延或者无理拒绝的；

⑨法律、法规规定的其他损害消费者权益的情形。

（2）未尽到安全保障义务的民事责任

《消费者权益保护法》第四十八条规定："经营者对消费者未尽到安全保障义务，造成消费者损害的，应当承担侵权责任。"

（3）致人伤亡的民事责任

《消费者权益保护法》第四十九条规定："经营者提供商品或者服务，造成消费者或者其他受害人人身伤害的，应当赔偿医疗费、护理费、交通费等为治疗和康复支出的合理费用，以及因误工减少的收入。造成残疾的，还应当赔偿残疾生活辅助具费和残疾赔偿金。造成死亡的，还应当赔偿丧葬费和死亡赔偿金。"

（4）侵犯人身权利的民事责任

《消费者权益保护法》第五十条规定："经营者侵害消费者的人格尊严、侵犯消费者人身自由或者侵害消费者个人信息依法得到保护的权利的，应当停止侵害、恢复名誉、消除影响、赔礼道歉，并赔偿损失。"

《消费者权益保护法》第五十一条规定："经营者有侮辱诽谤、搜查身体、侵犯人身自由等侵害消费者或者其他受害人人身权益的行为，造成严重精神损害的，受害人可以要求精神损害赔偿。"

（5）造成财产损害的民事责任

《消费者权益保护法》第五十二条规定："经营者提供商品或者服务，造成消费者财产损害的，应当依照法律规定或者当事人约定承担修理、重作、更换、退货、补足商品数量、退还货款和服务费用或者赔偿损失等民事责任。"

（6）违反约定的民事责任

《消费者权益保护法》第五十三条规定："经营者以预收款方式提供商品或者服务的，应当按照约定提供。未按照约定提供的，应当按照消费者的要求履行约定或者退回预付款，并应当承担预付款的利息、消费者必须支付的合理费用。"

（7）提供不合格商品的民事责任

《消费者权益保护法》第五十四条规定："依法经有关行政部门认定为不合格的商品，消费者要求退货的，经营者应当负责退货。"

（8）欺诈行为的民事责任

《消费者权益保护法》第五十五条规定："经营者提供商品或者服务有欺诈行为的，应当按照消费者的要求增加赔偿其受到的损失，增加赔偿的金额为消费者购买商品的价款或者接受服务费用的三倍；增加赔偿的金额不足五百元的，为五百元。法律另有规定的，依照其规定。经营者明知商品或者服务存在缺陷，仍然向消费者提供，造成消费者或者其他受害人死亡或者健康严重损害的，受害人有权要求经营者依照本法第四十九条、第五十一条等法律规定赔偿损失，并有权要求所受损失二倍以下的惩罚性赔偿。"

此外，《消费者权益保护法》第五十八条规定："经营者违反本法规定，应当承担民事赔偿责任和缴纳罚款、罚金，其财产不足以同时支付的，先承担民事赔偿责任。"

2）行政责任

经营者除了向消费者承担民事责任之外，行政机关可以在自身职权的范围内，根据法律、法规的有关规定，追究经营者的行政责任。

根据国务院颁布的《旅行社条例》，依据不同情形分别处以的行政责任形式有责令改正、没收违法所得、罚款、停业整顿、吊销业务经营许可证等。

《消费者权益保护法》第五十六条规定：经营者有下列情形之一，除承担相应的民事责任外，其他有关法律、法规对处罚机关和处罚方式有规定的，依照法律、法规的规定执行；法律、法规未作规定的，由市场监督管理部门或者其他有关行政部门责令改正，可以根据情节单处或者并处警告、没收违法所得、处以违法所得一倍以上十倍以下的罚款，没有违法所得的，处以五十万元以下的罚款；情节严重的，责令停业整顿、吊销营业执照：

①提供的商品或者服务不符合保障人身、财产安全要求的；

②在商品中掺杂、掺假，以假充真，以次充好，或者以不合格商品冒充合格商品的；

③生产国家明令淘汰的商品或者销售失效、变质的商品的；

④伪造商品的产地，伪造或者冒用他人的厂名、厂址，篡改生产日期，伪造或者冒用认证标志等质量标志的；

⑤销售的商品应当检验、检疫而未检验、检疫或者伪造检验、检疫结果的；

⑥对商品或者服务作虚假或者引人误解的宣传的；

⑦拒绝或者拖延有关行政部门责令对缺陷商品或者服务采取停止销售、警示、召回、无害化处理、销毁、停止生产或者服务等措施的；

⑧对消费者提出的修理、重作、更换、退货、补足商品数量、退还货款和服务费用或者赔偿损失的要求，故意拖延或者无理拒绝的；

⑨侵害消费者人格尊严、侵犯消费者人身自由或者侵害消费者个人信息依法得到保护的权利的；

⑩法律、法规规定的对损害消费者权益应当予以处罚的其他情形。

经营者有上述情形的，除依照法律、法规规定予以处罚外，处罚机关应当记入信用档案，向社会公布。

3）刑事责任

《旅行社条例》第六十五条规定，旅行社损害旅游者合法权益的，应当承担相应的民事责任；构成犯罪的，依法追究刑事责任。结合《消费者权益保护法》第五十七条、第六十条、第六十一条的规定，追究刑事责任的情况主要包括以下几种：

①经营者违反《消费者权益保护法》规定提供商品或者服务，侵害消费者合法权益，构成犯罪的，依法追究刑事责任。

②以暴力、威胁等方法阻碍有关行政部门工作人员依法执行职务的，依法追究刑事责任。

③国家机关工作人员玩忽职守或者包庇经营者侵害消费者合法权益的行为的，情节严重，构成犯罪的，依法追究刑事责任。

■ 本章小结

本章介绍了消费者和旅游消费者的概念、消费者权益保护法的基本内容，以及旅游消费者的权利和旅游经营者的义务，着重强调旅游消费者合法权益保护的重要性。旅游消费者的权利是旅游消费者权益保护法的核心内容，离开了旅游消费者的权利就谈不上旅游消费者合法权利的保护。最后分析了旅游消费者合法权益的国际国内保护方法，侵害旅游消费者合法权益的法律责任的确定。

■ 主要概念

消费者　旅游消费者　消费者权益保护法律制度　损害旅游消费者权益的法律责任

■ 选择题

1.消费者权益保护法律制度的最核心的原则是（　　　）。

A.经营者与消费者交易的基本原则　　　　B.国家保护消费者合法权益不受侵犯原则

C.全社会共同保护消费者合法权益原则　　D.自愿、平等、公平、诚实信用原则

2.国家对消费者合法权益行政保护的主要实施者是（　　　）。

A.各级人民政府　　　　　　　　　B.市场监管部门
C.技术、卫生监督部门　　　　　　D.进出口商品检验部门以及行业主管部门

3.依法成立的对商品和服务进行监督保护的保护消费者合法权益的社会组织是（　　）。
A.市场监管部门　　B.消费者投诉部门　　C.消费者协会　　　D.个体协会

4.消费者权益保护法是调整（　　）三者之间在保护消费者权益过程中发生的社会关系的法律规范的总称。
A.国家、生产者、消费者　　　　　B.管理者、经营者、消费者
C.国家、经营者、消费者　　　　　D.管理者、生产者、消费者

▮ 判断题

1.消费者是指为满足生产消费需要而购买、使用商品或者接受服务的个人或单位。
（　　）

2.公平交易权是指消费者在购买商品或接受服务时，有权获得保障、价格合理、计量正确等公平交易条件；有权拒绝经营者的强制交易行为。（　　）

3.因商品缺陷造成人身、财产损害的，旅游消费者可以向销售者要求赔偿，也可以向生产者要求赔偿。属于生产者责任的，销售者赔偿后，有权向生产者要求赔偿。属于销售者责任的，生产者赔偿后，有权向销售者追偿。（　　）

4.消费者协会作为非营利的、公益性的社团，不得从事商品经营和营利性服务，不得以牟利为目的向社会推荐商品和服务。（　　）

▮ 简答题

1.消费者权益保护法律制度的基本原则是什么？
2.按照《消费者权益保护法》的规定，旅游消费者享有的权利和旅游经营者承担的义务有哪些？
3.旅游消费者权益的国内保护方式有哪些？
4.简述损害旅游消费者权益的法律责任。

▮ 案例分析题

济南市市民陈先生意欲在春节期间带家人旅游，他在网上发现了本市一家旅行社的安排及价格等方面都符合自己的理想，于是决定前去咨询。经过双方协商，陈先生与该旅行社签订了旅游合同。合同基本内容如下：本次旅游活动为"青岛、大连、旅顺、烟台、威海双卧双船八日游"，委派全程陪同导游，住宿标准为二星级酒店，乘机标准为经济舱，乘船标准为三等舱（8~12人高低铺）。2月1日，陈先生携家人踏上旅程才得知，由于旅行社的原因，此次活动的游客数没有达到预期人数，最终因人数较少不能成团，需要在旅游目的地拼团，因此也未委派全程导游。陈先生等游客无奈只好继续前行，但行程并不一帆风顺，住宿、乘船均未达到合同约定的标准，地陪导游也无故将其中的行程进行了变更。返回后陈先生认为自己的权益受损，向济南市消费者协会提起诉讼，要求旅行社赔偿

因旅行社违约而给自己造成的相应损失。

请问：陈先生作为旅游消费者有哪些权利？陈先生的诉讼请求能否被支持？

■ **实训题**

请同学们分组调查当地旅游消费者合法权益保护的情况，并写出调查报告进行交流。

第 5 章

旅行社管理法律制度

学习目标

通过本章学习，了解旅行社的概念、旅行社设立的条件，理解旅行社的权利和义务，重点掌握旅行社的经营规则等内容。

知识结构思维导图

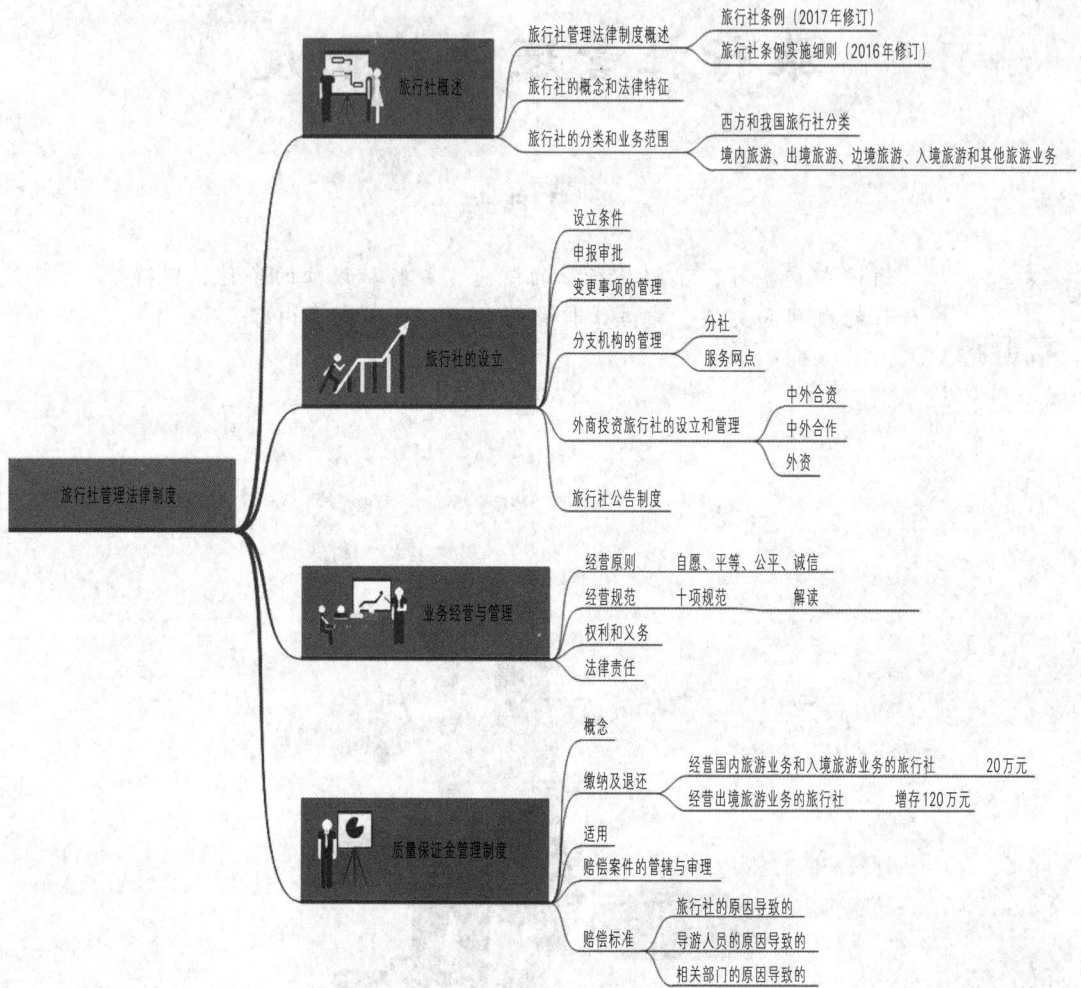

旅行社管理法律制度

旅行社概述
- 旅行社管理法律制度概述
  - 旅行社条例（2017年修订）
  - 旅行社条例实施细则（2016年修订）
- 旅行社的概念和法律特征
- 旅行社的分类和业务范围
  - 西方和我国旅行社分类
  - 境内旅游、出境旅游、边境旅游、入境旅游和其他旅游业务

旅行社的设立
- 设立条件
- 申报审批
- 变更事项的管理
- 分支机构的管理
  - 分社
  - 服务网点
- 外商投资旅行社的设立和管理
  - 中外合资
  - 中外合作
  - 外资
- 旅行社公告制度

业务经营与管理
- 经营原则　自愿、平等、公平、诚信
- 经营规范　十项规范　解读
- 权利和义务
- 法律责任

质量保证金管理制度
- 概念
- 缴纳及退还
  - 经营国内旅游业务和入境旅游业务的旅行社　20万元
  - 经营出境旅游业务的旅行社　增存120万元
- 适用
- 赔偿案件的管辖与审理
- 赔偿标准
  - 旅行社的原因导致的
  - 导游人员的原因导致的
  - 相关部门的原因导致的

案例导入　　　司机磨蹭致日出没看上，旅行社赔偿游客损失

王小姐等人参加了某旅行社组织的峨眉山 5 日游。在旅游合同中，她们专门要求注明游览峨眉山包括观看日出的行程，并在看日出的前一天，约定第二天早上 4 点半集合。可第二天早上 5 点，司机才开着汽车慢吞吞地过来。好不容易上车了，司机却在路上停了三次，说是再等几个游客。到达山顶时，已超过 6 点，太阳早已升起。行程结束后，王小姐等人起诉至法院，要求旅行社退还峨眉山的景点门票并赔偿损失。最终，法院判决旅行社退还王小姐等人大部分门票款，并赔偿同额违约金。

案例分析：

在旅游纠纷中，存在旅游业经营者服务"缩水"现象，即只履行了合同义务的一部分，或虽履行了义务但服务质量不符合合同规定。当这样的情况发生时，旅游者应积极向旅行社索赔，保护自己的权益。尽管观看日出不是游览峨眉山景区的全部内容，但鉴于王小姐等游客在与旅行社签订的旅游合同中特别注明了观看日出的行程，所以，观看日出成为游览峨眉山的重要内容，而游客没能看上日出的全部责任应归结在旅行社身上，旅行社应为违约行为承担赔偿责任。

资料来源　陈实. 司机磨蹭致日出没看上，旅行社赔偿游客损失 [EB/OL]. [2013-12-18]. http://bjgyold.chinacourt.org/public/detail.php? id=39885&k_w=%D3%CE%C0%C0%B6%EB%C3%BC%C9%BD%B0%FC%C0%A8%B9%DB%BF%B4%C8%D5%B3%F6%B5%C4.

旅行社是旅游业的龙头企业，是从事招徕、接待、组织旅游者进行旅游活动的企业，是沟通旅游消费者和旅游生产者的中介组织。就本质而言，旅行社又是一个以营利为目的的企业。旅行社在其业务范围内与有关各方之间形成了大量的社会关系。旅行社法规即调整旅行社业务中各种社会关系的法律规范的总称。尽管各国国情不同，但旅行社法规所调整的社会关系具有很大程度的同质性。因此，各国旅行社法规制度会有一些体现共同点的内容，如规定本法的制定目的、有关定义和术语、旅行社的成立条件和相关的审批手续、旅行社的职责、有关的罚则等。

5.1　旅行社概述

5.1.1　旅行社管理法律制度概述

为了适应我国旅游业对外开放的需要，促进旅游业的发展，1985 年 5 月 11 日国务院颁布了《旅行社管理暂行条例》，该条例将旅行社分为一、二、三类，规定了开办各类旅行社的条件。1996 年 10 月 15 日国务院令第 205 号发布了正式的《旅行社管理条例》。2001 年 12 月 11 日，根据我国旅行社业务新的需要，国务院令第 334 号对《旅行社管理条例》进行了修订，并重新公布，自 2002 年 1 月 1 日起施行。

《旅行社管理条例》在保障旅游业持续、快速、健康发展方面发挥了重要、积极的作用，但随着旅游业的迅猛发展，许多内容已明显不能适应新形势的要求。2009 年国务院

令第550号公布《旅行社条例》，自2009年5月1日起施行，《旅行社管理条例》同时废止。此后，《旅行社条例》又分别在2016年和2017年进行了两次修订。

同时，国家旅游局公布的新的《旅行社条例实施细则》自2009年5月3日起施行，2001年公布的《旅行社管理条例实施细则》废止。2016年12月6日国家旅游局审议通过《国家旅游局关于修改〈旅行社条例实施细则〉和废止〈出境旅游领队人员管理办法〉的决定》，自公布之日起生效。

此外，国家旅游局制定发布的《旅行社责任保险管理办法》《关于外国企业在中国设立旅游常驻机构的审批管理办法》等规章，与《旅行社条例》共同作为旅行社法规制度施行。

2013年4月25日，《中华人民共和国旅游法》（简称《旅游法》）出台，并于2016年进行了修订。该法对旅行社经营设立专章加以规定，主要针对旅行社的设立、旅行社的业务、旅行社的经营规则和合同履行义务等进行了明确的规定，为进一步规范旅行社的经营提供了法律依据。

5.1.2 旅行社的概念和法律特征

1）旅行社的概念

旅行社产生于19世纪40年代，是世界旅游业的三大支柱之一，而且居于旅游业的"龙头"地位。我国《旅行社条例》第二条规定："本条例所称旅行社，是指从事招徕、组织、接待旅游者等活动，为旅游者提供相关旅游服务，开展国内旅游业务、入境旅游业务或者出境旅游业务的企业法人。"

2）旅行社的法律特征

旅行社业为许可经营行业。经营旅行社业务，应当报经有权审批的旅游行政管理部门批准，领取旅行社业务经营许可证，并依法办理工商登记注册手续。未经旅游行政管理部门审核批准并取得许可证的，不得从事旅游业务。旅行社的法律特征有：

（1）旅行社是从事旅游业务的企业法人。设立旅行社，必须具备《旅行社条例》规定的条件，经旅游行政管理部门批准，领取旅行社业务经营许可证，并到市场监管部门注册登记，即取得旅行社企业法人的资格。

（2）旅行社所从事的旅游业务主要是招徕、组织并接待旅游者，为旅游者提供相关的旅游服务。招徕，指旅行社按照批准的业务范围，在国内外开展宣传活动，组织招徕旅游者的工作。接待，指旅行社根据与旅游者达成的协议为其安排食、住、行、游、购、娱等活动，并提供导游服务。

5.1.3 旅行社的分类和业务范围

1）旅行社的分类

在西方，人们按照业务范围将旅行社划分为旅游经营商、旅游批发商和旅游零售商三类，也有的将旅行社分为批发旅游经营商和旅游零售商两类，忽略旅游经营商和旅游批发商之间的差别。我国根据《旅行社条例》的规定，将旅行社区分为两类：一类是经营国内旅游业务和入境旅游业务的旅行社；另一类是经营国内旅游业务和入境旅游业务的旅行社取得经营许可满两年，且未因侵害旅游者合法权益受到行政机关罚款以上处罚的，就可以申请经营出境旅游业务。

2）旅行社的业务范围

《旅游法》第二十九条规定：旅行社可以经营境内旅游、出境旅游、边境旅游、入境旅游和其他旅游业务。旅行社经营第二项和第三项业务，应当取得相应的业务经营许可，具体条件由国务院规定。所谓境内旅游业务，是指旅行社招徕、组织和接待中国内地居民在境内旅游的业务。所谓入境旅游业务，是指旅行社招徕、组织、接待外国旅游者来我国旅游，香港特别行政区、澳门特别行政区旅游者来内地旅游，台湾地区居民来大陆旅游，以及招徕、组织、接待在中国内地的外国人，在内地的香港特别行政区、澳门特别行政区居民和在大陆的台湾地区居民在境内旅游的业务。所谓出境旅游业务，是指旅行社招徕、组织、接待中国内地（大陆）居民出国旅游，赴香港特别行政区、澳门特别行政区和台湾地区旅游，以及招徕、组织、接待在中国内地（大陆）的外国人，在内地的香港特别行政区、澳门特别行政区居民和在大陆的台湾地区居民出境旅游的业务。所谓边境旅游业务，是指经批准由指定的旅游部门组织和接待本国公民及毗邻国家的公民，在双方政府商定的边境地区进行的旅游业务。

具体而言，旅行社的业务范围包括：①安排交通服务；②安排住宿服务；③安排餐饮服务；④安排观光游览、休闲度假等服务；⑤安排导游、领队服务；⑥安排旅游咨询、旅游活动设计服务；⑦接受旅游者的委托代订交通客票、代订酒店和代办出境、入境、签证手续等；⑧接受机关、事业单位和社会团体的委托，为其差旅、考察、会议、展览等公务活动，代办交通、住宿、餐饮、会务等事务；⑨接受企业委托，为其各类商务活动、奖励旅游等代办交通、住宿、餐饮、会务、观光游览、休闲度假等事务。

其中出境、签证手续等服务，只能由具备出境旅游业务经营权的旅行社代办。

需要注意的是，外商投资旅行社，包括中外合资经营旅行社、中外合作经营旅行社和外资旅行社，不得经营中国内地（大陆）居民出国旅游业务以及赴香港特别行政区、澳门特别行政区和台湾地区旅游的业务，但是国务院决定或者我国签署的自由贸易协定和内地与香港、澳门关于建立更紧密经贸关系的安排另有规定的除外。

5.2　旅行社的设立

5.2.1　旅行社的设立条件

各国对旅行社的设立都有不同的规定，综合起来，主要包括以下几个方面：申办者的从业经验、法定的注册资本、营业保证金、旅游行政许可、工商注册、加入行业组织等。根据《旅行社条例》第六条、《旅行社条例实施细则》第六条和《旅游法》第二十八条的规定，旅行社设立的条件主要有：

1）经营国内旅游业务和入境旅游业务的旅行社的设立条件

①有固定的经营场所。申请者拥有产权的营业用房，或者申请者租用的租期不少于一年的营业用房；营业用房应当满足申请者业务经营的需要。

②有必要的营业设施。其包括两部以上的直线固定电话；传真机、复印机；具备与旅游行政管理部门及其他旅游经营者联网条件的计算机。

③有符合规定的注册资本。按照规定，申请设立从事国内旅游业务和入境旅游业务经营的旅行社，应该有不少于三十万元的注册资本。

④有必要的经营管理人员和导游。

⑤法律、法规规定的其他条件。

2）经营出境旅游业务的旅行社的设立条件

根据《旅行社条例》第八条的规定，旅行社取得经营许可满两年，且未因侵害旅游者合法权益受到行政机关罚款以上处罚的，可以申请经营出境旅游业务。

5.2.2 旅行社的申报审批

1）旅行社申请经营国内旅游业务和入境旅游业务的申报审批

申请设立经营国内旅游业务和入境旅游业务的旅行社，应当向所在地省、自治区、直辖市旅游行政管理部门（简称省级旅游行政管理部门，下同）或者其委托的设区的市（含州、盟，下同）级旅游行政管理部门提出申请，并提交符合条例规定的相关证明文件：

①设立申请书。内容包括申请设立的旅行社的中英文名称及英文缩写、设立地址、企业形式、出资人、出资额和出资方式、申请人、受理申请部门的全称、申请书名称和申请的时间。

②法定代表人履历表及身份证明。

③企业章程。

④经营场所的证明。

⑤营业设施、设备的证明或者说明。

⑥市场监督管理部门出具的《企业法人营业执照》。

受理申请的旅游行政管理部门应当自受理申请之日起20个工作日内作出许可或者不予许可的决定。予以许可的，向申请人颁发旅行社业务经营许可证，申请人持旅行社业务经营许可证向市场监督管理部门办理设立登记；不予许可的，书面通知申请人并说明理由。

2）旅行社申请经营出境旅游业务的申报审批

申请经营出境旅游业务的旅行社，应当向国务院旅游行政主管部门或者其委托的省级旅游行政管理部门提出申请，并提交原许可的旅游行政管理部门出具的，证明其经营旅行社业务满两年，且连续两年未因侵害旅游者合法权益受到行政机关罚款以上处罚的文件。受理申请的旅游行政管理部门应当自受理申请之日起20个工作日内作出许可或者不予许可的决定。予以许可的，向申请人换发旅行社业务经营许可证，旅行社应当持换发的旅行社业务经营许可证到市场监督管理部门办理变更登记；不予许可的，书面通知申请人并说明理由。

旅行社申请经营边境旅游业务和赴台湾地区旅游业务，分别适用《边境旅游暂行管理办法》的规定和《大陆居民赴台湾地区旅游管理办法》的规定。

3）网络经营旅游业务

旅行社的网络营销正在不断变化，越来越多的传统旅行社开始转战互联网，开拓新的营销渠道，借助第三方网络平台，从门店销售升级到网络营销，移动终端营销也被更多旅行社所青睐。

有关网络经营旅游业务，《旅游法》第四十八条规定：通过网络经营旅行社业务的，应当依法取得旅行社业务经营许可，并在其网站主页的显著位置标明其业务经营许可证信息。发布旅游经营信息的网站，应当保证其信息真实、准确。

网络经营旅游业务的旅行社按照法律规定，必须依法取得旅行社业务经营的许可，与此同时在其网站主页要标明其业务经营许可证信息，并应当载明旅行社的名称、法定代表人、许可证编号和业务经营范围，以及原许可的旅游行政管理部门的投诉电话，保证自己发布的旅游经营信息真实、准确，以维护旅游者的合法权益，有利于行政管理部门与社会的有效监督。

5.2.3 旅行社变更事项的管理

旅行社变更事项包括业务范围的变更，注册登记地的变更，组织形式、名称、法定代表人、营业场所等事项的变更。

①旅行社申请经营出境旅游业务获得许可的，应当持换发的旅行社业务经营许可证到市场监督管理部门办理变更登记。

②旅行社名称、经营场所、出资人、法定代表人等登记事项变更或终止经营的，应当到市场监督管理部门办理相应的变更登记或者注销登记，并自登记办理完毕之日起10个工作日内，持已变更的企业法人营业执照向原许可的旅游行政管理部门备案，换领或者交回旅行社业务经营许可证。

5.2.4 旅行社分支机构的管理

旅行社分支机构，是指旅行社设立的不具有独立法人资格、以设立社名义开展旅游业务经营活动的旅行社分社及旅行社服务网点。旅行社分社及旅行社服务网点从事《旅行社条例》规定的经营活动的，其经营活动的责任和后果，由设立社承担。

1）旅行社分社的管理

根据《旅行社条例》第十四条的规定，旅行社每设立一个经营国内旅游业务和入境旅游业务的分社，应当向其质量保证金账户增存5万元；每设立一个经营出境旅游业务的分社，应当向其质量保证金账户增存30万元。

旅行社设立分社，应向分社所在地市场监督管理部门办理分社设立登记，还应当持下列文件向分社所在地与工商登记同级的旅游行政管理部门备案，没有同级的旅游行政管理部门的，可以向上一级旅游行政管理部门备案：

①设立社的旅行社业务经营许可证副本和企业法人营业执照副本；

②分社的营业执照；

③分社经理的履历表和身份证明；

④增存质量保证金的证明文件。

旅行社分社的经营场所、营业设施、设备，应当符合旅行社设立规定的要求。分社的名称中应当包含设立社名称、分社所在地地名和"分社"或者"分公司"字样。

2）旅行社服务网点的管理

服务网点是指旅行社设立的，为旅行社招徕旅游者，并以旅行社的名义与旅游者签订旅游合同的门市部等机构。设立社设立服务网点的区域范围，应当在设立社所在地的设区的市的行政区划内，不得在此区域范围外设立服务网点。服务网点应当设在方便旅游者认识和出入的公共场所。

服务网点的名称、标牌应当包括设立社名称、服务网点所在地地名等，不得含有使消费者误解为是旅行社或者分社的内容，也不得使用易使消费者误解的简称。服务网点应当在设立社的经营范围内招徕旅游者、提供旅游咨询服务。

设立社向服务网点所在地市场监督管理部门办理服务网点设立登记后，应当在3个工作日内，持下列文件向服务网点所在地与工商登记同级的旅游行政管理部门备案，没有同级的旅游行政管理部门的，可以向上一级旅游行政管理部门备案：

①设立社的旅行社业务经营许可证副本和企业法人营业执照副本；

②服务网点的营业执照；

③服务网点经理的履历表和身份证明。

设立社应当加强对分社和服务网点的管理，对分社实行统一的人事、财务、招徕、接待制度规范，对服务网点实行统一管理、统一财务、统一招徕和统一咨询服务规范。

微课5-1：总社和分社，谁能成为被告？

5.2.5 外商投资旅行社的设立和管理

在我国旅游业多年的加入世界贸易组织的谈判中，旅行社一直是谈判的重点。谈判的基础是1998年12月2日经国务院批准、国家旅游局和外经贸部发布的《中外合资旅行社试点暂行办法》（以下简称《办法》）。该《办法》出于保护国内旅行社的目的，曾经为国外旅行社进入中国砌筑了一道高门槛。因此，有关旅行社多年谈判的重点就是如何逐年降低这个门槛。

自2009年5月1日起施行的《旅行社条例》，对1996年国务院发布的《旅行社管理条例》进行了全面修改，履行了中国加入世界贸易组织的承诺，放宽了对外资旅行社的限制，删除了关于外商投资旅行社注册资本最低限额、投资者条件的特殊要求，取消了关于外商投资旅行社不得设立分支机构的限制，并且规定外商投资者除了可以设立中外合资、中外合作旅行社外，还可以设立外资旅行社。

设立外商投资旅行社，由投资者向国务院旅游行政主管部门提出申请，并提交符合旅行社设立条件的相关证明文件。国务院旅游行政主管部门应当自受理申请之日起30个工作日内审查完毕。同意设立的，出具外商投资旅行社业务许可审定意见书；不同意设立的，书面通知申请人并说明理由。

申请人持外商投资旅行社业务许可审定意见书、章程，合资、合作双方签订的合同向国务院商务主管部门提出设立外商投资企业的申请。国务院商务主管部门依照有关法律、法规的规定，作出批准或者不予批准的决定。予以批准的，颁发外商投资企业批准证书，并通知申请人向国务院旅游行政主管部门领取旅行社业务经营许可证，申请人持旅行社业务经营许可证和外商投资企业批准证书向市场监督管理部门办理设立登记；不予批准的，书面通知申请人并说明理由。

外商投资旅行社不得经营中国内地（大陆）居民出国旅游业务以及赴香港特别行政区、澳门特别行政区和台湾地区旅游的业务，但是国务院决定或者我国签署的自由贸易协定和内地与香港、澳门关于建立更紧密经贸关系的安排另有规定的除外。

5.2.6　旅行社公告制度

旅行社公告制度，是指旅游行政管理部门对其审批设立的旅行社通过报纸、期刊或者其他形式向社会公开发布告知。旅行社公告制度以行政法规形式确立，有别于工商登记部门发布的企业法人登记公告，是旅游行政管理部门对旅行社实行行业监督的一项重要措施。其目的是将经过依法设立的旅行社向社会公开告知，从而把对旅行社的监督工作推向全社会，扩大对旅行社的监督范围，强化对旅行社实行行业管理的效力。

公告的内容包括旅行社业务经营许可证的颁发、变更、吊销、注销情况，旅行社的违法经营行为以及旅行社的诚信记录、旅游者投诉信息等。公告的事项，县级以上旅游行政管理部门通过本部门或者上级旅游行政管理部门的政府网站向社会发布。

其中，质量保证金缴存数额降低，旅行社业务经营许可证颁发、变更和注销的，国务院旅游行政主管部门或者省级旅游行政管理部门应当在作出许可决定或者备案后20个工作日内向社会公告。旅行社违法经营或者被吊销旅行社业务经营许可证的，由作出行政处罚决定的旅游行政管理部门，在处罚生效后10个工作日内向社会公告。

旅游者对旅行社的投诉信息，由处理投诉的旅游行政管理部门每季度向社会公告。

5.3　旅行社业务经营与管理

5.3.1　旅行社的经营原则

《旅行社条例》第四条规定："旅行社在经营活动中应当遵循自愿、平等、公平、诚信的原则，提高服务质量，维护旅游者的合法权益。"

①自愿原则，是指旅行社不得通过欺诈、胁迫等手段强迫旅游者和其他企业在非自愿的情况下与其发生旅游法律关系。

②平等原则，是指旅行社在经营活动中，与旅游者或其他法人之间发生业务关系，必须平等协商，不得将自己的意志强加给对方。

③公平原则，是指在权利和义务、承担民事责任等方面应当公正、平等、合情合理，保证公正交易和公平竞争。

④诚信原则，要求旅行社对旅游者和其他企业诚实不欺，恪守诺言，讲究信用。不损害他人利益和社会利益，并以诚实信用的方式履行义务。

⑤旅行社在开展业务经营活动中，还应提高服务质量，维护旅游者的合法权益。

5.3.2 旅行社业务经营规范

1）旅行社业务经营许可证不得转让、出租或者出借

旅行社及其分社、服务网点，应当将旅行社业务经营许可证、旅行社分社备案登记证明或者旅行社服务网点备案登记证明，与营业执照一起，悬挂在经营场所的显要位置。旅行社的下列行为属于转让、出租或者出借旅行社业务经营许可证的行为：

①除招徕旅游者和符合《旅行社条例实施细则》第三十四条第一款规定的接待旅游者的情形（旅行社需要将在旅游目的地接待旅游者的业务作出委托）外，准许或者默许其他企业、团体或者个人，以自己的名义从事旅行社业务经营活动的。

②准许其他企业、团体或者个人，以部门或者个人承包、挂靠的形式经营旅行社业务的。

2）旅行社办事机构禁止从事旅游业务

根据《旅行社条例实施细则》第二十八条的规定，旅行社设立的办事处、代表处或者联络处等办事机构，不得从事旅行社业务经营活动。

3）以网络经营旅行社业务的规定

旅行社以网络经营旅行社业务的，应当依法取得旅行社业务经营许可，除符合法律、法规规定外，其网站首页应当载明旅行社的名称、法定代表人、许可证编号和业务经营范围，以及原许可的旅游行政管理部门的投诉电话。发布旅游经营信息的网站，应当保证其信息真实、准确。

4）禁止安排违反法律、法规的活动

旅行社为旅游者安排或者介绍的旅游活动不得含有违反有关法律、法规规定的内容，主要包括：

①含有损害国家利益和民族尊严内容的；

②含有民族、种族、宗教歧视内容的；

③含有淫秽、赌博、涉毒内容的；

④其他含有违反法律、法规规定内容的。

经营出境旅游业务的旅行社不得组织旅游者到国务院旅游行政主管部门公布的中国公民出境旅游目的地之外的国家和地区旅游。

5）不得要求导游人员和领队人员承担接待旅游团队的相关费用

旅行社不得要求导游人员和领队人员承担接待旅游团队的相关费用，主要包括：

①垫付旅游接待费用；

②为接待旅游团队向旅行社支付费用；

③其他不合理费用。

6）不得低价招徕旅游者

旅行社不得以低于旅游成本的报价招徕旅游者。未经旅游者同意，旅行社不得在旅游合同约定之外提供其他有偿服务。旅行社招徕、组织、接待旅游者，其选择的交通、住宿、餐饮、景区等企业，应当符合具有合法经营资格和接待服务能力的要求。

7）应当与旅游者签订旅游合同

旅行社为旅游者提供服务，应当与旅游者签订旅游合同并载明下列事项：

①旅行社的名称及经营范围、地址、联系电话和旅行社业务经营许可证编号；

②旅行社经办人的姓名、联系电话；

③签约地点和日期；

④旅游行程的出发地、途经地和目的地；

⑤旅游行程中交通、住宿、餐饮服务安排及其标准；

⑥旅行社统一安排的游览项目的具体内容及时间；

⑦旅游者自由活动的时间和次数；

⑧旅游者应当交纳的旅游费用及交纳方式；

⑨旅行社安排的购物次数、停留时间及购物场所的名称；

⑩需要旅游者另行付费的游览项目及价格；

⑪解除或者变更合同的条件和提前通知的期限；

⑫违反合同的纠纷解决机制及应当承担的责任；

⑬旅游服务监督、投诉电话；

⑭双方协商一致的其他内容。

在签订旅游合同时，旅行社不得要求旅游者必须参加旅行社安排的购物活动或者需要旅游者另行付费的旅游项目。同一旅游团队中，旅行社不得由于下列因素，提出与其他旅游者不同的合同事项：

①旅游者拒绝参加旅行社安排的购物活动或者需要旅游者另行付费的旅游项目的；

②旅游者存在年龄或者职业上的差异，但旅行社提供了与其他旅游者相比更多的服务，旅游者主动要求的除外。

在旅游行程中，当发生不可抗力，危及旅游者人身、财产安全，或者非旅行社责任造成的意外情形，旅行社不得不调整或者变更旅游合同约定的行程安排时，应当在事前向旅游者作出说明；确因客观情况无法在事前说明的，应当在事后作出说明。旅行社及其委派的导游人员和领队人员的下列行为，属于擅自改变旅游合同安排行程：

①减少游览项目或者缩短游览时间的；

②增加或者变更旅游项目的；

③增加购物次数或者延长购物时间的；

④其他擅自改变旅游合同安排的行为。

旅行社和旅游者签订的旅游合同约定不明确或者对格式条款的理解发生争议的，应当按照通常理解予以解释；对格式条款有两种以上解释的，应当作出有利于旅游者的解释；格式条款和非格式条款不一致的，应当采用非格式条款。

8）对旅游业务作出委托的，应当委托给具有相应资质的旅行社

旅行社需要将在旅游目的地接待旅游者的业务作出委托的，应当委托给具有相应资质的旅行社，征得旅游者的同意，将旅游目的地接受委托的旅行社的名称、地址、联系人和联系电话告知旅游者，并与接受委托的旅行社就接待旅游者的事宜签订委托合同，确定接待旅游者的各项服务安排及其标准，约定双方的权利、义务。

9）应当投保旅行社责任险和交纳旅游服务质量保障金

旅行社应当投保旅行社责任险。旅行社对可能危及旅游者人身、财产安全的事项，应当向旅游者作出真实的说明和明确的警示，并采取防止危害发生的必要措施。

发生危及旅游者人身安全的情形的，旅行社及其委派的导游人员、领队人员应当采取必要的处置措施并及时报告旅游行政管理部门；在境外发生的，还应当及时报告中华人民共和国驻该国使领馆、相关驻外机构、当地警方。

为减少自然灾害等意外风险给旅游者带来的损害，旅行社在招徕、接待旅游者时，可以提示旅游者购买旅游意外保险。

旅行社应当按照规定交纳旅游服务质量保证金，用于旅游者权益损害赔偿和垫付旅游者人身安全遇有危险时紧急救助的费用。

10）妥善保存相关文件资料

旅行社应当妥善保存招徕、组织、接待旅游者的各类合同及相关文件、资料，以备县级以上旅游行政管理部门核查。合同及文件、资料的保存期，应当不少于两年。

微课 5-3：
游客随身物品
遗失，旅行社
是否赔偿？

旅行社不得向其他经营者或者个人，泄露旅游者因签订旅游合同提供的个人信息；超过保存期限的旅游者个人信息资料，应当妥善销毁。

5.3.3 旅行社及其工作人员的义务和权利

1）旅行社及其工作人员的义务

旅行社应当为旅游者提供约定的各项服务，所提供的服务不得低于国家标准或行业标准。旅行社对旅游者就其服务项目和服务质量提出的询问，应作出真实、明确的答复。

旅行社应当为旅游者提供符合保障旅游者人身、财物安全需要的服务，对于有可能危及旅游者人身、财物安全的项目，应当向旅游者作出真实的说明和明确的警示，并采取防止危害发生的措施；对旅游地可能引起旅游者误解或产生冲突的法律规定、风俗习惯、宗教信仰等，应当事先给旅游者以明确的说明和忠告。

旅行社组织中国大陆居民出境旅游的，应当为旅游团队安排领队全程陪同。旅行社为接待旅游者委派的导游人员或者为组织旅游者出境旅游委派的领队人员，应当持有国家规定的导游证。

旅行社聘用导游人员、领队人员应当依法签订劳动合同，并向其支付不低于当地最低工资标准的报酬。旅行社不得要求导游人员和领队人员接待不支付接待和服务费用或者支付的费用低于接待和服务成本的旅游团队，不得要求导游人员和领队人员承担接待旅游团队的相关费用。

旅行社及其委派的导游人员和领队人员不得有下列行为：

①拒绝履行旅游合同约定的义务；

②非因不可抗力改变旅游合同安排的行程；

③欺骗、胁迫旅游者购物或者参加需要另行付费的游览项目。

发生出境旅游者非法滞留境外或者入境旅游者非法滞留境内的，旅行社应当立即向所在地县级以上旅游行政管理部门、公安机关和外事部门报告。

在旅游行程中，旅行社及其委派的导游人员、领队人员应当提示旅游者遵守文明旅游公约和礼仪。

以案说法 5-1　　　　　　　　　　出境游该不该派领队

杜某夫妇参加某旅行社组织的"新、马、泰、港、澳16日游"旅游团。在临登飞机时，旅游者发现，该旅游团队是6家旅行社组织的，大家手中的旅游日程各不相同。更让旅游者感到疑惑的是，该旅游团没有领队，而团队绝大多数人是初次跨出国门。这个出国旅游团在整个旅途中遇到许多困难。在国外如何转机，入境卡怎么填，需要哪些旅行文件，怎样与境外旅行社接洽等无人过问。在新加坡入境时，因不熟悉情况，旅游团被边检部门盘查一个半小时之久，影响了游览活动。旅游过程中，因没有领队与境外接待社协调，原来的日程安排多次变更。旅游团在异国他乡，人生地不熟，只好听从境外导游的摆布。旅行结束后，杜某夫妇以旅行社未提供相应服务、损害其合法权益为由，要求旅行社赔偿其损失。

旅行社辩称，组团人数不足，由若干家旅行社将旅游者拼为一个团，是旅行社的通常做法，只要按约定准时出游，是否告知旅游者并没有实际意义；此次组团出境旅游，事先双方并没有约定派领队，因此，旅行社未派领队并不构成违约。

案例分析：

该旅行社在组织出境旅游过程中，违反了有关旅游法规、规章，未履行法定义务，应承担违约赔偿责任。理由如下：

第一，签约旅行社不得擅自将旅游者转给其他旅行社。《旅行社条例实施细则》第三十四条规定："旅行社需要将在旅游目的地接待旅游者的业务作出委托的，应当按照《旅行社条例》第三十六条的规定，委托给旅游目的地的旅行社并签订委托接待合同。旅行社对接待旅游者的业务作出委托的，应当按照《旅行社条例》第三十六条的规定，将旅游目的地接受委托的旅行社的名称、地址、联系人和联系电话告知旅游者。"旅游者出游选择旅行社，除考虑其价格、标准、行程等因素外，同时应特别注意旅行社的资信状况和履约能力，以使自己的利益得到保障。旅游者享有自主选择提供服务的旅行社的权利。未经旅游者书面同意，擅自将旅游者转让给其他旅行社，是一种违约行为，转让的旅行社应当承担相应的法律责任。

第二，提供领队服务是旅行社的法定义务。《旅行社条例实施细则》第三十条规定："旅行社组织中国内地居民出境旅游的，应当为旅游团队安排领队全程陪同。"《中国公民自费出国旅游管理办法》第十条规定："团队的旅游活动须在领队的带领下进行。"领队是由旅行社派出，为出境旅游者提供协助、服务，同境外旅行社接洽，督促其履行接待计划、调解纠纷、协助出境旅游者和境外接待社处理意外事件的人员。作为法定义务，无疑是任何旅游合同的默示条款。旅行社违反了合同默示条款，就是一种违约行为。

本案中，因旅行社违规运作，杜某夫妇不得不为吃、住、行操心劳神，没有享受到应有的服务。旅行社既要赔偿旅游者住宿、景点等损失，还要退赔领队服务费。

资料来源　佚名. 出境游该不该派领队 [EB/OL]. (2012-07-12) [2013-12-18]. http://www.exam8.com/zige/daoyou/fudao/201207/2377762.html.

2）旅行社及其工作人员的权利

旅行社及其委派的导游人员、领队人员在经营、服务中享有下列权利：

①要求旅游者如实提供旅游所必需的个人信息，按时提交相关证明文件；

②要求旅游者遵守旅游合同约定的旅游行程安排，妥善保管随身物品；

③出现突发公共事件或者其他危急情形，以及旅行社因违反旅游合同约定采取补救措施时，要求旅游者配合处理，防止扩大损失，以将损失降到最低限度；

④拒绝旅游者提出的超出旅游合同约定的不合理要求；

⑤制止旅游者违反旅游目的地的法律、风俗习惯的言行。

5.3.4　法律责任

旅行社在经营管理过程中如有违反法律、法规的行为，旅游行政主管部门或有关部门将依法要求违规的旅行社承担相应的法律责任，主要包括责令改正、停业整顿、没收违法所得、罚款、吊销旅行社业务经营许可证等责任形式。

5.4　旅游服务质量保证金管理制度

为加强对旅行社服务质量的监督和管理，保护旅游者的合法权益，保障旅行社规范经营，维护我国旅游业的声誉，国家旅游局对旅行社实行质量保证金制度。1995年1月1日，国家旅游局发布了《旅行社质量保证金暂行规定》及其实施细则。1997年3月27日，国家旅游局颁布了《旅行社质量保证金赔偿暂行办法》。自2009年5月1日起施行的《旅行社条例》对旅行社质量保证金制度作了部分修改。2009年5月3日发布实施的《旅行社条例实施细则》对旅行社质量保证金的内容进行了明确、详细的规定。随着《旅游投诉处理办法》自2010年7月1日起施行，《旅行社质量保证金暂行规定》《旅行社质量保证金暂行规定实施细则》《旅行社质量保证金赔偿暂行办法》同时废止。2011年，国家旅游局发布《旅行社服务质量赔偿标准》，总结归纳了近年来各地调解旅游投诉纠纷的实践经验，并广泛吸收了社会各界意见，废止了《旅行社质量保证金赔偿试行标准》，今后在调解旅游纠纷时，以《旅行社服务质量赔偿标准》为赔偿依据。

5.4.1 旅游服务质量保证金的概念

2013 年 9 月 26 日，国家旅游局办公室以旅办发〔2013〕170 号印发《关于将〈旅行社质量保证金存取管理办法〉修改为〈旅游服务质量保证金存取管理办法〉的通知》，将旅行社质量保证金修改为旅游服务质量保证金，在《旅游法》实施后，缴纳数额、存入方式等仍按《旅行社条例》《旅行社条例实施细则》执行，使用范围除执行《旅行社条例》的有关规定外，增加《旅游法》第三十一条用于垫付旅游者人身安全遇有危险时紧急救助费用的内容。

旅游服务质量保证金是指根据我国《旅游法》及《旅行社条例》的规定，由旅行社在指定银行缴存或由银行担保提供的一定数额用于旅游服务质量赔偿支付和团队旅游者人身安全遇有危险时紧急救助垫付的资金。

5.4.2 旅游服务质量保证金的缴纳、退还和赔偿请求人

1）旅游服务质量保证金的缴纳

按照《旅行社条例》的规定，经营国内旅游业务和入境旅游业务的旅行社，应当存入质量保证金 20 万元；经营出境旅游业务的旅行社，应当增存质量保证金 120 万元。旅行社每设立一个经营国内旅游业务和入境旅游业务的分社，应当向其质量保证金账户增存 5 万元；每设立一个经营出境旅游业务的分社，应当向其质量保证金账户增存 30 万元。质量保证金的利息属于旅行社所有。

旅行社应当自取得旅行社业务经营许可证之日起 3 个工作日内，在国务院旅游行政主管部门指定的银行开设专门的质量保证金账户，存入质量保证金，或者向作出许可的旅游行政管理部门提交依法取得的担保额度不低于相应质量保证金数额的银行担保。

旅行社在旅游行政管理部门使用质量保证金赔偿旅游者的损失，或者依法减少质量保证金后，因侵害旅游者合法权益受到行政机关罚款以上处罚的，应当自收到旅游行政管理部门补交质量保证金的通知之日起 5 个工作日内补足质量保证金。

旅行社在银行存入质量保证金的，应当设立独立账户，存期由旅行社确定，但不得少于 1 年。账户存期届满 1 个月前，旅行社应当办理续存手续或者提交银行担保。

旅行社自交纳或者补足质量保证金之日起 3 年内未因侵害旅游者合法权益受到行政机关罚款以上处罚的，旅游行政管理部门应当将旅游服务质量保证金的交存数额降低 50%，并向社会公告。

2）旅游服务质量保证金的退还

旅行社不再从事旅游业务的，凭旅游行政管理部门出具的凭证，向银行取回质量保证金。

3）旅游服务质量保证金的赔偿请求人

质量保证金制度中的赔偿请求人，是指向旅游行政管理部门投诉并要求旅行社给予经济赔偿的当事人。赔偿请求人请求赔偿的时效期限为 90 天，从请求人受侵害事实发生之时计算。超过时效的请求可以不予受理。

5.4.3　旅游服务质量保证金的适用

（1）有下列情形之一的，旅游行政管理部门可以使用旅行社的质量保证金：

①旅行社违反旅游合同约定，侵害旅游者合法权益，经旅游行政管理部门查证属实的；

②旅行社因解散、破产或者其他原因造成旅游者预交的旅游费用损失的；

③垫付旅游者人身安全遇有危险时紧急救助的费用。

旅行社侵害旅游者合法权益的，经旅游行政管理部门查证属实后作出划拨旅游服务质量保证金的决定，送达指定银行，由银行直接向旅游者支付。或者在需要紧急救助费用的情况下，旅行社可以向旅游行政管理部门提交申请，经旅游行政管理部门审核作出决定后，由银行根据经核定的额度向指定账户支付。

（2）人民法院判决、裁定及其他生效法律文书认定旅行社损害旅游者合法权益，旅行社拒绝或者无力赔偿的，人民法院可以从旅行社的质量保证金账户上划拨赔偿款。

值得注意的是，虽然质量保证金的所有权人依然是旅行社，但是除了旅游者作为执行申请人外，一般情况下质量保证金是不能成为被执行财产的。质量保证金属于"专款专用"，只能用于旅游者权益赔偿，其他经济纠纷不得使用，除非旅行社业务许可证被吊销或注销后已停止经营旅行社业务，则质量保证金变成普通款项。

（3）不适用保证金赔偿的情形：

①旅行社因不可抗力因素不能履行合同的；

②旅游者在旅游期间发生人身、财物意外事故的；

③适用保证金赔偿情形之外的其他经济纠纷；

④超过规定的时效和期间的；

⑤司法机关已经受理的。

5.4.4　旅游服务质量保证金赔偿案件的管辖与审理

各级旅游质监所对旅行社保证金赔偿案件应先受理，后按投诉对象移送有管辖权的质监所处理。国家旅游局质监所管辖下列旅行社或有重大影响事件的保证金赔偿案件：

①中央部门开办设立的旅行社；

②经营出境旅游业务的旅行社；

③在全国有重大影响的旅游服务质量保证金赔偿案件。

地方各级旅游局质监所管辖本局管理其保证金的旅行社的保证金赔偿案件。在省（自治区、直辖市）辖区内有重大影响的保证金赔偿案件，由省级旅游局质监所管辖。

质监所发现受理的案件不属于本所管辖的，应当移送有管辖权的质监所，受移送的质监所应当受理。受移送的质监所认为受移送的案件依照规定不属于本质监所管辖的，应当报请上级质监所指定管辖，不得再自行移送。

上级质监所有权审理下级质监所管辖的保证金赔偿案件，也可以把本所管辖的保证金赔偿案件交下级质监所审理。下级质监所对它所管辖的保证金赔偿案件，认为需要由上级质监所审理的，可以报请上级质监所审理。

各级质监所在审理保证金赔偿案件时应遵循以下原则：

①以事实为依据，以法律、法规为准绳，公正办案，保护双方当事人的合法权益；

②办案中，应当先进行调解，调解无效的，应当依法进行审理；

③办案中，不受任何组织和个人的非法干涉。

各级质监所在审理保证金赔偿案件时，应先审查是否符合赔偿条件。保证金赔偿应当符合下列条件：

①属于保证金赔偿适用范围；

②请求人是旅游合法权益直接受到侵害的旅游者或其合法代理人；

③有明确的被投诉旅行社、具体的要求和事实根据。

根据《旅行社条例实施细则》第四十九条的规定，因下列情形之一，给旅游者的合法权益造成损害的，旅游者有权向县级以上旅游行政管理部门投诉：

①旅行社违反《旅行社条例》和本实施细则规定的；

②旅行社提供的服务，未达到旅游合同约定的服务标准或者档次的；

③因旅行社破产或者其他原因造成旅游者预交旅游费用损失的。

划拨旅游服务质量保证金的决定，应当由旅行社或者其分社所在地处理旅游者投诉的县级以上旅游行政管理部门作出。

5.4.5　旅游服务质量赔偿标准

2011 年，国家旅游局发布《旅行社服务质量赔偿标准》。该赔偿标准是在《旅行社质量保证金赔偿试行标准》的基础上，总结归纳各地调解旅游投诉纠纷实践经验形成的。《旅行社质量保证金赔偿试行标准》废止后，在调解旅游纠纷时，以《旅行社服务质量赔偿标准》为赔偿依据，同时倡导旅行社与旅游者以合同约定的方式，解决旅游服务质量纠纷。只有在旅游者和旅行社对旅行社服务质量赔偿没有作出合同约定时，才适用《旅行社服务质量赔偿标准》。

因旅行社及其导游人员或与旅行社相关部门的故意或过失，未达到合同约定的服务质量标准，造成旅游者经济损失的，旅行社应承担赔偿责任。

1）旅行社的原因导致的

旅行社不履行合同或者履行合同不符合约定的服务质量标准，旅游者和旅行社对赔偿标准未作出合同约定的，旅游行政管理部门或者旅游质监执法机构在处理相关旅游投诉时，参照适用本赔偿标准。

旅行社与旅游者订立合同或收取旅游者预付旅游费用后，因旅行社原因不能成行的，旅行社应在合理期限内通知旅游者，否则按下列标准承担赔偿责任：

（1）国内旅游应提前 7 日（不含 7 日）通知旅游者，否则应向旅游者全额退还预付旅游费用，并按下述标准向旅游者支付违约金：出发前 7 日（含 7 日）至 4 日，支付旅游费用总额 10% 的违约金；出发前 3 日至 1 日，支付旅游费用总额 15% 的违约金；出发当日，支付旅游费用总额 20% 的违约金。

（2）出境旅游（含赴台游）应提前30日（不含30日）通知旅游者，否则应向旅游者全额退还预付旅游费用，并按下述标准向旅游者支付违约金：出发前30日至15日，支付旅游费用总额2%的违约金；出发前14日至7日，支付旅游费用总额5%的违约金；出发前6日至4日，支付旅游费用总额10%的违约金；出发前3日至1日，支付旅游费用总额15%的违约金；出发当日，支付旅游费用总额20%的违约金。

旅行社未经旅游者同意，擅自将旅游者转团、拼团的，旅行社应向旅游者支付旅游费用总额25%的违约金。解除合同的，还应向未随团出行的旅游者全额退还预付旅游费用，向已随团出行的旅游者退还未实际发生的旅游费用。

在同一旅游行程中，旅行社提供相同服务，因旅游者的年龄、职业等差异增收费用的，旅行社应返还增收的费用。

因旅行社原因造成旅游者未能乘坐预定的公共交通工具的，旅行社应赔偿旅游者的直接经济损失，并支付直接经济损失20%的违约金。

旅行社安排的旅游活动及服务档次与合同不符，造成旅游者经济损失的，旅行社应退还旅游者合同金额与实际花费的差额，并支付同额违约金。

以案说法5-2　　　　　　　　　　　宜必思还是美居酒店

游客孙先生等三人2013年8月份参加了湖北某旅行社组织的巴厘岛游，旅行社承诺全程入住法国雅高集团旗下的高级酒店。孙先生等三名游客到达巴厘岛后，发现实际入住的是一家名为宜必思的经济型酒店，便向旅行社反映，而旅行社表示宜必思酒店就是法国雅高旗下的酒店。孙先生无法接受，返回武汉后向武汉市旅游质量监督管理所投诉，要求旅行社退还全部团款。

条款：

《旅行社服务质量赔偿标准》第八条　旅行社安排的旅游活动及服务档次与合同不符，造成旅游者经济损失的，旅行社应退还旅游者合同金额与实际花费的差额，并支付同额违约金。

案例分析：

经质监所核实，宜必思酒店和美居酒店均为法国雅高集团旗下酒店，宜必思为经济型酒店，美居为高档型酒店。经协调，旅行社退还宜必思酒店与美居酒店之间的差价，并赔偿同额违约金。

资料来源　佚名. 旅行社强迫参加自费项目么办？这10大案例让你不再担心旅游被坑［EB/OL］.（2017-03-14）［2018-08-22］. http://www.360doc.com/content/18/0822/23/58929857_780466704.shtml.

2）导游人员的原因导致的

导游或领队未按照国家或旅游行业对旅游者服务标准提供导游或者领队服务，影响旅游服务质量的，旅行社应向旅游者支付旅游费用总额1%~5%的违约金。

旅行社及导游或领队违反旅行社与旅游者的合同约定，损害旅游者合法权益的，旅行社按下述标准承担赔偿责任：

（1）擅自缩短游览时间、遗漏旅游景点、减少旅游服务项目的，旅行社应赔偿未完成约定旅游服务项目等的合理费用，并支付同额违约金。遗漏无门票景点的，每遗漏一处旅行社向旅游者支付旅游费用总额5%的违约金。

（2）未经旅游者签字确认，擅自安排合同约定以外的用餐、娱乐、医疗保健、参观等另行付费项目的，旅行社应承担另行付费项目的费用。

（3）未经旅游者签字确认，擅自违反合同约定增加购物次数、延长停留时间的，每次向旅游者支付旅游费用总额10%的违约金。

（4）强迫或者变相强迫旅游者购物的，每次向旅游者支付旅游费用总额20%的违约金。

（5）旅游者在合同约定的购物场所所购物品系假冒伪劣商品的，旅行社应负责挽回或赔偿旅游者的直接经济损失。

（6）私自兜售商品，旅行社应全额退还旅游者购物价款。

以案说法5-3　　　　　　　　　　　旅行社强迫游客参加自费项目怎么办

游客汤女士一行4人参加了武汉某旅行社组织的泰国游，团款2 800元/人，签订合同时旅行社工作人员承诺不会强迫游客参加任何自费项目。到了泰国，当地导游多次游说游客参加自费项目，并且威胁不参加就不发房卡，游客迫于无奈，每人交纳1 000元参加了。回国后，汤女士将该旅行社诉至武汉市旅游质监所，要求其赔偿。

处理依据：

《旅行社服务质量赔偿标准》第十条　旅行社及其导游或领队违反旅行社与旅游者的合同约定，损害旅游者合法权益的，旅行社按下述标准承担赔偿责任：未经旅游者签字确认，擅自安排合同约定以外的用餐、娱乐、医疗保健、参观等另行付费项目的，旅行社应承担另行付费项目的费用。

处理结果：

经质监所查明，游客反映的情况基本属实，旅行社无法出具书面的游客自愿参加自费项目的证明。经协调，旅行社退还4名游客每人1 000元。

资料来源　佚名. 旅行社强迫游客参加自费项目怎么办？这10大案例让你不再担心旅游被坑［EB/OL］.（2018-08-22）. http://www.360doc.com/content/18/0822/23/58929857_780466704.shtml.

3）相关部门的原因导致的

旅行社违反合同约定，中止对旅游者提供住宿、用餐、交通等旅游服务的，应当负担旅游者在被中止旅游服务期间所订的同等级别的住宿、用餐、交通等必要费用，并向旅游者支付旅游费用总额30%的违约金。

本章小结

本章介绍了旅行社的基本概念、旅行社设立的条件、旅行社业务经营与管理的基本知识，最后对旅游服务质量保证金的管理进行了解释。

主要概念

旅行社　旅游服务质量保证金　旅行社责任保险

▇ 选择题

1.第一次以行政法规的形式正式规定旅行社责任保险的法律文件是（　　　）。
A.1985年发布的《旅行社管理暂行条例》
B.1996年制定的《旅行社管理条例》
C.2001年修订的《旅行社管理条例》
D.2009年公布施行的《旅行社条例》

2.根据《旅行社条例》，下列旅行社中符合申请经营出境旅游业务条件的是（　　　）。
A.甲旅行社取得经营许可满两年，曾因侵害旅游者合法权益受到罚款处罚
B.乙旅行社取得经营许可满两年，未曾受过任何行政处罚
C.丙旅行社取得经营许可满三年，曾因未投保旅行社责任险被责令改正
D.丁旅行社取得经营许可满三年，曾因未取得旅游者同意，将旅游业务委托给其他旅行社，被责令停业整顿3个月

3.旅行社向旅游者提供的旅游服务信息含有虚假内容或者作虚假宣传的，应由（　　　）依法给予处罚。
A.旅游行政管理部门　　　　　　　　B.市场监督管理部门
C.价格主管部门　　　　　　　　　　D.商务主管部门

4.根据《旅行社条例实施细则》，旅行社在银行存入质量保证金的，应当设立独立账户，存期由旅行社确定，但不得少于（　　　）。
A.6个月　　　　　B.1年　　　　　C.2年　　　　　D.3年

5.旅行社应当妥善保存有关招徕、组织、接待旅游者的各类合同及相关文件、资料，以备旅游行政管理部门核查。这里的合同及文件、资料的保存期，应当不少于（　　　）。
A.半年　　　　　B.1年　　　　　C.2年　　　　　D.5年

▇ 判断题

1.外国旅行社在中华人民共和国境内设立的常驻机构只能从事非经营性活动。（　　　）
2.合同转让应当尊重旅游者。旅行社因不能成团，将已签约的旅游者转让给其他旅行社出团时，须征得旅游者的书面同意。（　　　）
3.旅行社安排的旅游活动及服务档次与协议不符，造成旅游者经济损失的，应退还旅游者合同金额与实际花费的差额，并赔偿同额违约金。（　　　）
4.旅行社安排的饭店，因饭店原因低于合同约定的等级档次，旅行社应退还旅游者所付房费与实际房费的差额，并赔偿违约金。（　　　）

▇ 简答题

1.我国是如何对旅行社进行分类的？
2.旅行社设立的规定有哪些？
3.旅行社在经营中有哪些经营规范？

■ 案例分析题

黄某等20名旅游者报名参加某国际旅行社组织的北京—宜昌—三峡—成都旅游团，双方签订了旅游合同。在旅游过程中，因组团社与地接社之间发生团款纠纷，耽误了旅游行程，造成重庆红岩村等景点的游览项目被迫取消。旅游结束后，黄某等旅游者向旅游质量监督管理部门投诉，诉称组团社与地接社的纠纷殃及无辜的旅游者，旅行社应当承担违约责任，要求赔偿全部旅游费。被投诉旅行社辩称，此次旅游景点的遗漏，完全是地接社的原因造成的，组团社并没有过错，不应该承担责任，但是考虑到旅游者的实际利益，同意先退赔遗漏景点门票费每人32元。如旅游者还有其他赔偿要求，应向有过错的地接社提出。

请问：旅游者要求组团社承担违约责任，法院是否应该支持？

■ 实训题

与校外实训基地联系，利用节假日出去带团。实地了解旅行社权利和义务的有关法律规定，回来后写一份实习报告。

第6章

导游人员管理法律制度

学习目标

通过本章学习，了解导游人员资格考试的报考条件、考试内容、申领导游证的程序和不得颁发导游证的情形，熟悉导游人员等级考核制度及标准，掌握导游人员的概念、分类、权利和义务。

知识结构思维导图

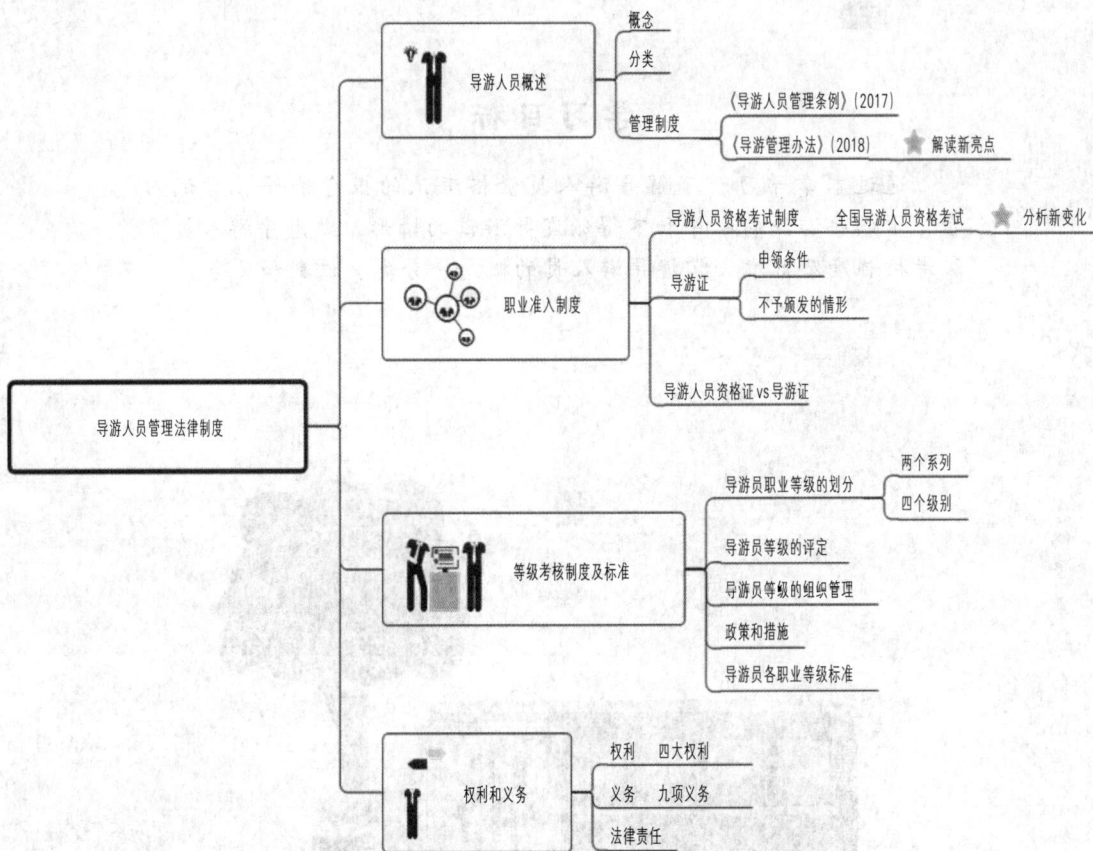

```
导游人员管理法律制度
├── 导游人员概述
│   ├── 概念
│   ├── 分类
│   └── 管理制度
│       ├──《导游人员管理条例》(2017)
│       └──《导游管理办法》(2018) ★ 解读新亮点
├── 职业准入制度
│   ├── 导游人员资格考试制度 — 全国导游人员资格考试 ★ 分析新变化
│   ├── 导游证
│   │   ├── 申领条件
│   │   └── 不予颁发的情形
│   └── 导游人员资格证 vs 导游证
├── 等级考核制度及标准
│   ├── 导游员职业等级的划分
│   │   ├── 两个系列
│   │   └── 四个级别
│   ├── 导游员等级的评定
│   ├── 导游员等级的组织管理
│   ├── 政策和措施
│   └── 导游员各职业等级标准
└── 权利和义务
    ├── 权利    四大权利
    ├── 义务    九项义务
    └── 法律责任
```

案例导入　　　　　　　　长白山旅游发生冻伤事故

某国际旅行社组织了一个赴长白山旅游团，委派导游黄某作为全程导游随团服务。在此旅游团攀越天池的前一天晚上，该团一些团员询问黄某，上天池是否要多添衣服，以免天气变化。黄某根据其多次在这个季节上天池的经验，回答游客不必多添衣服，以便轻装上山。翌日，该团游客在黄某及地陪的引导下上了天池，不料，天气突然变化，天降大雪，气温骤然下降，黄某急忙引导该团下山，但由于该团有些客人未带衣帽围巾等御寒之物，致使不少人耳、鼻及手脚严重冻伤，其中4人经医院诊断为重度冻伤。为此，该团游客投诉导游黄某，要求黄某承担医治冻伤等费用，并赔偿因此造成的损失。黄某所属的国际旅行社接到此投诉后，认为此次冻伤事故由于黄某工作失误所致，责令其自行处理游客投诉，旅行社不承担任何责任；黄某则认为此起冻伤事故由于天气突然变化所致，是意料之外的事情，与其无关，不应由其承担法律责任。

问题：

（1）旅行社认为此次冻伤事故是导游黄某工作失误所致，与旅行社无关。这种说法是否正确？有何依据？

（2）导游黄某认为此起冻伤事故是由于天气突然变化所致，与其工作无关。这种说法是否正确？有何依据？

案例分析：

（1）旅行社的说法不正确。依据《导游人员管理条例》，导游人员是受旅行社委派，为旅游者提供向导、讲解及相关旅游服务的人员。黄某既然是受旅行社的委派，那么旅行社就要对其工作人员承担责任，因此旅行社不能让黄某自行处理此项投诉，旅行社应承担相应的法律责任。

（2）导游黄某的说法不正确。《导游人员管理条例》规定："导游人员在引导旅游者旅行、游览过程中，应当就可能发生危及旅游者人身、财物安全的情况，向旅游者作出真实说明和明确警示，并按照旅行社的要求采取防止危害发生的措施。"黄某作为此条线路多次带团的导游，应当预见到长白山气候多变，他应当提醒游客多添衣服，但黄某却没有让游客多添衣服，以致造成冻伤事故，所以，黄某认为冻伤事故与其工作无关的说法不正确。依照《旅行社条例》及《导游人员管理条例》的规定，导游员和旅行社都要承担相应的法律责任。

资料来源　佚名. 旅游法规案例分析［EB/OL］.（2013-03-04）［2018-07-31］. http：//wenku.baidu.com/view/74111f731711cc7931b71614.html.

导游人员是代表旅行社带领旅游者观光、游览，施行旅游接待计划的一线工作人员。他们是旅行社产品主要的生产者，是团队的核心。导游人员的工作关系到旅游活动的成败，也关系到旅游企业的经济利益是否能够实现。

6.1 导游人员概述

6.1.1 导游人员的概念

1841年7月5日，英国人托马斯·库克利用包租火车的方式组织570人从英国中部的莱斯特前往洛赫伯勒参加了一次禁酒大会，这被认为是现代旅游业的开端。托马斯·库克发起、筹备和组织这一活动，并从始至终跟随照顾的过程，可以说是现代旅行社全程陪同的最早体现。1845年，托马斯·库克又组织了350人从莱斯特出发，途中在若干地区停留和访问，最后到达利物浦。在这次活动中，托马斯·库克不仅本人全程陪同照顾，而且沿途聘请当地人为旅行团进行解说。这应该是地方陪同的最早体现。此后，随着旅游业的发展，旅游从业人员的分工越来越细化，导游成为一种职业出现在世人面前。各国也结合本国旅游业的特点，对导游人员作出明确的定义。

中华人民共和国成立初期，导游人员曾被形容为"八大员"，这是在当时特定的历史背景下作出的定义。改革开放后，我国旅游业得到飞速发展，导游人员的定义也出现了变化。1999年颁布的《导游人员管理条例》中规定：在我国，导游人员是指依照规定取得导游证，受旅行社的委派，为旅游者提供向导、讲解及相关旅游服务的人员。这个定义有三层含义：

1) 导游人员必须按照《导游人员管理条例》的规定，取得导游证

《导游人员管理条例》确立了持证上岗的制度，对规范导游队伍的建设有着重要的意义。导游职业的特殊性决定了导游不是人人都可以从事的职业，因此需要有一个特定的程序对有志于从事导游职业的人进行认定，检验其是否具备了从事导游职业的知识水平和技能要求，以及从业行为能力，以利于对导游人员的监督管理和旅游者对导游人员的识别。

2) 导游人员必须接受旅行社的委派，才能够从事导游活动

导游人员的导游活动不是个人行为，而是代表其所在旅行社实施旅行社与游客签订的旅游合同，按照旅游计划为游客提供食、住、行、游、购、娱等与旅游相关的服务。整个旅游计划的实施涉及方方面面，而旅游活动中的质量问题所引发的责任，一般由旅行社承担，如果抛开旅行社这一环节，将不利于旅游者权益的保护。

以案说法 6-1   **接私活的导游小孙**

2011年导游员小孙在带团时结识了团里一位来自云南的客人，并一直保持着融洽的关系。2012年6月，那位云南客人打电话告诉小孙说他们公司的20人要到北京旅游，希望小孙能够帮助接待，这样不通过旅行社价格应该便宜些。小孙欣然应允，组织客人在北京玩了3天并向每人收取600元，除各项支出外共获利2 800元。事情被发现后小孙主动向旅游行政管理部门认错，交出全部非法所得。

案例分析：

导游员小孙违反了《导游人员管理条例》的规定："导游人员进行导游活动，必须经旅行

社委派。导游人员不得私自承揽或者以其他任何方式直接承揽导游业务，进行导游活动。"

资料来源　佚名. 导游资格考试（北京）20案例分析题［EB/OL］. （2011-07-01）［2013-12-18］. http：//wenku.baidu.com/view/cfd2eb2fed630b1c59eeb539.html.

3）导游人员的工作内容是为游客提供向导、讲解及相关服务

导游人员作为旅游团队的核心，其工作内容首先是在旅游活动中发挥组织者的作用，引导旅游者顺利地完成旅游活动。其次是讲解服务。人们常说："祖国山河美不美，在于导游一张嘴"，旅游者对景观的认知和审美，很大程度上依靠导游人员的讲解服务，尤其是人文景观的鉴赏。讲解服务是导游工作的核心，也是每个导游人员必须掌握的基本功。

在整个旅游行程中，导游人员为旅游者提供的服务是多方面的，如行前的准备工作、与相关部门的沟通和协调等。

6.1.2　导游人员的分类

导游人员按照不同的标准，有着不同的类别。前面提到的全程陪同和地方陪同，是按照导游人员业务范围的不同来划分的。全程陪同即全陪，是指受组团社委派，作为组团社代表，在领队和地方陪同的配合下实施接待计划，为旅游团提供全程陪同服务的工作人员。地方陪同即地陪，是指受接待旅行社委派，代表接待旅行社实施接待计划，为旅游团提供当地旅游活动安排、讲解、翻译等服务的工作人员。除了全陪和地陪，还有海外领队和景点景区导游人员。海外领队指接受经国家旅游行政主管部门批准可以经营出境旅游业务的旅行社的委派，全权代表该旅行社带领旅游团队从事旅游活动的工作人员。景点景区导游人员亦称讲解员，指在旅游景点景区，如博物馆、自然保护区等为游客进行导游讲解的工作人员。他们只负责讲解而不涉及其他事务。

按照导游人员服务时所使用的语言不同，导游人员可以分为外国语导游员和中文导游员。外国语导游员主要是为外国旅游者提供导游服务的工作人员，目前我国已拥有英、法、西、日、德、俄、意、泰、越、阿拉伯、韩语等语种的导游人员。中文导游员主要为内地（大陆）旅游者、回内地（大陆）探亲的港澳台同胞和外籍华人旅游者，按其不同要求使用相应语言提供服务的导游人员，目前我国主要提供使用普通话、方言、少数民族语言的导游服务。

按照职业性质，导游人员可以分为专职导游员和兼职导游员。专职导游员指长期受雇于某家旅行社，通过签订劳动合同与其供职的旅行社建立劳动关系，明确双方权利和义务，成为该旅行社正式员工的导游员。专职导游员是我国导游队伍的主力军。兼职导游员是指不以导游工作为主业，利用业余时间从事导游工作的导游员。兼职导游员通常在人事关系上不属于哪一家旅行社，而是在导游管理机构登记注册并接受该机构管理。

按照持有证书的不同，导游人员可以分为正式导游员和临时导游员。正式导游员是指依法取得导游证的人员。临时导游员是指未取得导游证，但拥有特定语言语种能力，为旅行社急需的，并由旅行社依法为其向省级旅游行政管理部门申领了"临时导游证"，临时受聘于旅行社从事旅游活动的人。"临时导游证"有效期三个月，过期作废，不得延期。

按照导游人员的技术等级，导游人员可以分为初级导游员、中级导游员、高级导游员、特级导游员。不同导游人员的导游水平不同，而导游水平直接决定着旅游者得到的旅游服务的质量高低。

6.1.3　导游人员管理制度

导游人员管理制度，是调整导游服务工作中各种权利、义务关系的法律规章制度的总称。导游人员在开展导游活动中，会与各相关方面产生大量的关系，可能会引发种种矛盾。世界各国都通过旅游立法来规定导游人员的行为规范和权利、义务。借鉴西方旅游业发达国家的经验，通过法律来调整旅游活动中发生的各种关系，尤其是导游活动中的各种关系，是一种十分有效的措施。我国在导游立法方面进行了有益的尝试和探索，至今已形成了一套较完备的体系。

1987年12月1日，经国务院批准，国家旅游局发布了《导游人员管理暂行规定》，这是我国颁布的第一个关于导游人员的管理规定，对导游队伍的建设及旅游业的发展等方面的规范化起到了很好的作用。1988年1月14日，国家旅游局又发布了《关于颁发中华人民共和国导游证书的暂行办法》。此后，国家旅游局及其职能部门还依其职权陆续发布了《关于改革和完善全国导游人员资格考试工作的意见》《关于对全国导游员实行等级评定的意见》《导游员职业等级标准》《关于试点单位导游员等级评定的实施细则》《导游证管理办法》等。这些行政法规、部门规章等为我国导游队伍的建设和健康发展提供了法律依据，是我国旅游法制建设的重要组成部分。

20世纪90年代以来，随着社会主义市场经济的进一步发育和成熟，旅游业得到迅猛发展。1999年5月14日，国务院第263号令发布了《导游人员管理条例》，于同年10月1日起生效，这是继《旅行社管理条例》后旅游行业的第二部法规，它确定了一些新的管理原则、内容和手段，2017年10月7日《导游人员管理条例》进行了修改。

2001年12月26日，国家旅游局发布了《导游人员管理实施办法》。2016年9月，国家旅游局废止了该实施办法，停止实施导游岗前培训考核、计分管理、年审管理和导游人员资格证3年有效等不适应改革发展需要的制度，取而代之的《导游管理办法》经2017年10月16日国家旅游局第17次局长办公会议审议通过，自2018年1月1日起施行。新版本的《导游管理办法》，不仅名称更简洁，内容也与时俱进，通篇用了信息化、智能化、社会化的互联网思维"武装"导游管理。其中第二条就开门见山道出了管理新招——建立导游等级考核制度、导游星级评价制度和全国旅游监管服务信息系统，运用标准化、信息化手段对导游人员实施动态监管。

6.2　导游人员职业准入制度

我国对导游人员的从业制度有着详细的规定，欲从事导游职业的公民须具备一定的条件并严格按照规定取得相关证书才能进行导游工作。在我国实行的是导游从业资格和导游上岗执照相分离的从业人员准入制度。简言之，前提条件是顺利通过全国导游人员统一考试，取得国务院旅游行政管理部门颁发的导游人员资格证；必备条件是在取得导游人员资格证的条件下，依法取得导游证。图6-1简要说明了成为一名导游人员的流程。

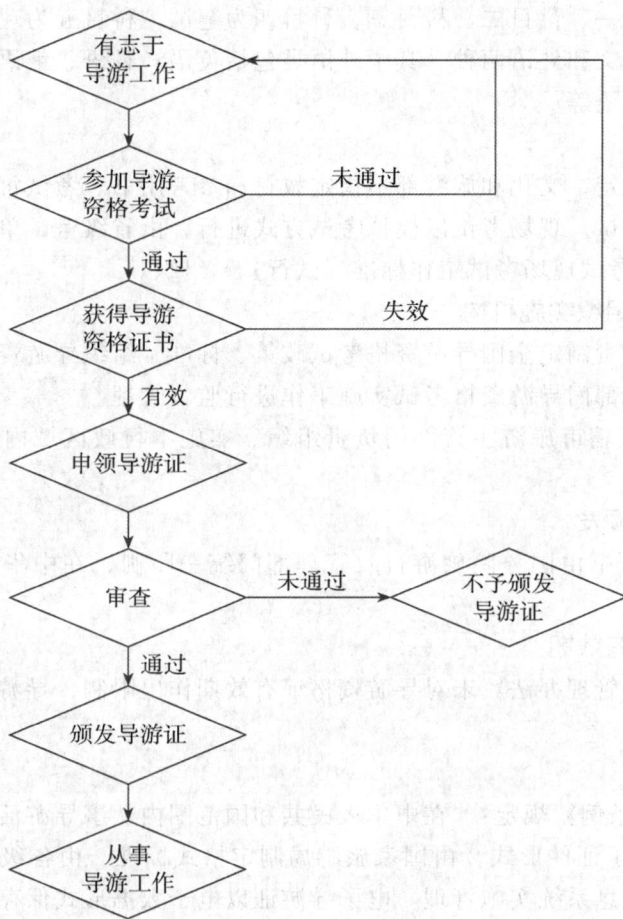

图6-1　成为一名导游员的流程

6.2.1　导游人员资格考试制度

1）参加考试的条件

《导游人员管理条例》规定："国家实行全国统一的导游人员资格考试制度。""具有高级中学、中等专业学校或者以上学历，身体健康，具有适应导游需要的基本知识和语言表达能力的中华人民共和国公民，可以参加导游人员资格考试；经考试合格的，由国务院旅游行政部门或者国务院旅游行政部门委托省、自治区、直辖市人民政府旅游行政部门颁发导游人员资格证书。"

2）考试科目与语种

全国导游资格考试是依据《中华人民共和国旅游法》，为国家和社会选拔合格导游人才的全国统一的准入类职业资格考试。

考试科目包括：科目一"政策与法律法规"、科目二"导游业务"、科目三"全国导游基础知识"、科目四"地方导游基础知识"、科目五"导游服务能力"。考试形式分笔试与现场考试两种，科目一、科目二、科目三、科目四为笔试，科目五为现场考试。

考试语种分为中文和外语两种，其中外语类包括英语、日语、俄语、法语、德语、西班牙语、朝鲜语、泰语等。

3) 教材和命题

根据国家有关规定，文化和旅游部不指定教材和参考用书。考试每年一次，笔试实行全国统一的计算机考试。现场考试以模拟考试方式进行，由省级考试单位根据考试大纲和《全国导游人员资格考试现场考试工作标准（试行）》组织。

4) 资格考试的组织实施机构

文化和旅游部负责制定全国导游资格考试政策、标准，组织导游资格统一考试，以及对地方各级旅游主管部门导游资格考试实施工作进行监督管理。

省、自治区、直辖市旅游主管部门负责组织、实施本行政区域内导游资格考试具体工作。

5) 资格证书的颁发

导游人员资格证书由国务院旅游行政管理部门统一印刷，在中华人民共和国范围内使用。

6) 资格证书的有效期

新出台的《导游管理办法》未对导游资格证有效期作出限制，导游资格证终身有效。

6.2.2 导游证

《导游人员管理条例》规定："在中华人民共和国范围内从事导游活动，必须取得导游证。"导游证采用电子证件形式，由国家旅游局制定格式标准，由各级旅游主管部门通过全国旅游监管服务信息系统实施管理。电子导游证以电子数据形式保存于导游个人移动电话等移动终端设备中。原IC卡导游证于2017年10月31日停止使用。

1) 申领导游证的条件

（1）通过全国导游人员资格考试，取得旅游行政管理部门颁发的导游人员资格证书

（2）与旅行社订立劳动合同或者在旅游行业组织注册

符合《导游人员管理条例》规定的申领条件的，持所订立的劳动合同或者登记证明材料，通过全国旅游监管服务信息系统向所在地旅游行政管理部门申请取得导游证。所在地旅游行政管理部门是指直辖市、计划单列市、副省级旅游行政管理部门以及有相应的导游规模、有相应的导游管理服务机构、有稳定的执法队伍的地市级以上旅游行政管理部门。

《导游人员管理条例》规定，受理申请的旅游行政管理部门应当自收到申请领取导游证之日起15日内，颁发导游证。对具有不予颁发导游证情形之一的，旅游行政管理部门应当书面通知申请人。

2) 不予颁发导游证的情形

导游是专业性很强的职业。导游人员作为一线工作人员，其服务质量与国家旅游业形

象、与旅游业的发展、与旅游者的利益有着很大的关联。因此，导游人员必须具备良好的业务素质和职业道德。为保证导游人员队伍的整体水平，许多国家都建立了严格的管理制度，在规定了取得导游人员资格条件的同时，也规定了取得导游人员执业条件和不予颁发导游人员执业证书的情形。《导游人员管理条例》明确规定，有下列情形之一的，不予颁发导游证：

（1）无民事行为能力或者限制民事行为能力的

导游工作是一种服务性工作，需要具备相应的素质和条件，执业的导游人员要行使法定权利，承担法定义务，不具备完全行为能力是无法履行导游人员职务的。

法律小讲坛6-1 　　　　什么是无民事行为能力

> 无民事行为能力，是指不具有独立进行民事活动的能力。我国《民法通则》规定，无民事行为能力的人包括两种人：不满8周岁的未成年人和不能辨认自己行为的精神病人（包括痴呆症者）。这里的"不能辨认自己行为的精神病人（包括痴呆症者）"是指"完全没有判断能力和自我保护能力，不知其行为后果"的严重的精神病人或痴呆症者。根据法律规定，无民事行为能力的人不能独立进行民事活动，由其法定代理人代理其进行民事活动。

（2）患有甲类、乙类以及其他可能危害旅游者人身健康安全的传染性疾病的

传染性疾病是指由病原体侵入生物体，使生物体产生病理反应而引起的疾病。例如，肺结核、麻风病、天花、伤寒、病毒性肝炎等。一个人是否患有传染性疾病，应由医疗机构作出诊断证明。

在旅游中，导游是和旅游者生活在一起的。如果导游患有传染性疾病，则很有可能传染给旅游者，进而造成交叉传染。

（3）受过刑事处罚的（过失犯罪的除外）

受过刑事处罚的人员，是指因其行为触犯了国家刑法而依法受到法律制裁的人。为了保证导游队伍的纯净，对这类人员，规定不予颁发导游证。但《导游人员管理条例》又做了一个例外规定，即"过失犯罪的除外"，这主要是因为，过失犯罪是指应当预见到自己的行为可能会导致危害社会的结果，因为过于自信或者疏忽大意导致的犯罪。故意犯罪是主观上有意识的犯罪，是故意为之，希望或放任危害的产生。过失犯罪较之故意犯罪，在主观恶意性、社会危害性上都有原则区别，过失犯罪是由于缺乏必要的谨慎而造成的犯罪。因此，这类人虽然也受到刑罚的制裁，但仍可申领导游证，旅游行政管理部门也可以对其颁发导游证。

（4）自被吊销导游证之日起未逾3年的

《旅游法》第一百零三条规定：被吊销导游证的导游、领队和受到吊销旅行社业务经营许可证处罚的旅行社的有关管理人员，自处罚之日起未逾3年的，不得重新申请导游证或者从事旅行社业务。

3) 导游证的有效期

导游证的有效期限为3年。导游证持有人需要在有效期满后继续从事导游活动的，应当在有效期限届满3个月前，向省、自治区、直辖市人民政府旅游行政管理部门申请办理换发导游证手续。

6.2.3 导游人员资格证与导游证

导游人员资格证与导游证，是两种既有联系又有区别的凭证。导游人员资格证，是由旅游行政管理部门颁发的，表明持证人具备了从事导游业务所应具备的知识和技能，以及符合从事导游业务所需要的其他法定条件的凭证；导游证，是从事导游工作的执照，是由旅游行政管理部门颁发的准许持有人进行导游活动的凭证。取得导游人员资格证，是从事导游职业的前提，取得导游证是从事导游职业的必要。导游人员资格证与导游证的区别在于：

1) 性质不同

导游人员资格证标志着持有人具备从事导游职业的资格；导游证标志着国家准许持有人从事导游职业。

2) 颁证机关不同

导游人员资格证由组织导游人员资格考试的旅游行政管理部门颁发；导游证由所在地旅游行政管理部门颁发。

3) 领取程序不同

导游人员资格证是公民参加导游人员资格考试合格后，向旅游行政管理部门领取的；导游证是必须在取得导游人员资格证并与旅行社订立劳动合同或者在相关旅游行业组织注册后，方可向旅游行政管理部门领取。

4) 作用不同

导游人员资格证仅仅表明持证人具备了从事导游职业的资格；导游证则表明持证人可以实际从事导游职业。前者是从业资格；后者是从业许可。

5) 有效期不同

导游人员资格证终身有效；导游证有效期为3年，但期限届满后继续从事导游活动的，可以在有效期届满3个月前，向省、自治区、直辖市人民政府旅游行政管理部门申请办理换发手续，持新的导游证继续从事导游工作。

微课6-1:
如何成为一名
优秀的导游?

6.3 导游人员等级考核制度及标准

为了加强导游人员队伍建设，提高导游人员素质和接待服务水平，客观、公正地评价和选拔人才，调动导游人员钻研业务和努力工作的积极性，引入竞争机制；为改革全国导游人员管理体制，为建立导游人才市场创造条件，同时为施行旅行社服务的等级化创造人员条件，国家旅游局于1994年发布了《关于对全国导游员实行等级评定的意见》和《导游员职业等级标准》，开始了导游人员等级考核评定工作。这一制度在1999年5月14日发布的《导游人员管理条例》中得以确认，从而成为一项法定制度，这个传统制度在新修订的《导游管理办法》中得到了延续。

6.3.1　导游员职业等级的划分

为加强导游队伍建设、提高导游人员的业务素质，我国自2005年起实施《导游人员等级考核评定管理办法》。导游人员等级考核评定工作，遵循自愿申报、逐级晋升、动态管理的原则。导游人员分为初级、中级、高级、特级四个等级。导游人员申报等级时，由低到高，逐级递升，经考核评定合格者，颁发相应的导游员等级证书。导游人员等级考核评定工作，按照"申请、受理、考核评定、告知、发证"的程序进行。

6.3.2　导游员等级的评定

中级导游员的考核采取笔试方式。其中，中文导游人员考试科目为"导游知识专题"和"汉语言文学知识"；外语导游人员考试科目为"导游知识专题"和"外语"。高级导游员的考核采取笔试方式，考试科目为"导游案例分析"和"导游词创作"。特级导游员的考核采取论文答辩方式。

参加省部级以上单位组织的导游技能大赛获得最佳名次的导游人员，报全国导游人员等级考核评定委员会批准后，可晋升一级导游人员等级。一人多次获奖只能晋升一次，晋升的最高等级为高级。

6.3.3　导游员等级的组织管理

导游员等级的组织管理采取由文化和旅游部统一政策、统一管理，与地方各级旅游行政管理部门分工负责组织实施的办法，逐步建立导游员等级注册登记制度。各级资格有效期一般为5年。有效期满，持证者要按有关规定主动到发证机关办理注册登记，并进行相应的培训和考核。逾期不办理的，其证件自行作废。

6.3.4　政策和措施

每次等级考试后，通过新闻媒介向国内外公布特级、高级和中级导游员名单及旅行社、导游公司导游员的等级构成情况。

各旅行社、导游公司应在待遇方面对不同级别的导游员加以区别，拉开档次。已实行岗位技能工资的单位，应以导游员等级作为岗位技能工资的评定依据。

这是一种旅行社、导游公司鼓励导游员不断充实自己、提高服务技巧和技能、积极参加导游员等级考试的奖励和鼓励机制。

6.3.5　导游员各职业等级标准

各级导游员的共同标准是拥护中国共产党的领导，热爱祖国，遵纪守法，忠于职守，钻研业务，宾客至上，优质服务，遵守职业道德，身心健康。

1）初级导游员

（1）知识要求

①了解我国大政方针及与旅游有关的政策法规。

②掌握当地主要游览点的导游知识，了解我国主要旅游景点和线路的基本知识。

③了解与业务有关的我国政治、经济、历史、地理、宗教和民俗等方面的基础知识。

④了解有关主要客源市场的概况和习俗。

⑤掌握导游工作规范。

⑥外语导游员基本掌握一门外语，达到外语专业大学3年级水平；中文导游员掌握汉语言文学基础知识，达到高中毕业水平。

（2）技能要求

①能独立完成导游接待工作。

②能与旅游者建立良好的人际关系。

③能独立处理旅行中发生的一般问题。

④能与有关业务单位和人员合作共事。

⑤导游语言正确、通顺。外语导游员的外语表达基本正确，语音、语调较好；中文导游员的普通话表达清楚、流畅，语音语调正确、亲切。

⑥导游体态大方得体。

⑦能准确填写业务所需的各种票据。

⑧能起草情况反映、接待简报等有关应用文。

（3）业绩要求

①完成企业要求的工作。

②无服务质量方面的重大投诉，游客反映良好率不低于85%。

（4）学历要求

外语导游员具有外语专业大专或非外语专业本科及以上学历，中文导游员具有高中及以上学历。

（5）资历要求

取得导游员资格证书后工作满1年（注：取得资格证书的导游员与初级导游员在知识方面的要求一致，并按上述"知识要求"进行考试；初级导游员不再考试，按上述"技能要求"、"业绩要求"和"资历要求"进行考核）。

2）中级导游员

（1）知识要求

①熟悉我国大政方针及与旅游有关的政策法规。

②全面掌握当地主要游览点的导游知识；了解我国主要旅游景点和线路的基本知识。

③掌握与业务有关的我国政治、经济、历史、地理、社会、宗教、艺术和民俗等方面的基础知识。

④掌握有关主要客源市场的概况和特点。

⑤熟练掌握导游工作规范。

⑥外语导游员掌握一门外语，达到外语专业本科毕业水平；中文导游员掌握汉语言文学的有关知识，达到大专毕业水平。

（2）技能要求

①能接待不同性质、类型和规模的旅行团，有比较娴熟的导游技能。

②能独立处理旅行中发生的疑难问题。

③能正确理解旅游者的服务要求，有针对性地提供导游服务。

④能与旅游者、有关业务单位和人员合作，有较强的公关能力。

⑤导游语言流畅、生动，语音语调比较优美，讲究修辞。外语导游员的外语表达正确，中文导游员能使用标准的普通话，并能基本听懂一种常用方言（粤语、闽南语或客家话）。

⑥能培训和指导初级导游员。

（3）业绩要求

①工作成绩明显，成为企业的骨干。

②无服务质量方面的重大投诉，游客反映良好率不低于90%。

（4）学历要求

外语导游员同初级导游员；中文导游员具有大专及以上学历。

（5）资历要求

取得初级导游员资格2年以上。

3）高级导游员

（1）知识要求

①全面掌握我国大政方针及与旅游有关的政策法规。

②全面、深入地掌握当地游览内容；熟悉我国有关的旅游线路和景点知识。

③有比较宽广的知识面。

④掌握有关客源市场的重要知识及接待服务规律。

⑤熟练掌握导游工作规范。

⑥外语导游员熟练掌握一门外语，初步掌握一门第二外语；中文导游员熟练掌握汉语言文学的有关知识，初步掌握一种常用方言（粤语、闽南语或客家话）。

（2）技能要求

①有娴熟的导游技能，并有所创新。

②能预见并妥善处理旅行中发生的特殊疑难问题。

③有一定的业务研究能力。

④能创作内容健康、语言优美的导游词。

⑤外语导游员能用一门外语自如、准确、生动、优美地表达思想内容，并能胜任一般场合的口译工作；中文导游员能用标准普通话和一种常用方言（粤语、闽南语或客家话）工作，语言准确、生动、形象。

⑥能培训和指导中级导游员。

（3）业绩要求

①工作成绩突出。

②无服务质量方面的重大投诉，游客反映良好率不低于95%。

③在国内外同行和旅游商中有一定的影响，通过优质服务为所在企业吸引一定数量的客源。

④有较高水平的导游工作研究成果（论文、研究报告等）。

（4）学历要求

同中级导游员。

（5）资历要求

取得中级导游员资格4年以上。

4）特级导游员

（1）知识要求

①对有关的方针、政策和法规有全面、深入和准确的理解。

②对当地游览内容有精到的认识，全面掌握我国的旅游线路和景点知识。

③有宽广的知识面，在与业务有关的某一知识领域有较深的造诣。

④掌握有关客源市场的知识，全面、准确、具体地了解其特点和接待服务规律。

⑤熟练掌握导游工作规范。

⑥外语导游员精通一门外语，基本掌握一门第二外语；中文导游员掌握汉语言文学知识，基本掌握一种常用方言（粤语、闽南语或客家话）。

（2）技能要求

①导游技能超群，导游艺术精湛，形成个人风格。

②能预见和妥善解决工作中的突发事件。

③能通过优质服务吸引客源。

④有较强的业务研究能力。

⑤有很高的语言表达能力。外语导游员能胜任旅游专业会议及其他重要场合的口译工作；中文导游员能胜任某一有关专业（如重点寺庙、古建筑或博物馆）的解说。

⑥能创作富有思想性、艺术性和立论确凿的导游词。

⑦能培训和指导高级导游员。

（3）业绩要求

①职业道德高尚，工作成绩优异，有突出贡献，在国内外同行和旅游商中有较大的影响。

②无服务质量方面的重大投诉，游客反映良好率不低于98%。

③有一定数量高水平并正式发表的导游工作研究成果。

（4）学历要求。

同高级导游员。

（5）资历要求

取得高级导游员资格5年以上。

6.4 导游人员的权利和义务

6.4.1 导游人员的权利

导游人员的权利可以概括为四个方面：人身权、履行职务权、诉讼权和其他权利。

1) 人身权

导游人员的人身权，是指导游人员进行导游活动时，人身自由不受非法限制和剥夺、人格尊严不受侵犯、名誉不受损害等。《导游人员管理条例》第十条规定：导游人员进行导游活动时，其人格尊严应当受到尊重，其人身安全不受侵犯。导游人员代表以旅行社为主的聘用单位履行职责，直接与旅游者接触，在旅游活动中，由于涉及方方面面，形成的社会关系错综复杂，一旦发生纠纷，导游人员又必须周旋于双方之间化解矛盾，因此容易成为双方迁怒的对象。鉴于导游人员在旅游活动中的位置，其人身权利、人格尊严容易受到侵犯。此外，在旅行游览中，个别旅游者会对导游员提出一些带有侮辱其人格尊严或违反其职业道德的不合理要求，为保护导游人员的正当权利，《导游人员管理条例》规定，导游人员有权拒绝旅游者提出的侮辱其人格尊严或者违反其职业道德的不合理要求。

以案说法 6-2 　　　　　　　　　　　　约翰和小孙

某年 5 月，北京某国际旅行社导游小孙经旅行社委派接待某国散客约翰，在参观长城时约翰希望把自己的名字刻在长城上以留念。导游员小孙解释说要保护文物，请约翰不要刻画，但约翰不听，仍然一意孤行。在从长城返回市区的路上，在车内约翰对小孙进行挑逗并动手动脚，回到酒店后约翰又要求小孙晚上带他去夜总会，小孙婉言拒绝。约翰非常生气，在回到饭店用晚餐时酗酒闹事，砸碎了餐厅的茶具并最终醉倒在地。

问题： 小孙应如何处理上述情况？

案例分析：

对于约翰要在长城上刻字并不听劝阻，导游小孙应该报告有关部门对其进行严肃处理；对于约翰在车上对小孙动手动脚，小孙应明确拒绝，保护自己并立即上报旅行社；对于约翰在晚餐时酗酒闹事，小孙应加以劝阻，告知其后果自负，打碎的餐厅物品应由约翰按规定赔偿；在约翰醉倒后小孙应该请饭店工作人员一起扶约翰回房间，并代约翰向餐厅道歉。

资料来源 佚名. 导游业务案例 [EB/OL]. (2012-09-10) [2018-07-31]. http://www.docin.com/p-477934870.html.

2) 履行职务权

履行职务权，是指导游人员履行职务时所享有的权利，包括：进行导游活动不受地域限制的权利；在引导旅游者旅行、游览过程中，遇到可能危及旅游者人身安全的紧急情况，经征得多数旅游者同意，可以调整或变更接待计划的权利。导游人员按计划安排旅游活动是其应尽的义务，但在旅游活动开始后，遇到可能危及旅游者人身安全的紧急情况时，不变更或调整接待计划，就可能使旅游者人身安全发生危险，所以在紧急情况下，《导游人员管理条例》允许导游人员调整或变更接待计划。导游人员行使这一权利应当特别注意两个限制条件：一是必须征得多数旅游者同意；二是必须立即报告旅行社。

微课6-2：
游客途中遇险，
导游有权应变

3）诉讼权

诉讼权，是指起诉和诉愿的权利，具体包括投诉权、申请复议权和起诉权。导游人员在导游活动中会因其合法权益受到损害而请求有关部门予以解决，也会因旅游行政管理部门的错误处罚而申请复议或直接向人民法院起诉。诉讼权是导游人员在履行职务过程中权利受到侵犯时得到法律保护的有力保障，包括：

①对旅游行政管理部门的具体行政行为不服时依法享有申请复议权，具体指：对罚款、吊销导游证、责令改正、暂扣导游证等行政处罚不服的；认为符合法定条件申领"导游人员资格证"和"导游证"，旅游行政管理部门拒绝颁发或不予答复的；认为旅游行政管理部门违法要求导游人员履行义务的；认为旅游行政管理部门侵犯导游人员人身权、财产权的；法律、法规规定的其他可以申请复议的内容。

②对旅游行政管理部门的具体行政行为不服时，享有向人民法院提起行政诉讼的权利，具体内容同申请复议权范围。

③在执行职务中，其合法民事权利受损，依法享有向人民法院起诉、请求赔偿的权利。

4）其他权利

其他权利，主要是指导游人员为了更好地履行职务而应当享有的参加培训的权利以及获得升级的权利。导游人员的知识水平和综合素质，直接影响到执业。《导游人员管理条例》规定，国家采取措施，提高导游人员的素质和职业技能，是宪法规定的公民受教育权利的具体化。国家实行导游人员等级制度，符合条件的导游人员，有申请获得高一级导游从业资格的权利。

6.4.2 导游人员的义务

导游人员的义务可以概括为以下九个方面：

1）提高自身业务素质和职业技能的义务

导游人员自身业务素质的高低，职能、技能的优劣，直接关系到导游服务的质量，影响到能否为旅游者提供优良的导游服务。而旅游者也往往是通过导游去认识一家旅行社、一个城市乃至认识一个民族、一个国家的。因此，导游人员业务素质及导游职业技能的优劣，对旅游业的发展至关重要。导游人员应当不断提高自身的业务素质和职业技能。

2）携带电子导游证的义务

导游证是国家准许从事导游职业的证件。电子导游证以电子数据形式保存于导游个人移动电话等移动终端设备中。《导游管理办法》规定：导游在执业过程中应当携带电子导游证、佩戴导游身份标识，并开启导游执业相关应用软件。

3) 进行导游活动需经旅行社委派的义务

招徕、接待旅游者，为旅游者安排食宿等有偿服务，是旅行社的经营范围。导游人员作为旅行社的雇员，只能接受旅行社的委派，为旅游者提供向导、讲解及相关服务，不得私自承揽或者以其他任何方式直接承揽导游业务。设立该项义务是为了保证服务质量，维护国家旅游业的形象；防止乱收费现象的产生，维护旅游者正当的合法权益；防止削价竞争等不正当竞争行为，维护旅游市场秩序。

4) 维护尊严的义务

自觉维护国家利益和民族尊严，不得有损害国家利益和民族尊严的言行。热爱祖国、拥护社会主义制度、以自己的言行维护国家利益和民族尊严，是导游人员必须具备的政治条件和业务要求。尤其是接待外国旅游者时，导游人员是国家对外形象的一个"窗口"，任何损害国家利益和民族尊严的言行都是十分恶劣的。为此，导游人员在进行导游活动时，应当自觉履行该项义务。

5) 遵守道德、尊重信仰和习俗的义务

遵守职业道德，着装整洁、礼貌待人，尊重旅游者的宗教信仰、民族风俗和生活习惯。导游人员进行导游活动时，应当向旅游者讲解旅游地点的人文和自然情况，介绍风土人情和习俗，但是不得迎合个别旅游者的低级趣味，不得在讲解、介绍中掺杂庸俗下流的内容。这是导游人员在讲解、导游过程中应当遵循的原则。

6) 严格履行接待计划的义务

严格按旅行社确定的接待计划安排旅游者的旅行、游览活动，不得擅自增加、减少旅游项目或者中止导游活动。我国《合同法》规定，当事人应当按照约定全面履行自己的义务。旅行社确定的接待计划（旅游行程计划）是经旅游者认可的，是旅行社与旅游者订立的旅游合同的一部分（一般包括乘坐的交通工具、游览的景点、住宿标准、餐饮标准、娱乐标准、购物次数等内容的安排）。导游人员擅自增加、减少旅游项目或者中止导游活动，就可能对旅游者违约。但导游人员在引导旅游者旅行、游览过程中，遇有可能危及旅游者人身安全的紧急情形时，经多数旅游者的同意，可调整或者变更接待计划，并应立即报告旅行社。

导游人员不得擅自中止导游活动。通常，构成中止导游活动，必须具备下列条件：①必须在导游活动已经开始至结束之前，出现在执行接待计划过程中；②必须是擅自中止，这是中止导游活动的最主要特征，这就排除了由于旅行社的决定和其他外部作用的影响而导致的导游人员中止导游活动；③必须是彻底中止，即导游人员彻底放弃了原来的导游活动，如果导游人员因某种原因暂时放弃了正在进行的导游活动，待该原因消失后又继续进行导游活动的，是导游活动的中断。上述条件缺少任何一个都不能认为是导游活动的中止。

7) 明确履行"告知"义务

在引导旅游者旅行、游览过程中，导游人员应当就可能发生危及旅游者人身、财产安全的情况，向旅游者作出真实说明和明确警示，并按照旅行社的要求采取防止危害发生的措施。实践中，这项义务被导游人员概括为"告知"义务。旅游活动是一种体验或经历，尤其在探险旅游中，导游人员有义务关心旅游者的利益，也有义务保护旅游者的人身和财产安全。旅游项目中如含有危险因素，导游人员应事先将危险程度和安全防护措施向旅游者交代清楚，对参加危险活动的旅游者要特别注意保护，说明和警示要真实、准确、通俗易懂，不致发生歧义；同时，导游人员要按照旅行社的要求，采取防止危害发生的措施，否则导游人员和旅行社要承担相应的法律责任。

8）不得非法兜售物品或购买物品、不得索要小费的义务

不得向旅游者兜售物品或者购买旅游者的物品，不得以明示或者暗示方式向旅游者索要小费。该项义务的履行是以"不作为"形式表现的，有两层含义：一是向旅游者兜售物品或者购买旅游者的物品，该行为不属于导游人员的职责范围，与其导游身份亦不相称。尤其是导游人员以导游这一特定身份向旅游者兜售物品或购买物品，极易造成交易上的不公平与不公正，从而侵害旅游者的合法权益，损害导游人员的职业形象，并因此造成纠纷。二是以明示或暗示的方式索要小费，历来为我国旅游法规所禁止。明示的方式，是指导游人员用语言、文字或其他直接意思表达的方法，明确地向旅游者索要小费；暗示的方式，是指导游人员不明确表示意思，而是以含蓄的言语、文字或者示意的举动等间接意思表达的方法，向旅游者索要小费。

以案说法6-3　　　　　　　　地陪小韩的不妥之处

地陪小韩带领香港旅游团一行28人游览W市。按照旅行社计划安排，旅游团在W市游览6个景点，安排2家商店购物。然而在游览过程中，小韩擅自增加购物点，安排游客去她朋友新开的珍珠馆。领队委婉提醒小韩不妥，但小韩仍我行我素。到珍珠馆门前，许多游客不愿下车，小韩便说："请大家给点面子，进去看看，不购物也没关系。"游客们这才懒洋洋地进去。行程结束，快抵达机场时，小韩致欢送辞后，领队依照惯例，给小韩一个内装小费的信封。小韩接过后，当着游客的面拆开，一看里面装的是一张50元人民币，心里极不舒服。她让游客在车上等一会儿，自己下了车。不一会儿，小韩手上拿着一大把零钱回到车上。她解释说："各位朋友，我刚才已经说了，感谢大家在W市期间对我工作的支持和配合"，说着扬扬手里的钱，"大家的心意我领了，这小费我不收，钱来自大家，我把它还给各位。"说完，小韩将钱逐一分发到游客手上。游客手上拿着这些钱，眼睛却怔怔的，车厢里的气氛顿时凝固了。几位反应较快的游客马上拿出50元甚至100元给小韩，说这是他们个人给小韩的一点小意思，请别嫌少，但更多的游客则用责怪的眼神看着领队。

问题：

小韩在处理整个事件中有哪些不妥之处？你认为正确处理的措施应该是怎样的？

案例分析：

小韩在处理整个事件中的不妥之处有：

（1）安排购物次数超出规定，且擅自带游客去非定点商店购物；

（2）未接纳领队建议，强带游客进行购物；

（3）当着游客面拆开信封，令领队难堪；

（4）让游客在车上等，自己下车换钱；

（5）把领队按惯例给的小费退给游客；

（6）以暗示方式向游客索要小费。

正确处理措施应该是：

（1）带游客到定点商店购物，且避免安排次数过多；

（2）遵循"自愿购物，需要购物"的原则，购物应建立在游客的需要之上；

（3）尊重领队的意见和建议，注意给领队面子，尽量避免与领队发生正面冲突；

（4）不擅离职守；

（5）领队给小费是对小韩工作的肯定，应接受并表示感谢；

（6）不得以明示或暗示方式向游客索要小费。

资料来源　佚名. 导游实务案例集［EB/OL］.（2010-08-20）［2018-07-31］. http：//wenku.baidu.com/view/1edb9324ccbff121dd368378.html.

9）不得欺骗、胁迫旅游者消费或者与经营者串通欺骗、胁迫旅游者消费的义务

欺骗，是指故意告知旅游者虚假的情况，或者隐瞒真实情况，诱使旅游者作出错误消费意思表示的行为。欺骗行为有两种情形：一是导游人员在导游活动中欺骗；二是导游人员与经营者串通欺骗。

胁迫，是指以给旅游者及其亲友的生命健康、名誉、荣誉、财产等造成损害为要挟，迫使旅游者作出违背真实消费意思表示的行为。胁迫既可能是导游人员胁迫，也可能是导游人员与经营者串通起来胁迫旅游者。

欺骗、胁迫旅游者消费，是严重侵犯旅游者合法权益的行为，理应为法规所禁止。

微课6-3：
导游需要遵守
哪些规范？

6.4.3　违反《导游人员管理条例》的法律责任

导游人员违反了《导游人员管理条例》，要承担相应的法律责任，受到相应的处罚。

1）处罚部门和处罚种类

导游人员违反《导游人员管理条例》的，由旅游行政管理部门予以处罚。处罚的种类，由旅游行政管理部门依导游人员违法情节的严重程度，分别给予导游人员和导游人员所在的旅行社以警告、罚款、责令改正等处罚；有违法所得的，没收违法所得。此外，还有暂扣导游证及吊销导游证并予以公告和责令停业整顿的处罚。

2）违反导游人员管理法规的法律责任

①对导游人员违反导游证管理制度的处罚：无导游证进行导游活动的，由旅游行政管理部门责令改正并予以公告，处1 000元以上3万元以下的罚款；有违法所得的，并处没收违法所得。导游人员进行导游活动时未佩戴导游证的，由旅游行政管理部门责令改正；拒不改正的，处500元以下的罚款。

②对导游人员未经旅行社委派，私自承揽或者以其他任何方式直接承揽导游业务，进行导游活动的处罚：由旅游行政管理部门责令改正，处1 000元以上3万元以下的罚款；有违法所得的，并处没收违法所得；情节严重的，由省、自治区、直辖市人民政府旅游行

政管理部门吊销导游证并予以公告。

③对导游人员未尽职责的处罚：导游人员有擅自增加或者减少旅游项目、擅自变更接待计划、擅自中止导游活动等情形之一的，由旅游行政管理部门责令改正，暂扣导游证3~6个月；情节严重的，由省、自治区、直辖市人民政府旅游行政管理部门吊销导游证并予以公告。

④对导游人员违反禁止性规定的处罚：导游人员进行导游活动时，有损害国家利益和民族尊严言行的，由旅游行政管理部门责令改正；情节严重的，由省、自治区、直辖市人民政府旅游行政管理部门吊销导游证并予以公告；对该导游人员所在旅行社予以警告，直至责令停业整顿。导游人员进行导游活动，向旅游者兜售物品或购买旅游者物品，或者以明示或者暗示方式向旅游者索要小费的，由旅游行政管理部门责令改正，处1 000元以上3万元以下罚款；有违法所得的，并处没收违法所得；情节严重的，由省、自治区、直辖市人民政府旅游行政管理部门吊销导游证并予以公告；对委派该导游人员的旅行社予以警告，直至责令停业整顿。导游人员进行导游活动时，欺骗、胁迫旅游者消费或者与经营者串通欺骗、胁迫旅游者消费的，由旅游行政管理部门责令改正，处1 000元以上3万元以下的罚款；有违法所得的，并处没收违法所得；情节严重的，由省、自治区、直辖市人民政府旅游行政管理部门吊销导游证并予以公告；对委派该导游人员的旅行社予以警告，直至责令停业整顿；构成犯罪的，依法追究刑事责任。

旅游行政管理部门的工作人员玩忽职守、滥用职权、徇私舞弊，构成犯罪的，依法追究其刑事责任；尚未构成犯罪的，依法给予行政处分。

■ 本章小结

本章主要介绍了导游人员的概念、导游人员职业准入制度、导游人员的等级评定制度及导游人员的权利和义务，分析了导游证与导游资格证之间的联系和区别，使学生对导游有全面的认识。

■ 主要概念

导游人员　导游资格考试　导游资格证　导游证　导游人员等级

■ 选择题

1.考生在参加导游人员资格考试成绩合格后，由组织考试的旅游行政管理部门自考试结束之日起的（　　）个工作日之内颁发"导游人员资格证书"。

A.7　　　　　　B.15　　　　　　C.30　　　　　　D.40

2.对于具备条件的申请者，旅游行政管理部门须自收到申请之日起（　　）天内颁发导游证。

A.7　　　　　　B.15　　　　　　C.30　　　　　　D.40

3.以下（　　）情形可以颁发导游证。

A.无民事行为能力或者限制民事行为能力的

B. 患有传染性疾病的

C. 过失犯罪受过刑事处罚的

D. 自被吊销导游证之日起未逾 3 年的

■ **判断题**

1. 导游资格证就是俗称的导游证。　　　　　　　　　　　　　　　　　　　　（　　　）

2. 被吊销导游证的，须自吊销之日起 2 年以后才能再次申领导游证。　　　　　（　　　）

3. 导游人员等级考核评定工作，按照"申请、受理、考核评定、告知、发证"的程序进行。　　　　　　　　　　　　　　　　　　　　　　　　　　　　　　　　　　（　　　）

4. 获得导游证的同时即自动成为初级导游员。　　　　　　　　　　　　　　　（　　　）

5. 导游证和导游资格证有效期均为 3 年；获得导游人员资格证 3 年未从业的，其资格证自动失效；导游证期满后继续从事导游活动的，可以在有效期届满 3 个月前，向省级旅游行政管理部门申请办理换发手续。　　　　　　　　　　　　　　　　　　　（　　　）

■ **简答题**

1. 简述导游人员的概念和特征。

2. 导游人员分为哪几个等级？

3. 不予颁发导游证的情形有哪些？

■ **案例分析题**

导游员小菲在接待一来自四川的旅游团时，由于上团之前刚和男朋友吵完架心情很不好，接到客人后在车上连欢迎词也不说，一个人生闷气。由于吵架的原因，从家出来时拿错了包，故没有带正规的接待计划表。当天她带团游览天坛时正好碰到旅游局的检查人员，在询问中，检查人员得知小菲在上团前已把自己的导游证转借他人使用。

请问：在这个案例中导游员小菲犯了哪些错误？

■ **实训题**

请结合本章知识，为自己或有志于从事导游职业的朋友设计一份"导游员职业规划"。

第7章

旅游饭店管理法律制度

学习目标

通过本章学习，掌握饭店法和饭店法律关系的基本概念，了解饭店法的立法状况，知悉我国饭店业相关法律规定、行业规范和标准，并能运用法律知识处理饭店和客人之间权利义务关系并处理好纠纷与投诉。

知识结构思维导图

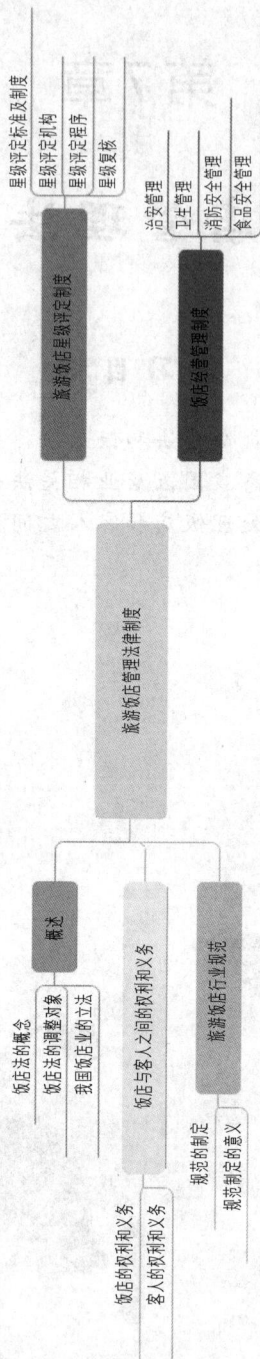

旅游饭店管理法律制度

旅游饭店星级评定制度
- 星级评定标准及制度
- 星级评定机构
- 星级评定程序
- 星级复核

饭店经营管理制度
- 治安管理
- 卫生管理
- 消防安全管理
- 食品安全管理

概述
- 饭店法的概念
- 饭店法的调整对象
- 我国饭店业的立法

饭店与客人之间的权利和义务
- 饭店的权利和义务
- 客人的权利和义务

旅游饭店行业规范
- 规范的制定
- 规范制定的意义

案例导入　　　　　　　　　　舌尖上的"困惑"

近年来，我国旅游团队餐饮质量投诉的数量不断上升，这一问题已成为影响我国旅游服务总体质量的突出问题。例如，餐食的多样性太差，正品菜式雷同，就餐形式多采用围桌，饭菜量少且无特色，餐馆的设施及餐具的完好程度不佳等。

造成旅行团餐饮质量下降的原因是多方面的：第一，旅行社克扣旅行团的餐费，给餐馆的报价过低。近几年，国内物价上涨较快，加大了餐馆的经营成本，餐饮价格普遍大幅度上涨。而很多旅行社为了在激烈的竞争中保证一定的接团利润，就变相克扣旅行团的餐费，订餐标准基本上没有什么变化。第二，一些餐馆违反质价相符的原则，以高补低，严重挫伤了高标准订餐旅行社的积极性，从而保护了恶性削价夺取客源的旅行社。第三，有的餐馆内部管理上没有一套完整的保证体系，接待团队时更得不到有序服务。第四，旅游餐厅的选择因价格原因有一定的局限性，旅行社无太多的选择余地。

条款：

《旅游法》第三十四条　旅行社组织旅游活动应当向合格的供应商订购产品和服务。

案例分析：

旅行社组织的旅游活动所提供的产品和服务，多数不是由旅行社直接提供的，而是向相关企业如景区、饭店、酒店、汽车公司等供应商订购。在实际操作中，常常会出现旅途中因供应商所提供的产品质量存在问题而造成旅游者权益受损的现象。因此，旅游供应商的选择应基于"货真价实、诚实守信、有序经营、合理竞争"十六字原则，不可以通过低价、回佣等方式扰乱市场经营。

资料来源　李娌. 案例解读《旅游法》[M]. 北京：旅游教育出版社，2014.

7.1　旅游饭店管理法律制度概述

7.1.1　饭店法的概念

饭店的定义有多种，一般说来，饭店是指为客人提供食、宿、行、娱、购等综合性服务，具有涉外性质的商业性公共场所。饭店业是指为客人提供住宿、餐饮及多种综合服务的行业，特别是现代化的大饭店是具有多种功能的综合服务场所，拥有客房、餐饮、会议厅、酒吧、舞厅、商店、车队、健身设施等，涵盖了旅游业吃、住、行、游、购、娱六大要素。饭店业的业态形式也是多样化的并且新型饭店不断出现。

饭店法有广义和狭义之分。广义的饭店法，是指与饭店经营、管理活动有关的各种法律规范的总和，也是调整饭店活动领域中各种社会关系的法律规范的总和。这些法律规范包括国家有关部门制定的有关饭店方面的法律、法规及各省、自治区、直辖市制定的有关饭店方面的地方性法规。此外，还包括我国参加和承认的国际有关公约或规章。狭义的饭店法是指国家或地区所制定的饭店法律、法规，它主要规定饭店登记入住、服务接待、客人人身

微课7-1：饭店业常见的纠纷有哪些？

141

及财物安全、物品寄存与保管、纠纷解决等内容。

7.1.2　饭店法的调整对象

饭店法的调整对象，包括饭店与旅客之间的权利和义务关系，饭店和其所接待的其他顾客之间的权利和义务关系，饭店与其他经营主体之间的权利和义务关系以及饭店和管理机关之间的权利和义务关系。

知识链接7-1　　　　　　　　　　国际饭店业立法

关于饭店法的最早记载是古巴比伦的《汉谟拉比法典》。该法典中规定在啤酒中掺水可以处以死刑。近代意义上的饭店法源于中世纪的英国，英国的普通法宣布饭店负有保证客人生命健康的社会责任。在英、美、法、比等国的法律百科全书中，都有"饭店法"这一条目，详细论述客人同饭店、餐厅之间有关接待、服务、人身以及财产安全等方面的权利和义务关系。

1981年国际饭店协会执行委员会在尼泊尔加德满都批准了《国际饭店法》，此法现仍生效，并获得了国际饭店业的普遍承认。它是国内饭店法的辅助性条款，如果该法律的规定与参加国的国内法发生冲突，则应当适用各国国内法的规定。

7.1.3　我国饭店业的立法

目前，我国饭店业立法主要散见于通用性法规中，还没有形成统一的饭店基本法。通用性法规主要有《旅游法》《民法通则》《合同法》《侵权责任法》《公司法》《价格法》《著作权法》《商标法》《消费者权益保护法》《反不正当竞争法》《劳动法》《食品卫生法》《食品安全法》《消防法》《治安管理处罚法》《刑法》等。在专门性的法律法规方面，目前我国尚未出台统一性的饭店基本法。

专门性法规大多是国务院、国家旅游主管部门以及各部委发布的行政法规，以及地方人大和政府制定的地方性法规。我国饭店业的法规大多反映垂直的行业管理，通过制定各级行政法规来调整纵向的法律关系，即各级政府管理部门和饭店企业之间的关系。然而，饭店业务中大量存在的是横向的法律关系，如饭店与客人的关系、饭店与其他经营者之间的关系，属于民事法律范畴。从我国饭店业的法律、法规来看，其总体特点是级别低、年代久，多头规定、规定的事务杂、就事论事的各项通知繁多等。这种状况对于我国目前迅猛发展的饭店业而言，是远不能适应的，显现出饭店业立法的严重滞后性。因此，要加快我国饭店业的发展，就必须加强我国饭店业的法律体系建设。

7.2　饭店与客人之间的权利和义务

饭店法律关系，是指由饭店法所确认和调整的、当事人之间在饭店经营管理活动中形成的权利和义务关系。饭店和客人（消费者）之间的权利和义务关系是饭店法的重要调整对象。饭店和客人（消费者）在饭店服务的提供和享受过程中，依据民法、《合同法》、

《消费者权益保护法》、中国旅游饭店行业规范的规定，应当尽到各自相应的义务。

7.2.1 饭店的权利和义务

1）饭店的权利

（1）向客人收取费用的权利

饭店依合同向客人提供了住宿和其他服务后，有权向客人收取约定的费用。当客人拖延付费、无力支付或拒绝支付超过一定期限时，饭店有权终止住宿合同，拒绝向客人提供服务，有权要求其支付应当支付的款项，并得到法律的保护。饭店可以行使留置权，依法扣留其财物，促使其履行债务，或按法律程序变卖其财物，用以抵付其所欠的费用。但被留置的客人财物价值只能相当于客人所欠缴的实际费用。饭店的留置权在客人付清所欠费用时终止。

（2）一定的拒绝接待客人的权利

饭店在接待客人的过程中，不得因客人的种族、国籍、肤色、宗教信仰等原因对客人加以歧视，甚至拒绝接待。但在有正当理由的前提下，饭店可以合理地拒绝接待客人，即不与客人签订合同或者终止与客人的住宿合同。

《中国旅游饭店行业规范》规定："以下情况饭店可以不予接待：①携带危害饭店安全的物品入店者；②从事违法活动者；③影响饭店形象者；④无支付能力或曾有过逃账记录者；⑤饭店客满；⑥法律、法规规定的其他情况。"饭店企业可以按照实际情况来决定是否接待旅客。

饭店在拒绝接待客人时，应当注意行为方式，即在使用驱逐权时应谨慎、合理，尽量不使客人受到不必要的强制或不适当的屈辱，在必要时饭店应向公安机关报告。如果客人认为自己的人身权受到了饭店的侵害，则会对饭店提起诉讼。

以案说法7-1　　　　　　　　　　　国外关于拒绝接待客人的规定

在美国，尽管普通法和成文法规定了饭店接待客人的一般义务，但在有些情况下，饭店也可以拒绝客人。在有些司法管辖区，法院已申明，如发生下列情况，饭店可以拒绝接待客人：

A.此人醉酒或有妨害治安以及妨害公众行为；

B.此人患有传染病；

C.此人带入饭店通常不接受的物品（如动物），或此人携带的财物可能对他人有害（如武器或爆炸物）；

D.此人不愿或不能支付饭店服务费；

E.饭店无食宿向此人提供（但如果此人的预订有效，饭店负有不能提供食宿的合同责任）。

饭店不能仅因客人在不寻常的时刻如午夜到达而拒不提供食宿，饭店理应随时开门接待客人。

资料来源　JEFFERIES J P, BROWN B.饭店法通论［M］.刘敢生，译.北京：中国旅游出版社，2003.

143

（3）向客人索赔的权利

如果客人不履行合同的约定，给饭店造成了损失，饭店有权索赔。客人应当向饭店支付住宿费用，这是客人应履行的最重要的合同义务。客人通过预订的方式和饭店订立住宿合同，而客人并未入住或提前退房的，则客人要因其违约行为给饭店造成的损失，而向饭店承担违约责任。

《中国旅游饭店行业规范》规定：在饭店已经向客人尽了提示义务之后，客人私留他人住宿或者擅自将客房转让给他人使用及改变使用用途，或未经饭店同意对客房进行改造、装饰，损坏饭店的财物，以及醉酒后在饭店内肇事造成损失的，饭店可以要求客人承担相应的赔偿责任。这些规定都集中表明，客人有履行合同、遵守饭店有关规章的义务，对于给饭店造成损失的客人，饭店可以通过协商、调解以及诉讼等方式来主张自己的权利。

（4）有权按照法律规定对客人在饭店内的不良行为进行制止、对违法行为进行举报及相关处理

对于客人在饭店内违背公序良俗但未构成犯罪的行为，以及给其他大多数人带来不良感受的言语行为，饭店有权加以制止，但不宜粗暴，以不使客人受到不必要的强制或屈辱。对于客人在饭店里进行的违法犯罪活动，如卖淫、嫖娼、赌博、吸毒、传播淫秽物品等行为，饭店经营者和工作人员有权利和义务加以举报，并配合公安机关的执法行为。

2）饭店的义务

（1）向客人提供与合同约定等级标准相符的服务的义务

饭店和客人的住宿合同一旦成立，饭店就必须按照其明示标准或双方约定提供服务，否则应承担违约责任。这也是饭店住宿合同订立的最重要的目的。如果饭店接受客人的预订却发生不能按时提供预订房间、降低服务等级、不按标准收取费用等行为，则要承担相应的责任。饭店提供的硬件设施及服务都必须与其等级及收费标准相符合，否则客人可以向有关部门投诉。

（2）维护客人财产安全的义务

客人在饭店住宿，随身携带有一定的财物。饭店在保障旅客人身安全的同时，有保护客人财产安全的义务。

一般认为，一旦客人进入饭店，在客人登记处完成住宿登记手续之后，客人与饭店之间的服务合同即告成立，饭店对客人的财产安全即负有责任，从而产生合同之债的法律关系。因此，客人依合同在饭店住宿、要求饭店保护其财产安全都属于合同的主权利。

当然，饭店并不是对发生在其范围内所有客人的财物灭失都负有责任。因为客人也会由于自己违反规定或其他自身的原因而导致其财物受损，如没有按规定将贵重物品寄存而导致丢失，那么客人也应负一定责任。同时，由于不可抗力等造成客人财物的毁损、灭失，饭店可以减轻或免除责任。

从我国目前的立法、司法现状看，如果客人的财物在饭店灭失，饭店承担责任的依据、范围、标准在法律上没有明确的规定，这给实际处理纠纷造成了困难。

（3）维护客人人身安全的义务

维护客人的人身安全是饭店的重要功能，饭店法从它产生时就规定饭店有保护客人安

全的责任。客人在饭店可能受到人身伤害的原因很多，如火灾、食物中毒、建筑设施故障、服务人员疏忽大意、第三人的侵权行为等，客人由此受到人身伤害，可以根据不同的法律规定向饭店提起索赔要求，而以违约为由要求赔偿也是成立的。

（4）尊重客人隐私权的义务

客人租用的虽然是饭店的客房，但客人在饭店的客房里有独处和安宁地占有客房的权利，这就是客人所享有的隐私权。在西方国家的法律里，十分强调对客人隐私权的尊重。

饭店在向客人提供住宿服务时，应考虑提供服务的行为方式是否符合对客人隐私权的尊重。饭店工作人员提供服务时应当注意以下几个方面：

①除非火灾等紧急情况下，饭店的工作人员未经允许，不得进入客人的房间，在通常情况下，打扫客房应当在客人不在房间时进行。

②饭店的服务人员未经客人同意，不能将客人的房号告知他人，也不得向他人交付客人的房间钥匙。

③国家机关的工作人员出于执行公务的需要，可以对客人的房间进行搜查，但是要出示身份证件，依照合法的程序进行。

（5）明示或告知客人注意安全的义务

饭店应当用恰当的方式告诉客人有关安全事宜，对一些可能危及客人人身安全的项目和服务应当作出明确的警示和说明。例如，饭店康乐健身设施安全使用规定、消防安全示意图、饭店周边环境治安情况等。明确的警示应当在显著的位置以醒目的字样或图形表明其危险性。这些警示和说明的文字应当简明易懂，不致使人产生误解，旅游饭店的警示牌应当用中、英文对照。

（6）提供真实信息的义务

饭店对自己的产品和服务，应当向客人提供真实的信息，不得作引人误解的推销。在饭店业竞争越来越激烈的情况下，有些饭店采取不正当的手法欺骗客人，这不但是一种短期行为，也是一种不法行为。

以案说法 7-2　　　　　　　　　　马桶盖丢失的形象

2016 年 10 月 19 日，上海春秋旅行社有限公司某分公司公布《关于我公司组织的赴日旅游团游客带走酒店备用马桶盖一事的调查报告》："经公司调查，涉及此事的游客李某报名参加日本六日游，10 月 17 日晚，李某所在旅游团入住名古屋某酒店。18 日酒店工作人员向领队反映某房间床下盒子中的备用马桶盖丢失。后经领队询问，游客李某承认其误以为是前一位住客遗落物品，抱着贪小便宜心理将此物带出酒店。领队告知李某此为酒店物品后，李某当即答应归还，并委托地接导游于 18 日当天将酒店备用马桶盖寄回酒店。由于自己的行为给旅行社、酒店造成的麻烦，游客李某由衷地表示抱歉、忏悔。我公司对此事高度重视，连夜召开紧急会议，并强调将进一步加强游客文明旅游教育。在此，我公司也号召全体游客提高文明素质，塑造中国公民良好形象。"

案例分析：

《旅游法》第二章第十三条明确规定：旅游者在旅游活动中应当遵守社会公共秩序和社会公德，尊重当地的风俗习惯、文化传统和宗教信仰，爱护旅游资源，保护生态环境，遵守旅游文明行为规范。《旅游法》第四章第四十一条规定：导游和领队应当向旅游者告知和解释旅游文明行为规范，引导旅游者健康、文明旅游，劝阻旅游者违反社会公德的行为。本案中，根据法律规定，各方应做到：第一，旅游者应当遵守旅游目的地的法律法规，克服陋习，举止文明。第二，出境游组团社应召集行前说明会，由带团领队（或相关人员）详细讲解目的地法律法规、风俗习惯，对游客进行文明素质教育，并把不文明言行的利害关系讲清楚，积极引导旅游者遵守《中国公民出国（境）旅游文明行为指南》。第三，导游和领队人员在带团途中应及时普及目的地风俗习惯以及当地有关法律法规和禁忌，并一一解答游客提出的疑问，及时纠正游客的不文明行为，切实维护游客自身形象、国民形象和国家形象。

资料来源　卢世菊，樊志勇. 旅游法教程［M］. 武汉：武汉大学出版社，2017.

7.2.2　客人的权利和义务

1）客人的权利

客人是享受饭店服务的消费者。从消费者在饭店享受的服务的内容来看，饭店的客人大体上可以包括以下几类：一是住店客人，即在饭店以自己的名义登记住宿的客人，我们通常称为旅客。二是房客，他们也是住店客人，是长期在饭店住宿的客人。他们与饭店之间更多体现的是一种房屋租赁关系，当然也有饭店服务关系的内容。三是顾客，他们是在饭店消费而不住宿的客人，如只在饭店享受就餐、购物、娱乐、休闲、健身等服务的客人。四是访客，他们是临时来饭店探亲访友而不在饭店住宿的客人。上述的旅客、房客、顾客、访客，我们统称为饭店的消费者即客人。

客人的权利主要有：

（1）有权要求饭店提供安全舒适的环境，使其心理上有安全感，并要求饭店对其人身、财产安全负责。

（2）有权要求在享受饭店服务过程中得到应有的尊重，并要求饭店提供相应标准的优质服务。

微课7-2：饭店有拒绝客人的权利吗？

（3）有权自主选择饭店服务的种类和内容。

（4）有权知悉饭店服务的真实情况。

（5）有权与饭店进行公正交易。

（6）有权对饭店服务进行适度的监督。

（7）在人身或财产遭受损失时，有权要求饭店进行合理赔偿。

2）客人的义务

（1）客人应遵守国家法律、法规和饭店的各种合理的规章制度，并尊重饭店及其工作人员。

微课7-3：违约责任和侵权责任竞合，责任该谁承担？

（2）客人应按饭店的合理要求，按时、足额支付住宿费及其他费用。

（3）客人预订后不使用客房或提前退房时，应对饭店因此而受的损失予以赔偿。

（4）客人损坏饭店设施，或因侵权行为而使饭店或其工作人员受到损害时，应负赔偿相应损失的责任。

7.3　旅游饭店行业规范

7.3.1　旅游饭店行业规范的制定

为规范行业管理，保障旅客和旅游饭店的合法权益，维护旅游饭店业经营管理的正常秩序，促进中国旅游饭店业的健康发展，中国旅游饭店协会根据国家有关法律、法规，于2002年3月制定了《中国旅游饭店行业规范》，自2002年5月1日正式实施，2009年8月又对其进行了修订。《中国旅游饭店行业规范》是调整饭店行为的重要行为规范。《中国旅游饭店行业规范》的主旨是：倡导诚实守信，强化饭店对客人的承诺，保障客人和饭店的合法权益；规范企业经营活动，维护企业经营秩序；引导饭店按国际规则办事，使饭店经营更加符合国际惯例；逐步建立饭店行业的信誉和行业规范体系。

中国旅游饭店业协会是经民政部批准登记注册的饭店行业组织，通过该组织实现饭店企业的行业自律，促进饭店行业的健康发展。就其性质而言，《中国旅游饭店行业规范》不是法律性文件，没有强制执行的效力，但可以约束旅游饭店协会的会员饭店。行业规范里的有关规定，应构成会员饭店和旅客签订合同的组成部分。

7.3.2　旅游饭店行业规范制定的意义

实施《中国旅游饭店行业规范》具有多方面的积极意义：（1）它是中国旅游饭店业的第一部行业规范，标志着中国旅游饭店业更趋向成熟；（2）是主动应对入世后全球经济一体化竞争和挑战的积极举措；（3）是完善旅游饭店业法规建设的重要步骤；（4）是引导饭店客人消费行为、保障其合法权益的有效手段；（5）是推动我国旅游饭店业持续健康发展的航标；（6）是我国旅游饭店行业管理工作的重要手段。

《中国旅游饭店行业规范》是中国旅游饭店业协会代表中国旅游饭店行业面向社会、面向行业、面向市场作出的宣言与承诺，是全行业应当共同遵循的守则。其权威性和严肃性依靠广大旅游饭店企业的贯彻实施。因此，中国旅游饭店业协会号召我国旅游饭店企业积极行动起来，深入理解、切实执行《中国旅游饭店行业规范》，对照《中国旅游饭店行业规范》，调整自身行为，并以之为契机，维护和提高我国饭店行业的整体形象，促进我国旅游饭店行业队伍的不断成熟。

7.4 旅游饭店星级评定制度

7.4.1 旅游饭店星级评定标准及制度

1）星级评定标准的制定

对旅游饭店进行星级评定，是国际上通行的惯例。为了提高我国旅游饭店的经营管理水平和服务水平，适应国际旅游业发展的需要，促进我国饭店业与国际接轨，国家旅游主管部门参照国际标准，结合中国国情，在不同时段制定了相应的标准。我国从1988年制定并实施旅游饭店星级标准评定制度以来，经历了1993年、1997年、2003年、2010年四次修订，简称"四标时代"。每次修订，都是我国旅游饭店业发展到一定历史阶段的产物，且其本质都是为了进一步引导和规范旅游饭店业，切实提升服务质量。

2010年10月18日，伴随着中国旅游星级饭店的发展，为适应市场发展趋势和满足行业转型升级的要求，由国家旅游局监督管理司起草，国家质检总局、国家标准化管理委员会发布再次修订后的评定标准——《旅游饭店星级的划分与评定》（GB/T 14308—2010），并自2011年1月1日起正式实施。该评定标准明确了旅游饭店的定义，突出了绿色环保理念，增强了饭店星级评定与复核工作的规范性和科学性，进一步规范了旅游饭店的星级分类和评定。

2）星级评定的标准和条件

根据《旅游饭店星级的划分与评定》（GB/T14308—2010），旅游饭店星级分为五个级别，即一星级、二星级、三星级、四星级、五星级（含白金五星级）。最低为一星级，最高为五星级。星级越高，表示饭店的等级越高。用星的数量和颜色表示旅游饭店的星级，星级标志由长城与五角星图案构成，用一颗五角星表示一星级，两颗五角星表示二星级，三颗五角星表示三星级，四颗五角星表示四星级，五颗五角星表示五星级，五颗白金五角星表示白金五星级。饭店星级标志由全国旅游饭店星级评定机构统一制作、核发，须置于饭店大堂最明显的位置。

微课7-4. 饭店星级之争，如何应对？

根据《〈旅游饭店星级的划分与评定〉（GB/T 14308—2010）实施办法》，旅游饭店星级评定采取按星级饭店的必备条件与检查评分相结合的方法。所谓星级饭店的必备条件，是指星级饭店必须具备的硬件设施和服务项目，要求相应星级的每个项目都必须达标，缺一不可；在检查评分过程中，主要是对饭店硬件设施的档次和饭店的"软件"，包括对饭店各项服务的基本流程、设施维护保养和清洁卫生方面的评价打分。其中对硬件设施的档次进行评价打分，三、四、五星级规定最低得分线：三星级220分，四星级320分，五星级420分，一、二星级不作要求；在饭店"软件"的评价得分上，三、四、五星级规定最低得分率：三星级70%，四星级80%，五星级85%，一、二星级不作要求。申请星级评定的饭店，如果达不到以上要求及最低分数或得分率，则不能取得所申请的星级。

法律小讲坛7-1　　国家标准与行业标准的关系

国家标准是总纲，行业标准是国家标准在环境管理、服务管理等方面的具体展开，是星级饭店标准体系的重要组成部分。因此，工作中不能片面地将行业标准理解为国家标准的前置标准。

在饭店星级评定中，一般来说，饭店所取得的星级表明该饭店所有建筑、设备设施及服务均处于同一水准。但是，如果一家饭店是由若干座不同设备设施标准的建筑物组成的，饭店星级评定机构可以按每座建筑物的实际标准评定星级，也就是说，同一家饭店的不同的建筑物可能被评定为不同的星级。但是，评定星级后，不同星级的建筑物不得继续使用相同的饭店名称，否则该饭店的星级无效。

行业广角7-1
饭店星级名称如何确定?

一家名为"滨江"的饭店是由三座不同的建筑物构成的。在星级评定中，该饭店的主楼被评为三星级，另外两座建筑物则分别被评为二星级和一星级。在这种情况下，被评为二星级、一星级的建筑物是否能继续使用"滨江"饭店名称?

根据《〈旅游饭店星级的划分与评定〉（GB/T 14308—2010）实施办法》，被评为二星级、一星级的建筑物是不能继续使用"滨江"饭店名称的。如果在经营过程中，该饭店需关闭星级标准所规定的某些服务设施、设备，取消或更改星级标准所规定的某些服务项目，必须经饭店星级评定机构批准；否则，该饭店星级无效。此外，若该饭店因进行改造发生建筑标准变化、设施设备标准变化和服务项目变化，也必须向饭店星级评定机构申请重新评定星级；否则，该饭店原评星级无效。

资料来源　佚名. 旅游饭店星级评定制度［EB/OL］.（2005-11-28）［2014-01-06］. http://www.nanhu.gov.cn/_sites/smlyj/article_display.jsp? articleid=7029.

3）星级评定标准的地位与作用

①标准规范了饭店行业的经营与管理，提升了饭店行业的服务品质，构建了规范化发展的行业新格局。

②标准在行业市场的影响力不断扩大，推动着中国星级饭店大步迈向国际化发展的新境界。

③标准对行业管理形成了富有权威性、技术性的强力抓手，贯穿于中国旅游饭店业的发展之中，始终发挥着不可替代的指导作用。

④标准引导下的星级已经突破饭店行业的自身范围，为全社会广泛认同，星级的概念已为众多行业普遍推广。

7.4.2　星级评定机构

1）全国旅游星级饭店评定委员会

文化和旅游部设全国旅游星级饭店评定委员会（简称"全国星评委"）。全国星评委是负责全国星评工作的最高机构。

（1）职能

统筹负责全国旅游饭店星评工作；聘任与管理国家级星评员；组织五星级饭店的评定和复核工作；授权并监管地方旅游饭店星级评定机构开展工作。

（2）组成人员

全国星评委由中国旅游协会领导、中国旅游饭店业协会领导、文化和旅游部监督管理司领导、政策法规司领导、监察局领导、中国旅游协会和中国旅游饭店业协会秘书处相关负责人及各省、自治区、直辖市旅游星级饭店评定委员会主任组成。

（3）办事机构

全国星评委下设办公室，作为全国星评委的办事机构，设在中国旅游饭店业协会秘书处。

（4）饭店星级评定职责和权限

①执行饭店星级评定工作的实施办法；

②授权和督导地方旅游饭店星级评定机构的星级评定和复核工作；

③对地方旅游饭店星级评定机构违反规定所评定和复核的结果拥有否决权；

④实施或组织实施对五星级饭店的星级评定和复核工作；

⑤统一制作和核发星级饭店的证书、标志牌；

⑥按照《饭店星评员章程》的要求聘任国家级星评员，监管其工作；

⑦负责国家级星评员的培训工作。

知识链接 7-2　　　　　　　　　　　　　星评员的工作要求

（1）星评员在相应星评委有组织有计划的安排下，可以明查或暗访方式对受检饭店进行检查，要预先研究受检饭店的申请报告或复核自查报告及相关材料，掌握受检饭店的概况和特点；检查结束时向受检饭店全面反馈检查情况，就其星级达标情况提出规范的书面报告。各级星评员应保持清正、廉洁的作风，未经相应星评委授权，不得随意实施对饭店的检查工作。

（2）进行饭店星级评定或复核时，要据实评判各项必备条件的具备情况和饭店设施设备、饭店运营质量的得分情况，并写出书面检查报告及时呈交委派工作的星评委。

（3）星评员向受检饭店和相应星评委作出的反馈意见应严谨、规范，条理清晰，具有较高的针对性和指导性。对于不达标的饭店，要提出明确的整改要求。

（4）星级饭店内审员应按照星级标准和所在地星评委的要求，检查所在饭店的达标情况，敦促饭店管理层就所存在的问题及时整改，并向所在地星评委作出书面报告。

（5）星评员接受聘用单位的检查、监督和管理。

资料来源　陕西省旅游局. 饭店星评员章程［EB/OL］.（2013-08-05）［2014-01-06］. http：//www.sxtour.com/sxtourgov/proscenium/content/2013-08-05/8644.html.

2）省级旅游星级饭店评定委员会

各省、自治区、直辖市旅游主管部门设省级旅游星级饭店评定委员会（简称"省级星评委")。省级星评委报全国星评委备案后，根据全国星评委的授权开展星评和复核工作。

（1）组成人员

省级星评委的组建应根据本地实际情况确定，由地方旅游行政管理部门负责人和旅游饭店协会负责人等组成。

（2）办事机构

省级星评委下设办公室为办事机构，可设在当地旅游行政管理部门行业管理处或旅游饭店协会。

（3）饭店星级评定职责和权限

省级星评委依照全国星评委的授权开展以下工作：

①贯彻执行并保证质量完成全国星评委部署的各项工作任务；

②负责并督导本省内各级旅游饭店星级评定机构的工作；

③对本省副省级城市、地级市（地区、州、盟）及下一级星级评定机构违反规定所评定的结果拥有否决权；

④实施或组织实施本省四星级饭店的星级评定和复核工作；

⑤向全国星评委推荐五星级饭店并严格把关；

⑥按照《饭店星评员章程》要求聘任省级星评员；

⑦负责副省级城市、地级市（地区、州、盟）星评员的培训工作。

3）地区旅游星级饭店评定委员会

副省级城市、地级市（地区、州、盟）旅游行政管理部门设地区旅游星级饭店评定委员会（简称"地区星评委"）。地区星评委在省级星评委的指导下，参照省级星评委的模式组建。

（1）组成人员

地区星评委可由地方旅游行政管理部门负责人和旅游饭店协会负责人等组成。

（2）办事机构

地区星评委的办事机构可设在当地旅游局行业管理处（科）或旅游饭店协会。

（3）饭店星级评定职责和权限

地区星评委依照省级星评委的授权开展以下工作：

①贯彻执行并保证质量完成全国星评委和省级星评委布置的各项工作任务；

②负责本地区星级评定机构的工作；

③按照《饭店星评员章程》要求聘任地市级星评员，实施或组织实施本地区三星级及以下饭店的星级评定和复核工作；

④向省级星评委推荐四、五星级饭店。

7.4.3 星级评定程序

1）程序

（1）申请

饭店星级评定遵循企业自愿申报的原则，凡在中华人民共和国境内正式营业一年以上的旅游饭店,均可向所在地区旅游行政管理部门的星级评定机构提出星级申报的申请。申请星级的旅游饭店,均应承诺履行向旅游饭店星级评定机构提供不涉及本饭店商业机密的经营管理数据的义务。

申请星级的饭店,应在对照《旅游饭店星级的划分及评定》(GB/T 14308—2010)进行充分准备的基础上,按属地原则向相应的旅游饭店星级评定机构递交星级申请材料。申请材料包括饭店星级申请报告、消防验收合格证(复印件)、特种行业许可证(复印件)、卫生许可证(复印件)、工商营业执照(复印件)、饭店装修设计说明及其他必要的文字和图片资料等。

(2)受理

接到饭店星级申请报告后,具有相应评定权限的旅游饭店星级评定机构应在核实申请材料的基础上,于14天内作出受理与否的答复。对申请四星级以上的饭店,其所在地旅游饭店星级评定机构在逐级递交或转交申请材料时,应提交推荐报告或转交报告。

(3)检查

旅游饭店星级评定的检查,由饭店星评员承担。饭店星评员分为国家级星评员、地方级星评员(含省级和地市级)和星级饭店内审员。国家级星评员和地方级星评员主要由政府行业管理人员、饭店高级管理人员和有关专家学者组成。

受理申请或接到推荐报告后,具有相应评定权限的旅游饭店评定机构委派2~3名星评员,以明查或暗访的形式对饭店进行评定检查。五星级饭店评定检查工作应在36~48小时内完成,一、二、三星级饭店的评定检查工作应在24小时内完成,四星级饭店的评定检查工作应在36小时内完成。对通过五星级资格审查的饭店,全国星评委可根据工作需要安排宾客满意度调查,并形成专业调查报告,作为星评工作的参考意见。

检查合格与否,检查员均应提交检查报告。对检查未予通过的饭店,应根据星评委反馈的有关意见进行整改,相应星级评定机构应加强指导,待接到饭店整改完成并要求重新检查的报告后,于1个月内再次安排评定检查。

(4)审核

接到检查报告后1个月内,星级评定机构应根据星评员的意见对申请饭店进行审核。审核的主要内容及材料有星评员检查报告、星级评定检查反馈会原始记录材料、依据《旅游饭店星级的划分及评定》(GB/T 14308—2010)的打分情况(打分总表须有星评员签名)等。

(5)批复

对于经评审认定达到标准的饭店,星级评定机构应给予评定星级的批复,并授予相应星级的标志和证书,星级饭店(预备星级饭店)证书、标牌由文化和旅游部统一制作,省星评委统一颁发。对于经评审认定达不到标准的饭店,星级评定机构不予批复。批复结果在中国旅游网和中国旅游饭店业协会网站上同时公示,公示内容包括饭店名称、星评委受理时间、星评员评定检查时间、星评员姓名、批复时间。

(6)申诉

申请星级评定的饭店对星评过程及其结果如有异议,可向上一级星评机构或直接向文化和旅游部申诉。上一级星评委或文化和旅游部根据调查结果予以答复，并保留最终裁定权。

（7）抽查

文化和旅游部根据《国家级星评监督员管理规则》，派出国家级星评监督员随机抽查星级评定情况，对星评工作进行监督。一旦发现星评过程中存在不符合程序的现象或检查结果不符合标准要求的情况，文化和旅游部可对星级评定结果予以否决，并对执行该任务的星评员进行处理。

2）原则

饭店所取得的星级表明该饭店所有建筑物、设施设备及服务项目均处于同一水准。如果饭店由若干座不同建筑水平或设施设备标准的建筑物组成，旅游饭店星级评定机构应按每座建筑物的实际标准评定星级，评定星级后，不同星级的建筑物不能继续使用相同的饭店名称；否则，旅游饭店星级评定机构应不予批复或收回星级标志和证书。

饭店取得星级后，因改造发生建筑规格、设施设备和服务项目的变化，关闭或取消原有设施设备、服务功能或项目，导致达不到原星级标准的，应向原旅游饭店星级评定机构申报，接受复核或重新评定；否则，原旅游饭店星级评定机构应收回该饭店的星级证书和标志。

某些特色突出或极其个性化的饭店，若其自身条件与本标准规定的条件有所区别，可以直接向全国旅游饭店星级评定机构申请星级。全国旅游饭店星级评定机构应在接到申请后1个月内安排评定检查，根据检查和评审结果给予评定星级的批复，并授予相应星级的证书和标志。

7.4.4　星级复核

1）星级复核的概况

星级复核是星级评定工作的重要组成部分，其目的是督促已取得星级的饭店持续达标，其组织和责任划分完全依照星级评定的责任分工。星级复核分为年度复核和3年期满的评定性复核。

年度复核工作由饭店对照星级标准自查自纠，并将自查结果报告相应级别星评委，相应级别星评委根据自查结果进行抽查。

评定性复核工作由各级星评委委派星评员以明查或暗访的方式进行。

各级星评委应于本地区复核工作结束后进行认真总结，并逐级上报复核结果。

2）星级复核的处理制度

全国星评委委派2~3名国家级星评员同行，以明查或暗访的方式对饭店进行评定性复核检查。全国星评委可根据工作需要，对满三期的五星级饭店进行宾客满意度调查，并形成专业调查报告，作为评定性复核的参考意见。

对复核结果达不到相应标准的星级饭店，相应级别星评委根据情节轻重给予限期整改、取消星级的处理，并公布处理结果，对于取消星级的饭店，应将其星级证书和星级标志牌收回，自取消星级之日起1年后，方可重新申请星级评定。

7.5 饭店经营管理制度

7.5.1 饭店业的治安管理

1987年9月23日，经国务院批准，公安部于同年11月10日发布了《旅馆业治安管理办法》，这是我国旅游住宿业治安管理的专门法规，是我国旅游饭店业健康发展的重要保障。为了进一步强化饭店业治安管理，保障饭店业正常经营和入住旅客人身财物安全，提高预防、发现、打击违法犯罪的能力，中华人民共和国第十届全国人民代表大会常务委员会第十七次会议于2005年8月28日通过，自2006年3月1日起施行《中华人民共和国治安管理处罚法》。2011年1月8日经第588号国务院令公布，对《旅馆业治安管理办法》部分条款作出修改，自公布之日起施行。

根据《旅馆业治安管理办法》第五条的规定，经营旅馆，必须遵守国家的法律，建立各项安全管理制度，设置治安保卫组织或者指定安全人员。凡是经营旅游住宿业务，都必须设置治安保卫部门，如饭店的保安部等。在经营各环节应按照《旅馆业治安管理办法》制定相关制度。

1）验证登记制度

对住宿人员的验证登记和信息录入传输，必须按照"实名、实情、实数、实时"的要求，采集传输率达到100%。按规定必须采集、传输的住宿人员的信息包括：姓名、性别、出生日期、证件种类和号码、户籍地、照片。住宿人员为境外的，必须采集外文姓名、性别、出生日期、证件种类和号码、照片、停留期限等内容。

未携带有效身份证件的成年人要求住宿的，饭店应通知其到饭店所在地派出所开具身份证明后，方可登记安排住宿。未携带有效身份证件的16周岁以下未成年人要求住宿，如有随行成年人一同的，以成年人提供的身份信息进行登记，并立即报告当地派出所进行身份核对。饭店接待未携带有效证件的人员住宿，未按以上规定操作的，均属于未按规定登记，公安机关应按照相关规定进行处罚。

2）访客登记制度

对前来访客的非住宿人员，保安或前台服务人员应审查登记其身份证件，记录会客来去时间。

3）值班巡查制度

设立内保人员，负责内部安全保卫和停车场所等重要部位安全管理。安保人员要加强对消防安全、治安安全的检查，建立安全检查登记簿。安装监控系统，并明确专人值班，建立监控室值班记录簿。

4）贵重物品寄存制度

设置旅客财物保管箱、柜或保管室，并专人负责对寄存物品检查登记，领取登记物品时要签名，寄存物品管理人员要做好交接班登记。

5）旅客遗留物品、携带违禁品处理制度

（1）对可疑物品、危险物品和其他违禁物品，应及时送交公安机关或报请公安人员处理。

（2）旅客遗留的其他物品，应详细登记后，想办法归还旅客，较长时间无法归还，应按捡拾物品送交公安机关处理。

（3）严禁侵占挪用旅客遗留物品，严禁擅自处理违禁品。

6）可疑情况报告和通缉协查核对制度

饭店从业人员应及时报告本饭店的可疑人员、可疑情况和违法犯罪情况，并注意公安机关的通缉、通报，及时配合公安机关开展协查工作。

7）安全防范宣传制度

饭店从业人员应当主动向旅客宣传住宿饭店应遵守的相关法律、法规，提醒旅客加强自身安全防范。如提醒旅客将贵重物品交饭店保管；禁止将易燃、易爆、剧毒、腐蚀性和放射性等危险物品带入饭店；旅客严禁在饭店内寻衅滋事、斗殴、酗酒、赌博、吸食毒品、卖淫嫖娼，或进行其他违法犯罪活动。

7.5.2　饭店业的卫生管理

1987年4月1日，国务院颁布了《公共场所卫生管理条例》，1991年6月1日，卫生部颁布了《公共场所卫生管理条例实施细则》，将旅游行业涉及的宾馆、饭馆、旅店、招待所、车马店、咖啡馆、酒吧、茶座、候车（机、船）室、公共交通工具等公共场所的卫生工作纳入法制化的轨道，为创造良好的公共场所卫生条件，预防疾病和保障人体健康提供了法律保障。1996年1月29日，国家技术监督局颁布了《旅店业卫生标准》，该标准规定了各类旅店客房的空气质量、噪声、照度和公共用品消毒等标准及卫生要求，该标准适用于各类饭店。2007年6月25日卫生部、商务部印发了《住宿业卫生规范》，加强了住宿场所卫生管理，规范了经营者的经营行为，对防止传染病的传播与流行、保障人体健康有重要意义。

1）饭店卫生管理主体

饭店业的卫生管理，主要是指饭店主管部门的监督管理及饭店的自我管理。主管部门应当建立卫生管理制度，配备专职或兼职卫生管理人员，对饭店的卫生状况进行经常性检查，并提供必要的条件。饭店自身也应建立卫生责任制度，对本单位的从业人员进行卫生知识的培训和考核工作。

2）饭店业的卫生标准

饭店一旦建立起来，其场所基本就固定不变，它的环境一般由建筑物或自然障碍物与外界相隔开，具有一定的封闭性，同时，饭店进出人员多且不固定。由于人员流动性大以及设施公用等特点，饭店的卫生要求应达到以下标准：

（1）室内空气卫生要达到标准。

（2）采光照明好。客房宜有较好的朝向，自然采光系数以 1/5～1/8 为宜。

（3）微小气候适宜。饭店针对不同季节采取不同措施，以保证室内微小气候适宜，湿度、温度等达到国家有关标准，有利于旅客的身体健康。

（4）用具和卫生设施符合卫生标准。饭店供客人及员工使用的用具应及时更换、清洗，定期消毒。各种设施配置要符合饭店要求及卫生标准。

（5）用水达到卫生标准。饭店内自备水源与二次供水水质应符合《生活饮用水卫生标准》（GB 5749—2006）的规定。二次供水蓄水池应有卫生防护措施，蓄水池容器内的涂料应符合输水管材卫生要求，做到定期清洗消毒。

3）饭店从业人员卫生要求

（1）取得健康合格证

根据《公共场所卫生管理条例》的规定，饭店业直接为顾客服务的人员，每年要进行一次健康检查，持有"健康合格证"方能从事本职工作。患有痢疾、伤寒、病毒性肝炎、活动期肺结核、化脓性或者渗出性皮肤病以及其他有碍公共卫生的疾病的，治愈前不得从事直接为顾客服务的工作。公共场所主管部门负责健康检查的组织安排和督促检查工作，指定医疗卫生单位承担健康检查工作。健康检查应统一要求，统一标准，认真记录，建立档案。

（2）搞好个人卫生

个人卫生是指饭店中的每个成员的卫生状况，包括个人仪表仪容卫生情况、卫生知识达标情况、"健康合格证"持证情况及心理卫生情况等。

4）饭店卫生工作监督

（1）监督机构及其职责

根据《公共场所卫生管理条例》的规定，各级卫生防疫机构负责管辖范围内的公共场所卫生监督工作。其职责是：对公共场所进行卫生监测和卫生技术指导；监督从业人员健康检查，指导有关部门对从业人员进行卫生知识的教育和培训；对新建、扩建、改建的公共场所的选址和设计进行卫生审查，并参加竣工验收；对违反《公共场所卫生管理条例》的饭店进行行政处罚。

（2）卫生监督员及其职责

卫生防疫机构根据需要设立公共场所卫生监督员，执行卫生防疫机构交给的任务。卫生监督员有权对公共场所进行现场检查，索取有关资料，经营单位不得拒绝或隐瞒。卫生监督员对所提供的技术资料有保密的责任。

公共场所卫生监督员的职责是：对管辖范围内公共场所进行卫生监督监测和卫生技术指导；宣传卫生知识，指导和协助有关部门对从业人员进行卫生知识培训；根据有关规定对违反《公共场所卫生管理条例》有关条款的单位和个人提出处罚建议；对新建、扩建、改建的公共场所的选址和设计卫生进行审查和竣工验收；对公共场所进行现场检查，索取有关资料，包括取证照相、录音、录像等，调查处理公共场所发生的危害健康的事故。

根据《公共场所卫生管理条例实施细则》的规定，公共场所卫生监督员、助理卫生监督员可按每30～60个公共场所设1人的比例配置。

（3）处罚

饭店违反《公共场所卫生管理条例》下列规定之一的，卫生监督机构可以根据情节轻重给予警告、罚款、停业整顿、吊销"卫生许可证"的行政处罚：卫生质量不符合国家卫生标准和要求，而继续营业的；未获得"健康合格证"，而从事直接为顾客服务的；拒绝卫生监督的；未取得"卫生许可证"，擅自营业的。

违反《公共场所卫生管理条例》的规定，造成严重危害公民健康的事故或中毒事故的单位或者个人，应当对受害人赔偿损失。违反《公共场所卫生管理条例》致人残疾或者死亡，构成犯罪的，应由司法机关依法追究直接责任人员的刑事责任。

饭店经营单位和从业人员对卫生监督机构行政处罚不服的，在接到处罚通知之日起15日内，可以向当地人民法院起诉，但对公共场所卫生质量控制的决定应立即执行。对处罚的决定不履行又逾期不起诉的，由卫生防疫机构向人民法院申请强制执行。

公共场所卫生监督机构和卫生监督员必须尽职尽责、依法办事。对玩忽职守、滥用职权、收取贿赂的，由上级主管部门给予直接责任人员行政处分。构成犯罪的，由司法机关依法追究直接责任人员的刑事责任。

7.5.3　饭店业的消防安全管理

2008年10月28日中华人民共和国第十一届全国人民代表大会常务委员会第五次会议修订通过《中华人民共和国消防法》，稳步推进了全国各地消防法规建设。为了加强饭店的消防安全工作，保护宾客、酒店员工的生命财产安全，确保酒店正常营业，饭店应贯彻"预防为主、防消结合"的方针和自防自救的原则，实行严格的科学管理。

1）饭店消防设施的建设要求

宾馆饭店客房内所有装饰、装修材料均应符合消防的相关规定。要设置火灾自动报警系统、消火栓系统、自动喷水灭火系统、防烟排烟系统等各类消防设施，并设专人操作维护，定期进行维修保养。要按照规范要求设置防火、防烟分区，疏散通道及安全出口。安全出口的数量，疏散通道的长度、宽度及疏散楼梯等设施的设置，必须符合规定，严禁占用、阻塞疏散通道和疏散楼梯间，严禁在疏散楼梯间及其通道上设置其他用房和堆放物资。

2）饭店消防安全检查内容

（1）消防三级检查基本内容

①易燃易爆危险物品的贮存保管、使用要符合安全要求，贮存容器、贮罐、管道要定期测试有无跑、冒、滴、漏等现象；

②使用液化气灶、柴油灶是否按照要求操作，摆放位置是否符合安全规定；

③对烟头、遗留火种是否注意和采取相应处理措施；

④仓库物资分类及存放是否符合安全规定，库房灯光规定在60瓦以下，灯距、堆放高度、通风、室温是否符合安全要求，值班人员是否做到人走灯灭；

⑤电器设备有无超负荷运行，电线、电缆的绝缘有无变化、裸露、受潮、短路等，电机有无空转现象，防雷设备是否完好，有无乱接、乱拉、乱搭电线现象；

⑥使用各种可燃易燃油类是否符合安全要求，以及残油、气的处理情况；

⑦危险场所是否办理了相关手续，员工是否按照要求操作；

⑧使用有毒、有害物品的场所是否有防毒的安全措施；

⑨消防器材、消防系统的完好情况，各部门的消防器材是否保管好、用好和到期换药，保证完好、好用；

⑩门卫对出入人员是否严格检查，对携带易燃易爆危险品的人是否把关。

除对以上内容检查外，在日常工作中应强化对重点区域的检查和监控。宾馆饭店消防安全责任人和楼层服务员要加强日常巡视，发现火灾隐患及时采取措施。餐厅应建立健全用火、用电、用气管理制度和操作规范，厨房内燃气燃油管道、仪表、阀门必须定期检查，抽烟罩应及时擦洗，烟道每半年应清洗一次。厨房内除配置常用的灭火器外，还应配置灭火毯，以便扑灭油锅起火引起的火灾。

知识链接7-3　　　　　　　　　　**酒店消防安全的主要隐患**

（1）违规装修施工。一些酒店进行装修改造施工，由于用火、用电、用气设备点多量大，加之个别施工材料不符合消防安全的规定，一旦工人操作失误或处理不当，容易导致消防安全事故的发生。

（2）电气设备老化。一些酒店电气线路老化或配置不合理，容易引发火灾。如大量使用单层绝缘绞线接线板，这种电线没有护套，易因挤压或被动物咬噬而发生短路；客房内的电熨斗、电暖气、热得快等电热器具，客人使用不当、违章接线或忘记断电而使电器设备过热，引燃周围可燃物造成火灾。

（3）厨房违规操作。如在炉灶上煨、炖、煮各种食品时，浮在上面的油脂溢出锅外，遇火燃烧；在炉灶旁烘烤衣物或用易燃液体点火发生燃烧或爆炸。此类火灾蔓延速度快，扑救困难，特别是油类火灾，无法用水进行扑救。

（4）住店客人安全意识不强。客人在酒店卧床吸烟是诱发火灾的重要因素；少年儿童如无同行成年人的监督，容易因玩火而引发火灾，且事后易惊慌失措，到处躲藏，隐瞒火情，错过遏制火情的有效时机。

（5）施救设施设备不全或失效。目前，一些酒店存在安全出口锁闭或数量不足，疏散通道被堵塞、占用，消火栓被圈占、遮挡，自动报警、喷淋设施损坏或未按要求安装，疏散指示标志不足，应急照明损坏，灭火器过期等现象，一旦发生火灾，得不到及时扑救，最终酿成事故。

此外，消防安全制度不健全、责任制落实不到位等，也是引发酒店火灾发生的原因之一。

资料来源　佚名. 酒店消防安全［EB/OL］.（2013-12-11）［2014-01-06］. http：//www.docin.com/p-738776564.html.

（2）安全检查范围

①火灾隐患的整改情况以及防范措施的落实情况；

②安全疏散通道、疏散指示、应急照明和安全出口情况；

③消防车通道、消防水源情况；

④灭火器材配备及有效情况：

⑤用火、用电有无违章情况；

⑥重点工种人员以及其他员工消防知识的掌握情况；

⑦消防安全重点部位的管理情况；

⑧易燃易爆物品和场所防火防爆措施的落实情况以及其他重要物资的防火安全情况；

⑨控制室值班情况和设施运行、记录情况；

⑩防火巡查情况；

⑪消防标志的设置情况和完好、有效情况；

⑫其他需要检查的内容。

3）消防知识宣传

饭店应通过张贴图画、广播、闭路电视等向公众宣传防火、灭火、疏散逃生等常识。饭店要加强对员工的消防知识宣传、教育和培训，使员工能够熟悉火灾报警方法、岗位职责、疏散逃生路线。要定期组织应急疏散演习，加强消防实战演练，完善应急处置预案，确保突发情况下能够及时有效地进行处置。员工应做到"一熟悉、三会"。"一熟悉"是熟悉消防器材；"三会"是会报警、会使用灭火器材、会组织人员疏散。

除对员工的宣传教育外，还要加强对住店客人的消防安全提示，要设置禁止卧床吸烟和禁止扔烟头、禁止火源入废纸篓的标志；要告知住店客人消防紧急出口和疏散通道的位置；要提醒住店客人加强对同行的未成年人和无行为能力人的监护，防止其不慎引发安全事故。

7.5.4　饭店业的食品安全管理

为保证食品安全、保障公众身体健康和生命安全，针对近些年来不断发生的一系列食品安全事件，2009年2月28日，十一届全国人大常委会第七次会议通过了《中华人民共和国食品安全法》。食品安全是当今世界各国面临的共同问题，各国都在逐步完善食品安全法律法规，加大监管力度，努力打造安全食品、绿色食品、放心食品。

1）食品和食品安全的概念

（1）食品，指各种供人食用或者饮用的成品和原料以及按照传统既是食品又是药品的物品，但是不包括以治疗为目的的物品。食品包括四个方面：

①供人食用或饮用的成品，即经过加工能够直接食用的各种食物，如肉制品、豆制品、乳制品、饮料、酒、瓜果、茶叶等。

②供人食用或饮用的原料，如粮食、油料、糖料以及未经烹调加工的肉类、禽类、薯类等。

③既可直接食用又可入药的原料，如红枣、核桃、罗汉果等食药同源的物品。

④单纯以治疗为目的的物品不属于食品，这是指用于治疗、预防个人疾病，有适应症、用法、剂量的口服物品。

（2）食品安全，指食品无毒、无害，符合应当有的营养要求，对人体健康不造成任何急性、亚急性或者慢性危害。

2）食品安全标准的规定

食品安全标准是指为了对食品生产、加工、流通和消费的食品链全过程中影响食品安全和质量的各种要素以及各关键环节进行控制和管理，经协商一致制定并由公认机构批准，共同使用的和重复使用的一种规范性文件。

根据《食品安全法》的规定，食品安全标准应当包括下列内容：

①食品、食品相关产品中的致病性微生物、农药残留、兽药残留、重金属、污染物质以及其他危害人体健康物质的限量规定；

②食品添加剂的品种、使用范围、用量；

③专供婴幼儿和其他特定人群的主辅食的营养成分要求；

④对与食品安全、营养有关的标签、标识、说明书的要求；

⑤食品生产经营过程的卫生要求；

⑥与食品安全有关的质量要求；

⑦食品检验方法与规程；

⑧其他需要制定为食品安全标准的内容。

食品安全标准属于强制性标准，需要企业必须遵守的技术要求和条款都包括其中，它具有排他性，即除食品安全标准之外，不能再制定其他的食品强制性标准。

3）食品的生产经营

食品生产经营，是指一切食品的生产（不包括种植业和养殖业）、采集、收购、加工、储存、运输、陈列、供应、销售活动。一切从事食品生产经营活动的单位和个人，都应当遵守《食品安全法》和其他有关法规中关于生产经营的规定。

经营者应当依照法律、法规和食品安全标准从事生产经营活动，对社会和公众负责，保证食品安全，接受社会监督，承担社会责任。饭店在经营过程中，应当依照《食品安全法》的规定，提供符合食品安全标准的餐饮服务。

（1）食品生产经营许可制度

国家对食品生产经营实行许可制度。对从事食品生产的企业，应当依法取得食品生产许可。取得许可后，依法办理工商登记，有效期4年。食品生产许可证成为办理工商登记的前置条件。现已实行行政许可的食品共有28大类50个小类，基本涵盖了所有食品及食品相关产品（如塑料包装、容器、工具）等制品共3类39个产品。

（2）食品添加剂生产实行许可制度

食品生产者必须依照食品安全标准依法使用食品添加剂。食品安全标准中包含了食品添加剂的品种、使用范围、用量。不得在食品生产中使用食品添加剂以外的其他任何化学物质和可能危害人体健康的物质。食品添加剂应当有标签、说明书和包装，否则不得上市销售。

（3）食品生产经营的要求

食品生产经营的要求包括：首先要符合食品安全标准。按照食品安全标准进行生产，是《食品安全法》对食品生产最基本、最核心的要求。除此之外，还包括食品生产经营的环境卫生要求；设备布局和工艺流程的卫生要求；餐具的消毒要求；食品贮存、运输和装卸中的卫生要求；食品的包装卫生要求；食品生产经营人员的卫生要求；食品用水的卫生要求；洗涤剂和消毒剂的卫生要求等。

（4）食品生产经营人员的管理

食品生产经营者应当建立并执行从业人员健康管理制度。要求从业人员每年进行健康检查，取得健康证明后方能上岗。食品生产经营者要为员工建立健康档案，管理人员负责组织本单位员工的健康检查，员工患病及时申报等。

食品从业人员应当注意个人卫生。食品生产经营人员的衣着应外观整洁，做到勤剪指甲、常理头发、经常洗澡等，始终保持个人卫生。食品生产经营人员在便后以及接触污物以后应及时将手洗净，方可从事操作或接触食物。

4）食品安全事故的处理

在发生食品安全事故时，管理机关应当及时介入，启动事故应急预案并对受害者及时进行救治。作为经营者，在食品安全事故的预防、处理方面负有如下义务：

（1）建立完善的事故预防制度

企业应当制订食品安全事故处置方案，定期检查本企业各项食品安全防范措施的落实情况，及时消除食品安全事故隐患。

（2）报告义务

在发生食品安全事故时，应当自事故发生之时起 2 小时内向所在地县级人民政府卫生行政部门报告。任何单位或者个人不得对食品安全事故隐瞒、谎报、缓报，不得毁灭有关证据。

（3）采取恰当措施处置事故的义务

企业应当对导致或者可能导致食品安全事故的食品及原料、工具、设备等立即采取封存等控制措施。采取恰当措施，处置食品安全事故，防止事故扩大。

■ 本章小结

本章主要介绍了饭店法的基本概念、调整对象、我国饭店立法的进程，分析了饭店法律关系的构成、饭店与旅客之间的权利和义务关系，阐述了我国饭店业的主要法律、法规和行业规范，包括旅游饭店行业规范、饭店星级评定制度，以及饭店业经营管理中的治安、卫生、消防安全、食品安全等制度。

■ 主要概念

饭店法　饭店和旅客的权利和义务　行业规范　星级评定

■ 选择题

1.关于饭店法的最早记载是（　　）的《汉谟拉比法典》。

A.古巴比伦　　　　　B.美国　　　　　　　C.英国　　　　　　　　D.德国

2.在饭店星级复核中，对于取消星级的饭店，自取消星级之日起（　　）后，方可重新申请星级评定。

A.半年   B.1年   C.3年   D.5年

3.饭店从业人员每（   ）要进行一次健康检查。

A.1年   B.半年   C.2年   D.一年半

■ 判断题

1.饭店法的调整对象就是饭店和客人。   （   ）

2.客人在饭店遭受人身或财产损失时，有权要求饭店进行合理赔偿。饭店在一定情况下也有向客人索赔的权利。   （   ）

3.《中国旅游饭店行业规范》就其性质而言，虽然不是国家法律，但还是有强制执行的效力，该行业规范可以约束旅游饭店协会的会员饭店。   （   ）

■ 简答题

1.简述我国饭店法的概念和调整对象。

2.简述饭店和客人的权利和义务。

3.简述《中国旅游饭店行业规范》颁布实施的意义。

4.简述饭店星级评定的程序。

5.饭店消防安全检查的内容有哪些？

6.食品安全标准包括哪些内容？

■ 案例分析题

从北京来济南出差的张先生，与朋友于22日下午6点左右入住某酒店，朋友住在20楼，他住在9楼。23日上午吃完早饭，9点30分左右，他与朋友外出拜访客户。12点50分左右回到了酒店。回到房间时，保洁员正在清理房间。"我本想处理点公务，结果却发现放在桌上的笔记本电脑找不到了。我问保洁员是不是她给收起来了，她说没见过。"意识到可能被盗了，张先生马上打开行李箱检查，"除了笔记本电脑，我放在行李箱中的数码相机、派克笔等贵重物品也全部不见了。"

清点完丢失物品后，下午2点左右张先生报了警。"酒店说不给任何赔偿，连房费都不免，态度太恶劣了。"提到酒店方的处理结果，张先生非常不满。

随后，记者随张先生找到酒店一位陈姓负责人。当记者问在此事中酒店该承担什么责任时，该负责人表示，酒店目前没有针对客人丢失东西进行赔偿的规定，以前也没遇到过这种情况，只能等待派出所破案后才能与房客协商赔偿事宜。

请问：（1）酒店该不该赔付？

（2）请结合贵重物品保管的内容谈谈你的观点。

■ 实训题

走访你周围的饭店，进行一次消防、卫生调查，了解饭店在消防、卫生方面要注意的事项。

第8章

旅游交通管理法律制度

学习目标

通过本章学习，了解旅游交通运输以及制定旅游交通管理法律、法规的原则，掌握旅游交通管理的基本法律制度，如航空、铁路、水路、公路运输的有关法律规定，尤其要掌握旅客航空以及铁路运输管理的法律规定及法律责任。

知识结构思维导图

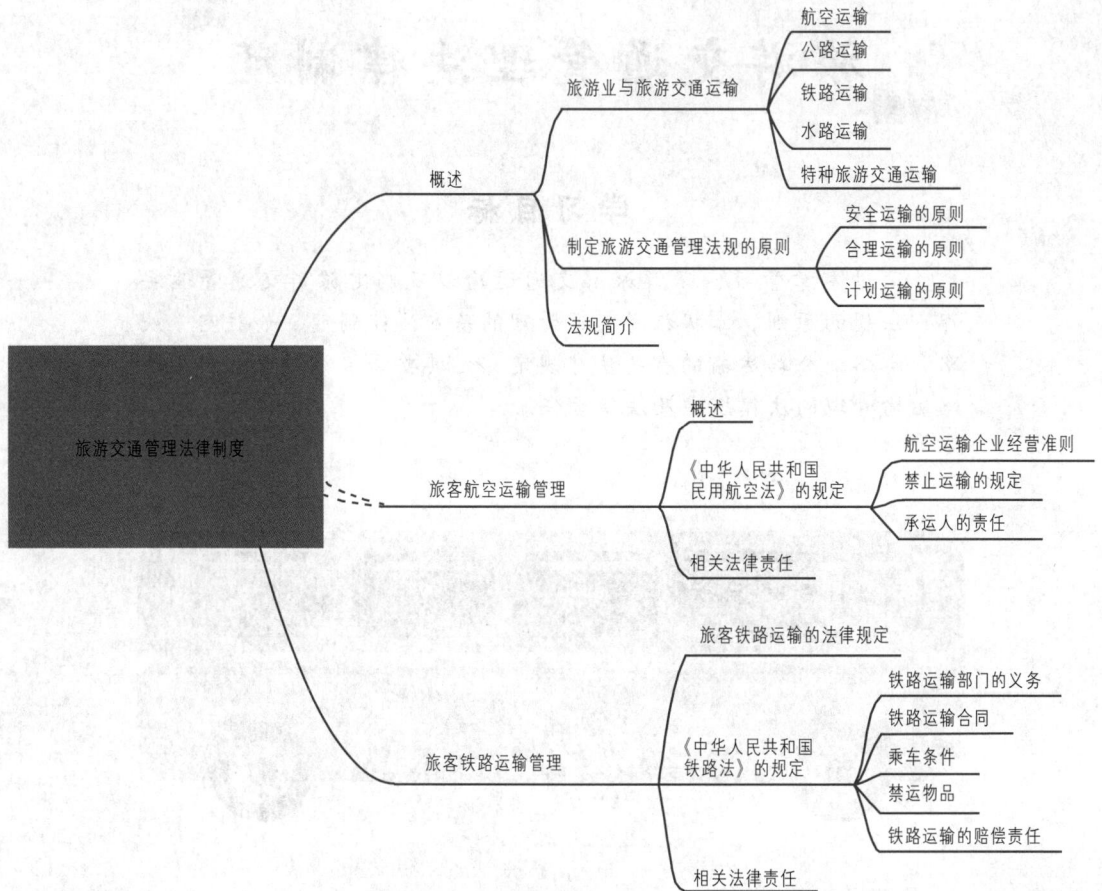

旅游交通管理法律制度

- 概述
  - 旅游业与旅游交通运输
    - 航空运输
    - 公路运输
    - 铁路运输
    - 水路运输
    - 特种旅游交通运输
  - 制定旅游交通管理法规的原则
    - 安全运输的原则
    - 合理运输的原则
    - 计划运输的原则
  - 法规简介

- 旅客航空运输管理
  - 概述
  - 《中华人民共和国民用航空法》的规定
    - 航空运输企业经营准则
    - 禁止运输的规定
    - 承运人的责任
  - 相关法律责任

- 旅客铁路运输管理
  - 旅客铁路运输的法律规定
  - 《中华人民共和国铁路法》的规定
    - 铁路运输部门的义务
    - 铁路运输合同
    - 乘车条件
    - 禁运物品
    - 铁路运输的赔偿责任
  - 相关法律责任

案例导入　　　　　　　订妥的火车票不能兑现能否获赔

某企业诉某铁路车站，要求其承担不能兑现订妥的火车票的赔偿责任。

某企业为了安排职工度假，提前向某铁路车站预订了 30 张到北京的硬卧车票。当该团体旅客到车站乘车时，却没有车票所载明的车厢。经查证，由于该铁路车站售票人员失误，将已摘挂的车厢客票售出，导致该车厢持票客人不能按票面规定的车厢、座别乘车。列车长遂根据当日客车的旅客状况，安排 10 人到其他硬卧车厢，另 20 人安排在硬座车厢。

事后，该企业要求铁路车站退还硬卧与硬座票的差额，并赔偿损失。铁路车站同意退还差价，但拒绝赔偿损失，该企业遂向人民法院提起诉讼。

问题：

（1）该铁路车站是否应赔偿对方损失？

（2）法院该如何判决？

案例分析：

客票是旅客运输合同的凭证，在客票上通常都载明了航次或车次、运输开始的时间、客位的等级和票价等内容。承运人应当按照客票载明的时间进行乘运，并且要保证旅客在载明的时间内到达目的地。

如果旅客不能按照客票时间乘坐的原因是承运人造成的，旅客可以要求承运人安排改乘其他班次或退票。此时对于旅客要求退票的，承运人应当全额退还票款。

本案中承运人售出车票，就应当按照票面规定的日期、车次、座别提供旅行条件。由于铁路承运人工作失误，将已经摘挂的车厢客票售出，导致持票人不能按票面规定的座别乘车，责任在承运人，因此承运人应当退还高等级座位票与低等级座位票的差价。但是对原告要求赔偿损失的请求，因无法律依据，不予支持。

资料来源　国家旅游局旅游质量监督管理所.旅游服务案例分析［M］.北京：中国旅游出版社，2007.

8.1　旅游交通管理概述

旅游交通，是为旅游者从定居地到目的地，以及在各地旅游提供往返交通服务的运输体系。"行"是旅游六大要素之一，在旅游活动中具有举足轻重的作用。旅游者利用飞机、火车、汽车、船舶等交通工具来完成旅游活动，交通运输部门则以"进得来、出得去、散得开"作为其根本任务。现代旅游业的发展，使得旅游交通在旅游业中的地位越来越突出，其中必然形成复杂的社会关系，产生相关的法律问题。

8.1.1　旅游业与旅游交通运输

1）旅游交通运输简介

旅游交通是指旅游者凭借运输工具和交通线路，实现从一个地点到另一个地点的空间移动手段。它包括常住地到目的地之间、一个目的地到另一个目的地之间以及各旅游点之间的空间移动。这里将讨论的旅游交通，是一个约定俗成的概念，专指或主要指为旅游者提供交通服务的运输体系。交通运输作为一项公共事业，其服务对象是包括旅游者在内的社会公众。

旅游交通工具既包括为公众服务的交通运输工具，也包括旅游行业自身拥有的旅游汽车公司提供的各种车辆、游船公司提供的各种船舶等。国家交通运输体系，是由民航运输、铁路运输、公路运输、水路运输等组成的。下面简单介绍现代旅游交通工具的类型与特点。

（1）航空运输

航空运输是人们长途旅行的主要运载手段。航空运输的主要优点是：①快速省时。目前先进的喷气式飞机时速达 1 000 千米以上，波音 747-400 型飞机的投入使用，使空中旅行可以实现 15 000 千米直航。②安全舒适。③不受地形限制。④飞行途中可以观看平时难得一见的地表景观和空中美景，以及体验飞机起降时的速度感，产生特殊的娱乐享受体验。航空运输的不足之处：①受到机场设置的限制，没有机场的地方无法进行航空旅行。②受气象条件影响大。③地面运输时间、机场候机、办理登机手续的时间过长，经常超过飞行时间。

（2）公路运输

旅游客车是人们外出旅游最常用的一种交通工具。它的特点是价格比较低廉，能提供导游人员讲解，能组织各种娱乐活动。当前，自驾游在汽车旅行中占绝对领导地位，已成为风靡全球的旅游方式，其特点是灵活便利、独立性强。汽车旅游的局限性在于速度慢、安全性能差，不能适应长距离的旅行；能耗大，容易造成交通拥挤和环境污染。

（3）铁路运输

铁路运输具有运输能力大、费用低、污染少、安全可靠、远距离连续行驶能力强、受气候影响较小等优点。虽然由于时代的发展，长距离运输被飞机取代，短途运输被汽车取代，但在发展中国家，或国土辽阔的国家，火车的作用仍是非常重要的。铁路运输的缺点是铁路建设投资大、周期长、占地多，受地形的影响大，火车的灵活性差，速度比较慢。当然，高速列车使火车的形象和功能逐渐向环境保护、传统与时尚相结合、休闲、可靠、以顾客为导向的方向发展。

（4）水路运输

轮船是主要的水上交通运输工具，轮船运输方式可分为两种：游轮服务；短距离轮渡。游轮服务可分为三种模式，见表8-1。

表8-1 游轮服务三种模式的优缺点

游轮服务	优点	缺点
海上巡游	豪华游轮设施功能齐全，舒适	价格昂贵，耗时较长
内河巡游	有利于沿途观光	速度慢，不够舒适
湖泊观光	短程旅游，自由灵活	规模较小

（5）特种旅游交通运输

特种旅游交通工具主要是指满足旅游者在旅游景区内的空间位移、丰富游客的活动内容而提供的特殊运输工具，比如索道、畜力交通工具（牛、马、驴、骆驼等畜力车；雪橇；冰爬犁等）、人力交通工具（自行车、三轮车、滑竿、轿子等）。它们各具特色，有较强的地方特色和民族风格，能丰富游客的旅游体验和经历。

2）交通运输与旅游业的关系

随着科学技术的进步，现代交通运输工具更加先进、舒适、快捷，缩短了旅游的时空距离，使现代旅游业进一步走向世界，更具开放性。可见，交通运输的发展，极大地促进了旅游业的发展，与此相适应，旅游活动的广泛开展，为交通运输业提供了更为丰富的客源，推动了交通运输业的发展。

总之，旅游交通是旅游业发展的依托，是解决旅游需求的先决条件。它丰富了旅游的形式，促进了区域经济的发展，增加了国民经济收入。

8.1.2　制定旅游交通管理法规的原则

1）安全运输的原则

安全运输是交通运输法律、法规的一项重要内容。安全、舒适、快捷地将旅游者运往指定地区，是旅游交通管理部门最基本的义务。安全是游客的第一要求，如果保证不了旅游者旅途的安全，旅游部门将因此承受巨大损失，并丧失大批客源。可见，旅游交通安全问题直接影响旅游部门的声誉，影响旅游业的发展。一次空难会使众多游客产生心理恐惧，一次海难会使后续游客望而却步。旅游交通事故造成的恶果很严重，教训极为深刻。旅游交通安全对旅游业的影响可以说一荣俱荣、一损俱损。

以案说法8-1　　　　　　　　　　旅游途中遇车祸治疗费用谁承担

游客S先生一家三口1月25日参加厦门某旅行社组织的永定土楼一日游，游览结束返程途中，因旅游大巴与前车追尾发生车祸，一家人均有不同程度的受伤，财物也有部分损失。S先生原本预定的27日返回的行程，因车祸受伤无法按期回去。因此，S先生要求旅行社尽快处理，赔偿其因车祸产生的医药费、误工费等费用，并安排其尽快返程回家。

厦门市旅游质监所经调查后发现，经交警部门鉴定，事故原因是旅游车未保持安全车距而发生追尾事故，由旅游车承担全部责任。S先生搭乘的旅游车系旅行社向厦门某旅游车公司承租的，该起交通事故的责任方系旅游车所属单位。经调解，旅行社先行支付S先生因车祸产生的相关合法费用损失，其余财产损失请其提供相关票据，再由旅行社向旅游车所属单位进行追偿。

案例分析：

《旅游法》第七十一条规定："由于地接社、履行辅助人的原因导致违约的，由组团社承担责任；组团社承担责任后可以向地接社、履行辅助人追偿。由于地接社、履行辅助人的原因造成旅游者人身损害、财产损失的，旅游者可以要求地接社、履行辅助人承担赔偿责任，也可以要求组团社承担赔偿责任；组团社承担责任后可以向地接社、履行辅助人追偿。"

一般情况下，旅行社承租的交通工具，是履行辅助人。在本案中，S先生受伤的根本原因是旅游车没有保持安全车距而发生追尾事故。因此，旅游车所属单位应对S先生一家受伤承担赔偿责任。旅游者也可直接向组团社进行索赔，组团社再向旅游车公司追偿。此外，旅游经营者（包括旅行社和旅游车公司）应事先就车上安全带、安全锤等相关设施的使用方法、必要的安全防范和应急措施等向游客作出说明或警示，同时应制定旅游者安全保护制度和应急预案，对直接为旅游者提供服务的从业人员开展经常性应急救助技能培训。

温馨提示：

旅游者在人身、财产安全遇到危险时，可以向组团社、地接社和履行辅助人提出赔偿，并有权请求旅游经营者、当地政府和相关机构进行及时救助。同时，建议旅游者出行时购买相关旅游意外保险，以对冲旅行途中出现的风险。

资料来源　闽南网.厦门市旅发委发布2017年上半年旅游投诉维权典型案例［EB/OL］.［2017-07-23］.http：//www.mnw.cn/xiamen/news/1789254.html.

为保证旅游交通安全，各级交通管理部门应认真贯彻"安全第一，预防为主"的方针，教育职工严格执行交通运输法律、法规，健全岗位责任制，定期检查交通工具和运输设备，及时处理交通事故，对旅游交通安全常抓不懈。《中华人民共和国道路交通管理条例》要求：凡驾驶客车和载客货车，必须具有客车执照或常客证；严格执行操作规程，出车前、途中、收车后，应对车辆进行安全检查，保证车辆技术状况的完好；坚持安全操作，安全行驶，合理掌握车速，确保行车安全和旅客的人身安全；模范遵守交通规则，做到礼貌行车，行车中精力集中，谨慎驾驶，不准吸烟、饮食和闲谈，严禁酒后开车，疲劳驾驶；遵守运输纪律，服从车辆指挥，按规定路线行驶，按规定地点停靠，安全正点运行；一旦发生行车事故，应按交通法规和安全管理规定，及时抢救伤者，配合有关部门妥善处理好事故等。

2）合理运输的原则

合理运输就是根据旅游者的需求，合理编排旅游线路，选择适当的交通工具，节省运输能力，达到最佳的运输效益。合理地组织旅游交通运输是一门科学，有其运筹客观规律。路线的组合力戒重复及迂回运输，并注意路线的市场效果，否则易出现不合理安排。

3）计划运输的原则

计划运输就是交通运输部门按照旅游接待计划，按时、按量完成旅游接待任务。由于受气候、市场供求关系等种种客观因素的影响，旅游接待计划与交通运输计划常有变动，需要旅游部门与交通运输部门紧密配合，及时调整计划，搞好协调工作。比如，航空、铁路部门在"黄金周"旅游旺季之前，及时制订增开旅游专班、旅游专列的计划，并提前公之于众。比如，2006年9月，武汉天河国际机场在旅游高峰到来之前，增开了300次航班，以应对"十一"期间如潮的人流，并提前一个多月公之于众。如遇自然灾害造成航班、列车停运或延误，旅游部门和交通运输部门也应采取相应措施，尽量减少自己以及游客的损失。

以案说法8-2　　　　　　　　　　拒绝登车的游客

某旅行社组织"海滨3日游"活动。在旅游过程中，游客认为旅行社违反合同约定，所提供的住宿地址为"郊区"，而不属于合同标明的"当地"，游客拒绝上车游览，以致14名游客滞留当地2天。事后，14名游客投诉，要求旅行社承担违约责任，支付滞留期间的食宿、误工及精神损失等费用。经调查，该旅游团队共由52名游客组成，以散客拼团方式交给专线操作"海滨3日游"的具有正规营业资质的"海之韵"旅行社操作。旅游团队按行程计划安排，第一天游览一切正常，当晚旅行社安排的住宿地点为当地经济技术开发区某旅店。经当地旅游部门证明，该经济技术开发区属于海滨城市范围之内，旅行社并未违反合同约定。第二日，14名游客以安排的旅店不属"当地"为由，要求地接导游报销第一晚出去活动的打车费。在遭到拒绝后，游客便以不登车的方式，拒绝旅行社安排的游览行程，并提出必须现场解决问题才能上车。

为保障同车其他游客的利益，旅行社安排地陪导游与司机按照合同约定继续游览，由全陪导游留下陪同拒绝游览的游客。按照合同约定，最后一天行程为在当地游览半日，吃过午餐后，全团游客返回出发地；但14名游客以各种借口拒绝游览，并拒绝返回。其间，地接社总经理、地接导游、全陪导游多次劝说游客登车，但均遭拒绝。旅行社工作人员与司机当着全体游客的面，将滞留游客的行李打包封存，于当晚16时31分左右开车离开海滨城市，16时32分，滞留游客拨打旅游出发地旅游投诉电话，要求给予协助。在问清楚事情经过后，出发地旅游质监部门工作人员立即责成旅行社将旅游大巴开回海滨城市接滞留游客回家。后经地接旅行社协调，决定在当地另行安排车辆拉乘14名游客，追赶已在返程途中的旅游大巴并与其他游客一同回到出发地，但14名游客不予接受，依然拒绝登车。在此情况下，地接旅行社又为滞留游客提供返程路费，其中有6名游客领取了路费但并未回出发地，继续滞留。

条款：

《旅游法》第十四条　旅游者在旅游活动中或者在解决纠纷时，不得损害当地居民的合法权益，不得干扰他人的旅游活动，不得损害旅游经营者和旅游从业人员的合法权益。

第七十二条　旅游者在旅游活动中或者在解决纠纷时，损害旅行社、履行辅助人、旅游从业人员或者其他旅游者的合法权益的，依法承担赔偿责任。

案例分析：

当前，个别旅游者维护自身合法权益的意识非常强，常常为保护自己的权益，采取拒绝登车、船、机等行为拖延行程，影响了其他旅游者的合法权益；有的游客甚至打骂导游、司机、领队，损害旅游从业人员的合法权益；与旅行社处理纠纷时打闹门市，影响正常营业等。本案游客维权本无过错，只是方式和方法过激，影响到团队的行程和返程时间。在案件处理过程中，也能看到该旅行社在发生纠纷后未能与游客进行积极有效的沟通，以旅行社未违反合同约定、不承担赔偿责任为由，没能妥善解决问题；"旅游行程单"标注的服务标准内容不全，未明确标明旅游住宿地点名称，违反《旅游法》对包价旅游合同签署的相关规定。因而，旅行社销售人员应充分了解《旅游法》的各种规定，预防和减少投诉事件的产生。

资料来源　李娌.案例解读《旅游法》［M］.北京：旅游教育出版社，2014.

8.1.3　旅游交通管理有关法规简介

目前我国交通运输方面的法律主要有《中华人民共和国民用航空法》《中华人民共和国铁路法》《中华人民共和国公路法》《中华人民共和国道路运输条例》《中华人民共和国水路运输管理条例》等，这是飞机、火车、汽车、船舶在运营中应遵守的统一规则。由于旅游交通对交通工具设施、服务质量有特殊要求，国务院、国家旅游行政管理部门会同有关部门还颁布了一些行政法规及部门规章，例如《关于进一步加强长江三峡涉外旅游船舶管理问题的通知》（1995年2月国务院办公厅发布）、《内河旅游船星级评定规则（试行）》（1995年12月国家旅游局发布）、《关于对长江涉外旅游船进行星级评定的通知》（1996年1月国家旅游局发布）、《内河旅游船星级的划分及评定》（1996年1月国家旅游局提出，国家技术监督局发布）、《关于组织长江涉外旅游船参加星级评定有关问题的通知》（1996年5月国家旅游局发布）等。上述法律、法规是解决旅游交通中法律问题的主要依据。

涉及旅游交通的法律、法规还有《中华人民共和国合同法》《中国民用航空旅客、行李国内运输规则》《中国民用航空旅客、行李国际运输规则》《中华人民共和国内河交通安全管理条例》等。

8.2　旅客航空运输管理

8.2.1　旅客航空法规概述

1)《中华人民共和国民用航空法》及相关法规

1995年10月30日，第八届全国人民代表大会常务委员会第十六次会议通过了《中华人民共和国民用航空法》（简称《民用航空法》），自1996年3月1日起施行。制定航空法的目的在于维护国家的领空主权和民用航空权利，保障民用航空活动安全和有秩序地进行，保护民用航空活动当事人各方的权益，促进民用航空事业的发展。

1996年，为了加强航空旅客运输管理，维护正常的航空运输秩序，民用航空总局发布施行了《中国民用航空旅客、行李国内运输规则》。1997年，民用航空总局发布施行了《中国民用航空旅客、行李国际运输规则》。1996年，为了加强航空货物运输管理，维护正常的航空运输秩序，民用航空总局发布施行了《中国民用航空货物国内运输规则》。2000年，民用航空总局发布施行了《中国民用航空货物国际运输规则》。

2）有关航空运输的国际条约

有关航空运输的国际条约主要有：1929年10月在波兰华沙签订的《统一国际航空运输某些规则的公约》，简称《华沙公约》，1958年对我国生效；1944年12月在美国芝加哥签订的《国际民用航空公约》，简称《芝加哥公约》，1974年对我国生效；同年在芝加哥签订了《国际航班过境协定》和《国际航空运输协定》；1955年9月在荷兰海牙签订的《修改1929年10月12日在华沙签订的统一国际航空运输某些规则的公约的议定书》，简称《海牙议定书》，1975年对我国生效。

8.2.2 《中华人民共和国民用航空法》的规定

在《民用航空法》这部法律中，国家对旅客航空运输管理作了以下明确规定：

1）航空运输企业经营准则

我国《民用航空法》规定：公共航空运输企业应当以保证飞行安全和航班正常、提供良好服务为准则，采取有效措施，提高运输服务质量。公共航空运输企业应当教育和要求本企业职工严格履行职责，以文明礼貌、热情周到的服务态度，认真做好旅客和货物运输的各项服务工作。旅客运输航班延误的，应当在机场内及时通告有关情况。"有关情况"主要包括航班延误的原因（依法不能公布的原因除外）、航班延误的时间、对旅客的住宿安排等。这不仅是法律规定的义务，也是对民航优质服务的要求。民用航空服务至少包含三方面的内容：飞行安全、航班正常和优质服务。在特殊情况下，诸如天气恶劣、自然灾害等迫使飞机不能按时起飞时，机场应告知旅客，及时进行动态报告，并妥善安排旅客的吃、住等有关事宜。

2）禁止运输的规定

公共航空运输企业不得运输法律、行政法规规定的禁运物品。禁止旅客随身携带法律、行政法规规定的禁运物品以及危险品乘坐民用航空器。禁运物品包括毒品、黄色淫秽音像制品或书刊、反动宣传品、伪钞等。

除因执行公务并按照规定经过批准外，禁止旅客携带枪支、管制刀具乘坐民用航空器。禁止违反国务院民用航空主管部门的规定将危险品作为行李托运。危险品包括易燃、易爆、剧毒、易腐蚀、易污染和放射性物品。稍具旅行知识的人都知道，乘坐任何公共交通运输工具，旅客都不得携带危险品。枪支、管制刀具都是武器，会对他人构成潜在的威胁。把危险品当作行李托运，同样存在安全隐患。在民航运输中，危险品、枪支、管制刀具有可能成为犯罪分子劫持飞机、人质的武器，理所当然被法律所禁止。

公共航空运输企业不得运输拒绝安全检查的旅客，不得违反国家规定运输未经安全检查的行李。对旅客及其行李物品的安全检查，就是为了保证旅客生命财产的安全。所有旅客都必须无条件地配合有关部门的工作，接受检查。

国际视域8-1　　　　　　恐怖夫妇欲携半岁儿子炸飞机，婴儿炸弹震惊英国

英国警方2006年8月9日深夜逮捕了24名密谋在空中炸毁数架民航客机的恐怖嫌犯。令人震惊的是，其中两名被捕嫌犯竟是一对年轻夫妇。警方调查发现，他们试图用自己6个月大的亲生儿子做掩护，将炸弹藏在婴儿奶瓶中混上飞机，实施家庭式的自杀式袭击。由于这一发现，连日来在英国所有带着婴儿上飞机的人，都必须亲口尝一下婴儿奶瓶中的

牛奶才能放行，以确保其中不含任何爆炸物。

资料来源 佚名.恐怖夫妇欲携半岁儿子炸飞机，婴儿炸弹震惊英国［N］.楚天都市报，2006-08-14.

公共航空运输企业从事国际航空运输的民用航空器及其所载人员、行李、货物应当接受边防、海关、检疫等主管部门的检查。

行业广角8-1
重失信，将被限制乘坐火车和飞机

国家发改委、民航局、铁路总公司等部门联合发布多个相关意见，规定自2018年5月1日起，限制特定严重失信人乘坐火车、飞机。其中，在动车上吸烟的，180天内不得乘坐火车；冲击值机柜台、安检通道或登机口的，一年内限乘飞机。

哪些人将限制乘飞机？

①编造、故意传播涉及民航空防安全虚假恐怖信息的。

②使用伪造、变造或冒用他人乘机身份证件、乘机凭证的。

③堵塞、强占、冲击值机柜台、安检通道、登机口（通道）的。

④随身携带或托运国家法律、法规规定的危险品、违禁品和管制物品的；在随身携带或托运行李中故意藏匿国家规定以外属于民航禁止、限制运输物品的。

⑤强行登占、拦截航空器，强行闯入或冲击航空器驾驶舱、跑道和机坪的。

⑥妨碍或煽动他人妨碍机组、安检、值机等民航工作人员履行职责，实施或威胁实施人身攻击的。

⑦强占座位、行李架，打架斗殴、寻衅滋事，故意损坏、盗窃、擅自开启航空器或航空设施设备等扰乱客舱秩序的。

⑧在航空器内使用明火、吸烟、违规使用电子设备，不听劝阻的。

⑨在航空器内盗窃他人物品的。

哪些人将限制乘火车？

①扰乱铁路站车运输秩序且危及铁路安全，造成严重社会不良影响的。

②在动车组列车上吸烟或者在其他列车的禁烟区域吸烟的。

③查处的倒卖车票、制贩假票的。

④冒用优惠（待）身份证件、使用伪造或无效优惠（待）身份证件购票乘车的。

⑤持伪造、过期等无效车票或冒用挂失补车票乘车的。

⑥无票乘车、越站（席）乘车且拒不补票的。

⑦依据相关法律法规应予以行政处罚的。

限乘时间一般为多久？

飞机：

被限制乘坐民用航空器的，有效期为一年，自公示期满之日起计算，一年期满后自动移除。

铁路：

①严重影响铁路运行安全和生产安全有关行为第1～3条、第7条的，限乘时间为

180天。

②严重影响铁路运行安全和生产安全有关行为第4~6条的，限乘时间为：补齐所欠票款前；补齐第一次所欠票款一年内，三次发生上述4~6条行为的，限乘时间为90天，不补齐所欠票款不解除限制。

③其他领域产生的限制乘坐火车高级别席位的相关人员名单，限乘时间为一年。

3）承运人的责任

（1）对旅客人身伤亡的责任

因发生在民用航空器上的事件造成旅客人身伤亡或者在旅客上、下民用航空器过程中的伤亡，承运人应当承担责任；但是旅客的人身伤亡完全是由于旅客本人的健康状况造成的，承运人不承担责任。在旅客运输过程中，经过承运人证明，旅客死亡或遭受人身伤害是由于旅客的过错造成或者促成的，应当根据造成或促成的程度，相应免除或减轻承运人的责任。

例如，在民用航空器降落过程中，机组人员多次通知旅客系好安全带，安全指示灯会一直处于明示旅客应当系好安全带的状态，但是，仍有旅客解开安全带而摔伤的事情发生。这时，旅客摔伤是由于旅客的过错造成的，承运人不应该承担责任。

承运人承担责任的范围是"旅客人身伤亡"。这里"人身"的含义是个人的生命、健康、行动和名誉等；"伤亡"即伤害和死亡，伤害的含义是指身体组织或思想感情受到损害，死亡的含义是失去生命。

承运人承担责任的原因是"事件"。对事件的理解必须符合民事法律事实中关于事件的解释。比如发生了坠机事件、飞机在高空遇到强烈气流颠簸、飞机出现故障迫降等特殊情况，造成旅客的伤亡。行为所造成的旅客死亡和人身伤害虽然发生在航空运输过程中，但是如果适用于民法或刑法，则通过民法或刑法来加以解决，不需要在《民用航空法》中作出规定。

承运人的责任期间包括旅客在民用航空器上的全部期间，始于旅客上民用航空器之后，止于旅客下民用航空器之前，还包括旅客在上、下民用航空器的过程中。

（2）承运人对旅客延误运输的责任

延误是交通运输中一个普遍现象。导致航班延误的原因主要有四个方面：一是天气原因，如大雾、雷雨、风暴、跑道积雪、结冰、低云、低能见度等危及飞行安全的恶劣天气。二是民航原因，如运力调配、飞机故障、机务维修、机场关闭、地面通信导航、商务、机组等原因。三是空中管制原因，如空中流量控制、重要飞行、科学实验、上级发出的禁航令等。四是旅客原因，如有的乘客办完乘机手续后到附近购物、用餐、打电话，不注意听广播通知，导致不能按时登机；有的乘客违反规定携带过多、超大的行李上机，堵塞通道，危及安全，当重新办理交运手续时，已造成航班延误。

承运人应完全、正确地履行旅客运输合同。所谓完全履行，就是全部履行，不能部分履行，部分不履行。对于旅客在航空运输中因延误所造成的损失，承运人应当承担责任；对于旅客延误运输造成的损失，承运人证明本人或者其受雇人、代理人为了避免损失的发生，已经采取了一切必要措施或者不可能采取此种措施的，不承担责任。

在旅客运输过程中，客票上通常会载明承运人与旅客双方约定的运输航班和日期，该日期就是旅客到达目的地的时间，承运人应当按照约定的时间运输；如果旅客未能按照旅客运输合同中约定的时间抵达目的地，应当认为是旅客延误运输。对于承运人来说，只有在旅客延误造成损失时才承担责任。如果旅客延误但是没有造成损失，承运人就不承担责任。对于所造成的损失，需要旅客举证，证明自己遭受损失，并且这种损失与延误之间有必然的联系。

承运人必须举证自己为了避免损失的发生，已经采取了一切必要措施，才能不承担责任。例如，由于机械原因发生航班延误，承运人将旅客安排在后面的最近的航班上运输，对于此种延误，承运人不承担责任，因为承运人在当日即采取了一切必要措施将旅客运输到目的地。承运人能够举证自己不可能采取此种措施，也不承担责任。例如，由于天气原因发生航班延误，承运人将旅客安排在机场休息，等天气好转再运输，对于此种延误运输，承运人不承担责任，当然，承运人必须负责举证。

此外，在旅客运输过程中，承运人能够证明延误的损失是由于旅客的过错造成的或者促成的，可以根据造成或者促成此种损失的程度，相应免除或减轻承运人的责任。

以案说法8-3　　　　　　　　　　　　　拒绝登机的客人

某年圣诞之夜，北京一个旅游团队在结束游览行程并准备从上海机场返回北京时，遇到航班延误，航空公司给出的理由是飞机发生机械故障。延误近4个小时后，航班准备起飞，但该团队中的部分游客坚决不上飞机，经过旅行社与航空公司协调，决定给予每人200元的经济补偿。但是，这部分坚决不登机的游客提出新要求：这架刚刚有机械故障的飞机的安全性值得怀疑，要求航空公司重新调一架飞机过来。旅行社导游将客人的要求反馈给航空公司，对方明确表示无法满足。于是，这些游客放弃乘坐飞机，而是自行租用一辆中巴返回北京。这种"维权行为"不仅造成了自己的经济损失，还导致该航班上其他乘客再次延误。

条款：

《旅游法》第十四条　旅游者在旅游活动中或者在解决纠纷时，不得损害当地居民的合法权益，不得干扰他人的旅游活动，不得损害旅游经营者和旅游从业人员的合法权益。

案例分析：

本案看上去是航空公司与游客发生的纠纷，游客认为航班延误影响到了自己的合法权益，拒绝登机是对飞机安全问题提出质疑。虽然在整个纠纷处理中，旅行社一直在努力进行沟通和协调，但是游客"过度维权"的结果，实际上让更多的消费者再次延误，这不是旅行社的原因导致游客人身、财产权益受到损害，旅行社不承担责任，但旅行社有责任积极协助解决游客与责任方之间的纠纷。

《旅游法》第七十二条规定，旅游者在旅游活动中或者在解决纠纷时，损害旅行社、履行辅助人、旅游从业人员或者其他旅游者的合法权益的，应依法承担赔偿责任。因而，提醒游客，不要"知法"而"犯法"，否则得不偿失。

资料来源　李娷.案例解读《旅游法》[M].北京：旅游教育出版社，2014.

（3）承运人对旅客随身携带物品的责任

因发生在民用航空器上或者在旅客上、下民用航空器过程中的事件，造成旅客随身携带物品毁灭、遗失或者损坏的，承运人应当承担责任。旅客随身携带物品毁灭、遗失或者损坏完全是由于行李，即该携带物品本身的自然属性、质量或者缺陷造成的，承运人不承担责任。

行李毁灭包括行李在物理状态上的灭失，也包括行李本身性质全部或者部分的改变，并且发生毁灭的行李已经无法修复，或者修复的费用高于行李本身的实际价值。行李遗失是由于被盗窃、被错误提取等原因造成的行李丢失，旅客行李遗失可能是全部遗失，也可能只是部分遗失。行李损坏主要指行李被毁坏，其数量或质量发生某种变化，尽管可以全部或部分被修复，但也对旅客造成了一定程度的损失。

完全由于行李本身的自然属性、质量或者行李本身具有缺陷、瑕疵，造成了行李的损失，这种损失与航空运输无关，行李无论是否运输，或者以何种方式运输都会由于时间的延续而产生损失，所以对于此种行李损失，承运人不承担责任。但是，如果上述损失部分是由于承运人原因造成的，承运人应当承担相应的责任。

以案说法8-4　　　　　　香港行游客误机，起飞时间弄错，旅行社被判赔偿

4名游客参加中国航空国际旅行社组织的香港自由行，因旅行社把飞机抵京的时间错看成了飞机从香港起飞的时间，导致其误机。事后，4名游客将中国航空国际旅行社告上法庭。朝阳法院审结了这起旅游合同纠纷案，法院判令中国航空国际旅行社赔偿每名旅客2 192～2 992元不等的机票款，以及机票款10%的违约金。

法庭上，中国航空国际旅行社表示，在出发前向原告发出的出团通知上已经写清楚了飞机的起飞和到达时间，内容为"5月6日 KA9041805/2130"，并在注意事项中告知，客人到达香港机场后应当与机场确认回程时间，确保按时乘车。因此，旅行社没有责任。

案例分析：

法院认为，原告不知晓飞机起飞时间的原因，在于旅行社没有进行清晰地告知，而非原告自身未尽到注意义务。旅行社应当对原告支出的额外购票款承担赔偿责任，并承担10%的违约金。

法院经审理认为，根据原告从机场取得的关于飞机起飞时间的表格，可以证实，机场巴士接受了旅行社的错误指示，导致车辆误时，并最终导致原告误机。由于被告提供的通知单中对飞机起飞、到达时间并没有明确标示，而仅表示为"1805/2130"，不足以使普通消费者理解其含义。

资料来源　佚名.香港行游客误机，起飞时间弄错，旅行社被判赔偿［EB/OL］.（2009-06-04）［2014-01-06］.http：//www.ct148.com.cn/eShowNews.asp？id=235.

（4）承运人对旅客托运行李的责任

因发生在航空运输期间的事件，造成旅客的托运行李毁灭、遗失或者损坏的，承运人应当承担责任。旅客托运行李的毁灭、遗失或者损坏完全是由于行李本身的自然属性、质量或者缺陷造成的，承运人不承担责任。

这里的"航空运输期间",是指在机场内、民用航空器上,或机场外降落的任何地点、托运行李处于承运人掌管之下的全部期间。航空运输期间不包括机场外的任何陆路运输、海上运输和内河运输过程,但是如果此种运输是为了履行航空运输合同而装载、交付或者转运托运行李,在没有相反证据的情况下,所发生的损失视为在航空运输期间发生的损失。

(5)赔偿责任限额

所谓国内航空旅客运输是指根据航空旅客运输合同,运输的始发地、约定经停地和目的地都是在中华人民共和国领域内的航空旅客运输。国内航空运输的赔偿责任限额由国务院民用航空主管部门制定,报国务院批准后公布执行。我国现行的航空运输赔偿的依据是2006年由中国民用航空总局发布的《国内航空运输承运人赔偿责任限额规定》。国内航空运输承运人(以下简称承运人)应当在下列规定的赔偿责任限额内按照实际损害承担责任,但是《民用航空法》另有规定的除外。

(1)每名旅客的赔偿责任限额为人民币40万元;

(2)每名旅客随身携带物品的赔偿责任限额为人民币3 000元;

(3)对旅客托运的行李和对运输的货物的赔偿责任限额,为每千克人民币100元。

旅客自行向保险公司投保航空旅客人身意外保险的,此项保险金额的给付,不免除或者减少承运人应当承担的赔偿责任。

《民用航空法》第一百二十九条规定,国际航空运输承运人的赔偿责任限额按照下列规定执行:

第一,对每名旅客的赔偿责任限额为16 600计算单位,但是旅客可以同承运人书面约定高于本项规定的赔偿责任限额。

第二,对托运行李或货物的赔偿责任限额,为每千克17计算单位。

第二,对每名旅客随身携带的物品的赔偿责任限额为332计算单位。

当然,无论在国内航空运输还是在国际航空运输中的赔偿责任限制,只要能证明在航空运输中的损失是由于承运人的故意或重大过失造成的,那么承运人无权援用赔偿责任限制制度。

8.2.3 相关法律责任

依照《刑法》及《关于惩治劫持航空器犯罪分子的决定》等法律规定,旅客有下列行为表现的,将视其行为情节轻重依法追究刑事责任:

(1)以暴力、胁迫或者其他方法劫持民用航空器;

(2)对飞行中的民用航空器上的人员使用暴力,危及飞行安全;

(3)违反规定,隐匿携带炸药、雷管或者其他危险品乘坐民用航空器,或者以非危险品品名托运危险品;

(4)故意在使用中的民用航空器上放置危险品或者唆使他人放置危险品,足以毁坏该民用航空器,危及飞行安全;

(5)盗窃或者故意损毁、移动使用中的航空设施,危及飞行安全,足以使民用航空器

发生坠落、毁坏危险;

（6）聚众扰乱民用机场秩序的。

8.3　旅客铁路运输管理

8.3.1　旅客铁路运输的法律规定

国家规范铁路运输管理的法律、法规主要是 1990 年通过的《中华人民共和国铁路法》（简称《铁路法》），在 2009 年和 2015 年进行了两次修订。《铁路法》明确了铁路运输部门的义务，规范了铁路运输合同，对乘车条件、禁运物品等作了明确规定。为了明确铁路运输企业对旅客的赔偿并维护旅客的合法权益，1994 年 8 月 30 日，经国务院批准，铁道部发布了《铁路旅客运输损害赔偿规定》，其主要内容包括该规定的适用范围、限额赔偿规定、索赔时效、免责事由等。

8.3.2　《中华人民共和国铁路法》的规定

1）铁路运输部门的义务

我国《铁路法》第五条规定：铁路运输企业必须坚持社会主义经营方向和为人民服务的宗旨，改善经营管理，切实改革路风，提高运输服务质量。铁路运输企业的义务就是为旅客、托运人和收货人提供运输服务。铁路运输企业应当不断改革铁路的服务方式，提高服务质量，加强企业管理，真正做到优质、高效、全面地为旅客、托运人和收货人提供各种运输服务活动。对铁路运输的要求是：

（1）必须保证旅客的乘车安全。旅客旅行是从一地到另一地，在旅行过程中安全是旅客的第一需要。铁路承运人在运送旅客过程中必须把保证旅客的生命财产安全放在首位，确保旅客列车的运行安全。

（2）保证货物、行李的安全与完好。铁路运输企业运送货物、行李的主要义务是要保证这些物品的完整和安全。

（3）保证列车安全正点到达目的地。安全正点是铁路运输企业提供运输服务的基本义务之一。保证正点到达目的地，是指旅客列车必须按列车运行图规定的时间开出始发站和到达目的站。如果列车不能按照规定的时间及时发车和到达目的地站，则势必会打乱旅客的旅行计划，使旅客在精神上、物质上受到损失。铁路运输企业应该保证旅客按车票载明的日期、车次行车，并到达目的站；否则，铁路运输企业应该按照旅客的要求，退还全部票款或者改乘到达相同目的站的其他列车。因此，铁路运输企业应当提高铁路运输的正点率。

（4）铁路运输企业应当采取有效措施做好旅客运输服务工作，做到文明礼貌、热情周到，保持车站和车厢内的清洁卫生，提供饮用开水，做好列车上的饮食供应工作。旅客购买了车票，就和铁路运输企业建立了运输合同关系，铁路运输企业有义务为旅客提供优质服务，从普通列车员的服务可以看出铁路运输企业的管理水平和服务意识。

（5）铁路运输企业必须加强对铁路的管理和保护，定期检查、维修铁路运输设施，保证铁路运输设施完好无损，保障旅客和货物运输安全。

（6）铁路公安机关和地方公安机关分工负责，共同维护铁路治安秩序。车站和列车内的治安秩序，由铁路公安机关负责维护；铁路沿线的治安秩序，由地方公安机关和铁路公安机关共同维护，以地方公安机关为主。

2）铁路运输合同

铁路运输合同是明确铁路运输企业与旅客、托运人之间权利和义务关系的协议。旅客车票、行李票、包裹票和货物运单是合同或者合同的组成部分。旅客单独或者同时购买了车票、办理了行李票和货物运单，就与铁路运输企业建立了运输合同，从而确立了双方的权利和义务关系。客票一般分为普通票、儿童票、残疾军人票。铁路客票分为硬席车票和软席车票。

3）乘车条件

根据《铁路法》的规定，旅客乘车应当持有效车票。对无票乘车或持失效车票的，应当补收票款，并按照规定加收票款；拒不交付的，铁路运输企业可以责令其下车。

旅客持有效车票是指：旅客按照所购买的车票，乘坐指定车次、日期、时间、座位的列车。免票儿童一般不单独乘车，应随同成人一起乘车。无票乘车是指：没有购买有效车票，混入列车内；或者持有站台票，送客上车后没有及时下车；或者通过购买站台票，上车后有意乘车者。持失效车票是指：持涂改后的过期票、假票乘车。另外还有，旅客持有有效的车票，但与持票人身份不符，如旅客持有大学生的减价票，但持票人不能出示大学生证；旅客持有残疾军人优惠证，但不能出示残疾军人证。持市郊客票乘坐非指定列车的，未按票面乘坐列车的，持低档次车票乘坐高档次车的，如持硬座票坐软席或软卧铺的情况，都属于违反有关乘车条件的规定的行为。

4）禁运物品

根据《铁路法》的规定，运输危险品必须按照国务院铁路主管部门规定的期限办理，禁止以非危险品品名托运危险品。禁止旅客携带危险品进站上车。铁路公安人员和国务院铁路主管部门规定的铁路职工，有权对旅客携带的物品进行运输安全检查。实施运输安全检查的铁路职工应当佩戴执勤标志。危险品的品名由国务院铁路主管部门规定并公布。

5）铁路运输的赔偿责任

（1）铁路运输企业应当按照合同约定的期限或者国务院铁路主管部门规定的期限，将货物、包裹、行李运到目的地站；逾期运到的，铁路运输企业应当支付违约金。

铁路运输企业逾期30天仍未将货物、包裹、行李交付收货人或者旅客的，托运人、收货人或者旅客有权按货物、包裹、行李灭失向铁路运输企业要求赔偿。

铁路运输企业违反国家规定，多收旅游者票款、运费的，必须将多收的费用退还付款人，无法退还的上交国库；据为己有或侵吞私分的，依照关于惩治贪污罪、贿赂罪的补充规定追究刑事责任。

（2）铁路运输企业应当对承运的货物、包裹、行李自接受承运时起到交付时止发生的灭失、短少、污染、变质或者损坏，承担赔偿责任。

①托运人或者旅客根据自愿申请办理保价运输的，按照实际损失赔偿，但最高不超过保价额。

②未按保价运输承运的，按照实际损失赔偿，但最高不超过国务院铁路主管部门规定的赔偿限额；如果损失是由于铁路运输企业的故意或者重大过失造成的，不适用赔偿限额的规定，按照实际损失赔偿。

托运人或者旅客根据自愿可以向保险公司办理货物运输保险。保险公司按照保险合同的约定承担赔偿责任。托运人或者旅客根据自愿可以办理保价运输，也可以办理货物运输保险；还可以既不办理保价运输，也不办理货物运输保险。不得以任何方式强迫办理保价运输或者货物运输保险。

托运人或者旅客在办理行李、货物运输时，一般会根据行李、货物的贵重程度，决定是否办理保价运输或者货物运输保险。发生赔偿责任时，铁路运输企业会依照托运人或者旅客运输前办理的手续，给予相应的赔偿。托运人或者旅客有决定采取何种运输方式的自由，铁路运输企业不得强迫。

（3）因旅客、托运人或者收货人的责任给铁路运输部门造成财产损失的，由旅客、托运人或者收货人承担赔偿责任。

因铁路行车事故及其他铁路运营事故造成人身伤亡的，铁路运输企业应当承担赔偿责任；如果人身伤亡是因不可抗力或者由于受害人自身的原因造成的，铁路运输企业不承担赔偿责任。

（4）《铁路旅客运输损害赔偿规定》对旅客在铁路运输期间造成的损害赔偿做了明确阐述。

①根据《铁路旅客运输损害赔偿规定》，铁路运输企业对在中华人民共和国境内铁路旅客运输中发生的旅客人身伤亡及自带行李损失进行赔偿。这里的铁路旅客运输中，是指旅客经检票进站至到达行程终点出站为止。这条规定明确了赔偿的时间范围：自旅客进站至终点站缴销车票出站为止。如果超出了这个时间跨度，旅客即使持有有效车票，发生人身行李损害，铁路运输企业也不承担责任，旅客也得不到铁路运输企业的赔偿。比如，旅客购票后在车站广场散步时发生了交通事故，铁路运输企业不负赔偿责任。

②这里所称的旅客，是指持有有效乘车凭证乘车的人员以及按照国务院铁路主管部门有关规定免费乘车的儿童。经铁路运输企业同意，根据铁路货物运输合同，随车护送货物的人，视为旅客。

旅客包括三类人：持有效车票人员、免票儿童、经批准的押货人员。列车的人员由两部分组成：部分工作人员和绝大多数的旅客。除此以外，列车上可能还有极少数未买车票的逃票者，购买站台票送客上车后无意或者有意乘车者，这些人员都不属于旅客，如果发生了伤害事件，他们也得不到铁路运输企业的赔偿。

③由于不可抗力或者旅客自身原因造成人身伤亡和自带行李损失的，铁路运输企业不承担赔偿责任。也就是说，并不是所有的旅客及行李损害，都可以得到铁路运输企业的赔偿，不可抗力或者旅客自身原因造成的损害就得不到铁路运输企业的赔偿。

④铁路运输企业依照本规定应当承担赔偿责任的，对每名旅客人身伤亡的赔偿责任限额为人民币4万元，自带行李损失的赔偿责任限额为人民币800元。铁路运输企业和旅客可以书面约定高于前款规定的赔偿责任限额。

尽管这条规定对铁路运输企业的赔偿规定了最高限额，但如果损失是由铁路运输企业的故意或者重大过失造成的，不适用赔偿限额的规定，应按照实际损失赔偿。也就是说，如果旅客能够证明，损害是由铁路运输企业的故意或者重大过失造成的，则旅客能够得到等同于实际损失的赔偿。

⑤铁路运输企业依照本规定给付赔偿金，不影响旅客按照国家有关铁路旅客意外伤害强制保险规定获取保险金。根据1992年发布的《铁路旅客意外伤害强制保险条例》第五条的规定，旅客之保险金额，不论坐席等次高低还是全票、半票、免票，一律规定每人人民币2万元。就是说，铁路运输途中发生了旅客死亡事故，如果铁路运输企业应当承担赔偿责任，死者继承人既可以获取上述的4万元赔偿，又可以获取一定数额的保险费。

⑥旅客或者继承人向铁路运输企业要求赔偿的请求，应当自事故发生之日起1年内提出。铁路运输企业应当自接到赔偿请求之日起30日内答复。

⑦免责条件。

《铁路法》规定，由于下列原因造成的货物、包裹、行李损失的，铁路运输企业不承担赔偿责任：第一，不可抗力；第二，损失由货物、包裹、行李中的物品本身的自然属性造成，或者属于合理损耗；第三，托运人、收货人或者旅客的过错。

以案说法8-5　　　　　　　　　　　　　　行李托运丢失

赵先生参加某旅行社组织的出国游，抵达境外目的地时发现随机托运的行李不幸丢失。在就赔偿问题与旅行社协商无果后，赵先生将旅行社诉至法院。赵先生的理由：一是旅行社在旅游行程中应当保障旅游者的人身和财产安全，游客的行李在托运途中丢失，旅行社应当承担赔偿责任；二是旅行社本应当为游客投保财产险而未投保，在此问题上旅行社也应当承担相应责任。

法院经审理认定，行李是在委托给航空公司托运途中丢失的，属于公共交通经营者责任，旅行社无过错，故不承担赔偿责任。同时法律没有规定旅行社为旅游者投保财产险的义务，旅游合同中也没有此项投保约定，因此赵先生主张的旅行社应当对其行李进行投保也没有法律依据，判决驳回了赵某的全部诉讼请求。

案例分析：

《旅游法》第七十一条第二款规定："……由于公共交通经营者的原因造成旅游者人身损害、财产损失的，由公共交通经营者依法承担赔偿责任，旅行社应当协助旅游者向公共交通经营者索赔。"因此，赵先生应当向航空公司追偿，而旅行社仅负有协助义务，如提供航空公司的联系方式、地址等。

旅行社有无为旅游者投保的义务呢？《旅游法》第六十一条规定："旅行社应当提示参

加团队旅游的旅游者按照规定投保人身意外伤害保险。"在旅游合同中，旅行社对旅游者没有当然的投保义务，只有旅游人身意外险的提示投保义务。

资料来源　佚名.省旅游局公布"十大旅游投诉案例分析"，这些问题最典型［EB/OL］.（2017-11-20）.http：//news.163.com/17/1120/19/D3N63N7A00014AEE.html.

8.3.3　相关法律责任

携带危险品进站上车或者以非危险品品名托运危险品，导致发生重大事故的，依照《刑法》第一百一十五条的规定追究刑事责任。在列车内，抢劫旅客财物，伤害旅客的，依照《刑法》有关规定从重处罚；寻衅滋事，侮辱妇女，情节恶劣的，依照《刑法》第一百六十条的规定追究刑事责任；敲诈勒索旅客财物的，依照《刑法》第一百五十四条的规定追究刑事责任。

■ 本章小结

本章从旅游的六大要素之一的"行"出发，介绍了旅游业与旅游交通的关系，旅游交通的主要方式，旅游交通管理法律、法规的制定原则，并对主要的交通管理法律法规如《民用航空法》《铁路法》作了介绍，并结合现实案例对相关内容进行了分析说明。

■ 主要概念

旅游交通　旅客运输　行李运输　托运人　承运人　不可抗力　免责条件

■ 选择题

1.铁路运输中，下列情况中应补收票款的是（　　）。

A.无票混入列车内者

B.持站台票上车后没有及时下车者

C.持学生减价票却不能出示大学生证者

D.成人携带的免票儿童

2.下列有关铁路运输的赔偿规定中，正确的是（　　）。

A.旅客购票后在车站广场散步时发生交通事故，铁路运输企业要负赔偿责任

B.逃票者发生伤害事件，得不到铁路运输企业的赔偿

C.不可抗力导致的旅客损害，铁路运输企业要予以赔偿

D.旅客人身伤亡的赔偿责任限额是人民币4万元

3.下列有关《民用航空法》的规定，正确的是（　　）。

A.旅客摔伤应由航空公司承担责任

B.由于天气原因发生的旅客延误由航空公司承担赔偿责任

C.旅客及其行李应接受安全检查

D.旅客在飞机上突发脑溢血去世，航空公司承担赔偿责任

■ 判断题

1. 旅客由于堵车误机，折扣票作废，责任自负。 （　　）
2. 不按要求系好安全带，旅客摔伤，承运人要承担赔偿责任。 （　　）
3. 逃票者如果发生被伤害事件，也能得到铁路运输部门的赔偿。 （　　）

■ 简答题

1. 试述旅游业与旅游交通的关系。
2. 制定旅游交通管理法律、法规的原则是什么？
3. 航空承运人的责任有哪些？
4. 《铁路旅客运输损害赔偿规定》有哪些内容？铁路运输部门的免责条件是什么？

■ 案例分析题

2018 年 7 月，杜某参加某旅行社组织的旅游团到山东旅游，随团上了前往青岛的火车。火车运行途中，车厢的顶灯突然掉落，砸在杜某的身上，将其砸伤。事后，杜某向旅行社提出索赔。旅行社认为已经为其上了旅游保险，应当由保险公司赔偿。保险公司则以游客在火车上发生意外，应由铁路运输部门负责为由拒绝赔付。铁路运输部门认为顶灯掉落并非工作人员工作过错所致，属于意外事故，应向保险公司索赔。杜某见三家推卸责任，就将旅行社、保险公司和铁路运输部门一同告上了法庭，要求它们赔偿医疗费等经济损失。

请问：（1）杜某乘坐火车途中发生意外，铁路运输部门应承担赔偿责任吗？
（2）保险公司是否应赔偿杜某的损失？

■ 实训题

出外旅行一次，从客票、安检、登机或乘车几方面体会和了解乘飞机或坐火车的有关法律规定。

第9章

旅游安全管理和旅游保险法律制度

学习目标

通过本章学习，了解旅游安全管理工作的重大意义和旅游安全管理机关的职责，掌握旅游安全事故的分类和安全事故处理的一般规定；了解保险、旅游保险和旅游保险合同的基础理论，学会订立旅游保险合同；了解《旅行社责任保险管理办法》的基本规定，一旦发生旅游保险事故，懂得索赔的基本程序。

知识结构思维导图

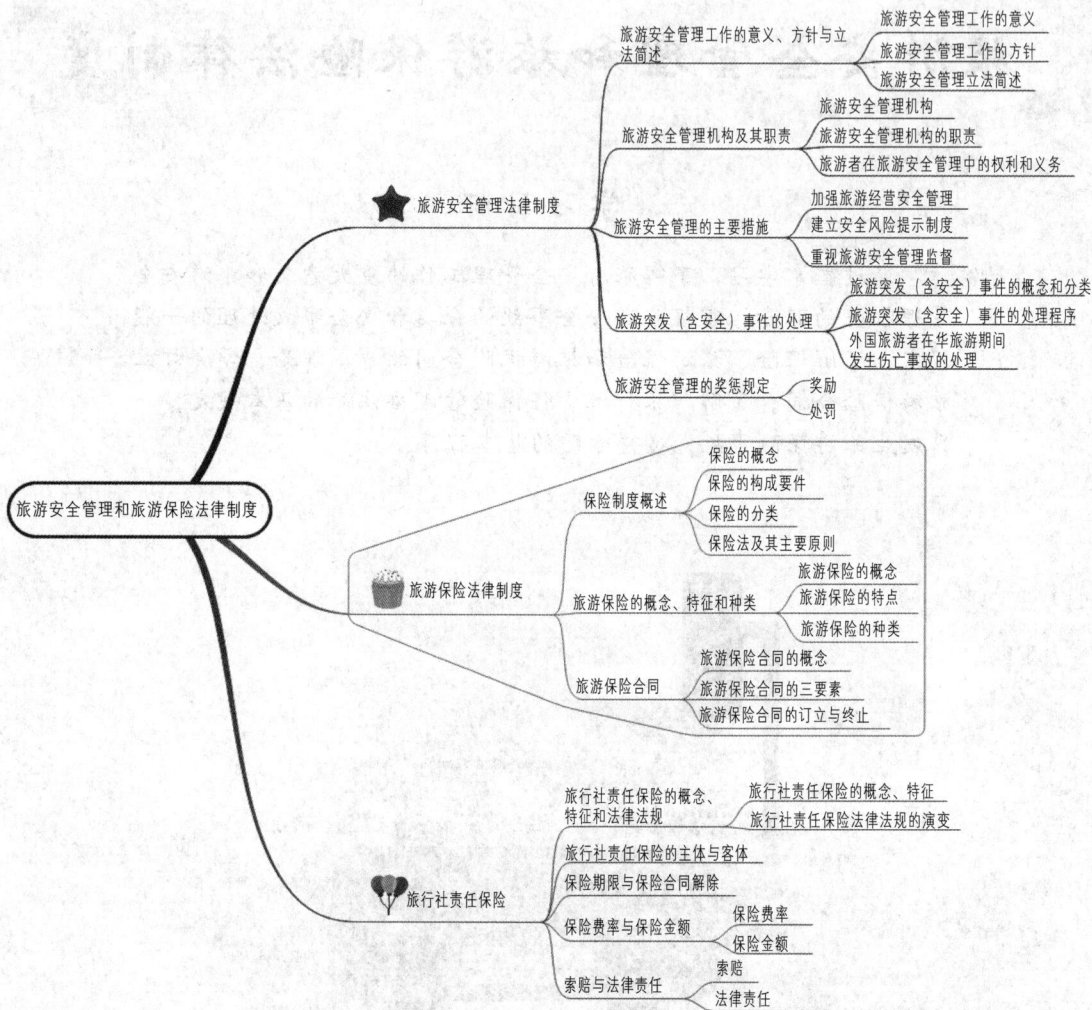

旅游安全管理和旅游保险法律制度

★ 旅游安全管理法律制度
- 旅游安全管理工作的意义、方针与立法简述
  - 旅游安全管理工作的意义
  - 旅游安全管理工作的方针
  - 旅游安全管理立法简述
- 旅游安全管理机构及其职责
  - 旅游安全管理机构
  - 旅游安全管理机构的职责
  - 旅游者在旅游安全管理中的权利和义务
- 旅游安全管理的主要措施
  - 加强旅游经营安全管理
  - 建立安全风险提示制度
  - 重视旅游安全管理监督
- 旅游突发（含安全）事件的处理
  - 旅游突发（含安全）事件的概念和分类
  - 旅游突发（含安全）事件的处理程序
  - 外国旅游者在华旅游期间发生伤亡事故的处理
- 旅游安全管理的奖惩规定
  - 奖励
  - 处罚

旅游保险法律制度
- 保险制度概述
  - 保险的概念
  - 保险的构成要件
  - 保险的分类
  - 保险法及其主要原则
- 旅游保险的概念、特征和种类
  - 旅游保险的概念
  - 旅游保险的特点
  - 旅游保险的种类
- 旅游保险合同
  - 旅游保险合同的概念
  - 旅游保险合同的三要素
  - 旅游保险合同的订立与终止

旅行社责任保险
- 旅行社责任保险的概念、特征和法律法规
  - 旅行社责任保险的概念、特征
  - 旅行社责任保险法律法规的演变
- 旅行社责任保险的主体与客体
- 保险期限与保险合同解除
- 保险费率与保险金额
  - 保险费率
  - 保险金额
- 索赔与法律责任
  - 索赔
  - 法律责任

案例导入　　　　　　　　普吉岛游船倾覆事件

2018年7月5日下午17时45分，两艘共载有127名中国游客的"凤凰"号和"艾莎公主"号船只在返回泰国普吉岛途中，突遇特大暴风雨，分别在珊瑚岛和梅通岛发生倾覆。

据了解，此次两艘事发船只上的中国游客多为通过在线平台订购产品的自由行游客，涉及江苏、浙江、广东、辽宁、河南等省。游客们乘坐事发游船前往普吉著名旅游景区皇帝岛进行一日游出海项目，在返回普吉岛途中遭遇恶劣天气发生倾覆。事发后，普吉府尹即赴现场指挥救援，海军、水警和旅游警察等相关部门派出数艘救援船和直升机持续进行海上联合搜救，海事局、防灾减灾中心、游客协助中心及各大医院均前往码头参与后续救援工作。

截至7月11日，在中泰两国潜水员的共同努力下，泰国普吉岛翻船事故最后一具遇难者遗体被打捞出水。此次事件共计47名中国游客死亡。

资料来源　佚名.吕健大使迎接普吉游船倾覆事故遇难者遗体并慰问部分搜救人员 [EB/OL].(2018-07-16) [2018-07-30].http://www.mfa.gov.cn/ce/ceth/chn/.

9.1　旅游安全管理法律制度

安全是旅游业的生命线。为加强旅游安全管理，提高应对旅游突发事件的能力，保障旅游者的人身、财产安全，促进旅游业持续健康发展，2016年9月国家旅游局制定了《旅游安全管理办法》等行政规章，使旅游安全管理工作步入法制化轨道。

9.1.1　旅游安全管理工作的意义、方针与立法简述

1）旅游安全管理工作的意义

加强旅游安全管理是旅游主管部门及旅游企事业单位义不容辞的责任和义务。加强旅游安全管理，有利于形成良好的旅游环境和秩序，有利于推动旅游安全服务的规范化建设，有利于进一步巩固和拓展旅游服务市场。

2）旅游安全管理工作的方针

根据《中华人民共和国安全生产法》的规定，为了加强安全工作，防止和减少安全事故，保障人民群众生命和财产安全，促进经济社会持续健康发展，安全工作应当以人为本，坚持安全发展，坚持"安全第一、预防为主、综合治理"的方针，强化和落实经营单位的主体责任，建立经营单位负责、职工参与、政府监管、行业自律和社会监督的机制。旅游业也必须遵循上述方针。

"安全第一"是指在旅游活动全过程中，无论是旅游主管部门，还是旅游经营单位，或是旅游从业人员，必须始终把安全工作放在首位。"预防为主"是指对旅游活动过程中可能发生的安全事故，旅游主管部门、旅游经营单位和旅游从业人员一定要采取安全防范措施，彻底清除不安全隐患，防患于未然。"综合治理"是指各级政府的旅游主管部门以及其他负有行业安全监管职责的职能部门、旅游企事业单位及其从业人员必须分工合作、

密切配合，共同做好旅游安全管理工作。

3）旅游安全管理立法简述

世界各国都十分重视旅游安全管理的立法。1989年"各国议会旅游大会"通过的《海牙旅游宣言》就明确指出，旅游者的安全和保护及对他们人格的尊重是发展旅游的先决条件。20世纪90年代以来，世界各国明显加大了旅游安全工作力度，颁发制定和健全相关法律、法规，以保证本国旅游业持续、稳定地发展。我国历来十分重视旅游安全工作。

1988年6月14日，国家旅游局、公安部联合发出《关于进一步加强旅游安全保卫工作的通知》。1990年2月20日，国家旅游局制定了《旅游安全管理暂行办法》（已废止），并自1990年3月1日起实施。1994年1月23日，国家旅游局又颁布了《旅游安全管理暂行办法实施细则》。此外，国家旅游局还先后发布了《重大旅游安全事故报告制度试行办法》、《重大旅游安全事故处理程序试行办法》、《漂流旅游安全管理暂行办法》（已废止）等，使我国旅游安全管理步入了规范化和制度化的轨道。2013年4月25日，第十二届全国人大常委会通过了《中华人民共和国旅游法》，其第六章详细规定了各级人民政府、旅游经营者及旅游者在旅游安全管理工作中的职责及相关权利和义务，第一次将旅游安全提高到法律的高度，旅游安全管理工作真正达到有法可依的阶段。2016年9月7日，国家旅游局通过了《旅游安全管理办法》，并自2016年12月1日起施行。以上法律、法规和行政规章，构成了比较完整的、具有中国特色的旅游安全管理工作制度体系。

以案说法 9-1　　　　　　　　　**出国游自驾右舵车死亡事故**

据中国驻纳米比亚大使馆消息，2名中国游客于2018年2月9日傍晚在纳米比亚红沙漠景区内因严重车祸不幸身亡，另有4名中国游客受伤。纳米比亚境内砂石路多，行车速度快，交通事故高发。而中国游客不熟悉右舵驾驶方式，也使发生车祸的概率增大。据不完全统计，去年纳米比亚发生6起涉中国人车祸，5人死亡。

出游提醒：

中国公民在境外旅游自驾时应提高交通安全意识，严格遵守当地交通法规，系好安全带，不超速、不疲劳驾驶、不酒后驾驶；夜间路上野生动物较多，尽可能避免夜间行车。

另外，一定要遵守当地法律。一些亚洲游客违反埃托沙国家公园有关管理规定，擅自在园内水坑区域下车，并靠近犀牛等大型野生动物拍照，不仅严重破坏园区管理秩序，也为其自身安全带来巨大风险。

资料来源　佚名.别让出境游成出境忧，旅游安全不得不防［EB/OL］.（2018-03-20）［2018-07-30］.https：//baijiahao.baidu.com/s？id=1595424451774871486&wfr=spider&for=pc.

9.1.2　旅游安全管理机构及其职责

1）旅游安全管理机构

《中华人民共和国旅游法》第七十六条规定："县级以上人民政府统一负责旅游安全工作。县级以上人民政府有关部门依照法律、法规履行旅游安全监管职责。"《旅游安全管理办法》第三条、第四条、第五条规定:"各级旅游主管部门应当在同级人民政府的领导和上级旅游主管部门及有关部门的指导下,在职责范围内,依法对旅游安全工作进行指导、防范、监管、培训、统计分析和应急处理。""旅游经营者应当承担旅游安全的主体责任,加强安全管理,建立、健全安全管理制度,关注安全风险预警和提示,妥善应对旅游突发事件。旅游从业人员应当严格遵守本单位的安全管理制度,接受安全生产教育和培训,增强旅游突发事件防范和应急处理能力。""旅游主管部门、旅游经营者及其从业人员应当依法履行旅游突发事件报告义务。"

2)旅游安全管理机构的职责

(1)各级人民政府在旅游安全管理工作中的职责

《中华人民共和国旅游法》中规定了人民政府在旅游安全管理工作中的职责。

国家建立旅游目的地安全风险提示制度。旅游目的地安全风险提示的级别划分和实施程序,由国务院旅游主管部门会同有关部门制定。县级以上人民政府及其有关部门应当将旅游安全作为突发事件监测和评估的重要内容。

县级以上人民政府应当依法将旅游应急管理纳入政府应急管理体系,制定应急预案,建立旅游突发事件应对机制。突发事件发生后,当地人民政府及其有关部门和机构应当采取措施开展救援,并协助旅游者返回出发地或者旅游者指定的合理地点。

(2)国家旅游行政管理部门在旅游安全管理工作中的职责

①制定国家旅游安全管理规章,并组织实施;

②会同国家有关部门对旅游安全实行综合治理,协调处理旅游安全事故和其他安全问题;

③指导、检查和监督各级旅游行政管理部门和旅游企事业单位的旅游安全管理工作;

④负责全国旅游安全管理的宣传、教育工作,组织旅游安全管理人员的培训工作;

⑤协调重大旅游安全事故的处理工作;

⑥负责全国旅游安全管理方面的其他有关事项。

(3)县级以上(含县级)地方旅游行政管理部门在安全管理工作中的职责

①贯彻执行国家旅游安全法规;

②制定本地区旅游安全管理的规章制度,并组织实施;

③协同工商、公安、卫生等有关部门,对新开业的旅游企事业单位的安全管理机构、规定制度及其消防、卫生防疫等安全设施、设备进行检查,参加开业前的验收工作;

④协同公安、卫生、园林等有关部门,开展对旅游安全环境的综合治理工作,防止向旅游者敲诈、勒索、围堵等不法行为的发生;

⑤组织和实施对旅游安全管理人员的宣传、教育和培训工作;

⑥参与旅游安全事故的处理工作;

⑦受理本地区涉及旅游安全问题的投诉;

⑧负责本地区旅游安全管理的其他事项。

(4)旅游经营者在旅游安全管理工作中的职责

旅游经营者是指旅行社、旅游景区、旅游饭店、旅游汽车和游船公司、旅游购物商店、旅游娱乐场所和其他经营旅游业务的企事业单位。

《中华人民共和国旅游法》对旅游经营者的安全保障、安全警示及事故救助处置等作了明确的规定。具体内容如下：

①旅游经营者应当严格执行安全生产管理和消防安全管理的法律、法规和国家标准、行业标准，具备相应的安全生产条件，制定旅游者安全保护制度和应急预案。

②旅游经营者应当对直接为旅游者提供服务的从业人员开展经常性应急救助技能培训，对提供的产品和服务进行安全检验、监测和评估，采取必要措施防止危害发生。

③旅游经营者组织、接待老年人、未成年人、残疾人等旅游者，应当采取相应的安全保障措施。

④旅游经营者应当就旅游活动中的下列事项，以明示的方式事先向旅游者作出说明或者警示：正确使用相关设施、设备的方法；必要的安全防范和应急措施；未向旅游者开放的经营、服务场所和设施、设备；不适宜参加相关活动的群体；可能危及旅游者人身、财产安全的其他情形。

⑤突发事件或者旅游安全事故发生后，旅游经营者应当立即采取必要的救助和处置措施，依法履行报告义务，并对旅游者作出妥善安排。

此外，《旅游安全管理暂行办法实施细则》对旅游经营者在旅游安全管理工作中的职责也作了规定：

①设立安全管理机构，配备安全管理人员；

②建立安全规章制度，并组织实施；

③建立安全管理责任制，将安全管理的责任落实到每个部门、每个岗位、每个职工；

④接受当地旅游行政管理部门对旅游安全管理工作的行业管理和检查、监督；

⑤将安全教育、职工培训制度化、经常化，培养职工的安全意识，普及安全常识，提高安全技能，对新招聘的职工，必须经过安全培训，合格后才能上岗；

⑥新开业的旅游企事业单位，在开业前必须向当地旅游行政管理部门申请对安全设施设备、安全管理机构、安全规章制度的检查验收，检查验收不合格者，不得开业；

⑦坚持日常的安全检查工作，重点检查安全规章制度的落实情况和安全管理漏洞，及时消除不安全隐患；

⑧对用于接待旅游者的汽车、游船和其他设施，要定期进行维修和保养，使其始终处于良好的安全技术状况，在运营前进行全面的检查，严禁带故障运行；

⑨对旅游者的行李要有完备的交接手续，明确责任，防止损坏或丢失；

⑩在安排旅游团队的游览活动时，要认真考虑可能影响安全的诸项因素，制订周密的行程计划，并注意避免司机处于过分疲劳状态；

⑪负责为旅游者投保；

⑫直接参与处理涉及单位的旅游安全事故，包括事故处理、善后处理及赔偿事项等；

⑬开展登山、汽车、狩猎、探险等特殊旅游项目时，要事先制定周密的安全保护预案和急救措施，重要团队需按规定报有关部门审批。

3）旅游者在旅游安全管理中的权利的义务

《中华人民共和国旅游法》第八十二条规定："旅游者在人身、财产安全遇有危险时，有权请求旅游经营者、当地政府和相关机构进行及时救助。中国出境旅游者在境外陷于困境时，有权请求我国驻当地机构在其职责范围内给予协助和保护。旅游者接受相关组织或者机构的救助后，应当支付应由个人承担的费用。"

9.1.3　旅游安全管理的主要措施

1）加强旅游经营安全管理

（1）遵守经营安全基本要求

旅游经营者应当遵守下列要求：①服务场所、服务项目和设施设备符合有关安全法律、法规和强制性标准的要求；②配备必要的安全和救援人员、设施设备；③建立安全管理制度和责任体系；④保证安全工作的资金投入。

旅游经营者应当定期检查本单位安全措施的落实情况，及时排除安全隐患；对可能发生的旅游突发事件及采取安全防范措施的情况，应当按照规定及时向所在地人民政府或者有关部门报告。

（2）建立安全风险评估制度

旅游经营者应当对其提供的产品和服务进行风险监测和安全评估，依法履行安全风险提示义务，必要时应当采取暂停服务、调整活动内容等措施。经营高风险旅游项目或者向老年人、未成年人、残疾人提供旅游服务的，应当根据需要采取相应的安全保护措施。

（3）实施安全教育培训制度

旅游经营者应当对从业人员进行安全生产教育和培训，保证从业人员掌握必要的安全生产知识、规章制度、操作规程、岗位技能和应急处理措施，知悉自身在安全生产方面的权利和义务。

旅游经营者应当建立安全生产教育和培训档案，如实记录安全生产教育和培训的时间、内容、参加人员以及考核结果等情况。

未经安全生产教育和培训合格的旅游从业人员，不得上岗作业；特种作业人员必须按照国家有关规定经专门的安全作业培训，取得相应资格。

（4）提供安全合法的旅游服务

旅游经营者应当主动询问与旅游活动相关的个人健康信息，要求旅游者按照明示的安全规程，使用旅游设施和接受服务，并要求旅游者对旅游经营者采取的安全防范措施予以配合。

旅行社组织和接待旅游者，应当合理安排旅游行程，向合格的供应商订购产品和服务。旅行社及其从业人员发现履行辅助人提供的服务不符合法律、法规规定或者存在安全隐患的，应当予以制止或者更换。

（5）实行出境旅游安全信息卡制度

旅行社组织出境旅游，应当制作安全信息卡。安全信息卡应当包括旅游者姓名、出境证件号码和国籍，以及紧急情况下的联系人、联系方式等信息，使用中文和目的地官方语言（或者英文）填写。旅行社应当将安全信息卡交由旅游者随身携带，并告知其自行填写血型、过敏药物和重大疾病等信息。

2）建立安全风险提示制度

（1）风险提示的等级划分和提示内容

根据可能对旅游者造成的危害程度、紧急程度和发展态势，风险提示级别分为一级（特别严重）、二级（严重）、三级（较重）和四级（一般），分别用红色、橙色、黄色和蓝色标示。风险提示级别的划分标准，由文化和旅游部会同外交、卫生、公安、国土、交通、气象、地震和海洋等有关部门制定或者确定。

风险提示信息，应当包括风险类别、提示级别、可能影响的区域、起始时间、注意事项、应采取的措施和发布机关等内容。一级、二级风险的结束时间能够与风险提示信息内容同时发布的，应当同时发布；无法同时发布的，待风险消失后通过原渠道补充发布。三级、四级风险提示可以不发布风险结束时间，待风险消失后自然结束。

（2）风险提示的发布和批准程序

文化和旅游部负责发布境外旅游目的地国家（地区），以及风险区域范围覆盖全国或者跨省级行政区域的风险提示。发布一级风险提示的，需经国务院批准；发布境外旅游目的地国家（地区）风险提示的，需经外交部门同意。

地方各级旅游主管部门应当及时转发上级旅游主管部门发布的风险提示，并负责发布前款规定之外涉及本辖区的风险提示。

（3）风险提示的发布渠道

风险提示信息应当通过官方网站、手机短信及公众易查阅的媒体渠道对外发布。一级、二级风险提示应同时通报有关媒体。

（4）风险提示的应对措施

风险提示发布后，不同旅游经营者和旅游者个人均应积极认真地加以应对。

旅行社应当根据风险级别采取下列措施：①四级风险的，加强对旅游者的提示。②三级风险的，采取必要的安全防范措施。③二级风险的，停止组团或者带团前往风险区域；已在风险区域的，调整或者中止行程。④一级风险的，停止组团或者带团前往风险区域；组织已在风险区域的旅游者撤离。

其他旅游经营者应当根据风险提示的级别，加强对旅游者的风险提示，采取相应的安全防范措施，妥善安置旅游者，并根据政府或者有关部门的要求，暂停或者关闭易受风险危害的旅游项目或者场所。

风险提示发布后，旅游者应当关注相关风险，加强个人安全防范，并配合国家应对风险暂时限制旅游活动的措施，以及有关部门、机构或者旅游经营者采取的安全防范和应急处置措施。

3）重视旅游安全管理监督

（1）旅游主管部门应当积极履行旅游安全日常管理职能

①督促旅游经营者贯彻执行安全和应急管理的有关法律、法规，并引导其实施相关国家标准、行业标准或者地方标准，提高其安全经营和突发事件的应对能力；

②指导旅游经营者组织开展从业人员的安全及应急管理培训，并通过新闻媒体等多种渠道，组织开展旅游安全及应急知识的宣传普及活动；

③统计分析本行政区域内发生旅游安全事故的情况；

④法律、法规规定的其他旅游安全管理工作；

⑤旅游主管部门应当加强对星级饭店和 A 级景区旅游安全和应急管理工作的指导。

（2）分级制定旅游突发事件应急预案，加强应急演练

地方各级旅游主管部门应当根据有关法律、法规的规定，制定、修订本地区或者本部门旅游突发事件应急预案，并报上一级旅游主管部门备案，必要时组织应急演练。

旅游经营者应当依法制定旅游突发事件应急预案，与所在地县级以上地方人民政府及其相关部门的应急预案相衔接，并定期组织演练。

（3）合理核定景区最大承载量，严格控制景区游客流量

地方各级旅游主管部门应当在当地人民政府的领导下，依法对景区符合安全开放的条件进行指导，核定或者配合相关景区主管部门核定景区最大承载量，引导景区采取门票预约等方式控制景区流量；在旅游者数量可能达到最大承载量时，配合当地人民政府采取疏导、分流等措施。

9.1.4 旅游突发（含安全）事件的处理

1）旅游突发（含安全）事件的概念和分类

根据 2016 年国家旅游局制定的《旅游安全管理办法》的规定，旅游突发事件包括了旅游安全事件，其中每类的第一种情形即属旅游安全事件。关于旅游突发（含安全）事件的最新规定如下：

（1）旅游突发（含安全）事件的概念

旅游突发（含安全）事件是指突然发生，造成或者可能造成旅游者人身伤亡、财产损失，需要采取应急处置措施予以应对的自然灾害、事故灾难、公共卫生事件和社会安全事件。

（2）旅游突发（含安全）事件的分类

根据旅游突发事件的性质、危害程度、可控性以及造成或者可能造成的影响，旅游突发（含安全）事件一般分为特别重大、重大、较大和一般四级。

微课 9-1：如何应对旅游安全事件？

①特别重大旅游突发（含安全）事件

第一，造成或者可能造成人员死亡（含失踪）30 人以上或者重伤 100 人以上；

第二，旅游者 500 人以上滞留超过 24 小时，并对当地生产生活秩序造成严重影响；

第三，其他在境内外产生特别重大影响，并对旅游者人身、财产安全造成特别重大威胁的事件。

②重大旅游突发（含安全）事件

第一，造成或者可能造成人员死亡（含失踪）10 人以上、30 人以下，或者重伤 50 人以上、100 人以下；

第二，旅游者200人以上滞留超过24小时，对当地生产生活秩序造成较严重影响；

第三，其他在境内外产生重大影响，并对旅游者人身、财产安全造成重大威胁的事件。

③较大旅游突发（含安全）事件

第一，造成或者可能造成人员死亡（含失踪）3人以上、10人以下，或者重伤10人以上、50人以下；

第二，旅游者50人以上、200人以下滞留超过24小时，并对当地生产生活秩序造成较大影响；

第三，其他在境内外产生较大影响，并对旅游者人身、财产安全造成较大威胁的事件。

④一般旅游突发（含安全）事件

第一，造成或者可能造成人员死亡（含失踪）3人以下或者重伤10人以下；

第二，旅游者50人以下滞留超过24小时，并对当地生产生活秩序造成一定影响；

第三，其他在境内外产生一定影响，并对旅游者人身、财产安全造成一定威胁的事件。

以上均须只要具备其中之一的，即构成该类旅游突发事件。其中"以上"包括本数，"以下"不包括本数。

2）旅游突发（含安全）事件的处理程序

《旅游法》第八十一条规定：突发事件或者旅游安全事故发生后，旅游经营者应当立即采取必要的救助和处置措施，依法履行报告义务，并对旅游者作出妥善安排。

根据国务院颁布的《旅游安全管理办法》《生产安全事故报告和调查处理条例》以及国家旅游局颁布的《重大旅游安全事故报告制度试行办法》《重大旅游安全事故处理程序试行办法》的规定，旅游突发（含安全）事件的一般处理程序如下：

（1）事故报告

各级旅游主管部门应当建立旅游突发事件报告制度。

①报告程序。

旅游突发事件发生后，旅游经营者的现场人员应当立即向本单位负责人报告，单位负责人接到报告后，应当于1小时内向发生地县级旅游主管部门、安全生产监督管理部门和负有安全生产监督管理职责的其他相关部门报告；旅行社负责人应当同时向单位所在地县级以上地方旅游主管部门报告。

情况紧急或者发生重大、特别重大旅游突发事件时，现场有关人员可直接向发生地、旅行社所在地县级以上旅游主管部门、安全生产监督管理部门和负有安全生产监督管理职责的其他相关部门报告。

旅游主管部门在接到旅游经营者的报告后，应当向同级人民政府和上级旅游主管部门报告。一般旅游突发事件上报至设区的市级旅游主管部门；较大旅游突发事件逐级上报至省级旅游主管部门；重大和特别重大旅游突发事件逐级上报至文化和旅游部。文化和旅游部和各省级人民政府接到发生特别重大事故、重大事故的报告后，应当立即报告国务院。

旅游突发事件发生在境外的，旅游团队的领队应当立即向当地警方、中国驻当地使领馆或者政府派出机构，以及旅行社负责人报告。旅行社负责人应当在接到领队报告后1小时内，向单位所在地县级以上地方旅游主管部门报告。

伤亡人员中有海外游客的，责任方和报告单位在对伤亡人员核查清楚后，要及时报告当地外办和中国旅游紧急救援协调机构；由后者负责通知有关方面。中国旅游紧急救援协调机构在接到报告后，还将及时通知有关国际急救组织；后者作出介入决策后，有关地方要协助配合其开展救援工作。伤亡人员中有海外游客的，在伤亡人员确定无误后，有关组团旅行社应及时通知海外旅行社，并向伤亡者家属发慰问函电。

②报告内容。

向上级旅游主管部门报告旅游突发事件，应当包括下列内容：

A.事件发生的时间、地点、信息来源；

B.简要经过、伤亡人数、影响范围；

C.事件涉及的旅游经营者、其他有关单位的名称；

D.事件发生原因及发展趋势的初步判断；

E.采取的应急措施及处置情况；

F.需要支持协助的事项；

G.报告人姓名、单位及联系电话。

前款所列内容暂时无法确定的，应当先报告已知情况；报告后出现新情况的，应当及时补报、续报。

③信息通报。

各级旅游主管部门应当建立旅游突发事件信息通报制度。旅游突发事件发生后，旅游主管部门应当及时将有关信息通报相关行业主管部门。

（2）现场处置

①旅游主管部门应采取的措施。

旅游突发事件发生后，发生地县级以上旅游主管部门应当根据同级人民政府的要求和有关规定，启动旅游突发事件应急预案，并采取下列一项或者多项措施，组织抢救，防止事故扩大，减少人员伤亡和财产损失。

A.组织或者协同、配合相关部门开展对旅游者的救助及善后处置，防止次生、衍生事件；

B.协调医疗、救援和保险等机构对旅游者进行救助及善后处置；

C.按照同级人民政府的要求，统一、准确、及时发布有关事态发展和应急处置工作的信息，并公布咨询电话。

事故发生地有关地方人民政府、旅游主管部门、安全生产监督管理部门和其他负有安全生产监督管理职责的有关部门接到事故报告后，其负责人应当立即赶赴事故现场，组织事故救援。

事故发生后，有关单位和人员应当妥善保护事故现场以及相关证据，任何单位和个人不得破坏事故现场、毁灭相关证据。因抢救人员、防止事故扩大以及疏通交通等原因，需要移动事故现场物件的，应当作出标志，绘制现场简图并作出书面记录，妥善保存现场重要痕迹、物证。

②旅游经营者应采取的措施。

旅游突发事件发生后，旅游经营者及其现场人员应当采取合理、必要的措施救助受害旅游者，控制事态发展，防止损害扩大。有伤亡情况的，应立即组织医护人员进行抢救，并及时报告当地卫生部门。

旅游经营者应当按照履行统一领导职责或者组织处置突发事件的人民政府的要求，配合其采取的应急处置措施，并参加所在地人民政府组织的应急救援和善后处置工作。

旅游突发事件发生在境外的，旅行社及其领队应当在中国驻当地使领馆或者政府派出机构的指导下，全力做好突发事件应对处置工作。

（3）事故调查

①事故调查的分级管辖。

旅游突发事件发生后，发生地县级以上旅游主管部门应当根据同级人民政府的要求和有关规定，参与旅游突发事件的调查，配合相关部门依法对应当承担事件责任的旅游经营者及其责任人进行处理。

特别重大事故由国务院或者国务院授权有关部门组织事故调查组进行调查。重大事故、较大事故、一般事故分别由事故发生地省级人民政府、设区的市级人民政府、县级人民政府负责调查。省级人民政府、设区的市级人民政府、县级人民政府可以直接组织事故调查组进行调查，也可以授权或者委托有关部门组织事故调查组进行调查。未造成人员伤亡的一般事故，县级人民政府也可以委托事故发生单位组织事故调查组进行调查。上级人民政府认为必要时，可以调查由下级人民政府负责调查的事故。

事故调查中发现涉嫌犯罪的，事故调查组应当及时将有关材料或者其复印件移交司法机关处理。

②事故调查组的职责和权利义务。

事故调查组应履行下列职责：

A.查明事故发生的经过、原因、人员伤亡情况及直接经济损失；

B.认定事故的性质和事故责任；

C.提出对事故责任者的处理建议；

D.总结事故教训，提出防范和整改措施；

E.提交事故调查报告。

事故调查组有权向有关单位和个人了解与事故有关的情况，并要求其提供相关文件、资料，有关单位和个人不得拒绝。事故发生单位的负责人和有关人员在事故调查期间不得擅离职守，并应当随时接受事故调查组的询问，如实提供有关情况。

事故调查组成员在事故调查工作中应当诚信公正、恪尽职守，遵守事故调查组的纪律，保守事故调查的秘密。未经事故调查组组长允许，事故调查组成员不得擅自发布有关事故的信息。

③事故调查报告的内容和时限。

事故调查报告应当包括下列内容：

A.事故发生单位概况；

B.事故发生经过和事故救援情况；

C.事故造成的人员伤亡和直接经济损失；

D.事故发生的原因和事故性质；

E.事故责任的认定以及对事故责任者的处理建议；

F.事故防范和整改措施。

事故调查报告应当附具有关证据材料。事故调查组成员应当在事故调查报告上签名。

事故调查组应当自事故发生之日起60日内提交事故调查报告；特殊情况下，经负责事故调查的人民政府批准，提交事故调查报告的期限可以适当延长，但延长的期限最长不超过60日。

事故调查报告报送负责事故调查的人民政府后，事故调查工作即告结束。

（4）事故处理

对重大事故、较大事故、一般事故，负责事故调查的人民政府应当自收到事故调查报告之日起15日内作出批复；对特别重大事故，应在30日内作出批复。特殊情况下，批复时间可以适当延长，但延长的时间最长不超过30日。

旅游主管部门等有关机关应当按照人民政府的批复，依照法律、行政法规规定的权限和程序，对事故发生单位和有关人员进行行政处罚，对负有事故责任的国家工作人员进行处分。事故发生单位应当按照负责事故调查的人民政府的批复，对本单位负有事故责任的人员进行处理。

事故发生地公安机关根据事故的情况，对涉嫌犯罪的，应当依法立案侦查，采取强制措施和侦查措施。犯罪嫌疑人逃匿的，公安机关应当迅速追捕归案。负有事故责任的人员涉嫌犯罪的，依法追究刑事责任。

事故处理的情况由负责事故调查的人民政府或者其授权的有关部门、机构向社会公布，依法应当保密的除外。

（5）事故总结与备案

①提交事故总结报告。

旅游突发事件处置结束后，发生地旅游主管部门应当及时查明突发事件的发生经过和原因，总结突发事件应急处置工作的经验教训，制定改进措施，并在30日内按照下列程序提交总结报告：

A.一般旅游突发事件向设区的市级旅游主管部门提交；

B.较大旅游突发事件逐级向省级旅游主管部门提交；

C.重大和特别重大旅游突发事件逐级向文化和旅游部提交。

旅游团队在境外遇到突发事件的，由组团社所在地旅游主管部门提交总结报告。

②建立事故备案制度。

省级旅游主管部门应当于每月5日前，将本地区上月发生的较大旅游突发事件报文化和旅游部备案，内容应当包括突发事件发生的时间、地点、原因及事件类型和伤亡人数等。县级以上地方各级旅游主管部门应当定期统计分析本行政区域内发生旅游突发事件的情况，并于每年1月底前将上一年度相关情况逐级报文化和旅游部。

3）外国旅游者在华旅游期间发生伤亡事故的处理

（1）对于外国旅游者在我国境内遭遇伤亡事故的处理

对于外国旅游者在我国境内遭遇伤亡事故的处理，应当注意下列事项：

①立即通过外事管理部门通知有关国家驻华使领馆和组团单位；

②为前来了解、处理事故的外国使、领馆人员和组团单位及伤亡者家属提供方便；

③与有关部门协调，为国际急救组织前来参与对在国外投保的旅游者（团）的伤亡处理提供方便；

④对在华死亡的外国旅游者严格按照外交部《外国人在华死亡后的处理程序》进行处理。

（2）对外国旅游者死亡后的处理程序

根据《外国人在华死亡后的处理程序》的规定，外国旅游者死亡后的处理程序是：

①死亡确定。死亡分正常死亡和非正常死亡，因年迈或其他疾病而自然死亡的，为正常死亡；因意外突发事故死亡的，为非正常死亡。

②通知外国使、领馆及死者家属。根据《维也纳领事关系公约》或双边领事条约的规定以及国际惯例，外国人在华死亡后应尽速通知死者家属及其所属国家驻华使、领馆。

③尸体解剖。正常死亡者或死因明确的非正常死亡者，一般不需作尸体解剖。若死者家属或其所属驻华使、领馆要求解剖，我方可同意，但必须有死者家属或使、领馆有关官员签字的书面请求。非正常死亡者，为查明死因需要进行解剖时，由公安、司法机关按有关规定办理。

④出具证明。正常死亡，由县级及县级以上医院出具"死亡鉴定书"。

⑤对尸体的处理。对在华死亡的外国人尸体的处理，可在当地火化，亦可将尸体运回其国内。但究竟如何处理，应尊重死者家属或所属使、领馆的意愿。

⑥骨灰和尸体运输出境。尸体、棺柩出境须具备以下证明：由医院或法医出具的死亡证明或死亡鉴定书，在特殊情况下，亦可由有关涉外公证处出具死亡公证书代替上述证明书；由医院出具的防腐证明书；由防疫部门检疫后出具的棺柩出境许可证明书。

⑦死者遗物的清点和处理。

⑧写出《死亡善后处理情况报告》。

9.1.5 旅游安全管理的奖惩规定

1）奖励

对于在旅游安全工作中作出显著成绩或有突出贡献的单位和个人，给予表彰或奖励。

2）处罚

旅游经营者及其主要负责人、旅游从业人员违反法律、法规有关安全生产和突发事件应对规定的，由旅游主管部门及有关机构依照相关法律、法规分别给予直接责任人和责任单位警告、罚款、限期整改、停业整顿、吊销营业执照等处分。触犯刑律者，由司法机关依法追究刑事责任。

依据2016年制定的《旅游安全管理办法》的规定:

①旅行社未制止履行辅助人的非法、不安全服务行为,或者未更换履行辅助人的,由旅游主管部门给予警告,可并处2 000元以下罚款;情节严重的,处2 000元以上10 000元以下罚款。

②旅行社不按要求制作安全信息卡,未将安全信息卡交由旅游者,或者未告知旅游者相关信息的,由旅游主管部门给予警告,可并处2 000元以下罚款;情节严重的,处2 000元以上10 000元以下罚款。

③旅行社违反风险提示规定,不采取相应措施的,由旅游主管部门处2 000元以下罚款;情节严重的,处2 000元以上10 000元以下罚款。

④按照旅游业国家标准、行业标准评定的旅游经营者违反本办法规定的,由旅游主管部门建议评定组织依据相关标准作出处理。

⑤旅游主管部门及其工作人员违反相关法律、法规及本办法规定,玩忽职守,未履行安全管理职责的,由有关部门责令改正,对直接负责的主管人员和其他直接责任人员依法给予处分。

知识链接9-1　　　　旅游安全注意事项

旅游安全是旅游业发展的基本前提和重要保障,没有安全也就没有旅游。你知道外出旅游应该注意哪些事项吗?下面收集整理关于外出旅游安全注意事项以供大家参考。

一、乘机、车、船安全事项

1.游客在机、车、船停稳后方可上下,并按机场、车站、港口安全管理规定或指示标志通行及排队上下机、车、船;要讲究文明礼貌,先照顾老人、儿童、妇女;切勿拥挤,以免发生意外。请勿携带违禁物品。

2.在机、车、船临时停靠期间,服从服务人员安排,请勿远离。

3.游客在乘车途中,请不要与司机交谈和催促司机开快车、违章超速和超车行驶;不要将头、手、脚或行李物品伸出窗外,以防发生意外。

4.游客下车浏览、就餐、购物时,请注意关好旅游车窗,拿好自己随身携带的贵重物品;否则出现遗失、被盗,旅行社概不负责。

5.游客乘坐飞机时,应注意遵守民航乘机安全管理规定,特别是不要在飞机上使用手机等无线电通信工具或玩电子游戏等。

二、住宿安全事项

1.游客入住酒店后,应了解酒店安全须知,熟悉酒店的太平门、安全出口、安全楼梯的位置以及安全转移的路线。

2.注意检查酒店所配备的用品(卫生间防滑垫等)是否齐全,有无破损,如有不全或破损,请立即向酒店服务员或导游报告。如因当地条件所限,未能配备,游客应小心谨慎,防止发生意外。

3. 贵重物品应存放于酒店服务总台保险柜或自行妥善保管,外出时不要放在房间内;若出现丢失,后果自负。

4. 不要将自己住宿的酒店、房号随便告诉陌生人;不要让陌生人或自称酒店的维修人员随便进入房间;出入房间要锁好房门,睡觉前注意房门窗是否关好,保险锁是否锁上;物品最好放于身边,不要放在靠窗的地方。

5. 游客入住酒店后需要外出时,应告知随团导游;在酒店总台领一张酒店房卡,卡片上有酒店地址、电话,也可抄写酒店地址或电话;如果迷路了,可以按地址询问或搭乘出租车,安全顺利返回住所。

6. 遇紧急情况千万不要慌张。发生火警时不要搭乘电梯或随意跳楼;应镇定地判断火情,主动实行自救。若身上着火,可就地打滚,或用重衣物压火苗;必须穿过有浓烟的走廊、通道时,用浸湿的衣物披裹身体,捂着口鼻,贴近地,顺墙爬走;大火封门无法逃出时,可用浸湿的衣物披裹身体、被褥堵门缝或泼水降温等办法等待救援,或摇动色彩鲜艳的衣物呼唤救援人员。

三、饮食卫生安全事项

1. 在旅游地购买食物需注意商品质量,发现食物不卫生或有异味变质的情况,切勿食用。

2. 不要接受陌生人赠送的香烟、食用陌生人赠送的食物和饮品,以防遭他人暗算或失窃。

3. 旅游期间要合理饮食,不要暴饮暴食。

4. 为防止在旅途中水土不服,游客应自备一些常用药品以备不时之需。切勿随意服用他人所提供之药品。

5. 旅行社不提倡、不安排饮酒,并对游客因饮酒发生的意外不承担责任。喜欢喝酒的游客在旅途中应严格控制自己的酒量,饮酒最好不超过平时的三分之一;出现酗酒闹事、扰乱社会秩序、侵害他人权益以及造成自身损害的,一切责任由肇事者承担。

四、游览观景安全事项

1. 听取当地导游有关安全的提示和忠告,主要应预防意外事故和突发性疾病的发生。

2. 经过危险地段(如陡峭狭窄的山路、潮湿泛滑的路面等)不可拥挤;前往险峻处观光时应充分考虑自身的条件是否可行,不要强求和存侥幸心理。

3. 游客登山或参与活动时应考虑自身身体状况,注意适当休息,避免参加过度激烈以及自身身体无法适应的活动,同时做好防护工作。

4. 在水上(包括江河、湖海、水库)游览或活动时,注意乘船安全,要穿救生衣;不单独前往深水水域或危险河道。

5. 乘坐缆车或其他观光运载工具时,应服从景区工作人员安排;遇超载、超员或其他异常情况时,千万不要乘坐,以防发生危险。

6. 游览期间游客应三两成群,不要独行;如果迷失方向,原则上应原地等候导游的到来或打电话求救、求助,千万不要着急;自由活动期间游客不要走得太远;带未成年人的游客,应认真履行监护责任,看护好自己的孩子,不能让未成年人单独行动,并注意安全。

7.在旅游行程中的自由活动期间，游客应当选择自己能够控制风险的活动项目，并在风险控制的范围内活动。除特殊团队外，旅行社不安排赛车、赛马、攀岩、滑翔、探险性漂流、滑雪、下海、潜水、滑板、跳伞、热气球、蹦极、冲浪等高风险活动，游客在旅游中的自由活动期间也尽量不要参加这些活动，如游客坚持参与，应自行承担风险。

五、购物、娱乐安全事项

1.不要轻信流动推销人员的商品推荐。无意购买时，不要向商家问价或还价。

2.要细心鉴别商品真伪，不要急于付款购物。购物时应向商家索取正式发票。

3.不要随商品推销人员到偏僻地方购物或取物。在热闹拥挤的场所购物或娱乐时，注意保管好自己的钱包、提包、贵重的物品及证件。游客在购物、娱乐时，主要应防止诈骗、盗窃和抢劫事件的发生。

4.在景点内娱乐时，应根据自身的条件参与适当的项目；在自由活动期间外出进行娱乐活动时不要单独行动，不要前往管理混乱的娱乐场所，不要参与涉嫌违法的娱乐活动。

六、其他安全注意事项

1.注意听从导游的安排，记住集合的时间和地点；认清自己所乘坐的车型、车牌号及颜色；不要迟到，因迟到造成的后果由个人负责。

2.在旅游活动中，为了防止火灾事故的发生，不要携带易燃、易爆物品；不要乱扔烟头和火种；遵守交通运输部门、酒店等有关安全管理的规定及各种法律、法规。

3.游客乘坐飞机旅游时，应带好自己的有效身份证（儿童应带户口本原件，满16岁未办理身份证的需持派出所带照片户籍证明原件），并注意保管好。应仔细核对导游发放的机票上的姓名、往返时间、抵离目的地、航班号是否正确；应注意保存好机票和火车票并配合导游把票收回。如因游客原因造成不能登机，旅行社概不负责。

4.游客在旅途中发生人身或财产意外事故时，按有关机构（如交通运输部门、酒店、保险公司、风景区管理单位）订立的条例或合同规定处理或由公安部门查处。旅行社应尽力提供必要的协助。

旅游安全是旅游活动的头等大事，搞好旅游安全是旅行社与全体游客的共同责任。为了您和他人的幸福，请注意旅游安全。

9.2　旅游保险法律制度

以案说法9-2　　　　　　　　　　4名上海女孩土耳其遇车祸受伤

2015年1月2日，4名上海女孩在土耳其科尼亚自驾时遭遇车祸。相关信息描述，一辆土耳其人驾驶的大型车在一个路口与两辆正在等红灯的小轿车相撞，其中包括中国女孩的租赁车辆，以及她们前方荷兰籍游客的租赁车辆。

事故导致4名女孩中有2人腰部骨折，只能平躺；另2人有明显脑震荡症状，其中1人视力也受到了一定影响。由于当地医生英语水平很有限，双方交流非常困难，急需会当地土语、汉语或英语的朋友帮忙翻译。此外,女孩们也非常希望尽快回国做进一步检查和治疗。幸好几位女孩出游前均购买了保险,否则巨额的医疗费及其他费用会给她们带来巨大的经济压力。

出游提醒:

出游应该购买一份适合自己行程的保险,如行李、行程延误险,旅程变更险,财产险,紧急医疗运送和送返险,意外身故、伤残险等,均可在出行前通过国内保险公司投保或由旅游社代办。这样的话,无论是罹患急病,还是遗失物品,甚至是飞机晚点、身陷困境都可以通过致电24小时救援热线获得及时救助。

业内人士也指出,若出游奥地利、丹麦、芬兰、意大利、卢森堡、比利时、挪威、西班牙和瑞典等"申根国家",想要顺利获得全球签证,购买一份足够额度的境外旅行保险是必需的。值得注意的是,一般旅行社会为跟团游的客人直接购买此类保险,若被拒签,保费全额退还;而自由行游客若没有准备好境外旅游保险,则很可能被拒签,一旦被拒签,损失将只能自己承担。

此外,即便是将没有强制保险要求的国家或地区作为旅游目的地,保险也是不可缺少的保障。对于医疗费用相对便宜的国度,可以稍稍降低医疗保险金额。业内人士建议,如果目的地是美国、日本等国家,建议医疗保险金要高一些。

中国公民在境外遇到紧急情况,可以拨打外交部全球领事保护与服务应急呼叫中心电话"12308","12308"为24小时热线电话,向海外中国公民和企业提供服务。在国外拨打"12308"时,一般情况下拨打"0086+10+12308"。

资料来源 佚名.一个真实案例告诉你,出境旅游保险不可少[EB/OL].(2015-01-09)[2018-07-30].http://news.vobao.com/zhinan/yiwai/807015238373465568.shtml.

保险制度是保险人向投保人以收集保险费、建立保险基金的方式,对被保险人或受益人的财产、生命或健康因自然灾害或意外事故遭受经济损失给予补偿的制度。该制度的特点在于可以转嫁风险。投保人只要支付一定数额的保险费就可在遭到灾害或意外伤害时得到经济上的补偿,使其利益得到补偿。随着旅游已经成为人们的一种生活方式,旅游意外事故安全风险加大。旅游者、旅游经营者出游(团)前一定要办理旅游保险,有效保障合法权益,合理转移出游风险。

9.2.1 保险制度概述

1)保险的概念

保险是指投保人根据合同约定,向保险人支付保险费,保险人对于合同约定的可能发生的事故因其发生所造成的财产损失承担赔偿保险金责任,或者当被保险人死亡、伤残、疾病或者达到合同约定的年龄、期限等条件时承担给付保险金责任的商业行为。

2)保险的构成要件

保险作为一项经济制度,其构成要件是:

(1)必须有危险存在或条件能够满足

投保人与保险公司约定的保险事项必须是客观上可能发生的。如果保险公司与投保人约定的保险事项的危险是不可能存在的或条件是不可能实现的，所约定的保险合同就是无效的。

（2）保险必须有约定的赔偿与给付

保险必须是对约定的事故造成的损失的赔偿或对约定条件成就时给受益人的给付，这是保险公司对投保人的一种财产责任。

（3）事故保险必须形成互助共济关系

投保者通过交纳保险费，与其他众多投保者建立了互助共济关系，保险制度采取将不特定的事故分散到众多的投保者共同分担的方法，来减少或补偿遭受事故的投保者的损失。

3）保险的分类

按照不同的标准，保险可以分为不同类别。比较常见的保险分类如下：

（1）按保险对象分类

按保险对象分类可将保险分为财产保险和人身保险两种。财产保险是指以财产及其有关利益作为保险标的的保险。该保险所保障的是在保险灾害事故中遭受损失的财产及其利益。人身保险是指以人的生命和身体作为保险对象的保险。保险人对被保险人的生命或身体，因保险责任范围内的不幸事故、意外伤害、疾病等原因以致死亡、伤残、丧失工作能力或年老退休，负责给付保险金。

（2）按保险实施方式分类

按保险实施方式分类有强制保险和自愿保险两种。强制保险（法定保险）是指国家通过颁布法律、法规等建立、实施的保险。自愿保险是指保险人和被保险人在自愿协商的基础上，通过订立保险合同而成立的保险。

（3）按保险保障范围分类

按保险保障范围分类有财产保险、人身保险、责任保险、保证保险四种。财产保险是以财产及其有关利益为保险标的的保险。人身保险是以人的生命或身体作为保险对象的保险。责任保险是以被保险人的民事损害赔偿责任作为保险对象的保险。保证保险是随贸易、金融业的信用发展，由保险人承担各种信用风险的一种保险。

（4）按承担责任次序分类

按承担责任次序分类有原保险和再保险两种。原保险是指投保人与保险人签订保险合同，直接约定双方权利义务的"第一次"保险。再保险也称分保险，指保险人将其所承担的保险责任的一部分或全部分散给其他保险人承担的保险业务。再保险以原保险的存在为基础，是对"第一次"保险的再次保险。

4）保险法及其主要原则

（1）保险法的概念

保险法是调整保险活动中保险人与投保人、被保险人与受益人之间法律关系的重要商事法律，也是国家对保险企业、保险市场实施监督管理的法律。因此，保险法是以保险关系为调整对象的一切法律规范的总称，主要包括《中华人民共和国保险法》（以下简称《保险法》）、有关保险的行政法规，同时也包括其他法律中涉及保险关系的规定。

现行有效的是 1995 年第八届全国人大常委会制定，2015 年第十二届全国人大常委会第四次修订的《保险法》，该法共 8 章 185 条，对保险作出了较为全面的、系统的法律规定，为各种保险活动提供了重要的法律依据。

（2）保险法的基本原则

保险法的基本原则，不同的专家有不同的观点。根据《保险法》的规定，至少应遵循以下原则：①守法原则。从事保险活动必须遵守法律、行政法规。②尊重社会公德原则。从事保险活动必须尊重社会公德。③不得损害社会公共利益原则。从事保险活动不得损害社会公共利益。④诚实信用原则。保险活动当事人行使权利、履行义务应当遵循诚实信用原则。⑤保险专营原则。保险业务由依照本法设立的保险公司以及法律、行政法规规定的其他保险组织经营，其他单位和个人不得经营保险业务。⑥境内投保原则。在中华人民共和国境内的法人和其他组织需要办理境内保险的，应当向中华人民共和国境内的保险公司投保。⑦保险分业经营原则。保险业和银行业、证券业、信托业实行分业经营、分业管理，保险公司与银行、证券、信托业务机构分别设立。国家另有规定的除外。

9.2.2 旅游保险的概念、特征和种类

1）旅游保险的概念

旅游保险是指旅游活动的投保人根据合同的约定，向保险人支付保险费，保险人对于合同约定的在旅游活动中可能发生的事故及其发生所造成的财产损失、人身伤亡承担保险赔偿责任，或者当被保险人在旅游活动中死亡、伤残、患病时承担赔偿保险金责任的行为。

2）旅游保险的特点

旅游保险与其他保险相比较，具有如下特点：

①短期性。旅游保险与其他保险相比，它的有效性是比较短暂的，其中有的是以旅行的旅程计算，有的是以游览的景点或游览次数计算。

②强制保险与自愿保险相结合。旅游保险种类繁多，如旅行社责任保险对于旅行社而言属于强制保险，旅游意外保险对于旅游者个人来说是自愿投保的。

③财产保险与人身保险相结合。在旅游保险中，财产险和人身险往往紧密联系，旅游投保人可以在同一份合同中同时投保财产险和人身险。

3）旅游保险的种类

依照旅游保险的范围划分，可分为涉外旅游保险和国内旅游保险两大类别。

涉外旅游保险是指外国旅游者来华旅游和我国公民出国旅游时所办的保险，如旅行社旅客责任险、出国人员人身意外伤害险等。

国内旅游保险是针对国内旅游者在我国境内旅游时所发生的人身意外伤害进行的保险，分为全程旅游保险和单项旅游保险。全程旅游保险是针对旅游者从旅行出发登上指定的交通工具或登上交通工具附属物开始至本次旅行结束，离开交通工具或附属物为止的整个旅行过程负责。单项旅游保险是针对某一特定旅游项目的保险，如游船意外伤害保

险等。

9.2.3　旅游保险合同

1）旅游保险合同的概念

旅游保险合同是投保人与保险人约定在旅游活动中的保险权利和义务关系的协议。旅游保险合同是保险在旅游活动中的具体体现。

2）旅游保险合同的三要素

旅游保险合同必须具备保险合同主体、客体和内容这三个要素。

（1）旅游保险合同的主体

旅游保险合同的主体，是指旅游保险合同的参加者或当事人，包括保险人和投保人双方，以及第三人。

①保险人，又称承保人，是指依法成立的，在保险合同成立时，有权收取保险费，并于保险事故发生时承担赔偿责任的人，也即经营保险业务的保险公司。在旅游保险合同中，保险人与其他保险合同一样也是各个保险公司，而且法律规定旅行社办理旅游意外保险，必须在我国境内的保险公司办理。

②投保人，又称要保人，是指对保险标的具有保险利益，向保险人申请订立保险合同并负有支付保险费义务的人。投保人可以是自然人，也可以是法人。根据法律规定，投保人对保险标的应当具有保险利益，否则保险合同无效。保险利益，是指投保人对保险标的具有的法律上承认的利益，即在保险事故发生时，可能遭受的损失或失去的利益。这是保险合同生效的重要条件。在旅游保险中，投保人可以是旅游企业，也可以是旅游者个人或旅游团。如旅行社责任险中的投保人是旅行社，而一般旅游意外保险的投保人则可以是旅游者个人。

③第三人。旅游保险合同与其他合同不同，旅游保险合同可以为投保人自己的利益订立，也可以为他人的利益而订立。同时，旅游保险合同规定事故发生后的利益可以归属于投保人，也可以归属于其他人，从而使保险合同产生了第三人，即保险合同的关系人，包括被保险人和受益人。

被保险人，是指保险事故发生时遭受损害并享有赔偿请求权的人。无论是财产保险合同，还是人身保险合同，投保人与被保险人既可以是同一人，也可以是不同的人。旅游保险中的被保险人一般是旅游者。当然，在不同的旅游保险合同中，被保险人也可以是领队、导游，甚至可以是旅行社。

受益人，又称保险金受领人，是指由投保人或者被保险人在保险合同中指定的，于保险事故发生时，享有赔偿请求权的人，受益人可以是投保人或者被保险人，也可以是其他人。如果投保人或者被保险人没有在保险合同中指明受益人，则为被保险人的法定继承人。

（2）旅游保险合同的客体

旅游保险合同的客体，又称旅游保险标的，是指旅游保险合同双方当事人权利和义务所指的对象。旅游保险标的可分为以下类别：

①财产及其有关利益。

财产是指现实存在的并为人们所控制和利用而具有经济价值的生产资料和消费资料，包括动产和不动产。当财产遭受损失时，除了财产本身的经济损失外，还会引起各种利益以及责任和信用等无形物的损失。具体来说，旅游财产保险往往包括财产损失保险、责任保险、信用保险等形式。

②人的寿命和身体。

旅游人身保险合同的客体是人的寿命和身体。这种保险标的无法用价值来衡量，因而在订立保险合同时，双方当事人应预先约定保险金额。旅游人身保险合同通常以意外伤害保险的形式出现。

旅游保险合同具有综合性的特点，它不同于一般保险合同依保险标的不同分为两大类（财产保险合同、人身保险合同），而是把财产与人身结合在一起，例如《旅游意外保险合同》中的保险标的既包括旅客财产，又包括旅游者的人身。

（3）旅游保险合同的内容

旅游保险合同的内容，即旅游保险合同双方当事人的权利和义务。由于旅游保险合同一般都是依照保险人预先拟定的保险条款订立的，因而在旅游保险合同成立后，双方当事人的权利和义务就主要体现在这些条款上。根据法律规定，旅游保险合同的主要条款一般应包括以下事项：

①保险人的名称和住所；

②投保人、被保险人的名称和住所，以及人身保险的受益人的名称和住所；

③保险标的；

④保险责任和责任免除；

⑤保险期间和保险责任开始时间；

⑥保险价值；

⑦保险金额；

⑧保险费以及支付办法；

⑨保险金赔偿或者给付办法；

⑩违约责任和争议处理；

⑪订立合同的年、月、日。

另外，订立旅游保险合同，保险人应当向投保人说明合同条款的内容，并可就保险标的或者被保险人的有关情况提出询问，投保人应当如实告知。保险人还可以与投保人共同商定保险合同的具体内容。

3）旅游保险合同的订立与终止

（1）旅游保险合同的订立

订立旅游保险合同必须以书面方式。通常的做法是由旅行社、旅游经营单位或者旅游者本人作为投保人向保险人提出投保要求，与保险人签订书面保险协议。旅游保险是一项比较特殊的保险业务，它具有涉及面广、人数多、保险期限短等特点。旅游保险合同订立的形式有以下三种情况：

①由投保人和保险人共同签订保险合同，签章后保险合同成立。

②由投保人向保险人提交保险申请书，由保险人签发保险单，保险合同成立。

③由运输部门出售的旅客乘坐交通工具的票据，也是保险合同的一种形式。它既是乘车凭证，又是旅客参加旅行保险的凭证（有强制保险，也有自愿保险，但多为强制保险）。

旅游保险合同签订后在执行过程中需要增加附加条款的，应由投保人和保险人协商而定，经双方同意后可作为附加条款，附于基本条款之后。根据保险惯例，其有效性为附加条款为先，基本条款为后。

（2）旅游保险合同的终止

旅游保险合同的终止，是指旅游保险合同的当事人依据法律的规定或旅游保险合同本身使生效的保险合同失去效力的行为。已终止的保险合同不再继续履行。导致旅游保险合同终止的情形有：

①自然终止。凡保险合同时限届满，保险人的保险责任即告终止。

②因合同解除而终止。在签订旅游保险合同时，双方明确自然终止前解除该合同的条件，当规定的解除条件出现时，该保险合同的效力终止。

③义务履行完毕终止。根据保险单的规定，保险人承担的赔偿责任履行完毕（支付部分或最高赔偿金）而终止。

④被保险人因放弃旅游而终止。

9.3　旅行社责任保险

9.3.1　旅行社责任保险的概念、特征和法律法规

1）旅行社责任保险的概念、特征

旅行社责任保险，是指以旅行社因其组织的旅游活动对旅游者和受其委派并为旅游者提供服务的导游或者领队人员依法应当承担的赔偿责任为保险标的的保险。

旅行社责任保险具有以下特征：①旅行社责任保险属于强制保险。旅行社从事旅游经营活动必须投保旅行社责任保险，否则，将受到旅游行政管理部门依法给予的行政处罚。②旅行社责任保险的投保人、被保险人是经营旅游业务的旅行社。③旅行社责任保险是保险公司对应由旅行社承担的责任，承担赔偿保险金责任的行为。④旅行社责任保险的赔付主体是保险公司。

2）旅行社责任保险法律法规的演变

1997年9月，国家旅游局颁布实施《旅行社办理旅游意外保险暂行规定》，明确"旅行社组队旅游，必须为旅游者办理旅游意外保险"。2001年4月25日，国家旅游局局长办公会议审议通过，于5月15日发布了《旅行社投保旅行社责任保险规定》。《旅行社投保旅行社责任保险规定》要求从2001年9月1日起，旅行社从事旅游业务经营活动，必须投保旅行社责任保险，曾经在旅游界施行4年的强制性旅游意外保险改由游客自愿购买。根据《旅行社条例》的规定，2010年12月22日，国家旅游局会同中国保监会发布了《旅行社责任保险管理办法》，自2011年2月1日起施行，原《旅行社投保旅行社责任保险规定》

同时废止。

9.3.2 旅行社责任保险的主体与客体

1）旅行社责任保险的主体

（1）投保人

旅行社责任保险的投保人是旅行社。在中华人民共和国境内依法设立的旅行社，应当依照《旅行社条例》和《旅行社责任保险管理办法》的规定，投保旅行社责任保险。

微课9-2：旅行社责任保险是怎么一回事？

（2）保险人

旅行社责任保险的保险人是承保的保险公司。旅行社投保旅行社责任保险的，应当与保险公司依法订立书面的旅行社责任保险合同（以下简称保险合同）。

（3）被保险人与受益人

旅行社责任保险的被保险人和受益人均为旅行社。旅行社在旅游经营活动中发生责任事故后，由保险公司代表旅行社向旅游者和受旅行社委派并为旅游者提供服务的人员支付赔偿金。

2）旅行社责任保险的客体

（1）保险标的

保险的标的是旅行社应当依法承担的民事赔偿责任，既包括人身责任，也包括财产责任。

（2）保险范围

依据《旅行社责任保险管理办法》第四条的规定，旅行社责任保险的保险责任，应当包括旅行社在组织旅游活动中依法对旅游者的人身伤亡、财产损失承担的赔偿责任和依法对受旅行社委派并为旅游者提供服务的导游或者领队人员的人身伤亡承担的赔偿责任。具体包括下列情形：

①因旅行社疏忽或过失应当承担赔偿责任的；

②因发生意外事故旅行社应当承担赔偿责任的；

③国家旅游局会同中国保监会规定的其他情形。

9.3.3 保险期限与保险合同解除

微课9-3：旅游保险有哪些规定？

旅行社责任保险的保险期间为1年。旅行社应当在保险合同期满前及时续保。旅行社投保旅行社责任保险，可以依法自主投保，也可以有组织统一投保。

保险合同成立后，除符合《保险法》规定的情形外，保险公司不得解除保险合同；旅行社要解除保险合同的，应当同时订立新的保险合同，并书面通知所在地县级以上旅游行政管理部门，但因旅行社业务经营许可证被依法吊销或注销而解除合同的除外。保险合同解除的，保险公司应当收回保险单，并书面通知旅行社所在地县级以上旅游行政管理部门。旅行社的名称、法定代表人或者业务经营范围等重要事项变更时，应当及时通知保险公司，必要时应当依法办理保险合同变更手续。

9.3.4　保险费率与保险金额

1）保险费率

旅行社责任保险的保险费率应当遵循市场化原则，并与旅行社经营风险相匹配。

2）保险金额

旅行社在组织旅游活动中发生旅行社责任保险范围的赔偿责任的，保险公司依法根据保险合同约定，在旅行社责任保险责任限额内予以赔偿。责任限额可以根据旅行社业务经营范围、经营规模、风险管控能力、当地经济社会发展水平和旅行社自身需要，由旅行社与保险公司协商确定，但每人人身伤亡责任限额不得低于20万元人民币。

9.3.5　索赔与法律责任

1）索赔

（1）旅行社的责任与义务

①提供证明和资料。保险事故发生后，旅行社按照保险合同请求保险公司赔偿保险金时，应当向保险公司提供其所能提供的与确认保险事故的性质、原因、损失程度等有关的证明和资料。

②依法解决争议。旅行社与保险公司对赔偿有争议的，可以按照双方的约定申请仲裁，或者依法向人民法院提起诉讼。

（2）保险公司的责任与义务

①及时告知。旅行社组织的旅游活动中发生保险事故，旅行社或者受害的旅游者、导游、领队人员通知保险公司的，保险公司应当及时告知具体的赔偿程序等有关事项。

保险公司按照保险合同的约定，认为有关的证明和资料不完整的，应当及时一次性通知旅行社补充提供。

②直接赔偿。旅行社对旅游者、导游或者领队人员应负的赔偿责任确定的，根据旅行社的请求，保险公司应当直接向受害的旅游者、导游或者领队人员赔偿保险金。旅行社怠于请求的，受害的旅游者、导游或者领队人员有权就其应获赔偿部分直接向保险公司请求赔偿。

③履行赔偿义务。保险公司收到赔偿保险金的请求和相关证明、资料后，应当及时作出核定；情形复杂的，应当在30日内作出核定，但合同另有约定的除外。保险公司应当将核定结果通知旅行社以及受害的旅游者、导游、领队人员；对属于保险责任的，在与旅行社达成赔偿保险金的协议后10日内，履行赔偿保险金义务。

④先行支付。因抢救受伤人员需要保险公司先行赔偿保险金用于支付抢救费用的，保险公司在接到旅行社或者受害的旅游者、导游、领队人员通知后，经核对属于保险责任的，可以在责任限额内先向医疗机构支付必要的费用。

⑤代位请求赔偿权。因第三者损害而造成保险事故的，保险公司自直接赔偿保险金或者先行支付抢救费用之日起，在赔偿、支付金额范围内代位行使对第三者请求赔偿的权利。旅行社以及受害的旅游者、导游或者领队人员应当向保险公司提供必要的文件和所知

道的有关情况。

2) 法律责任

《旅游法》规定，未按照规定投保旅行社责任保险的，由旅游主管部门或者有关部门责令改正，没收违法所得，并处5 000元以上5万元以下罚款；违法所得5万元以上的，并处违法所得1倍以上5倍以下罚款；情节严重的，责令停业整顿或者吊销旅行社业务经营许可证；对直接负责的主管人员和其他直接责任人员，处2 000元以上2万元以下罚款。

违反《旅行社责任保险管理办法》规定，旅行社解除保险合同但未同时订立新的保险合同，保险合同期满前未及时续保，或者人身伤亡责任限额低于20万元人民币的，由县级以上旅游行政管理部门责令改正；拒不改正的，吊销旅行社业务经营许可证。

知识链接9-2　　　　　　　　旅行社责任险和旅游意外险有何区别

旅行社责任险和旅游意外险是两种完全不同的险种。

1.性质不同

旅行社责任险是一种法定强制保险，是对旅行社在从事旅游业务经营活动中，致使旅游者人身、财产遭受损害应由旅行社承担的责任，承担赔偿保险金的责任。其主体是旅行社本身，保障的是旅行社而不是旅客。

旅游意外险则属于商业保险，它的投保完全出于旅客的自愿。它是指在保险期内因发生意外事故致使被保险人死亡或伤残，保险人按合同规定给付保险金的一种保险。旅游意外险保障的是旅客的人身安全以及财产安全等风险。

2.保险范围不同

旅行社责任险属于责任保险范畴，主要针对由旅行社责任造成的游客损失与伤害进行赔偿。在旅途中，如果因为旅行社的疏忽或失误导致游客发生意外，游客可以向旅行社索赔，由承保旅行社责任险的保险公司负责赔偿损失。另外，为保障旅游者的合法权益，国家制定了《旅行社责任保险管理办法》。该办法中规定，旅行社责任保险的保险责任，应当包括旅行社在组织旅游活动中依法对旅游者的人身伤亡、财产损失承担的赔偿责任和依法对受旅行社委派并为旅游者提供服务的导游或者领队人员的人身伤亡承担的赔偿责任。

旅游意外险的保障范围包括在保险期间内，被保险人在旅行期间因遭受意外伤害事故导致身故、残疾或医疗费用支出的。

3.责任免除范围不同

旅行社责任险：

旅游者在旅游行程中，由下列原因所致的保险事故，保险公司将不予赔付：

（1）由自身疾病引起的各种损失或损害、由于旅游者个人过失导致的人身伤亡和财产损失以及由此导致的各种费用等，不在旅行社责任险的赔付范围之内；

（2）由不可抗力，如地震、海啸等自然灾害带来的游客人身伤亡与财产损失，也不在其责任范围之内。

旅游意外险：

（1）因下列原因造成被保险人身故、残疾或医疗费用支出的，保险人不承担给付保险金责任：

①投保人的故意行为；

②被保险人自致伤害或自杀，但被保险人自杀时为无民事行为能力人的除外；

③因被保险人挑衅或故意行为而导致的打斗、被袭击或被谋杀；

④被保险人妊娠、流产、分娩、疾病、药物过敏、中暑、猝死；

⑤被保险人接受整容手术及其他内、外科手术；

⑥被保险人未遵医嘱，私自服用、涂用、注射药物；

⑦核爆炸、核辐射或核污染；

⑧恐怖袭击；

⑨被保险人犯罪或拒捕；

⑩被保险人从事高风险运动或参加职业或半职业体育运动。

（2）被保险人在下列期间遭受伤害导致身故、残疾或医疗费用支出的，保险人也不承担给付保险金责任：

①战争、军事行动、暴动或武装叛乱期间；

②被保险人醉酒或毒品、管制药物的影响期间；

③被保险人酒后驾车、无有效驾驶证驾驶或驾驶无有效行驶证的机动车期间。

（3）下列费用，保险人不承担给付保险金责任：

①保险单签发地社会医疗保险或其他公费医疗管理部门规定的自费项目和药品费用；

②因椎间盘膨出和突出造成被保险人支出的医疗费用；

③营养费、康复费、辅助器具费、整容费、美容费、修复手术费、牙齿整形费、牙齿修复费、镶牙费、护理费、交通费、伙食费、误工费、丧葬费。

4.投保人不同

旅行社责任险投保人（同被保险人）必须是在中华人民共和国境内依法登记注册，并持有旅行社业务经营许可证的公司，目前符合此资质要求的，全国范围内有2万多家，它们可以投保旅行社责任险并享受基本保障。

旅游意外险的投保人通常是旅客本人或其家人亲友，亦或是组团出游的公司，总之是有出游意外保障需求的人或机构。

资料来源　佚名.保障范围对比——旅行社责任险与旅游意外险区别［EB/OL］.（2018-07-26）［2018-07-30］.http://xuexi.huize.com/special/duibi/lxszrxylyx/.

■ 本章小结

本章介绍了旅游安全管理工作的方针和重要意义，重点要求掌握旅游安全主管机关及其职责、旅游经营安全管理及安全风险评估制度、旅游突发（含安全）事故的分类与处理程序；本章还介绍了保险制度的基础知识，重点涉及旅游保险和旅游保险合同的具体规定；最后介绍了旅行社责任保险的概念、主体和客体、期限、保险金额和索赔的相关规定。

主要概念

旅游安全　旅游保险　旅游保险合同　旅行社责任保险

选择题

1.特别重大旅游突发事件是指（　　　）。

A.造成或者可能造成人员死亡（含失踪）30人以上或者重伤100人以上

B.旅游者500人以上滞留超过24小时，并对当地生产生活秩序造成严重影响

C.在境内外产生特别重大影响，并对旅游者人身、财产安全造成特别重大威胁的事件

D.造成损失达100万元人民币以上

2.外国旅游者在华期间正常死亡的，由（　　　）以上医院出具"死亡证明书"。

A.省级　　　　　　B.市级　　　　　　C.县级　　　　　　D.乡（镇）级

3.旅行社责任保险的有效期是（　　　）。

A.3个月　　　　　　B.半年　　　　　　C.1年　　　　　　D.2年

4.旅行社责任保险合同的投保人、被保险人和受益人分别是（　　　）。

A.旅行社、旅游者、旅游者　　　　　　B.旅行社、旅游者、旅行社

C.旅行社、旅行社、旅行社　　　　　　D.旅游者、旅游者、旅游者

5.旅行社责任保险属于（　　　）。

A.普通保险　　　　B.特殊保险　　　　C.强制保险　　　　D.自愿保险

6.关于旅行社责任保险的说法不正确的是（　　　）。

A.旅行社责任保险是一种强制保险

B.旅行社必须向在境内经营责任保险的保险公司投保

C.旅行社必须与承保保险公司签订书面合同

D.旅行社采取按团投保的方式

判断题

1.旅游安全事故是指在旅游活动中，涉及旅游者人身安全的事故。（　　　）

2.旅行社从事旅游业务经营活动，可选择投保旅行社责任保险。（　　　）

3.旅行社责任保险和旅游意外保险的强制程度不同。（　　　）

简答题

1.什么是旅游突发事件？旅游突发事件的等级是如何划分的？

2.简述旅游保险合同的三要素。

3.旅游保险合同包括哪些内容？

4.简述旅行社责任保险的赔偿范围。

▇ 案例分析题

周先生，30岁，江西南昌人，在建设银行深圳某支行任职会计，拥有稳定的收入和幸福的家庭。周先生热爱旅游和运动，经常在节假日与好友结伴外出游玩。2017年9月，周先生与朋友相约到草原骑马。去旅行社报名的时候，工作人员介绍，出门旅游最好购买一份旅游安全保险，于是周先生购买了旅游意外险。9月22日，周先生和朋友一行来到向往已久的大草原。刚到达目的地，大家都兴致勃勃地来到骑马场，当时，周先生挑选了一匹彪悍的马。在辽阔的草原上策马奔腾时，突然一个颠簸让周先生失去了平衡，摔下了马。不幸的是，周先生的头刚好撞在了石头上，不省人事。周先生的朋友立即把他送到了医院救治，但因伤势过重，抢救无效死亡。

不久之后，保险公司就接到了旅行社报案，并以最快的速度对事故进行了调查。通过调查，周先生的情况被认定为保险责任，给付受益人意外身故保险金和遗体遣返费共计39 000元。

请问：对于周先生在旅游活动中的意外死亡，旅行社和保险公司应该如何赔偿？请说明理由。

▇ 实训题

与保险公司联系，实际了解旅行社责任保险的内容，并撰写一份实习报告。

第10章

旅游出入境管理法律制度

学习目标

  通过本章学习，掌握中国公民出入境管理、外国旅游者出入境管理法律制度，了解中国出入境边防检查制度以及中国出入境卫生检疫、动植物检疫制度，为旅游业发展提供优质服务奠定基础。

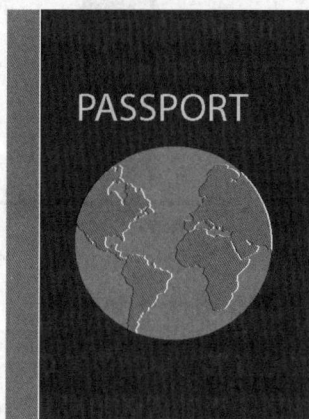

知 识 结 构 思 维 导 图

中国出入境
边防检查制度
- 管理概述
- 主要内容
  - 对出入境人员的检查
  - 对运输工具及人员的检查
  - 对行李物品、货物的检查

中国出入境
卫生检疫制度
- 出入境卫生检疫
  - 概述
  - 主要内容
    - 检疫地点
    - 人员的检疫
    - 物品的检疫
    - 传染病的监测
    - 卫生监督
- 进出境动植物检疫
  - 概述
    - 入境动物的检疫程序
    - 出境动植物的检疫有效期
    - 出境动物的检疫程序
      - 报检
      - 产地检疫
      - 口岸检疫
      - 出证
      - 离境和照查

旅游出入境
管理法律制度

中国公民
出入境管理制度
- 管理概述
- 有效证件及
  申请证的办理
  - 护照
  - 旅行证
  - 出入境通行证
  - 签证
  - 有效证件
  - 申请的办理
- 权利义务、限制
  及法律责任
  - 权利义务
  - 出境限制
  - 法律责任
- 边境旅游

外国旅游者
入出境管理制度
- 管理概述
- 管理权利义务
  及其职责
- 入境有效证件
  - 护照
  - 签证
  - 旅行证件
- 外国人在中国停留、
  居留与住宿所需证件

214

案例导入　　　　　护照有效期不足　美利坚之行泡汤

2016 年，C 女士由儿子代为报名参加 N 旅行社组织的美国游，并提交材料以办理出行手续。然而出行之日，却因护照有效期不足 6 个月而无法出境。C 女士认为旅行社一方面未明确告知关于出境的护照有效期条件，另一方面也未对其提交的材料进行有效审核。因此向厦门旅游质监所进行投诉，要求旅行社返还其全部旅游费用，并承担办理签证所产生的费用。

旅行社表示，在办理签证前的书面通知上已经明确要求游客需提供 6 个月以上有效期的护照，C 女士提供的护照有效期不足 6 个月，旅行社工作人员未能发现该问题，将承担一定的赔偿责任。但因 C 女士自身提交的材料出错，其也应承担一定责任。

厦门市旅游质监所在调查中了解到，旅行社关于签证的申请要求事先并未直接发给 C 女士或其儿子，而是提交材料的次日方提供相关通知，工作人员又未能审核出 C 女士资料的瑕疵，应承担主要责任。经协调，旅行社同意退还 C 女士全部旅游费用，因美国签证可在 10 年多次使用，故 C 女士自行承担签证办理所产生的费用。

资料来源　厦门市旅游发展委员会. 2016 年度旅游投诉典型案例 7（出境）：护照有效期不足，美利坚之行泡汤 ［EB/OL］. （2016-11-21）［2018-07-17］. http：//www.xmtravel.gov.cn/lyzj/dxal/201703/t20170313_1569539.htm.

10.1　中国公民出入境管理制度

10.1.1　中国公民出入境旅游管理概述

随着我国出境旅游的规模稳步扩大，为了规范中国公民的出入境行为，国家制定了一系列有利于公民出境旅游的法律、法规。现行有效的主要法律、法规有：2012 年 6 月 30 日第十一届全国人大常务委员会第 27 次会议通过的《中华人民共和国出境入境管理法》，并自 2013 年 7 月 1 日起施行。2006 年 4 月 29 日第十届全国人民代表大会常务委员会第 21 次会议通过的《中华人民共和国护照法》，并自 2007 年 1 月 1 日起施行。2002 年 5 月 27 日国务院公布并实施的《中国公民出国旅游管理办法》（2017 年 3 月修订）。1996 年 3 月 8 日国务院公布并实施的《边境旅游管理暂行办法》。2017 年 4 月 13 日国家旅游局、公安部、国务院台湾事务办公室修订并公布实施的《大陆居民赴台湾地区旅游管理办法》。

1）中国旅游者的法律地位

旅游者的法律地位是指旅游者享受权利和承担义务以及得到法律保护的资格。它决定了旅游者在特定情况下的权利和义务。旅游者是旅游业赖以生存和发展的重要因素。国家应当重视和保护旅游者，从立法角度规定旅游者应享有的权利，采取措施为旅游者安全、舒适地旅行提供方便，对于侵害旅游者合法权益的行为，依法作出处理；同时，旅游者也应利用法律保护自己的合法权益。正确认识旅游者的法律地位，对于强化和保护旅游者合法权益的法律意识、保护旅游者合法权益、增强市场竞争以及发展旅游业都具有重要意义。

我国公民一律平等地享有宪法和法律赋予的权利，享有平等的法律地位，包括旅游法律地位。公民在旅游活动中一旦以旅游者身份出现，便成为处于平等地位的旅游法律关系的主体，有同等权利参加旅游活动，其法律地位及其变化均由法律决定。

2）旅行社经营出境游的管理

（1）出境旅游目的地的审批

出境旅游目的地国家（地区）由国务院旅游行政管理部门会同国务院有关部门提出，报国务院批准后，由国务院旅游行政管理部门公布。任何单位和个人不得组织中国公民到国务院旅游行政管理部门公布的出境旅游目的地国家（地区）以外的国家（地区）旅游；组织中国公民到国务院旅游行政管理部门公布的出境旅游目的地国家（地区）以外的国家（地区）进行涉及体育活动、文化活动等临时性专项旅游的，须经国务院旅游行政管理部门批准。

（2）旅行社经营出境旅游业务的条件

旅行社经营出境旅游业务，应当具备下列条件：旅行社取得旅行社业务经营许可满2年；未因侵害旅游者合法权益受到行政机关罚款以上处罚的。具备以上两个条件的旅行社可以申请经营出境旅游业务。

（3）旅行社经营出境旅游业务的审批程序和原则

申请经营出境旅游业务的旅行社，应当向省、自治区、直辖市旅游行政部门提出申请。省、自治区、直辖市旅游行政部门应当自受理申请之日起30个工作日内，对符合条件的旅行社，经审查同意，报国务院旅游行政管理部门批准；经审查不同意的，应当书面通知申请人并说明理由。

国务院旅游行政管理部门批准旅行社经营出境旅游业务，应当符合旅游业发展规划及合理布局的要求。未经国务院旅游行政管理部门批准取得出境旅游业务经营资格的，任何单位和个人不得擅自经营或者以商务、考察、培训等方式变相经营出境旅游业务。国务院旅游行政管理部门应当将取得出境旅游业务经营资格的旅行社（以下简称组团社）名单予以公布，并通报国务院有关部门。

（4）旅行社经营出境旅游业务人数的核定

国务院旅游行政管理部门根据上年度全国入境旅游的业绩、出境旅游目的地的增加情况和出境旅游的发展趋势，在每年2月底前确定本年度组织出境旅游的人数安排总量，并下达至省、自治区、直辖市旅游行政部门。省、自治区、直辖市旅游行政部门根据本行政区域内各组团社上年度经营入境旅游的业绩、经营能力、服务质量，按照公平、公正、公开的原则，在每年3月底前核定各组团社本年度组织出境旅游的人数安排。国务院旅游行政管理部门应对省、自治区、直辖市旅游行政部门核定组团社年度出境旅游人数安排及组团社公民出境旅游的情况进行监督。

（5）旅游行政管理部门暂停或取消出境旅游业务经营资格的规定

组团社有下列情形之一的，旅游行政管理部门可以暂停其经营出境旅游业务；情节严重的，取消其出境旅游业务经营资格：

①入境旅游业绩下降的；

②因自身原因，在 1 年内未能正常开展出境旅游业务的；

③因出境旅游服务质量问题被投诉并经查实的；

④有逃汇、非法套汇行为的；

⑤以旅游名义弄虚作假，骗取护照、签证等出入境证件或者送他人出境的；

⑥国务院旅游行政管理部门认定的影响中国公民出境旅游秩序的其他行为。

10.1.2 中国旅游者出入境的有效证件及申请的办理

1）中国旅游者出入境的有效证件

（1）护照

中国公民出境旅游应申请办理普通护照。按照法律规定，申请应向户口所在地的市、县公安机关出入境管理部门提出，回答有关询问，履行下列手续：交验本人居民身份证、户口簿及复印件、近期免冠彩色照片；提交出境申请审批表；国家工作人员还须提交所在单位对申请人出境的意见。办理探亲旅游，还应提交亲友邀请证明、亲友生活保证书，并出示公安机关出具的与亲属关系说明。公安机关发给护照时，还附发出境卡。护照由持证人保存、使用；不得毁损、涂改，严防遗失。遗失护照，应报告主管部门，在登报声明或挂失声明后申请补发。护照有效期 10 年，护照到期不再延期，可以在护照到期前 6 个月申请换领新照；因情况变化，需变更护照或加注的，应提出申请，携带加注事项证明或说明材料到指定机关办理。

以案说法 10-1　　　　　　　　　　　　　**未经审批出国旅游案**

2015 年 5 月，A 县县委组织部开展违规办理和持有因私出国（境）证件专项治理工作，要求全县、乡科级以上党员干部将持有的相关护照上交组织部进行登记备案。A 县 B 镇派出所所长张某某接到通知后，以当时没有找到护照为由，未将护照上交组织部登记备案。2016 年 3 月 25 日，张某某通过一家旅行社报名参加了赴泰国旅行团，临行前仅通过电话向县公安局分管领导请假说有事耽误两天，未履行公职人员出国审批手续。2016 年 4 月 2 日，张某某飞往泰国进行一次"说走就走"的境外旅行。

案例分析：

中央纪委、中央组织部、公安部等部委印发的《关于加强党政机关县（处）级以上领导干部出国（境）管理工作的意见》《关于加强国家工作人员因私事出国（境）管理的暂行规定》《关于进一步加强党员干部出国（境）管理的通知》等文件明确规定，党员干部因私出国（境），要按照组织、人事管理权限履行审批手续；党员干部因私出国（境）实行报告登记制度，已申领的出入境证件，由所在单位组织、人事部门集中保管。《中华人民共和国护照法》第六条规定："公民申请普通护照，应当提交本人的居民身份证、户口簿、近期免冠照片以及申请事由的相关材料。国家工作人员因本法

第五条规定的原因出境申请普通护照的，还应当按照国家有关规定提交相关证明文件。"

本案中，张某某既未按规定将因私护照交由县委组织部登记备案，又在未经审批的情况下私自出国旅游，应定性为违反组织纪律的行为。按照新修订的《中国共产党纪律处分条例》第八十二条"违反有关规定办理因私出国（境）证件、前往港澳通行证，或者未经批准出入国（边）境，情节较轻的，给予警告或者严重警告处分；情节较重的，给予撤销党内职务处分；情节严重的，给予留党察看处分"的相关规定，县纪委常委会经研究决定，给予张某某党内严重警告处分。

资料来源 湖北省纪委，监察厅. 典型案例二十九：说走就走 张某某未经审批出国旅游案［EB/OL］. (2016－06－22). http：//www.hbzfhcxjst.gov.cn/Web/Article/2016/06/22/0953328060.aspx？ArticleID= c07045cc-b919-4d46-bbb2-e92b66894fdb.

（2）旅行证

中华人民共和国旅行证是中华人民共和国护照的替代证件，与护照具有同等效力，由中国驻外的外交代表机关、领事机关或外交部授权的其他驻外机关颁发。旅行证分为一年一次有效和两年多次有效两种，由持证人保存、使用。需变更或加注旅行证的记载事项，应提供变更材料、加注事项的证明或说明材料向颁证机关提出申请。

法律小常识10-1　中华人民共和国旅行证的颁发对象

《中华人民共和国护照法》第二十三条规定："短期出国的公民在国外发生护照遗失、被盗或者损毁不能使用等情形，应当向中华人民共和国驻外使馆、领馆或者外交部委托的其他驻外机构申请中华人民共和国旅行证。"

作为中华人民共和国护照的替代证件，旅行证通常颁发给下列几类中华人民共和国公民：

未持有效港澳同胞回乡证，但拟前往内地的港、澳同胞；

未持有效台湾居民来往大陆通行证，但拟前往大陆，或需从国外直接前往香港、澳门特别行政区的台湾同胞；

在外国出生的儿童，其父母双方或一方均为中国国籍，且未获其他国家永久居留权者；

在外国遗失护照的中国内地旅行者；

领事官员认为不便或不必持用护照的其他人员。

（3）出入境通行证

出入境通行证是一个国家颁发给不便或不必颁发护照的人前往特定区域，证明其身份的证件，与护照具有同等效力。我国出入境通行证有内地居民往来港澳通行证、台湾居民来往大陆通行证、大陆居民往来台湾通行证、港澳同胞来往内地通行证等种类，主要作为往来港澳台的区域性证件。出入中国边境的通行证件，由省级公安厅（局）及其授权的公安机关签发。证件在有效期内一次或多次出入境有效。

法律小常识10-2　　中华人民共和国出入境通行证的适用范围

涉及的内容：因国籍冲突，不便持用普通护照的中国公民，港澳居民所持港澳居民来往内地通行证在内地遗失、损毁或者失效需要返回香港或者澳门，以及内地居民持香港入境事务处签发的定居类进入许可申请赴香港定居的，申请办理中华人民共和国出入境通行证。

一、《中华人民共和国出境入境管理法》

第九条　中国公民出境入境，应当依法申请办理护照或者其他旅行证件。

二、《中华人民共和国护照法》

第二十四条　公民从事边境贸易、边境旅游服务或者参加边境旅游等情形，可以向公安部委托的县级以上地方人民政府公安机关出入境管理机构申请中华人民共和国出入境通行证。

三、《中华人民共和国普通护照和出入境通行证签发管理办法》

满足下列条件之一的，可予以办理：

（一）申请人因国籍冲突，不便持用普通护照的中国公民；

（二）港澳居民所持港澳居民来往内地通行证在内地遗失、损毁或者失效需要返回香港或者澳门的；

（三）内地居民持香港入境事务处签发的定居类进入许可申请赴香港定居的。

（4）签证

中国公民前往其他国家或者地区旅游，还需要取得前往国签证或者其他入境许可证明。但是，中国政府与其他国家政府签订互免签证协议或者公安部、外交部另有规定的除外。中国公民往来内地与香港特别行政区、澳门特别行政区，中国公民往来大陆与台湾地区，应当依法申请办理通行证件，并遵守本法有关规定。

按国际惯例，一般按护照种类发给相应签证，但也可发给高于或低于护照种类的签证。出国旅游应向驻华使、领馆办理签证申请；没有使、领馆，也没有其他使、领馆代办业务的，则需到办理该国签证机关的国家办理。出国旅游一般要提前办理签证（也有的国家针对我国公民实行落地签）；办好签证要特别注意有效期和停留期；需要延长的，应向有关单位办理申请延长手续。

以案说法10-2　　私自涂改验讫章　留学生回国被罚

中国籍留学生王某从德国乘飞机返回北京，边检民警在查验其所持护照时，发现其中一对出入境验讫章有明显的涂改痕迹。王某承认，这是为了向其父母隐瞒他一月份私自回国见女友的经历，才涂改了验讫章。但他并不知道，这种行为已违反了我国出入境相关法律规定。边检部门依法对其作出收缴证件和罚款的处罚。

近年来，北京边检总站查获了多起中国留学生涂改边检出入境验讫章日期的非法入境案件。

案例分析：

护照是重要的出入境证件，护照内的任何信息都不能涂改或损坏。出入境人员所持护照中，只要有一项是伪造或者变造的，即被视为持用伪造的出入境证件。情节严重的，将处以罚款或拘留。学生在留学期间，应严格遵守中国和留学所在国的法律法规。

资料来源　佚名. 北京边检细说典型案例，出入境切勿忽视细节［EB/OL］.（2011-11-03）.［2018-07-17］. https：//www.lvyouw.net/102/390/.

2）中国公民出入境申请的办理

中国公民出境入境，应当向出入境边防检查机关交验本人的护照或者其他旅行证件等出境入境证件，履行规定的手续，经查验准许，方可出境入境。具备条件的口岸，出入境边防检查机关应当为中国公民出境入境提供专用通道等便利措施。

定居国外的中国公民中短期回国探亲、访友、投资、经商、旅游的，凭有效护照、旅行证或者其他有效证件入境。定居国外的中国公民要求回国定居的，应当在入境前向中华人民共和国驻外使、领馆或者外交部委托的其他驻外机构提出申请，也可以由本人或者经由国内亲属向拟定居地的县级以上地方人民政府侨务部门提出申请。

因公出境的中国公民使用的护照由外交部或外交部授权的地方外事部门颁发；因私出境的中国公民使用的护照由公安部或公安部授权的地方公安机关颁发；海员证由港务监督局或港务监督局授权的港务监督部门颁发。中国公民在国外申请护照、证件，由中国驻外国的外交代表机关、领事机关或外交部授权的其他驻外机关颁发。公安部、外交部、港务监督局和原发证机关各自对其发出的或者其授权机关发出的护照和证件有权吊销或宣布作废。

10.1.3　中国旅游者出入境的权利义务、限制及法律责任

1）中国旅游者出入境的权利和义务

中国旅游者出入境的合法权益受中国法律保护，同时也受前往国（地区）法律的保护。当今世界上许多国家（地区）为发展旅游业，对旅游者在旅游活动中最关心的安全、服务质量、发生意外事故的法律保障等问题通过立法建立相应法律制度，签订双边和多边协定，规定外国旅游者应受到与本国国民同等的法律保护，并给予若干优惠，中国旅游者理应得到相关境外法律的保护。

（1）中国旅游者出入境的权利

中国旅游者持护照出入境无须办理签证；公安机关对于中国旅游者出境申请应在规定时间内答复；申请人有权查询规定时间没有审批结果的原因，受理部门应作出答复；申请人认为不批准出境不符合法律规定，可向上一级公安机关申诉，受理机关应作出处理和答复；旅游者本人保存、使用其护照，非经法定事由和特定机关批准，不受吊销、收缴和扣押。

（2）中国旅游者出入境的义务

中国公民出境旅游应申办有效证件及出境登记卡，并妥善保管护照等证件；旅游者有义务按规定缴纳有关证件的工本和手续费用；在指定口岸或对外开放的口岸出入境，应向边检站出示中国护照或其他有效证件，填写出入境登记卡，接受各项检查；遵守中国及

前往国（地区）法律，不得有危害祖国安全、荣誉和利益的行为。

2）中国旅游者出境限制

《中华人民共和国出境入境管理法》第十二条规定，中国公民有下列情形之一的不准出境：

①未持有效出境入境证件或者拒绝、逃避接受边防检查的；

②被判处刑罚尚未执行完毕或者属于刑事案件被告人、犯罪嫌疑人的；

③有未了结的民事案件，人民法院决定不准出境的；

④因妨害国（边）境管理受到刑事处罚或者因非法出境、非法居留、非法就业被其他国家或者地区遣返，未满不准出境规定年限的；

⑤可能危害国家安全和利益，国务院有关主管部门决定不准出境的；

⑥法律、行政法规规定不准出境的其他情形。

3）法律责任

中国公民违反《中华人民共和国出境入境管理法》，有下列行为之一的，处 1 000 元以上 5 000 元以下罚款；情节严重的，处 5 日以上 10 日以下拘留，可以并处 2 000 元以上 1 万元以下罚款：

①持用伪造、变造、骗取的出境入境证件出境入境的；

②冒用他人出境入境证件出境入境的；

③逃避出境入境边防检查的；

④以其他方式非法出境入境的。

微课 10-1：出境旅游要注意哪些问题？

以案说法10-3 　　　　　　因公因私有差异　持用护照应相符

2011 年 11 月 22 日晚上，吴刚（化名）带着 60 多岁的老父亲来到机场，准备乘坐航班前往迪拜旅游。在办理出境手续时，却被边检民警告知，老父亲出境手续不齐全，需补齐手续再出境。吴刚百思不得其解，为什么自己和老父亲一样，拿着从网上下载打印出来的阿联酋签证就能出境，老父亲却不行呢？

经过民警的一番解释，吴刚才明白，原来问题出在护照上。吴刚拿的是常见的中国普通护照，而老父亲由于刚退休还未办理普通护照，使用的仍然是原单位帮助办理的公务普通护照，按照我国出境政策的规定，属于因公出国，必须持用签证原件或者有关部门出具的《出国境证明》才能出境。

当晚，还有 5 名准备赴阿联酋参加展览会的某公司员工，也遇到了和吴刚老父亲同样的问题，被依法阻止出境。

案例分析：

（1）持用因私和因公护照证件出国政策有差异，最好选用和出行目的相符的护照证件。

（2）持用因公护照证件出境，需同时持用签证原件或者有关部门出具的《出国境证明》方可出境。

（3）持用中国普通护照出境，一般也需要同时持用前往国签证或居留证原件。部分国家地区发布声明，允许中国公民前往办理落地签证、口岸签证或允许持用签证复印件入境。但需注意，中国公民出境既要符合前往国入境规定，同时也要遵守我国的出境政策。

资料来源　佚名. 北京边检细说典型案例，出入境切勿忽视细节［EB/OL］.（2011-11-03）［2018-07-17］. https://www.lvyouw.net/102/390/.

10.1.4　边境旅游

边境旅游是指经批准的旅行社组织和接待本国公民及毗邻国家的公民，集体从指定的边境口岸出入境，在双方政府商定的地区和期限内进行的旅游活动。它是出国旅游的组成部分。其特点是：由特定部门组织；接待对象主要是两个邻近国家的公民；通常有双边协议，并在规定区域内进行；时间较短，不需要具备亲友提供的担保。

边境地区开办边境旅游业务，必须具备规定的条件：

①经国务院批准对外国人开放的边境市县；

②有国家正式批准对外开放的国家一、二类口岸，口岸联检设施基本齐全；

③有旅游行政管理部门批准可接待外国旅游者的旅行社；

④具备就近办理参游人员出入境证件的条件；

⑤具备交通条件和接待设施；

⑥同对方国家边境地区旅游部门签订了意向性协议。

边境地区开展边境旅游业务，要做好可行性研究，拟订好实施方案，省、自治区旅游主管部门征求外事、公安、海关等有关部门的意见，并报省、自治区人民政府审核后，由省、自治区人民政府转文化和旅游部审批。

双方参游人员应持用本国有效护照或代替护照的有效国际旅游证件，或两国中央政府协议规定的有效证件。双方旅游团应集体出入国境，交验旅游团名单，由边防检查机关验证放行。严禁公费参游，不准异地申办出境证件，严禁滞留不归或从事非法移民活动，严禁携带违禁物品出入境。旅游团成员如在境外滞留，有关承办旅行社须及时报告边防检查部门和颁发出境证件的公安机关，并承担有关遣返费用。

10.2　外国旅游者入出境管理制度

10.2.1　外国旅游者入出境管理概述

我国入境旅游一直呈现出持续快速增长态势。为了规范出入境管理，维护国家主权、安全和社会秩序，促进对外交往和对外开放，国家制定了外国人入出境管理的一系列法律、法规和规章。现行有效的法律法规主要是：2012年6月30日第十一届全国人大常务委员会第二十七次会议通过的《中华人民共和国出境入境管理法》，并自2013年7月1日起施行。2013年7月3日国务院第十五次常务会议通过并公布的《中华人民共和国外国人入境出境管理条例》，并自2013年9月1日起施行。此外，还有《中华人民共和国海关法》

《中华人民共和国出境入境边防检查条例》等。

10.2.2　外国人入出境管理机关及其职责

中国政府在国外受理外国人入境出境申请的机关是中华人民共和国驻外使、领馆或者外交部委托的其他驻外机构。在国内受理外国人入境、过境、居留、旅行申请的机关是公安部、外交部及其各自职责范围内委托的县级以上地方人民政府公安机关出入境管理机构、县级以上地方人民政府外事部门。

签证、外国人停留居留证件等入境出境证件签发后，发现持证人不符合签发条件等情形的，由签发机关宣布该入境出境证件作废。伪造、变造、骗取或者被证件签发机关宣布作废的入境出境证件无效。公安机关可以对以上情况涉及的或被他人冒用的入境出境证件予以注销或者收缴。

对未被准许入境的外国人，出入境边防检查机关应当责令其返回；对拒不返回的，强制其返回。外国人等待返回期间，不得离开限定的区域。

微课 10-2：
外国人入出境
旅游有哪些限制?

10.2.3　外国旅游者入境有效证件

1）护照

护照是主权国家发给本国公民出入境和在国外旅行、居留，以证明其国籍、身份及出国目的的证件。护照载有"请各国军政机关对持照人予以通行的便利和必要的协助"字样，由公民所在国的外交或公安机关颁发。除外交护照外，还有公务护照、普通护照两种，各国视情况颁发。凡入出中国国境的外国旅游者应持有效护照，以便中国有关当局查验。

2）签证

签证是主权国家官方机构发给申请者出入该国国境或外国人在该国国内停留、居住的许可证明。它是附签于申请人所持入出境通行证件上的文字说明，也是一个国家检查进入或经过这个国家的人员身份和目的的合法性证明。签证实际上是一国实施有条件准许他国公民入境的措施。

一国外交、领事、公安机关或由上述机关授权的其他机关，根据外国人要求入境的申请，依照有关规定在其所持证件（护照等）上签注、盖印，表示准其出入本国国境或过境的手续。根据证件持有人是否享有外交特权和礼遇，分别给予外交、礼遇、公务或者普通签证；根据需要次数和时间限制，分为长期、短期签证，一般是一次入出境有效。有些国家为加强友好交往，在互惠原则的基础上，互免签证手续；也有许多双边条约，规定互免签证手续。旅游者办理护照后，应申请所去国和中途经过或停留国家在其有效证件上签证。

以案说法 10-4　　　　　　　　误解签证有效期　法国旅客被遣返

2011 年 11 月，一位法国旅客持有已经使用过一次的"一次有效"中国签证入境，被边检民警告知签证无效。经了解，该旅客因签证上标注"有效期至2011年12月25日"字样，就误以为只要在该日期之前就可以入境。边检民警向其解释：此中国签证的签发期为2011年9月25日，有效期至2011年12月25日，入境次数为"一次有效"，是指旅客在2011年9月25日至12月25日之间，可以一次入境中国。因其已经在2011年10月使用此签证入境中国一次，所以此签证是无效签证。无奈之下，该旅客只能原地乘机回国。

北京边检提示：中国签证上写有签证次数，分为"一次有效"、"两次有效"和"多次有效"。同时还写有"签证签发日期"和"签证有效期至"字样。"一次有效"签证表明，在签发期和有效期之间，旅客可以持该签证一次入境中国，使用一次后，即为无效签证。如果想再次入境中国，需重新向中国驻当地使、领馆申请签证。同理可知"两次有效"和"多次有效"中国签证的含义。

资料来源 佚名. 北京边检细说典型案例，出入境切勿忽视细节［EB/OL］. (2011-11-03)［2018-07-17］. https://www.lvyouw.net/102/390/.

《中华人民共和国外国人入境出境管理条例》规定，根据外国人申请入境的事由，我国普通签证主要分为12种类别，并以汉语拼音字母表示类别，以阿拉伯数字1表示长期、2表示短期：

①C字签证，发给入境从事跨境运输活动的外国航空器机组人员、列车乘务员、汽车驾驶员、船舶船员及随行的船员家属。

②D字签证，发给来中国永久居留的人员。

③F字签证，发给入境从事科学、教育、文化、卫生、体育等非商业性交流、访问活动的人员。

④G字签证，发给经中国过境的人员。

⑤J1字签证，发给境外常驻中国新闻机构的外国常驻记者；J2字签证，发给来中国进行短期采访报道的外国记者。

⑥L字签证，发给入境旅游观光的人员，以团体形式入境旅游的，可以签发团体L字签证。

⑦M字签证，发给入境进行商业、贸易活动的人员。

⑧Q1字签证，发给因家庭团聚申请入境居留的中国公民的家庭成员、具有永久居留资格的外国人的家庭成员，以及因寄养等原因需要在中国境内居留的人员；Q2字签证，发给申请入境短期探望居住在中国境内的中国公民、具有永久居留资格的外国人。

⑨R1字签证，发给需要在中国境内居留的外国高层次人才和急需紧缺专门人才；R2字签证，发给需要在中国境内停留的外国高层次人才和急需紧缺专门人才。

⑩S字签证，发给入境处理婚姻、继承、收养等私人事务或者接受医疗服务的人员。

⑪X1字签证，发给申请在中国境内的教育、培训机构长期学习的人员；X2字签证，发给申请在中国境内的教育、培训机构短期学习的人员。

⑫Z1字签证，发给申请在中国境内工作超过90天的人员；Z2字签证，发给申请在中国境内工作不超过90天的人员。

J1字、R1字、R2字、X1字、Z1字签证申请人的配偶、父母、未满18周岁的子女、配偶的父母可申请依附签证，以在主申请人签证类别字母后加注"-Y"形式表示。

以案说法10-5 不明签证使用范围 外籍丈夫国门受阻

原籍为中国广东的谢女士，在其丹麦丈夫的陪伴下回国探亲、旅游，经香港从深圳入境，并在口岸签证机关为其丈夫办理了深圳特区旅游签证。根据我国出入境管理的相关法律规定，持用经济特区旅游签证的外国人，在签证规定停留期内，不得离开经济特区。由于对我国出入境法律法规不了解，夫妻两人又一同来到北京旅游，超出了签证许可范围。当两人来到首都机场准备乘飞机回国时，被北京边检警方依法阻止出境。

北京边检提示：经济特区签证是发放给从深圳或珠海入境旅游的外国人的专用签证，其持用人只能在规定的特区范围内活动，并从该特区口岸入出境。如确有特殊情况需要离开特区，需向当地公安出入境管理部门申请加签，否则将会受到处罚。

资料来源 佚名. 北京边检细说典型案例，出入境切勿忽视细节［EB/OL］.（2011-11-03）［2018-07-17］. https://www.lvyouw.net/102/390/.

旅游者申请签证，须口头答复被询问的有关情况，并履行相关手续；提供有效证件；填写签证申请表；交近期2寸半身正面免冠照片；交验中国旅游部门的接待证明（签证通知）；向法律规定的部门申请L字签证（L字签证是发给来中国旅游观光的人员，其中9人以上来中国旅游的，发给团体旅游L字签证）。文化和旅游部、省级旅游部门及特定的旅行社，依法行使到我国境内旅游的签证通知权。中国政府驻外使、领馆和外交部授权的其他驻外机关、公安部及其授权的其他机关、外交部及其授权的其他机关是办理签证事宜的部门。经授权的地方公安机关作为口岸签证机关，按法律规定的事宜，对在外事、旅游活动中确需来华而来不及在中国驻外机关申办签证的外国人办理签证的，申办人一下飞机即可办理签证，这种方式俗称"落地签证"。

我国采取三种签证制度：通常情况下采取一次签证一次有效的制度，另外还有多次签证和免除签证制度。签证有一定的格式内容，包括签证有效期、有效次数、停留期、入出境口岸、偕行人员等。外国旅游者应在签证有效期内，按照指定的入境口岸、交通工具和线路通行，非经许可，中途不得停留。

旅游者领取签证、证件后，需要申请变更或延期，诸如有效期延长、增加偕行人员、增加不对外国人开放地点，法律是许可的，但应向证件发放机关申办，并办理下列手续：交验护照和签证、旅行证等证件；填写变更或延期申请表，并提供与延期或变更有关的证明；缴纳规定的费用。

3）旅行证

持有效证件的旅游者，可以前往我国规定对外开放的地区旅游。根据规定，此类地区称为甲类地区；已对外开放、控制开放和新增加开放地区为乙类地区；只准许去考察、进行技术交流、现场施工等公务活动的一般性对外开放地区为丙类地区；不对外国人开放的地区为丁类地区。外国人前往不对外国人开放的地区旅行，必须向当地公安机关申请旅行证件，由旅游者临时居留地或工作地的市、县公安局办理。申请人应交验护照或居留证件，提供旅行事由的有关证明，填写旅行申请表。外国人旅行证有效期最长为1年。如需延长有效期、增加不对外国人开放的地点、增加偕行人数，必须向公安局申请延期或变更。

我国法律规定对不办理外国人旅行证、未经批准前往不对外国人开放的地区的外国人，责令立即离开；情节严重的，处5日以上10日以下拘留。旅行社还可接受外国旅游者、华侨、港澳台同胞、外国华人的委托，代办中国（内地/大陆）入境、过境、居留、旅行等签证，代向海关办理申报、检验手续。

10.2.4 外国人在中国停留、居留与住宿所需证件

1）停留

外国人所持签证注明的停留期限不超过180日的，持证人凭护照和签证并按照签证注明的停留期限在中国境内停留。持C字、G字、L字、Z2字签证入境的外国人，因人道、不可抗力原因需要在签证停留期限届满后继续停留的，可以向停留地县级以上地方人民政府公安机关出入境管理机构申请延长停留期限。需要延长签证停留期限的，应当在签证注明的停留期限届满7日前向停留地县级以上地方人民政府公安机关出入境管理机构申请，按照要求提交申请事由的相关材料。经审查，延期理由合理、充分的，准予延长停留期限；不予延长停留期限的，应当按期离境。延长签证停留期限，累计不得超过签证原注明的停留期限。

2）居留

外国人在中国居留，必须持有中国政府主管机关签发的居留证件。居留证件的有效期限，根据入境的事由确定。外国人居留证件，发给在中国居留180天以上的人员。对中国经济社会发展作出突出贡献或者符合其他在中国境内永久居留条件的外国人，经本人申请和公安部批准，取得永久居留资格。取得永久居留资格的外国人，凭永久居留证件在中国境内居留和工作，凭本人的护照和永久居留证件出境入境。因政治原因要求在中国政治避难的外国人，经中国政府主管机关批准，准许在中国居留。

根据外国人所持居留类签证类别、居留事由，居留证件分为以下类别，并以相应汉字进行标识：

①人才类居留证件，发给在中国境内居留的高层次人才和急需紧缺专门人才；

②工作类居留证件，发给在中国境内工作90日以上的人员；

③学习类居留证件，发给在中国境内学习180日以上的人员；

④记者类居留证件，发给在中国境内常驻的记者；

⑤团聚类居留证件，发给因家庭团聚需要在中国境内居留的中国公民、具有永久居留资格的外国人的家庭成员，以及因寄养等原因需要在中国境内居留的人员；

⑥依附类居留证件，发给在中国境内居留的外国人的配偶、父母、未满18周岁的子女和配偶的父母；

⑦其他类居留证件，发给因人道等原因需要在中国境内居留的人员。

外国人工作类居留证件的有效期最短为90日，最长为5年。非工作类居留证件的有效期最短为180日，最长为5年。

对不遵守中国法律的外国人，中国政府主管机关可以缩短其在中国停留的期限或者取消其在中国停留的资格。

3）住宿

外国人在中国境内旅馆住宿的，旅馆应当按照旅馆业治安管理的有关规定为其办理住宿登记，并向所在地公安机关报送外国人住宿登记信息。

外国人在旅馆以外的其他住所居住或者住宿的，应当在入住后24小时内由本人或者留宿人，向居住地的公安机关办理登记。

根据维护国家安全、公共安全的需要，公安机关、国家安全机关可以限制外国人、外国机构在某些地区设立居住或者办公场所；对已经设立的，可以限期迁离。

10.3　中国出入境边防检查制度

知识链接10-1　　　　我国对外国旅游者入出境的"一关四检"制度

我国有关法律规定了对外国旅游者进行海关、边防、安全、卫生、动植物的检查检疫制度。

一、海关检查

海关，是国家的门户，是国家出入境管理机构。

海关检查，指海关在国境口岸依法对进出国境的货物、运输工具、行李物品、邮递品和其他物品执行监督管理、代收关税和查禁走私等任务时所进行的检查。

外国旅游者来中国，要接受海关对其入境运输工具和行李物品的检查。旅游者除了搭乘飞机、船舶或列车，在邻近国家之间往往驾驶车辆、船舶等交通工具，因此各国都制定了对外国旅游者运输工具的监督和检查制度。进出中国国境的旅游者应将其携带的海关认为必须复运出境的物品，由海关登记后放行，旅游者出境时必须将原物带出；旅游者携带的黄金、珠宝等饰物，如准备带出境，应向海关登记，由海关发给证书，以便出境时海关凭证核放。进出国境的旅游者携带的行李物品符合纳税规定的，应照章纳税。

目前由于各国出入境旅游的人数大增，绝大多数国家在海关检查时简化了手续。有的国家免检，如欧洲一些国家在海关处写明"不用报关"或无人办公，有的国家实行口头申报，过关时只口头问一问，很少开箱检查；只有少数国家过关时既要填申报单（从"红色通道"即申报通道通过），又要开箱检查。我国的海关也简化了手续，未带违禁物品和征税物品的，可以从绿色通道（无申报通道）直接过关。

二、边防检查

为维护国家主权和安全，禁止非法入出境，保证入出境人员和交通运输畅通，各国都在对外开放的港口、机场、国境车站和通道以及特许的进出口岸设立了边防检查站，对入出境的人和物进行检查。根据《中华人民共和国出境入境边防检查条例》，我国的边防检查工作主要由公安部主管。旅游者入境时，应主动出示交验护照和其他有效证件；接受边防检查站对其行李物品的检查；携带枪支的，应依照我国《枪支管理办法》的规定办理。

不按规定接受验证、行李物品检查的，由边防检查站予以处罚。

边防检查站有权阻止下列情形之一的旅游者入境或出境：未持入出境证件的；持用无效入出境证件的；持用他人入出境证件的；持用伪造或涂改的入出境证件的；拒绝接受边防检查的；未在限定口岸通行的；国务院公安部门、国家安全部门通知不准入出境的；法律、法规规定不准入出境的。

三、安全检查

安全检查，是指中国海关和边检站为保证旅游者生命和财产安全，禁止携带武器、凶器、爆炸物品，采用安全门通过磁性探测检查、红外线透视、搜身开箱检查等方法，对旅游者所进行的检查。

四、卫生检疫

为防止传染病由国外传入或由国内传出，保护人身健康，各国都制定了国境卫生检疫法。我国依据《中华人民共和国国境卫生检疫法》设立了国境卫生检疫机关，在入出境口岸依法对包括旅游者在内的有关人员及其携带的动植物和交通运输工具等实施传染病检疫、检测和卫生监督；只有经过检疫，由国境卫生检疫机关许可，才能入出境。

五、动植物检疫

为了保护我国农、林、牧、渔业生产和人体健康，维护对外贸易信誉，履行国家间义务，防止危害动植物的病、虫、杂草及其他有害生物由国外传入或由国内传出，我国同世界其他国家都制定了动植物检疫的法律。1993年10月23日，广州动植物检疫局从一名外籍旅游者携带的125千克新鲜辣椒中发现了地中海实蝇，这是世界性检疫害虫，原产于西非热带地区，几乎危害所有的水果及一些蔬菜。美国农业部为防治地中海实蝇，花掉了8 000多万美元。如果该虫在加州定居，经济损失将高达数十亿美元，全美的损失就更大。

在我国边境口岸设立的口岸动植物检疫站，代表国家对入出境的动物、动物产品、植物、植物产品及运载动植物的交通工具等执行检疫检查。旅游者应主动接受动植物检疫，并按有关规定入出境。

当事人应主动向口岸动植物检疫机关报检，凭其签发的"检疫证书"或在报关单上的印章验放；否则，不准入出境。

10.3.1　出入境边防检查管理概述

为维护中华人民共和国的主权、安全和社会秩序，便利出入境的人员和交通运输工具的通行，国务院先后于1952年和1965年制定了两个有关边防检查方面的行政法规。现行有效的是1995年7月6日国务院第34次常务会议通过的《中华人民共和国出境入境边防检查条例》，自1995年9月1日起施行。

我国在对外开放的港口、航空港、车站和边境通道等口岸设立了出境入境边防检查站，其工作由公安部主管。边防检查站的职责是：对出入境人员及其行李物品、交通运输工具及其载运的货物实施边防检查；按国家有关规定对出入境的交通运输工具进行监护；

对口岸的限定区域进行警戒，维护出入境秩序；执行主管机关赋予的其他法律、行政法规规定的任务。边防检查人员必须依法执行公务；任何组织和个人不得妨碍边防检查人员依法执行公务。出入境人员和交通工具，必须在对外开放的口岸或主管机关特许的地点通行，接受边防检查、监护和管理。

10.3.2　边防检查的主要内容

1）对出入境人员的检查

出入境人员必须按照规定填写出入境登记卡，向边防检查站交验本人的有效护照或者其他出入境证件，经查验核准后，方可出入境。边防检查站对有下列情形之一的出入境人员，有权阻止其出入境：

①未持出入境证件的；

②持用无效出入境证件的；

③持用他人出入境证件的；

④持用伪造或者涂改的出入境证件的；

⑤拒绝接受边防检查的；

⑥未在限定口岸通行的；

⑦国务院公安部门、国家安全部门通知不准出入境的；

⑧法律、行政法规规定不准出入境的。

出入境人员有下列情形之一的，边防检查站有权限制其活动范围、进行调查或移送有关机关处理：

①有持用他人出入境证件嫌疑的；

②有持用伪造或者涂改的出入境证件嫌疑的；

③国务院公安部、国家安全部和省级公安机关、国家安全机关通知有犯罪嫌疑的；

④有危害国家安全、利益和社会秩序嫌疑的。

2）对运输工具及人员的检查

出入境的交通运输工具离抵口岸时，必须接受边防检查。对交通运输工具的入境检查，在最先抵达的口岸进行；出境检查，在最后离开的口岸进行。在特殊情况下，经主管机关批准，对交通运输工具的入境、出境检查，也可以在特许的地点进行。

边防检查站对处于下列情形之一的出境、入境交通运输工具，有权进行监护：

①离、抵口岸的火车、外国船舶和中国客船在出境检查后到出境前、入境后到入境检查前和检查期间；

②火车及其他机动车辆在国（边）界线距边防检查站较远的区域内行驶期间；

③外国船舶在中国内河航行期间；

④边防检查站认为有必要进行监护的其他情形。

出入境交通运输工具有下列情形之一的，边防检查站有权推迟或者阻止其出入境：

①离抵口岸时，未经边防检查站同意，擅自出入境的；

②拒绝接受边防检查、监护的；

③被认为载有危害国家安全、利益和社会秩序的人员或者物品的；

④被认为载有非法出入境人员的；

⑤拒不执行边防检查站依法作出的处罚或者处理决定的；

⑥未经批准擅自改变出入境口岸的。

3）对行李物品、货物的检查

边防检查站根据维护国家安全和社会秩序的需要，可以对出入境人员携带的行李物品和交通运输工具载运的货物进行重点检查。

出入境的人员和交通运输工具不得携带、载运法律、行政法规规定的危害国家安全和社会秩序的违禁物品；携带、载运违禁物品的，边防检查站应当扣留违禁物品，对携带人、载运违禁物品的交通运输工具负责人依照有关法律、行政法规的规定处理。

任何人不得非法携带属于国家秘密的文件、资料和其他物品出境；非法携带属于国家秘密的文件、资料和其他物品出境的，边防检查站应当予以收缴，对携带人依照有关法律、行政法规的规定处理。

出入境人员携带或者托运枪支、弹药，必须遵守有关法律、行政法规的规定，向边防检查站办理携带或者托运手续；未经许可，不得携带、托运枪支、弹药出入境。

10.4　中国出入境卫生检疫制度

10.4.1　出入境卫生检疫

1）出入境卫生检疫概述

随着我国社会经济文化的快速健康发展和对外开放的进一步扩大，出入境人数逐年增多。为了防止传染病由国外传入或者由国内传出，实施国境卫生检疫，保护人体健康，中华人民共和国成立以来制定了卫生检疫法律、法规并逐步完善。现行有效的是1986年12月全国人大常委会制定、2018年4月第三次修订的《中华人民共和国国境卫生检疫法》和1989年2月国务院批准、2016年第二次修订的《中华人民共和国国境卫生检疫法实施细则》。

在中华人民共和国国境通航的港口、机场以及陆地边境和国界江河的口岸（以下简称国境口岸），设立国境卫生检疫机关，依照本法规定实施传染病检疫、检测和卫生监督。这里所说的传染病是指检疫传染病和监测传染病。检疫传染病是指鼠疫、霍乱、黄热病以及国务院确定和公布的其他传染病。监测传染病由国务院卫生行政部门确定和公布。

凡入出境的人员、交通工具、运输设备以及可能传染检疫传染病的行李、货物、邮包等物品，都应当接受检疫，经国境卫生检疫机关许可，方准入境或者出境。此外，在境外或者境内有检疫传染病大流行的时候，国务院可以下令封锁有关的国境或者采取其他紧急措施。

2）卫生检疫制度的主要内容

（1）检疫地点

入境的交通工具和人员，必须在最先到达的国境口岸的指定地点接受检疫。除引航员外，未经国境卫生检疫机关许可，任何人不准下交通工具，不准装卸行李、货物、邮包等物品。出境的交通工具和人员，必须在最后离开的国境口岸接受检疫。

（2）人员的检疫

在国境口岸发现检疫传染病、疑似检疫传染病，或者有人非因意外伤害而死亡并死因不明的，国境口岸有关单位和交通工具的负责人，应当立即向国境卫生检疫机关报告，并申请临时检疫。

国境卫生检疫机关依据检疫医师的检疫结果，对未染有检疫传染病或者已实施卫生处理的交通工具，签发入境检疫证或者出境检疫证。

国境卫生检疫机关必须立即将检疫传染病染疫人隔离，隔离期限根据医学检查结果确定；对检疫传染病染疫嫌疑人，应当将其留验，留验期限根据该传染病潜伏期确定。因患检疫传染病而死亡的尸体，必须就近火化。

（3）物品的检疫

①接受入境检疫的交通工具有下列情形之一的，应当实施消毒、灭鼠、除虫或其他卫生处理：来自检疫传染病疫区的；被检疫传染病污染的；发现有与人类健康有关的啮齿动物或者病媒昆虫的。

②国境卫生检疫机关对来自疫区的、被检疫传染病污染的或者可能成为检疫传染病传播媒介的行李、货物、邮包等物品，应当进行卫生检查，实施消毒、灭鼠、除虫或其他卫生处理。

③入出境的尸体、骸骨的托运人或者其他代理人，必须向国境卫生检疫机关申报，经卫生检查合格后发给入境、出境许可证，方可运进或者运出。

（4）传染病的监测

①国境卫生检疫机关对入出境的人员及物品实施传染病监测，并采取必要的预防、控制措施。

②国境卫生检疫机关有权要求入出境的人员填写健康申明卡，并出示某种传染病的预防接种证书、健康证明或者其他有关证件。

③对患有监测传染病的人、来自国外监测传染病流行区的人或者与监测传染病人密切接触的人，国境卫生检疫机关应当区别情况，发给就诊方便卡，实施留验或者采取其他预防、控制措施，并及时通知当地卫生行政部门。各地医疗单位对持有就诊方便卡的人员，应当优先诊治。

（5）卫生监督

根据《中华人民共和国国境卫生检疫法》的规定，国境卫生检疫机关根据国家规定的卫生标准，对国境口岸卫生情况和停留在国境口岸的入出境交通工具的卫生状况实施卫生监督：

①监督和指导有关人员对动物、病媒昆虫的检查和防除；

②检查和检验仪器、饮用水及其储存、供应、运输设施;

③监督从事食品、饮用水供应从业人员的健康状况,检查其健康证明书;

④监督和检查垃圾、废物、污水、粪便、压舱水的处理。

国境卫生检疫机关设立国境口岸卫生监督员,执行国境卫生检疫机关交给的任务。国境口岸卫生监督员在执行任务时,有权对国境口岸和入出境的交通工具进行卫生监督和技术指导,对卫生状况不良和可能导致传染病传播的因素提出改进意见,协同有关部门采取必要措施,进行卫生处理。

10.4.2　进出境动植物检疫

1)进出境动植物检疫概述

检疫制度是国家制定的进出境动植物检疫的法律规范,主要包括:检疫审批制度、检疫报检制度、现场检疫制度、隔离检疫制度、调离检疫制度、检疫放行制度、废弃物处理制度、检疫监督制度、检疫收费制度。检疫措施是法律规定的强制性的行政措施,是为了保护农林牧渔业生产和人体健康、促进对外经济贸易的手段和办法,有关单位和个人必须遵守和执行。现行有效的法律、法规有:1991年10月全国人大常委会制定的《中华人民共和国进出境动植物检疫法》和1996年12月国务院公布实施的《中华人民共和国进出境动植物检疫法实施条例》。

2)入境动物的检疫程序

①接受报验和准备工作:查验入境动物检疫审批单、检疫证书、贸易合同、发票等单证,根据手续是否完备,确定是否接受报验。根据我国有关检疫规定、双边检疫卫生条件以及合同要求,制订检疫计划和工作方案,做好检疫前准备工作。

②现场检疫:输入的动物运达口岸时,检疫人员实施登机(车、船)检疫,查看有关单证,核对货证是否相符,观察动物健康状况,对运输工具、铺垫物、粪便及污染场地、物品进行消毒。

③隔离检疫:隔离期间每天观察动物健康状况,做好记录,监督日常防疫消毒,采样送样。

④实验室检验:各检验项目严格按有关操作规程进行操作。

⑤检疫出证和处理:根据现场检疫、隔离检疫和实验室检验的结果进行综合评定,得出正确的检疫结果。经检疫未发现应检疫病的,签发检疫放行通知单;发现应检疫病的,出具动物检疫证书,同时签发检疫处理通知单。对隔离场的动物、车辆、用具、场地、剩下的饲料作防疫消毒。

⑥总结归档工作:检疫工作完毕后,检疫人员应整理本批次检疫、检验过程中所有检验资料,撰写工作总结,将有关单证、资料归档。

对于检验不合格的动物产品,海关应予以扣留,并就地销毁。

3)出境动植物检疫有效期

出境动植物检疫有效期是动植物检疫证书上注明的检疫日期至检疫物出境日期。动物检疫有效期为7天,动物产品检疫有效期为14天,植物产品检疫有效期为21天,辽宁、吉林、黑龙江、内蒙古、新疆五省（区）在冬季（11 月 1 日至翌年 2 月底）检疫的，检疫有效期可适当延长，但最长不能超过 35 天。输入国家或者地区对动植物检疫证书签发日期的有效期限有特别规定的，按该国或地区的规定执行。

4）出境动物的检疫程序

出境动物的检疫程序为：报检、产地检疫、口岸检疫、出证、离境和押运。

（1）报检

当货主或者其代理人输出动物时，应提前向国家出入境检验检疫局或口岸出入境检验检疫机构申报，由国家出入境检验检疫局根据输入国的检疫要求确认，然后货主与输入国签约。货主或其代理人于动物出境前 60 天向出境口岸出入境检验检疫机构报检。

（2）产地检疫

出境动物检疫需要产地检疫的，可由动物所在地出入境检验检疫机构根据检疫条款检疫，符合检疫要求的出具产地检疫证书。必要时，出境口岸出入境检验检疫机构可派检疫人员到产地进行疫情调查。

（3）口岸检疫

产地检疫合格的动物，需要进行隔离检疫的，货主或其代理人须提供临时隔离检疫场，经口岸出入境检验检疫机构检查、批准签发出入境动物临时隔离场许可证后隔离待出境的动物。隔离检疫期间，由出境口岸出入境检验检疫机构派驻检疫人员负责驻场检疫的各项工作。其实验室的检疫工作与入境实验室检验工作相同。

（4）出证

经检疫合格的动物，签发动物检疫证书。

（5）离境和押运

装运动物出境的运输工具、装运场地必须经口岸出入境检验检疫机构消毒处理。必要时，口岸出入境检验检疫机构派员随押运人员一起了解运输途中的有关情况。

以案说法 10-6　　　　　上海口岸首次在进口蜂产品中检出狄斯瓦螨

2017 年 3 月，上海检验检疫局在一批墨西哥蜂蜜中检出狄斯瓦螨，该批产品共计 9.44 吨，货值 3.40 万美元，为全国首例。上海检验检疫局在第一时间将不合格信息上报国家质检总局，国家质检总局据此发布了警示信息，要求全国各口岸加强对墨西哥蜂产品检验检疫监管，上海检验检疫局依法对该批蜂蜜采取了监督销毁的处理措施，切实保障了我国消费者"舌尖上的安全"。

2017 年度，上海口岸在进口蜂产品中共检出不合格产品 14 批次，不合格原因包括锌含量超标、菌落总数超标、检出蜂病病原等。

资料来源　金旻矣. 上海检验检疫局发布 15 大进口商品典型案例［EB/OL］.（2018-03-10）［2018-07-18］. http://k.sina.com.cn/article_1737737970_6793c6f20200068ct.html?cre=newspagepc&mod=f&loc=4&r=9&doct=0&rfunc=100.

■ 本章小结

本章阐述了中国公民出入境管理制度、外国人入出境管理制度、边防检查制度、卫生检疫及动植物检疫制度等具体内容，以及中国公民出入境旅游管理、边境旅游管理法律、法规及尽管这些法律、法规并不是针对旅游业的发展而制定的，却适用于旅游业出入境管理。特别是对经营入境旅游接待、出境旅游组团的旅行社和旅游者来说，具有十分重要的现实意义。

■ 主要概念

护照　旅行证　出入境通行证　签证　边防检查　卫生检疫制度　动植物检疫　边境旅游

■ 选择题

1.中国旅游者出入境的有效证件有（　　　）。

A.护照　　　　　　　B.旅行证　　　　　　C.出入境通行证　　　D.签证　　E.居留证

2.申请经营出国旅游业务的旅行社，应当向省、自治区、直辖市旅游行政管理部门提出申请。省、自治区、直辖市旅游行政管理部门应当自受理申请之日起（　　　）个工作日内，对符合条件的旅行社，经审查同意，报国务院旅游行政管理部门批准；经审查不同意的，应当书面通知申请人并说明理由。

A.30　　　　　　　　B.60　　　　　　　　C.90　　　　　　　　D.120

3.中国公民出国旅游目的地的国家和地区，应当由（　　　）。

A.省级旅游部门会同省级公安、外事管理机关提出，报文化和旅游部审批

B.文化和旅游部和公安机关提出，报国务院审批

C.公安部和外交部提出，报国务院审批

D.文化和旅游部会同外交部、公安部提出，报国务院审批

4.发给来中国旅游、探亲或处理其他私人事务入境的外国人的签证是（　　　）。

A.C字签证　　　　　B.G字签证　　　　　C.F字签证　　　　　D.L字签证

5.外国旅游者来中国旅游，发给团体旅游签证的团队人数须在（　　　）。

A.5人以上　　　　　B.9人以上　　　　　C.12人以上　　　　　D.16人以上

6.外国人向我国驻外签证机关申请的签证主要有（　　　）。

A.外交签证　　　　　B.礼遇签证　　　　　C.公务签证　　　　　D.普通签证

■ 判断题

1.中华人民共和国旅行证分为一年一次有效和一年多次有效。（　　　）

2.根据《中华人民共和国出境入境管理法》的规定，属于刑事案件的被告人以及犯罪嫌疑人的，是不准出境的。（　　　）

3.旅游团队出境后因不可抗力或者其他特殊原因确需分团入境的，领队应当及时通知

组团社，组团社应当立即向有关出入境边防检查总站或者省级公安边防部门备案。（　　）

4.边防检查站对出入境的人员及其交通工具的检查，入境检查在最先抵达的口岸进行，出境在最后离开的口岸进行。（　　）

5.入境的交通工具和人员，必须在最先抵达的国境口岸的指定地点接受检疫。除引航员和领队外，未经国境卫生检疫机关许可，任何人不准下交通工具，不准装卸行李、货物、邮包等物品。（　　）

■ 简答题

1.如何办理中国公民出入境申请？

2.简述中国公民出入境旅游的权利义务及其限制。

3.外国旅游者入出中国国境要接受哪些方面的检查？

■ 案例分析题

某公司经理去南非考察旅游，乘坐航班由约翰内斯堡出发经香港转机抵达上海虹桥国际机场。入境时，未向海关申报任何物品，直接选走绿色通道。机场海关在对其行李进行检查时，发现在其随身携带的拉杆行李箱中有象牙1根、象牙手镯3只、象牙印章9枚、白腿大羚羊角2对。上述物品均属珍贵动物制品，被海关当场没收。本案例后被移送至上海海关走私犯罪侦察分局立案侦查。

请问：（1）该经理的行为违反了哪些规定？应如何处理？

（2）从本案例中可得到什么警示？

■ 实训题

调查中国公民出入境旅游市场的相关资料，并在课堂上交流讨论。

第11章

旅游资源管理法律制度

学习目标

通过本章学习，了解旅游资源的概念和我国对旅游资源保护的法律制度，重点掌握风景名胜区的设立、文物保护的范围、旅游区（点）质量等级的划分与评定。了解我国在旅游资源保护方面的主要法律法规，增强法律知识，结合案例增强运用法律能力。

知识结构思维导图

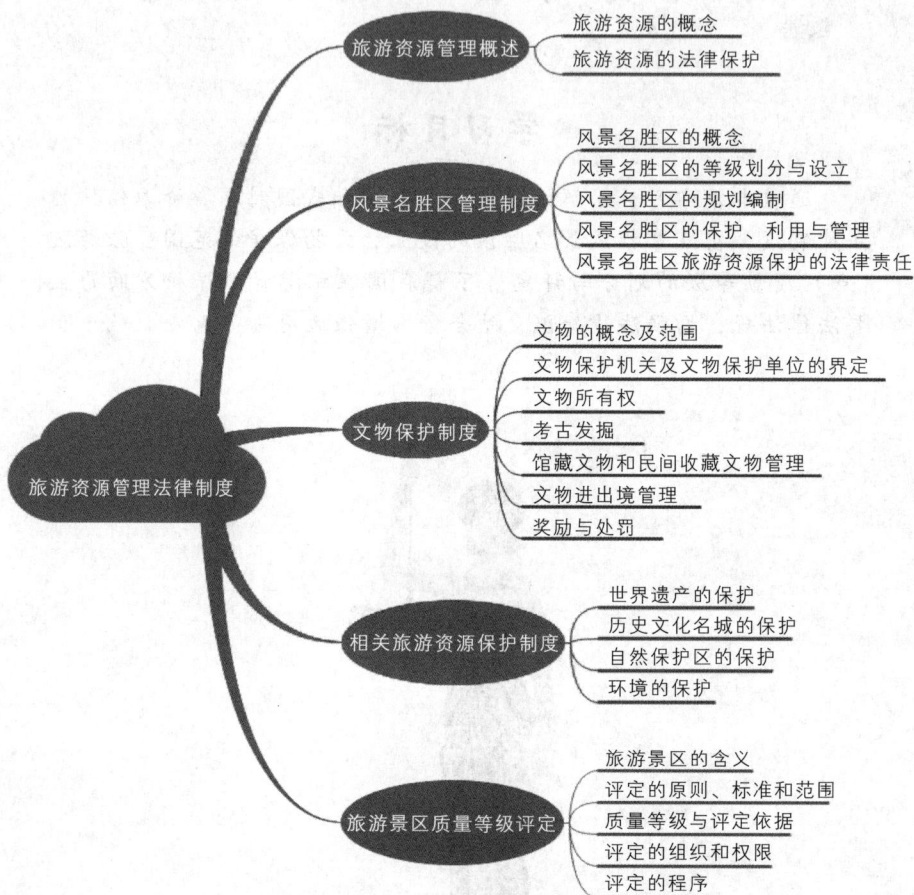

旅游资源管理概述
- 旅游资源的概念
- 旅游资源的法律保护

风景名胜区管理制度
- 风景名胜区的概念
- 风景名胜区的等级划分与设立
- 风景名胜区的规划编制
- 风景名胜区的保护、利用与管理
- 风景名胜区旅游资源保护的法律责任

文物保护制度
- 文物的概念及范围
- 文物保护机关及文物保护单位的界定
- 文物所有权
- 考古发掘
- 馆藏文物和民间收藏文物管理
- 文物进出境管理
- 奖励与处罚

相关旅游资源保护制度
- 世界遗产的保护
- 历史文化名城的保护
- 自然保护区的保护
- 环境的保护

旅游景区质量等级评定
- 旅游景区的含义
- 评定的原则、标准和范围
- 质量等级与评定依据
- 评定的组织和权限
- 评定的程序

旅游资源管理法律制度

　　　　青海湖鸟岛及沙岛景区停止营业以保护生态

青海湖是我国最大的内陆咸水湖，也是国际重要湿地。作为水鸟的重要繁殖地，每年约有 6 万只水鸟在青海湖鸟岛繁殖，约有 10 万只水鸟迁徙停留。在青海湖繁殖的棕头鸥、斑头雁、鸬鹚占全球繁殖总量的 60%。据了解，目前已有 40 种 2 万多只鸟来到青海湖。

过去，每年慕名到青海湖鸟岛和沙岛景区游览的游客络绎不绝。近年来，随着我国环境执法监管力度不断增强，全社会环保意识逐渐提升，青海湖景区保护利用管理局为减少旅游活动对青海湖生态环境的影响、保护青海湖生态环境和自然资源，根据《中华人民共和国环境保护法》《中华人民共和国自然保护区条例》等有关法律、法规，自 2017 年 8 月 29 日起关停了位于青海湖国家级自然保护区的鸟岛景区和沙岛景区，并停止一切旅游经营活动。

资料来源　徐文婷.青海湖鸟岛及沙岛景区停止营业以保护生态〔EB/OL〕.〔2018-05-14〕. http：//www.xinhuanet.com/2018-05/14/c_1122830330.htm.

11.1　旅游资源管理概述

11.1.1　旅游资源的概念

对"旅游资源"一词，学术界有着不同的认识。通常认为旅游资源是指能激发人们的旅游动机，对旅游者产生吸引力，能为旅游业所利用，产生经济效益和社会效益的自然景观和人文景观及民俗等。旅游资源可以分为自然旅游资源和人文旅游资源两大类。自然旅游资源，是指自然界中地理环境和生物所构成的吸引人们前往进行旅游活动的自然景观，它包括地貌、天文、气候、动植物等。人文旅游资源，是指反映古今人类政治、经济、文化、艺术和宗教等活动的人文景观和民俗等。

构成旅游资源要具备两个条件：一是对旅游者而言有游览价值，通过开发能够吸引旅游者前来观光旅游，使其获得精神享受；二是能够为旅游业所利用，产生经济效益。

旅游资源具有独特性、地域性和社会性三个特点。独特性，是指自然界的景色丰富多彩、千差万别，人类社会的发展进程错综复杂、千变万化，在自然和社会交织的地球表面，可以看到许多引人入胜的独特景色，如名山、胜水、文化遗产、宗教圣地等。地域性，是指旅游资源具有一定的地域范围，有强烈的地方色彩。自然风光资源是因当地的气候、地貌、水文、动植物相互制约、相互作用所形成的，具有明显的地域性；而人文景观、文化活动、风俗习惯、村镇民宅也有明显的地域差别。社会性，是指在旅游过程中，旅游者可以通过游览、考察、参观等形式陶冶情操、开阔眼界、赏心悦目、获取知识，并得到美的享受和精神乐趣。

旅游资源是构成旅游业的三大要素之一，也是发展旅游业的基础条件。对旅游资源进行科学的管理、开发、利用和保护，可以促进旅游业健康、可

微课 11-1：
我国旅游资源
分类

持续地发展。

11.1.2 旅游资源的法律保护

微课 11-2：
旅游资源的保护

为了使旅游资源得到有效的开发利用，旅游环境得到良好的保护，各国政府甚至国际组织针对旅游业发展中存在的旅游资源和环境方面的问题采取了种种措施，其中一项重要措施就是制定关于旅游资源和环境保护方面的法律、法规。

1）我国参加的旅游资源保护国际公约

联合国人类环境会议于1972年通过了《保护世界文化和自然遗产公约》，强调保护自然和文化遗产对整个人类的重要性。中国政府积极支持并参加保护世界旅游资源和环境的国际行动，于1985年11月22日正式加入《保护世界文化和自然遗产公约》，承担自己应尽的国际义务。除此之外，还参加了诸如《可持续旅游发展宪章》《生物多样性公约》等。1999年10月29日当选为世界遗产委员会成员。截至2018年7月2日，中国有世界遗产53处。

2）单行法律法规

中国政府十分重视对旅游资源的保护。早在1950年5月，中央人民政府就颁发了《古迹、珍贵文物、图书及稀有生物保护办法》，在人文旅游资源方面，要求对文物古迹"妥为保护，严禁破坏、损毁及散失"；在自然旅游资源方面，提出"珍贵化石及稀有生物，各地人民政府应妥为保护，严禁任意采捕"。

1951年5月，内务部、文化部又颁发了《关于地方文物名胜古迹的保护管理办法》，并从中央到地方成立了相应的文物保护机构。

1961年3月，国务院根据十几年来文物保护工作的经验，制定了《文物保护管理暂行条例》，共18条，对文物保护管理权限、范围、机构、办法、出口、奖惩等都作了具体的规定。

1982年1月，第五届人大常委会第25次会议批准了《中华人民共和国文物保护法》（后经过了1991年、2002年、2007年、2013年、2017年五次修订）。

1985年6月，国务院颁布了《风景名胜区管理暂行条例》。2006年9月6日国务院第149次常务会议通过了《风景名胜区条例》，自2006年12月1日起施行，《风景名胜区管理暂行条例》同时废止。《风景名胜区条例》于2016年进行了修订。

3）其他适用于旅游资源保护的法规

除此之外，我国在其他相关法律、法规，如《环境保护法》《水污染防治法》《大气污染防治法》《森林法》《草原法》《土地管理法》《海洋环境保护法》《自然保护区条例》《野生动物保护法》等中也有关于旅游资源保护的内容。我国地方立法机构和人民政府也结合具体情况制定了一些地方性保护旅游资源的法规。以上法律、法规和国家标准的颁布、实施，为保护我国旅游资源提供了法律保障。为了加强对旅游资源和生态环境的保护，促进旅游业的健康、协调、可持续发展，2007年国家旅游局研究制定了《旅游资源保护暂行办法》。

11.2　风景名胜区管理制度

11.2.1　风景名胜区的概念

《风景名胜区条例》第二条规定，风景名胜区是指具有观赏、文化或科学价值，自然景物、人文景物比较集中，环境优美，具有一定规模和范围，可供人们游览、休息或进行科学、文化活动的区域。风景名胜区必须具备三个条件：具有观赏、文化或科学价值，自然景物、人文景物比较集中，可供人们游览、休息或进行科学、文化活动。

国家对风景名胜区实行科学规划、统一管理、严格保护、永续利用的原则。

风景名胜区的管理基本规定是：风景名胜区所在地县级以上地方人民政府设置的风景名胜区管理机构，负责风景名胜区的保护、利用和统一管理工作。国务院建设主管部门负责全国风景名胜区的监督管理工作。国务院其他有关部门按照国务院规定的职责分工，负责风景名胜区的有关监督管理工作。省、自治区人民政府建设主管部门和直辖市人民政府风景名胜区主管部门，负责本行政区域内风景名胜区的监督管理工作。省、自治区、直辖市人民政府其他有关部门按照规定的职责分工，负责风景名胜区的有关监督管理工作。

11.2.2　风景名胜区的等级划分与设立

1）风景名胜区的等级划分

①国家级风景名胜区。自然景观和人文景观能够反映重要自然变化过程和重大历史文化发展过程，基本处于自然状态或者保持历史原貌，具有国家代表性的，可以申请设立国家级风景名胜区。

②省级风景名胜区。具有区域代表性的，可以申请设立省级风景名胜区。

风景名胜区分级的依据主要有两个：

第一，风景名胜区景物的观赏、文化和科学价值是划分风景名胜区等级的依据。通常风景名胜区内都有自然景观和人文景观，只有这些景物比较集中，并且具有很高的观赏、文化和科学价值，才能被评为较高级别的风景名胜区。

第二，风景名胜区的环境质量、规模大小、游览条件是划分风景名胜区等级的又一重要依据。风景名胜区内环境越优美、规模越大，越能提供优越的游览条件，才能被评为较高级别的风景名胜区。

2）风景名胜区的设立

设立风景名胜区，应当有利于保护和合理利用风景名胜资源。新设立的风景名胜区与自然保护区不得重合或者交叉；已设立的风景名胜区与自然保护区重合或者交叉的，风景名胜区规划与自然保护区规划应当相协调。

（1）申请设立风景名胜区应提交的材料

①风景名胜资源的基本状况；

②拟设立风景名胜区的范围以及核心景区的范围；

③拟设立风景名胜区的性质和保护目标；

④拟设立风景名胜区的游览条件；

⑤与拟设立风景名胜区内的土地、森林等自然资源和房屋等财产的所有权人、使用权人协商的内容和结果。

（2）设立风景名胜区的审批机构

设立国家级风景名胜区，由省、自治区、直辖市人民政府提出申请，国务院建设主管部门会同国务院环境保护主管部门、林业主管部门、文物主管部门等有关部门组织论证，提出审查意见，报国务院批准公布。

（3）风景名胜区的权益保护

风景名胜区内的土地、森林等自然资源和房屋等财产的所有权人、使用权人的合法权益受法律保护。

申请设立风景名胜区的人民政府应当在报请审批前，与风景名胜区内的土地、森林等自然资源和房屋等财产的所有权人、使用权人充分协商。

因设立风景名胜区对风景名胜区内的土地、森林等自然资源和房屋等财产的所有权人、使用权人造成损失的，应当依法给予补偿。

11.2.3 风景名胜区的规划编制

风景名胜区规划是保护培育、开发利用和经营管理风景名胜区，并发挥其多种功能作用的统筹部署和具体安排。经相应的人民政府审查批准后的风景名胜区规划，具有法律权威，必须严格执行。《风景名胜区条例》将风景名胜区规划分为总体规划和详细规划。

1）风景名胜区总体规划

风景名胜区总体规划的编制，应当体现人与自然和谐相处、区域协调发展和经济社会全面进步的要求，坚持保护优先、开发服从保护的原则，突出风景名胜资源的自然特性、文化内涵和地方特色。

风景名胜区总体规划应当包括下列内容：

①风景资源评价；

②生态资源保护措施、重大建设项目布局、开发利用强度；

③风景名胜区的功能结构和空间布局；

④禁止开发和限制开发的范围；

⑤风景名胜区的游客容量；

⑥有关专项规划。

风景名胜区应当自设立之日起2年内编制完成总体规划。总体规划的规划期一般为20年。风景名胜区总体规划的规划期届满前2年，规划的组织编制机关应当组织专家对规划进行评估，作出是否重新编制规划的决定。在新规划批准前，原规划继续有效。

2）风景名胜区详细规划

风景名胜区详细规划，应当符合风景名胜区的总体规划。风景名胜区详细规划应当根据核心景区和其他景区的不同要求编制，确定基础设施、旅游设施、文化设施等建设项目的选址、布局与规模，并明确建设用地范围和规划设计条件。

3）风景名胜区规划部门

国家级风景名胜区规划由省、自治区人民政府建设主管部门或者直辖市人民政府风景名胜区主管部门组织编制。省级风景名胜区规划由县级人民政府组织编制。

国家级风景名胜区的总体规划，由省、自治区、直辖市人民政府审查后，报国务院审批。国家级风景名胜区的详细规划，由省、自治区人民政府建设主管部门或者直辖市人民政府风景名胜区主管部门报国务院建设主管部门审批。

省级风景名胜区的总体规划，由省、自治区、直辖市人民政府审批，报国务院建设主管部门备案。省级风景名胜区的详细规划，由省、自治区人民政府建设主管部门或者直辖市人民政府风景名胜区主管部门审批。

11.2.4　风景名胜区的保护、利用与管理

保护、开发和利用三者的关系是：保护是前提，是基础；开发是手段；利用则是目的。在保护的前提下，进行科学、合理的开发和利用，使资源转化为效益；再通过产生的效益，对资源进行有效保护，使之得以永续利用。

微课 11-3：旅游不文明行为，你中枪了吗？

1）风景名胜区的保护

风景名胜区内的景观和自然环境，应当根据可持续发展的原则，严格保护，不得破坏或者随意改变。风景名胜区管理机构应当建立健全风景名胜资源保护的各项管理制度。风景名胜区内的居民和游览者应当保护风景名胜区的景物、水体、林草植被、野生动物和各项设施。

①风景名胜区管理机构应当对风景名胜区内的重要景观进行调查、鉴定，并制定相应的保护措施。

②在风景名胜区内禁止进行下列活动：开山、采石、开矿、开荒、修坟立碑等破坏景观、植被和地形地貌的活动；修建储存爆炸性、易燃性、放射性、毒害性、腐蚀性物品的设施；在景物或者设施上刻画、涂污；乱扔垃圾。

③禁止违反风景名胜区规划，在风景名胜区内设立各类开发区和在核心景区内建设宾馆、招待所、培训中心、疗养院以及与风景名胜资源保护无关的其他建筑物；已经建设的，应当按照风景名胜区规划，逐步迁出。

④在国家级风景名胜区内修建缆车、索道等重大建设工程，项目的选址方案应当报国务院建设主管部门核准。

⑤在风景名胜区内进行下列活动，应当经风景名胜区管理机构审核后，依照有关法律、法规的规定报有关主管部门批准：设置、张贴商业广告；举办大型游乐等活动；改变水资源、水环境自然状态的活动；其他影响生态和景观的活动。

⑥风景名胜区内的建设项目应当符合风景名胜区规划，并与景观相协调，不得破坏景

观、污染环境、妨碍游览。在风景名胜区内进行建设活动的，建设单位、施工单位应当制订污染防治和水土保持方案，并采取有效措施，保护好周围景物、水体、林草植被、野生动物资源和地形地貌。

⑦国家建立风景名胜区管理信息系统，对风景名胜区规划实施和资源保护情况进行动态监测。

国家级风景名胜区所在地的风景名胜区管理机构应当每年向国务院建设主管部门报送风景名胜区规划实施和土地、森林等自然资源保护的情况；国务院建设主管部门应当将土地、森林等自然资源保护的情况，及时抄送国务院有关部门。

2）风景名胜区的利用与管理

①风景名胜区管理机构应当根据风景名胜区的特点，保护民族民间传统文化，开展健康有益的游览观光和文化娱乐活动，普及历史文化和科学知识。

②风景名胜区管理机构应当根据风景名胜区规划，合理利用风景名胜资源，改善交通、服务设施和游览条件。风景名胜区管理机构应当在风景名胜区内设置风景名胜区标志和路标、安全警示等标牌。

③风景名胜区内宗教活动场所的管理，依照国家有关宗教活动场所管理的规定执行。风景名胜区内涉及自然资源保护、利用、管理和文物保护以及自然保护区管理的，还应当执行国家有关法律、法规的规定。

④国务院建设主管部门应当对国家级风景名胜区的规划实施情况、资源保护状况进行监督检查和评估。对发现的问题，应当及时纠正、处理。

⑤风景名胜区管理机构应当建立健全安全保障制度，加强安全管理，保障游览安全，并督促风景名胜区内的经营单位接受有关部门依据法律、法规进行的监督检查。禁止超过允许容量接纳游客和在没有安全保障的区域开展游览活动。

⑥进入风景名胜区的门票，由风景名胜区管理机构负责出售。门票价格依照有关价格的法律、法规的规定执行。风景名胜区内的交通、服务等项目，应当由风景名胜区管理机构依照有关法律、法规和风景名胜区规划，采用招标等公平竞争的方式确定经营者。风景名胜区管理机构应当与经营者签订合同，依法确定各自的权利义务。经营者应当缴纳风景名胜资源有偿使用费。

⑦风景名胜区的门票收入和风景名胜资源有偿使用费，实行收支两条线管理。风景名胜区的门票收入和风景名胜资源有偿使用费应当专门用于风景名胜资源的保护和管理以及风景名胜区内财产的所有权人、使用权人损失的补偿。具体管理办法，由国务院财政部门、价格主管部门会同国务院建设主管部门等有关部门制定。

⑧风景名胜区管理机构不得从事以营利为目的的经营活动，不得将规划、管理和监督等行政管理职能委托给企业或者个人行使。风景名胜区管理机构的工作人员，不得在风景名胜区内的企业兼职。

11.2.5 风景名胜区旅游资源保护的法律责任

有下列行为之一的，由风景名胜区管理机构责令停止违法行为、恢复原状或者限期拆除，没收违法所得，并处 50 万元以上 100 万元以下的罚款：在风景名胜区内进行开山、采石、开矿等破坏景观、植被、地形地貌的活动的；在风景名胜区内修建储存爆炸性、易燃性、放射性、毒害性、腐蚀性物品的设施的；在核心景区内建设宾馆、招待所、培训中心、疗养院以及与风景名胜资源保护无关的其他建筑物的。

县级以上地方人民政府及有关主管部门批准实施上述行为的，对直接负责的主管人员和其他直接责任人员依法给予降级或者撤职的处分；构成犯罪的，依法追究刑事责任。

在风景名胜区内从事禁止范围以外的建设活动，未经风景名胜区管理机构审核的，由风景名胜区管理机构责令停止建设、限期拆除，对个人处 2 万元以上 5 万元以下的罚款，对单位处 20 万元以上 50 万元以下的罚款。

个人在风景名胜区内进行开荒、修坟立碑等破坏景观、植被、地形地貌的活动的，由风景名胜区管理机构责令停止违法行为、限期恢复原状或者采取其他补救措施，没收违法所得，并处 1 000 元以上 1 万元以下的罚款。

在景物、设施上刻画、涂污或者在风景名胜区内乱扔垃圾的，由风景名胜区管理机构责令恢复原状或者采取其他补救措施，处 50 元的罚款；刻画、涂污或者以其他方式故意损坏国家保护的文物、名胜古迹的，按照《中华人民共和国治安管理处罚法》的有关规定予以处罚；构成犯罪的，依法追究刑事责任。

未经风景名胜区管理机构审核，在风景名胜区内进行下列活动的，由风景名胜区管理机构责令停止违法行为、限期恢复原状或者采取其他补救措施，没收违法所得，并处 5 万元以上 10 万元以下的罚款；情节严重的，并处 10 万元以上 20 万元以下的罚款：设置、张贴商业广告；举办大型游乐等活动；改变水资源、水环境自然状态的活动；其他影响生态和景观的活动。

以案说法 11-1　　　　　　　　　　绵山景区毁林占地案件遭查处

介休市绵山风景区是山西省重点名胜风景区，属于太岳山国家森林公园和绵山自然保护区的管辖范围。1998 年，介休市授权民营企业"三佳煤化有限责任公司"（简称"三佳"公司）独资开发绵山景区。在开发过程中，介休市政府和"三佳"公司未经林业主管部门同意，未办理征用林地手续，违法占用国有、集体林地 34.44 公顷。这起事件经新华社曝光后，引起了国家林业局和山西省政府的高度重视，它们对这起案件进行了调查，并作出了处理意见。

2004 年 3 月，介休市政府向山西省政府作出深刻检查；有关责任人受到了党纪政纪处理：绵山风景开发建设工程部部长王建安受到党内警告处分，绵山风景处管理局局长陈贵龙受到行政记大过处分，原太岳山森林经营局绵山林场场长白启龙受到行政警告处分；"三佳"公司出资补办了占用林地手续，并补交林地占用费 76 万余元；两年内共植树 71 万株，培育花卉和种植草坪 160 余亩，引进新品种乔灌苗木 61 万株，出资绿化荒山 700 余亩，并在进山公路两侧栽植树木 10 万余株，景区植被基本得到恢复。

资料来源　王永霞，史先振. 山西省查处绵山景区等 17 起毁林占地案件［EB/OL］.（2004-05-09）［2014-01-08］. http://news.xinhuanet.com/newscenter/2004/05/09/content_1459203.htm.

11.3 文物保护制度

11.3.1 文物的概念及范围

文物是指人们在各个时期生产、生活和斗争中遗留下来的，具有历史、科学和艺术价值的遗物和遗迹。根据我国《文物保护法》的规定，下列文物受国家保护：

①具有历史、艺术、科学价值的古文化遗址、古墓葬、古建筑、石窟寺和石刻、壁画；

②与重大历史事件、革命运动或者著名人物有关的以及具有重要纪念意义、教育意义或者史料价值的近代现代重要史迹、实物、代表性建筑；

③历史上各时代珍贵的艺术品、工艺美术品；

④历史上各时代重要的文献资料以及具有历史、艺术、科学价值的手稿和图书资料等；

⑤反映历史上各时代、各民族社会制度、社会生产、社会生活的代表性实物。

11.3.2 文物保护机关及文物保护单位的界定

1）文物保护机关的界定

国务院文物行政部门主管全国文物保护工作。地方各级人民政府保护本行政区域内的文物。各省、自治区、直辖市和文物较多的自治州、县、市可以设立文物保护管理机构，管理本行政区域内的文物工作。县级以上人民政府有关行政部门在各自的职责范围内，负责有关的文物保护工作。

各级人民政府应当重视文物保护，正确处理经济建设、社会发展与文物保护的关系，确保文物安全。基本建设、旅游发展必须遵守文物保护工作的方针，其活动不得对文物造成损害。公安机关、市场监督管理部门、海关、城乡建设规划部门和其他有关国家机关，应当依法认真履行所承担的保护文物的职责，维护文物管理秩序。

2）文物保护单位的界定

《文物保护法》第三条规定："古文化遗址、古墓葬、古建筑、石窟寺、石刻、壁画、近代现代重要史迹和代表性建筑等不可移动文物，根据它们的历史、艺术、科学价值，可以分别确定为全国重点文物保护单位，省级文物保护单位，市、县级文物保护单位。"

国务院文物行政部门在省级、市、县级文物保护单位中，选择具有重大历史、艺术、科学价值的确定为全国重点文物保护单位，或者直接确定为全国重点文物保护单位，报国务院核定公布。省级文物保护单位，由省、自治区、直辖市人民政府核定公布，并报国务院备案。市级和县级文物保护单位，分别由设区的市、自治州和县级人民政府核定公布，并报省、自治区、直辖市人民政府备案。尚未核定公布为文物保护单位的不可移动文物，由县级人民政府文物行政部门予以登记并公布。

以案说法 11-2　　　　　　　上海市黄浦区广东路 102 号被擅自修缮案

上海市黄浦区广东路 102 号建筑原为三菱洋行上海分店洋行（1914 年建造），1999 年 9 月被上海市政府公布为第三批优秀历史保护建筑，2004 年 2 月被黄浦区文化局公布为登记不可移动文物，管理使用单位为上海中晋股权投资基金管理有限公司。2015 年 4 月，媒体报道广东路 102 号建筑外立面被擅自喷涂，明显改变原状，社会反响强烈。黄浦区文化局、黄浦区文化市场行政执法大队、黄浦区住房保障和房屋管理局赴现场调查，责令停止施工。经查，上海中晋股权投资基金管理有限公司未经文物行政部门批准，擅自对不可移动文物外立面进行施工，明显改变文物原状，依据上海房地产科学研究院《文物建筑勘察报告》的结论，此行为已造成严重后果。

因该建筑的"优秀历史保护建筑"和"登记不可移动文物"双重身份，经黄浦区区长协调会、上海市市长专题会研究决定，案件由黄浦区文化市场行政执法大队依据《文物保护法》立案查处，实施行政处罚；由黄浦区房管局负责监督限期整改、恢复原状。6 月，黄浦区文化市场行政执法大队对上海中晋股权投资基金管理有限公司作出罚款 50 万元、责令对擅自修缮进行整改的处罚决定。7 月，罚款执行完毕。上海中晋股权投资基金管理有限公司按照文物保护要求，恢复了文物建筑原貌，案件办结。

资料来源　王开广. 十大文物行政执法指导性案例揭晓 [EB/OL]. [2016-02-04]. http://www.legaldaily.com.cn/index/content/2016-02/04/content_6478235.htm? node=20908.

11.3.3　文物所有权

所有权是物权的一种，是指所有人对物的占有、使用和处分，并排除它人干涉的权利。

1）国家所有

中华人民共和国境内地下、内水和领海中遗存的一切文物，属于国家所有。古文化遗址、古墓葬、石窟寺属于国家所有。国家指定保护的纪念建筑物、古建筑、石刻、壁画、近代现代代表性建筑等不可移动文物，除国家另有规定的以外，属于国家所有。

国有不可移动文物的所有权不因其所依附的土地所有权或者使用权的改变而改变。

下列可移动文物，属于国家所有：

①中国境内出土的文物，国家另有规定的除外；

②国有文物收藏单位以及其他国家机关、部队和国有企业、事业组织等收藏、保管的文物；

③国家征集、购买的文物；

④公民、法人和其他组织捐赠给国家的文物；

⑤法律规定属于国家所有的其他文物。

属于国家所有的可移动文物的所有权不因其保管、收藏单位的终止或者变更而改变。国有文物所有权受法律保护，不容侵犯。

2）集体所有和个人所有

属于集体所有和个人所有的纪念建筑物、古建筑和祖传文物以及依法取得的其他文物，其所有权受法律保护。文物的所有者必须遵守国家有关文物保护的法律、法规的规定。

11.3.4 考古发掘

考古发掘是指对埋藏在我国领域内的地下、水中的文物进行发掘。为了加强保护和管理，《文物保护法》对考古发掘做了严格规定。

1）考古发掘工作须履行相关手续

一切考古发掘工作都必须履行报批手续，未经批准，地下埋藏的文物，任何单位和个人都不得私自发掘。文物保护机构、考古研究机构和高校，为科研进行考古发掘，需提出发掘计划，报文化和旅游部会同中国社会科学院审查，经文化和旅游部批准；对全国重点文物保护单位进行考古发掘，由文化和旅游部会同中国社会科学院审核后，报国务院批准。需要配合建设工程进行的考古发掘工作，应由省级文化行政管理部门在勘探工作的基础上提出发掘计划，报文化部和旅游会同中国社会科学院审查，由文化部和旅游批准。确因建设工期紧迫或有自然破坏的危险，对古文化遗址、古墓葬急需进行抢救的，可由省级文化行政管理部门组织力量进行发掘，同时补办报批手续。从事考古发掘的单位，为了科学研究进行考古发掘，应当提出发掘计划，报国务院文物行政部门批准；对全国重点文物保护单位的考古发掘计划，应当经国务院文物行政部门审核后报国务院批准。国务院文物行政部门在批准或者审核前，应当征求社会科学研究机构及其他科研机构和有关专家的意见。

非经国务院文物行政部门报国务院特别许可，任何外国人或者外国团体不得在中华人民共和国境内进行考古调查、勘探、发掘。

2）考古发掘出土的文物归属问题

在进行建设工程或者农业生产中，任何单位或者个人发现文物，都应当保护现场，立即报告当地文物行政部门。依照规定，发现的文物属于国家所有，任何单位或者个人不得哄抢、私分、藏匿。

考古发掘的文物，应当登记造册、妥善保管，按照国家有关规定移交给由省、自治区、直辖市人民政府文物行政部门或者国务院文物行政部门指定的国有博物馆、图书馆或者其他国有收藏文物的单位收藏。经省、自治区、直辖市人民政府文物行政部门批准，从事考古发掘的单位可以保留少量出土文物作为科研标本。考古发掘的文物，任何单位或者个人不得侵占。

3）考古发掘出土文物的调用

为保证文物安全、进行科研和充分发挥文物的作用，省级文化行政管理部门必要时可报经省级人民政府批准，调用本行政区域内的出土文物；调用全国的重要出土文物，由文化和旅游部报经国务院批准。

11.3.5 馆藏文物和民间收藏文物管理

1) 馆藏文物

馆藏文物指博物馆、图书馆和其他文物收藏单位收藏的具有文化价值的物品、物件等。博物馆、图书馆和其他文物收藏单位对收藏的文物，必须区分文物等级，设置藏品档案，建立严格的管理制度，并报主管的文物行政部门备案。

县级以上地方人民政府文物行政部门应当分别建立本行政区域内的馆藏文物档案；国务院文物行政部门应当建立国家一级文物藏品档案和其主管的国有文物收藏单位馆藏文物档案。

文物收藏单位可以通过以下方式取得文物：购买，接受捐赠，依法交换，法律、行政法规规定的其他方式；国有文物收藏单位还可以通过文物行政部门指定的保管或者调拨方式取得文物。文物收藏单位应当根据馆藏文物的保护需要，按照国家有关规定建立、健全管理制度，并报主管的文物行政部门备案。未经批准，任何单位或者个人不得调取馆藏文物。

2) 民间收藏文物

文物收藏单位以外的公民、法人和其他组织可以收藏通过下列方式取得的文物：

①依法继承或者接受赠与；

②从文物商店购买；

③从经营文物拍卖的拍卖企业购买；

④公民个人合法所有的文物相互交换或者依法转让；

⑤国家规定的其他合法方式。

文物收藏单位以外的公民、法人和其他组织收藏的前款文物可以依法流通。国家鼓励文物收藏单位以外的公民、法人和其他组织将其收藏的文物捐赠给国有文物收藏单位或者出借给文物收藏单位展览和研究。国家禁止出境的文物，不得转让、出租、质押给外国人。

以案说法 11-3　　　　　　　**王刚砸宝砸出法律问题："生死合同"是无效合同**

当"天下收藏"栏目主持人王刚举起紫金锤时，总会问持宝人一句："生死文书签了吗?"言下之意：我砸你宝贝，后果可得由你承担。

其实不然。根据我国《物权法》，持宝人固然可以处置自己的藏品，然而，既然持宝人确信自己的藏品是古代艺术珍品，那么，依据我国《文物保护法》第二条第三款的规定，"历史上各时代珍贵的艺术品、工艺美术品"受国家保护，不能随意损毁。这里，《物权法》赋予持宝人的权利受到了《文物保护法》的限制；而当作为一般法的《物权法》的条款和作为特殊法的《文物保护法》条款发生冲突时，根据法律适用原则，应当优先适用特殊法。也就是说，持宝人无权毁坏其拥有物权的、认定的珍贵文物，持宝人也无权委托电视台节目组来决定是否损毁其持有的东西。因此，"生死合同"其实是一纸无效合同，根本不能作为王刚砸宝的合法依据。此外，根据我国现行法律，文物真伪的鉴定需经过法定的司法程序，而不是瞿建民这样的香港古董商可以行使"终审判决权"的。

现在，有专家认为王刚所砸的为真品、珍品，其实可以通过司法程序提起司法鉴定，特别是进行热释光等客观性较强的科学检测，得出令人信服的鉴定结论。即便证明确为赝品，节目组也无权先斩后奏（现在为赝品，将来随着学术观点、鉴定方法的变化也可能被认为是真品，历史上不乏其例）；如证明是珍贵文物，那么，根据《文物保护法》第六十四条的规定："有下列行为之一，构成犯罪的，依法追究刑事责任……故意或者过失损毁国家保护的珍贵文物的……"王刚、瞿建民、王春成、张如兰等人以及电视台各级有关负责人均应当承担相应的法律责任。

据说，北京文物局请了曾经作为节目组专家的张如兰等四人鉴定，称王刚砸的都是赝品，似乎想马上堵住质疑者的口，但问题是，北京文物局作为北京市政府的职能部门，并非文物鉴定的权威机构，其结论的可信度、合法度值得怀疑。再者，6年来，在北京文物局眼皮底下，王刚没有经过任何法定程序，砸了成百上千的疑似珍贵文物，文物局视而不见、充耳不闻、行政不作为，也应当承担相应的行政责任、法律责任。

资料来源　佚名. 王刚砸宝砸出的法律问题："生死合同"是无效合同［EB/OL］.［2012-09-29］. http：//www.flguwen.com/news_xx.asp?id=19539.

11.3.6　文物进出境管理

1）文物的出境管理

文物出境，应当经国务院文物行政部门指定的文物进出境审核机构审核。经审核允许出境的文物，由国务院文物行政部门发给文物出境许可证，从国务院文物行政部门指定的口岸出境。

任何单位或者个人运送、邮寄、携带文物出境，都应当向海关申报；海关凭文物出境许可证放行。

文物出境展览，应当报国务院文物行政部门批准；一级文物超过国务院规定数量的，应当报国务院批准。一级文物中的孤品和易损品，禁止出境展览。出境展览的文物出境，由文物进出境审核机构审核、登记。海关凭国务院文物行政部门或者国务院的批准文件放行。出境展览的文物复进境，由原文物进出境审核机构审核查验。

2）文物的进境管理

文物临时进境，应当向海关申报，并报文物进出境审核机构审核、登记。

临时进境的文物复出境，必须经原审核、登记的文物进出境审核机构审核查验；经审核查验无误的，由国务院文物行政部门发给文物出境许可证，海关凭文物出境许可证放行。

11.3.7　奖励与处罚

1）奖励

有下列事迹的单位或个人，由国家给予适当的精神鼓励或者物质奖励：

①认真执行文物政策法令，保护文物成绩显著的；

②为保护文物与违法犯罪行为作坚决斗争的；

③将个人收藏的重要文物捐献给国家或者为文物保护事业作出贡献的；

④发现文物及时上报或上交，使文物得到保护的；

⑤在考古发掘工作中作出重大贡献的；

⑥在文物保护科学技术上有重要发明创造或者其他重要贡献的；

⑦在文物面临破坏危险的时候，抢救文物有功的；

⑧长期从事文物工作有显著成绩的。

2）处罚

违反本法规定，有下列行为之一，构成犯罪的，依法追究刑事责任：

①盗掘古文化遗址、古墓葬的；

②故意或者过失损毁国家保护的珍贵文物的；

③擅自将国有馆藏文物出售或者私自送给非国有单位或者个人的；

④将国家禁止出境的珍贵文物私自出售或者送给外国人的；

⑤以牟利为目的倒卖国家禁止经营的文物的；

⑥走私文物的；

⑦盗窃、哄抢、私分或者非法侵占国有文物的；

⑧应当追究刑事责任的其他妨害文物管理行为。

违反文物保护法规定，造成文物灭失、损毁的，依法承担民事责任。构成违反治安管理行为的，由公安机关依法给予治安管理处罚。构成走私行为，尚不构成犯罪的，由海关依照有关法律、行政法规的规定给予处罚。

以案说法11-4　　　　　德安五村民盗掘古墓，挖出明代人骨领刑罚

2012年10月中旬的一天下午，桂某、杨某、潘某、陈某、金某经过事先商量，持锄头、铁铲、手电筒等工具前往德安县爱民乡柏树村付家垄盗掘一座古墓。五人挖开古墓后发现一些破损的瓷器，便将破损瓷器丢弃在犯罪现场后离去。2012年10月22日下午，被告人桂某、杨某、潘某、陈某四人再次开车前往同一古墓，用事先准备好的钝铲、铁锹等工具盗掘古墓，发现一些碳化的人骨。在确认没有值钱的财物后，四名被告人开车离开犯罪现场，随后被公安机关抓获。2012年11月16日，被告人金某到德安县公安局邹桥派出所投案自首，如实供述了自己的犯罪事实。经德安县文物管理所鉴定，被盗掘古墓为明代中晚期古墓，对墓葬的丧葬习俗、墓葬形制具有一定的研究价值。

案例分析：

一审法院认为，被告人桂某、杨某、潘某、陈某、金某结伙盗掘古墓葬，情节较轻，其行为均已构成盗掘古墓葬罪，公诉机关指控罪名成立。被告人金某犯罪后自动投案，并如实供述了自己的犯罪事实，系自首，可以从轻处罚。被告人桂某、杨某、潘某、陈某、金某自愿认罪，均可酌情从轻处罚。

资料来源　陈芳，简正波. 德安五村民盗掘古墓，挖出明代人骨领刑罚［EB/OL］.（2013-05-02）［2014-01-08］. http://www.chinacourt.org/article/detail/2013/05/id/953555.shtml.

11.4 相关旅游资源保护制度

11.4.1 世界遗产的保护

世界遗产是指前代所遗留的，对人类生存和发展具有特殊价值而为国际社会特别加以保护的自然和文化遗产。

1972年11月，联合国教科文组织在巴黎举行的第17届会议上通过了《保护世界文化和自然遗产公约》（简称《公约》），该《公约》于1975年12月生效。我国于1985年加入该《公约》。《公约》的宗旨是为集体保护具有突出的普遍价值的文化和自然遗产，建立一个根据现代科学方法制定的永久性有效制度。

《公约》将世界遗产分为文化遗产和自然遗产。为有效保护世界遗产，《公约》规定，保护世界遗产主要是有关国家的责任。在尊重遗产所在国的主权，不使所在国规定的财产权受到损失的前提下，承认这类遗产是世界遗产的一部分，整个国际社会有责任合作予以保护。依照该《公约》，在联合国教科文组织内建立一个政府间的"世界遗产委员会"，并根据各缔约国的申请编制《世界遗产名录》，对列入名录的世界遗产由国际社会提供援助并安排保护、恢复等工作；缔约国对于提交保护的遗产负有鉴定、保护、保存、陈列以及传与后代的义务。

11.4.2 历史文化名城的保护

历史文化名城是指地面或地下历史文物和革命文物比较集中，体现了中华民族悠久历史、光荣革命传统与光辉灿烂文化，对发展我国的旅游业和社会主义精神文明建设具有重要意义的城市。历史文化名城多为我国古代政治、经济、文化的中心，或是近代革命运动和发生重大历史事件的重要城市。

我国《文物保护法》第十四条规定："保存文物特别丰富并且具有重大历史价值或革命纪念意义的城市，由国务院核定公布为历史文化名城。"根据我国法律、法规的规定，中央及地方政府要充分认识保护历史文化名城的重要性和紧迫性，从国家和民族的长远利益出发，对历史文化名城必须加强保护和管理；在合理开发利用旅游资源和城市现代化建设中，要注意保护城市的文物古迹和环境风貌，注意城市布局的合理和协调；旅游设施的建设要纳入城市的统一规划，对集中反映历史文化的老城区要采取保护措施，不能因新建设使其受到损害或任意迁动位置；对历史文化名城的保护、建设工作要贯彻"保护为主，抢救第一"的方针。

11.4.3 自然保护区的保护

1）自然保护区的概念

自然保护区是指对有代表性的自然生态系统、珍稀濒危野生动植物物种的天然集中分布区、有特殊意义的自然遗迹等保护对象所在的陆地、陆地水体或者海域，依法划出一定面积予以特殊保护和管理的区域。划定自然保护区，依法对其实行保护和管理，是我国保护自然环境和自然资源的一项重要工作。

2）自然保护区的评定条件

根据我国《自然保护区条例》的规定，符合下列条件之一者，应当建立自然保护区：

①典型的自然地理区域，包括有代表性的自然生态系统区域以及已经遭受破坏但经保护能够恢复的同类自然生态系统区域。

②珍稀、濒危野生动植物物种的天然集中分布区域。

③具有特殊保护价值的海域、海岸、岛屿、湿地、内陆、水域、森林、草原和荒漠。

④具有重大科学文化价值的地质构造、著名溶洞、化石分布区、冰川、火山、温泉等自然遗迹。

⑤经国务院或者省级人民政府批准，需要予以特殊保护的其他自然区域。

3）自然保护区的分类

我国的自然保护区分为国家级自然保护区和地方级自然保护区。自然保护区的设立，以自然保护为主，在不影响自然保护区的自然环境和自然资源的前提下，组织开展参观、旅游等活动。外国人进入国家级自然保护区，接待单位应事先报经国务院有关自然保护区行政主管部门批准；进入地方级自然保护区，接待单位应事先报经省级人民政府自然保护区行政主管部门批准；进入保护区的外国人，应遵守我国的有关法律、法规。

自然保护区分为核心区、缓冲区和实验区，不同地带采用不同的保护方法。核心区是自然保护区内保存完好的天然状态的生态系统以及珍稀、濒危动植物的集中区，通常禁止任何单位和个人进入，也不允许进入从事科学研究活动；缓冲区是在核心区外围划定的一定面积的区域，只准进入从事科学研究、观测活动，禁止在其中开展旅游和生产经营活动；实验区是指在缓冲区的外围区域划定的区域，可以进入从事科学实验、教学实习、参观考察、旅游以及驯化、繁殖珍稀濒危野生动植物等活动。在实验区内经批准开展旅游、参观活动，应服从自然保护区管理机构的管理。

长白山自然保护区、鼎湖山自然保护区、卧龙自然保护区、武夷山自然保护区、梵净山自然保护区，是我国首批被列入联合国教科文组织"人与生物圈"计划的5个自然保护区。

行业广角11-1
旅游谢客令为谁敲响警钟

可可西里、昆仑山、三江源、柴达木盆地、青海湖、年保玉则等自然景观资源珍贵而稀缺。每年的7月到9月，青海便成了国内最佳旅游胜地之一，来自全国乃至世界各地的游客纷纷踏上青藏高原感受非凡的大美。

然而，近年来，随着旅游热以及户外运动的兴起，到青海进行户外探险、体验生活的游客逐渐增多，给景区本来极为敏感的生态环境带来不同程度的破坏。游客丢弃的垃圾，污染了当地草原、水源地；游客频繁的活动，也对景区内野生动物的栖息环境造成不同程度的影响。

这些景区相继发布禁游令，以保护景区内不断恶化的生态环境。

被公认为"人类的最后一片净土"的可可西里位于青海玉树藏族自治州，是中国目前海拔最高、野生动物资源最丰富的国家级自然保护区，被誉为高原野生动物基因库。2017年7月，第41届世界遗产委员会大会宣布可可西里正式列入世界自然遗产名录。

然而，就在2017年11月，青海可可西里、新疆阿尔金山和西藏羌塘国家级自然保护区联合发布公告，禁止一切单位和个人随意进入可可西里等三大保护区开展非法穿越活动，其中包含一条从三江源到可可西里的完整的迁徙路线，这是迄今已知的藏羚羊所有迁徙路线中保护得最好的路线。

作为"中国最美的五大湖泊"之首的青海王牌旅游景点，青海湖国家级自然保护区自2017年8月29日起，关停鸟岛和沙岛，停止一切旅游经营活动。

2018年4月20日，青海湖景区保护利用管理局发布通告，青海湖景区暂时开放二郎剑景区和仙女湾景区，而鸟岛和沙岛景区将继续停止对外营业。

当月，青海省还发布通告，年保玉则国家公园正式停止接待游客，无限期关闭。自5月24日起，三江源国家公园也发布黄河源头禁游令，禁止一切单位和个人进入扎陵湖、鄂陵湖、星星海等源头保护地开展旅游探险活动，禁止旅游的面积为1.91万平方千米。

截至目前，青海省发布禁游令的已有可可西里、黄河源头、年保玉则、岗什卡雪山、青海湖鸟岛和沙岛景区等，涉及三江源、祁连山和青海湖等国家级自然保护区，这些采取禁游令的旅游景区，是青藏高原生态系统极为敏感的区域。

对此，一些网友表示，偶尔给景区放个假，这个可以有，希望治理好之后能够再次和美景见面。也有旅游爱好者说："美丽的景色给人们印象深刻，但徒步过程中确实看到有游客乱扔垃圾的现象，希望大家在旅游时能自觉保护好自然生态环境。"

依据三江源国家公园建设相关规划，目前黄河源园区管委会正加紧制订园区访客管理方案，不远的将来，游客可通过网上预约等形式获得入园资格，小规模、分批次、有序地进入园区进行生态体验。

资料来源　邢生祥. 旅游谢客令为谁敲响警钟［N］. 工人日报，2018-06-24. 有删减.

以案说法11-5　关于重庆市金佛山国家级自然保护区缓冲区内违法建设重庆市畜牧科学院南川分院项目问题的处理

市畜牧科学院擅自开工建设南川分院项目，违规侵占保护区缓冲区，严重破坏生态环境；南川区政府违法决策项目选址，未有效督促相关区级部门严格落实监管责任；南川区规划局、林业局、环保局未采取有效措施制止违法行为；市农委未严格督促市畜牧科学院全面落实环保要求；市林业局未及时发现和有效督促有关单位严格落实自然保护区监管责任。给予西南大学动物科技学院学术委员会主任黄勇富（时任市畜牧科学院党委委员、副院长兼南川分院院长）撤销党内职务、降低岗位等级处分；给予市畜牧科学院党委副书记、院长刘作华（时任市畜牧科学院党委委员、院长），黔江区政协党组书记、主席夏于峰（时任南川区政府党组成员、副区长），南川区规划局调研员周正华（时任党组书记、局长）党内严重警告处分；给予武隆区政协党组书记、主席潘晓成（时任南川区政府党组成员、副区长），南川区林业局调研员赵川（时任南川区林业局党委委员、副局长）党内警告处分；给予时任市委农工委副书记、市农委副主任张泽洲，市林业局副局长张洪，荣昌区法院党组书记、院长向前（时任南川区环保局党组书记、局长），南川区农工委副书记、农委主任汪晓宇（时任南川区环保局党组书记、局长）诚勉处理。

资料来源　重庆市政府网. 我市通报中央环境保护督察移交生态环境损害责任追究问题问责情况［EB/OL］.［2018-03-29］. http://jjc.cq.gov.cn/html/2018-03/30/content_44049004.htm. 有删减.

11.4.4　环境的保护

环境是指影响人类生存和发展的各种天然的和经过人工改造的自然因素的总体，包括大气、水、海洋、土地、矿藏、森林、野生生物、自然遗迹、人文遗迹、自然保护区、城市和乡村。

环境保护法是调整因保护和改善生活环境和生态环境，防治污染和其他公害而产生的各种社会关系的法律规范的总称。生活环境是指人们居住和生活的场所，生态环境是指生活环境以外的各种自然条件。环境保护法重点保护的环境包括自然保护区、生态环境与农业环境、海洋环境、城市和乡村生活环境。保护环境与发展旅游业关系十分密切，环境的恶化，资源的枯竭，最终将导致延缓甚至破坏旅游业的发展。因此，环境保护法和旅游法律、法规二者在保护客体的许多方面是一致的。一方面，环境保护法要求人类在符合客观生态规律的前提下合理地开发、利用旅游资源；旅游法律、法规要求在保护的前提下开发旅游资源，二者相互配合，共同承担着社会主义物质文明和精神文明建设的重任。另一方面，二者各有侧重，环境保护法以协调人与环境的关系，保护人类所必需的生存环境为己任；旅游法律、法规则以开发旅游资源、发展旅游业、繁荣社会、振兴经济为宗旨。

11.5　旅游景区质量等级评定

11.5.1　旅游景区的含义

旅游景区是指可接待旅游者，具有观赏游憩、文化娱乐等功能，具备相应旅游服务设施并提供相应旅游服务，且具有相对完整管理系统的游览区。该管理区应有统一的经营管理机构和明确的地域范围。旅游景区包括风景区、文博院馆、寺庙观堂、旅游度假区、自然保护区、主题公园、森林公园、地质公园、游乐园、动物园、植物园，以及工业、农业、经贸、科教、军事、体育、文化艺术等各类游览区。

11.5.2　评定的原则、标准和范围

在国家旅游度假区及其他旅游景点管理方面，有《国务院关于试办国家旅游度假区有关问题的通知》《国家旅游局关于新开发旅游景点几项注意事项的通知》等。1999年，国家质量技术监督局发布了《旅游区（点）质量等级的划分与评定》，2003年经过修订后再次发布。《旅游景区质量等级评定管理办法》于2005年7月6日经国家旅游局局长办公会

议讨论通过。2012年，为进一步规范A级旅游景区评定程序，严格A级旅游景区质量要求，建立和完善A级景区退出机制和社会监督体系，切实提高旅游景区管理、经营与服务水平，按照科学、合理、规范的原则，国家旅游局将2005年颁布的《旅游景区质量等级评定管理办法》修订为《旅游景区质量等级管理办法》。凡在中华人民共和国境内正式开业一年以上的旅游景区，均可申请质量等级。遵循自愿申报、分级评定、动态管理、以人为本、持续发展的原则。

11.5.3 质量等级与评定依据

旅游景区质量等级划分为5个等级，从低到高依次为1A、2A、3A、4A、5A。旅游景区质量等级的标牌、证书由全国旅游景区质量等级评定委员会统一制作，由相应评定机构颁发。旅游区（点）质量的评定，依据"服务质量与环境质量评价体系""景观质量评价体系"的评价得分，并参考"游客意见评价体系"的得分数。旅游景区质量等级划分主要依据以下12个条件：①旅游交通；②旅游景区游览；③旅游安全；④卫生状况；⑤邮电服务；⑥旅游购物；⑦经营管理；⑧资源与环境的保护；⑨旅游资源吸引力；⑩市场吸引力；⑪年接待旅游者规模；⑫旅游者抽样调查满意率。

11.5.4 评定的组织和权限

国务院旅游行政主管部门负责旅游景区质量等级评定标准、评定细则等的编制和修订工作，负责对全国旅游景区质量等级评定标准的实施进行管理和监督。各省、自治区、直辖市人民政府旅游行政主管部门负责对本行政区域内旅游景区质量等级评定标准的实施进行管理和监督。

3A级及以下等级旅游景区由全国旅游景区质量等级评定委员会授权各省级旅游景区质量等级评定委员会负责评定，省级旅游景区评定委员会可向条件成熟的地市级旅游景区评定委员会再行授权。4A级旅游景区由省级旅游景区质量等级评定委员会推荐，全国旅游景区质量等级评定委员会组织评定。5A级旅游景区从4A级旅游景区中产生。被公告为4A级三年以上的旅游景区可申报5A级旅游景区。5A级旅游景区由省级旅游景区质量等级评定委员会推荐，全国旅游景区质量等级评定委员会组织评定。

11.5.5 评定的程序

各级旅游景区的质量等级评定工作按照"创建、申请、评定、公告"的程序进行。

参加创建质量等级的旅游景区要按照国家标准和评定细则的要求，制订创建计划，明确责任目标，落实各项创建措施。

旅游景区在创建计划完成后，进行自检。自检结果达到相应等级标准和细则规定的旅游景区，填写《旅游景区质量等级评定报告书》，并向当地旅游景区质量等级评定机构提出评定申请。经当地旅游景区质量等级评定机构审核同意，向上一级旅游景区质量等级评定机构推荐参加相应质量等级的正式评定。

现场评定工作由负责评定的旅游景区质量等级评定机构委派评定小组承担。评定小组采取现场检查、资料审核、抽样调查等方式进行现场评定工作。现场评定符合标准的旅游景区，由负责评定的旅游景区质量等级评定机构批准其质量等级，并向社会公告。

全国旅游景区质量等级评定委员会对申报 5A 级旅游景区的评定程序如下：资料审查，景观价值评价，现场检查，社会公示，发布公告。

■ 本章小结

本章从旅游资源的概念着手，介绍了旅游资源的定义和分类，让学生了解我国在旅游资源保护方面的主要法律法规，掌握以法律武器保护旅游资源的基本内容，提高运用法律保护旅游资源的能力。

■ 主要概念

旅游资源　风景名胜区　文物　自然保护区　世界遗产　历史文化名城　旅游景区等级评定

■ 选择题

1.下列自然保护区的区域构成中，禁止任何单位和个人进入的区域是（　　）。

A.核心区　　　　　　B.中心区　　　　　　C.缓冲区　　　　　　D.实验区

2.文物收藏单位不可以通过（　　）方式取得文物。

A.购买　　　　　　B.接受捐赠　　　　　　C.依法交换　　　　　　D.非法侵占

3.各级旅游景区的质量等级评定工作按照（　　）的程序进行。

A.创建、评定、申请、公告　　　　　　B.申请、评定、创建、公告

C.创建、申请、评定、公告　　　　　　D.申请、创建、评定、公告

■ 判断题

1.旅游景区质量等级划分为五级，从高到低依次为 5A、4A、3A、2A、1A 级旅游景区。（　　）

2.一切机关、组织和个人都有依法保护文物的义务。（　　）

3.地下埋葬的文物，单位或个人可以自行发掘。（　　）

4.文物收藏单位可以通过购买的方式取得文物。（　　）

5.旅游资源通常分为自然旅游资源和人文旅游资源两大类。（　　）

■ 简答题

1.旅游资源的含义是什么？

2.旅游景区质量等级评定的范围和依据是什么？

3.世界遗产的含义是什么？

4.风景名胜区的含义是什么？

■ 案例分析题

被告人李某未经申报，携带分装在两个行李箱中的一批古生物化石，准备从北京首都机场海关出境。海关关员当场将李某查获。经鉴定，李某携带的古生物化石中有1件古脊椎动物化石视同国家二级文物，1件古脊椎动物化石视同国家三级文物。

请问：（1）你能结合相关法规对本案例被告人的行为进行评述吗？

（2）结合本案例和相关法规，有关部门对此应如何进行处理？

■ 实训题

请同学们分组调查家乡著名风景名胜区的保护情况。

第12章

旅游投诉法律制度

学习目标

通过本章学习，了解旅游投诉管理机构及其相关职责，理解旅游纠纷、旅游投诉、旅游投诉管辖的概念，掌握旅游纠纷解决的途径、我国旅游投诉管辖制度、旅游投诉的受理条件、旅游投诉的受理程序以及处理程序，并能对旅游投诉进行实际处理。

知识结构思维导图

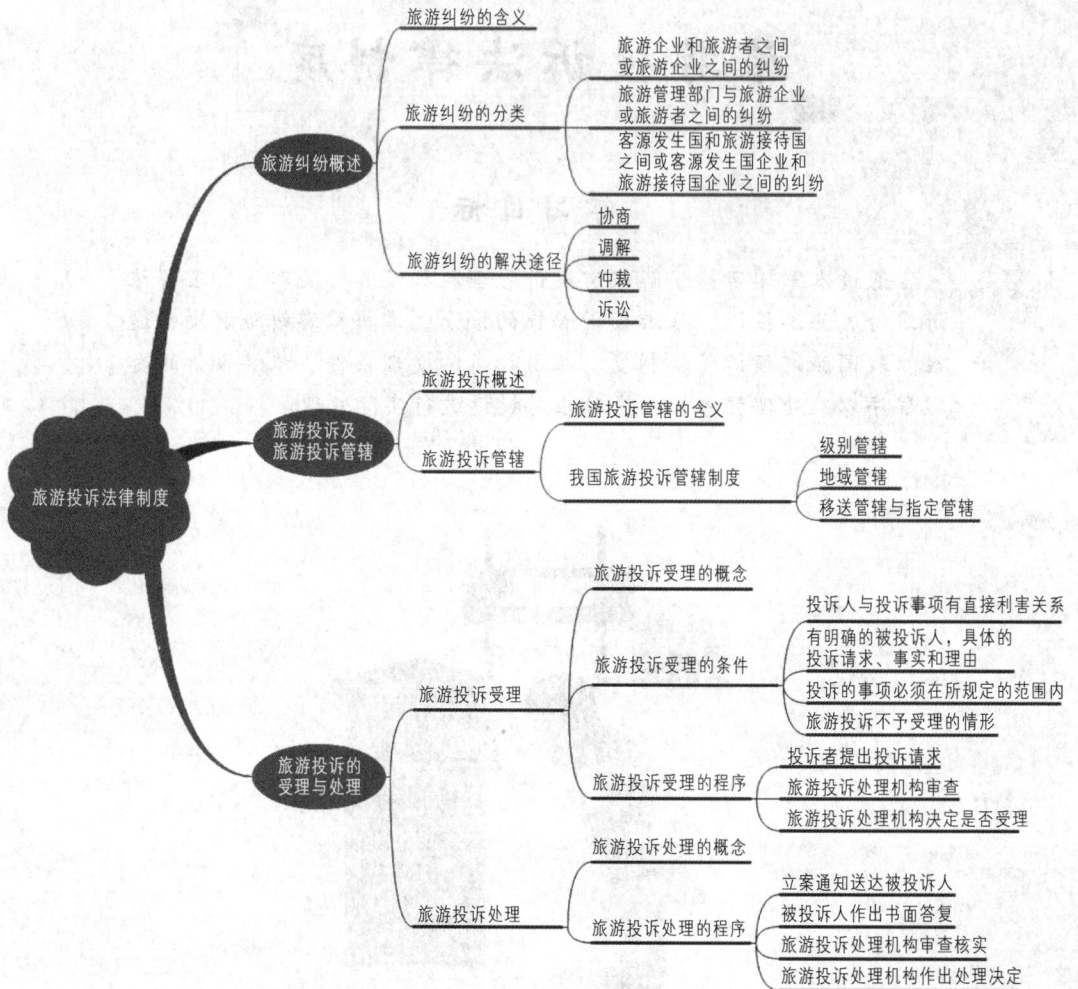

旅游投诉法律制度

- 旅游纠纷概述
  - 旅游纠纷的含义
  - 旅游纠纷的分类
    - 旅游企业和旅游者之间或旅游企业之间的纠纷
    - 旅游管理部门与旅游企业或旅游者之间的纠纷
    - 客源发生国和旅游接待国之间或客源发生国企业和旅游接待国企业之间的纠纷
  - 旅游纠纷的解决途径
    - 协商
    - 调解
    - 仲裁
    - 诉讼
- 旅游投诉及旅游投诉管辖
  - 旅游投诉概述
  - 旅游投诉管辖
    - 旅游投诉管辖的含义
    - 我国旅游投诉管辖制度
      - 级别管辖
      - 地域管辖
      - 移送管辖与指定管辖
- 旅游投诉的受理与处理
  - 旅游投诉受理
    - 旅游投诉受理的概念
    - 旅游投诉受理的条件
      - 投诉人与投诉事项有直接利害关系
      - 有明确的被投诉人，具体的投诉请求、事实和理由
      - 投诉的事项必须在所规定的范围内
      - 旅游投诉不予受理的情形
    - 旅游投诉受理的程序
      - 投诉者提出投诉请求
      - 旅游投诉处理机构审查
      - 旅游投诉处理机构决定是否受理
  - 旅游投诉处理
    - 旅游投诉处理的概念
    - 旅游投诉处理的程序
      - 立案通知送达被投诉人
      - 被投诉人作出书面答复
      - 旅游投诉处理机构审查核实
      - 旅游投诉处理机构作出处理决定

案例导入　　　　　　　厦门市 G 旅行社被责令整改并处罚款

2017 年 1 月 4 日，福建厦门市的张某等 5 人参加 G 旅行社组织的泰国六日游，G 旅行社在未与游客协商，且未签订补充协议的情况下，擅自安排购物活动。张某向全国旅游投诉热线 12301 进行投诉。经查，G 旅行社在组织、接待旅游者时未与旅游者协商一致，指定具体购物场所，违反了《中华人民共和国旅游法》相关规定。厦门市旅发委依据相关规定，给予 G 旅行社责令整改、罚款 5 万元的行政处罚，给予直接责任人朱某 5 000 元罚款的行政处罚。

资料来源　游厦门. 上半年旅游行政处罚十大案例：这十个旅游"坑"[EB/OL]. [2017-08-03]. https://www.sohu.com/a/162037168_662442.

12.1　旅游纠纷概述

12.1.1　旅游纠纷的含义

旅游纠纷，泛指在旅游过程中，旅游关系的当事人所发生的矛盾和冲突。2009 年 5 月 1 日《旅行社条例》实施，对旅游投诉立法提出新的要求。为了维护旅游者和旅游经营者的合法权益，依法公正处理旅游投诉，依据《消费者权益保护法》《旅行社条例》《导游人员管理条例》和《中国公民出国旅游管理办法》等法律、法规，2010 年 1 月 4 日，国家旅游局通过了《旅游投诉处理办法》，自 2010 年 7 月 1 日起施行，该办法针对旅游纠纷问题的处理作出了相关规定。2013 年 4 月 25 日新出台的《中华人民共和国旅游法》第八章中对旅游纠纷处理作了专门规定。

12.1.2　旅游纠纷的分类

在实践中，常见的旅游纠纷主要有以下三类：

①旅游企业和旅游者之间或旅游企业之间的纠纷。此类纠纷的特点是：发生纠纷主体的法律地位平等；发生的原因多为违约或侵权，且违约是主要原因；在性质上，此类纠纷属私法范畴。

②旅游管理部门与旅游企业或旅游者之间的纠纷。此类纠纷的特点是：发生纠纷主体的法律地位是不平等的；纠纷的性质大多为行政性争议。

③客源发生国和旅游接待国之间或客源发生国企业和旅游接待国企业之间的纠纷。此类纠纷显然具有涉外因素。涉及国家间争议的，其性质属公法范畴；涉及国家间企业争议的，则可能涉及私法范畴。

12.1.3　旅游纠纷的解决途径

1）协商

协商是争议各方当事人在自愿、互谅的基础上，依照法律规定或者合同约定，直接进行谈判、磋商，相互作出一定让步，自行达成协议以解决纠纷的方法。在民间也把协商叫作"私了"。其最大的特点是无须第三者介入，完全依靠当事人自行解决纠纷。优点为手续简单、方式灵活、便利经济，而且和解不会伤害争议各方的感情，有利于双方合作关系的进一步发展，适用于涉及标的不大、案情比较简单的争议。由于协商具有上述优越性，旅游者在和旅游经营者发生纠纷后，也会通过协商的方式来解决争议。

就性质而言，协商属于当事人自力救济的一种方式，在通过协商的方式解决纠纷的过程中，应当贯彻以下原则：

（1）自愿原则

协议必须是基于争议各方的自愿而达成的，任何一方均有权拒绝协商或终止协商，而根据法律或合同规定的其他办法来解决争议。

（2）平等互利、协商一致的原则

在协商过程中，应坚持各方地位平等，在充分协商、平衡利益、意思表示一致的基础上达成协议。任何一方都不得采取胁迫、欺诈、诱骗等手段使对方勉强或被迫接受自己的片面要求。当然，这并不意味着协商的结果对双方是绝对公平的，即使协商的结果对一方更有利，只要协议是双方当事人真实的意思表示，该协商结果就符合平等互利、协商一致的要求。

（3）合法原则

经协商而达成的协议必须符合法律的规定，不得损害国家利益、社会利益（公序良俗）和第三方的利益；否则，协商所达成的协议就是无效的。

因为协商是以自愿为基础解决纠纷的方式，协商在解决旅游纠纷的问题上也存在一定的局限性：在争议各方利益分歧严重时，协商往往难以通过；协商的结果在相当程度上取决于协商各方讨价还价的力量和实际需要，力量较弱的一方的利益常得不到应有的维护；双方达成协议后，如一方故意毁约，协商的结果也不能申请强制执行。

2）调解

协商与调解都是友好解决纠纷的方法，其共同特点是，纠纷当事人在相互谅解的基础上达成解决纠纷的协议。调解和协商都是当事人在自愿的基础上，经过充分的磋商达成协议，因此在调解过程中也应当贯彻自愿、平等、互利、合法的原则。与协商方式不同的是，调解在第三方的主持下进行，协商则无须第三方的介入。

调解是指在第三方主持下，通过第三方的劝说、引导，使争议各方在互谅互让的基础上达成协议，使纠纷得以解决的方式。根据主持调解的第三方身份的不同，调解可以分为民间调解、行政调解、仲裁调解和法庭调解。在这几种类型的调解中，行政调解、仲裁调解和法庭调解是在专门机关的主持下达成的调解，属于行政程序、仲裁程序和诉讼程序的组成部分，因此达成的调解结果可以得到强制执行，而民间调解的结果没有强制执行的效力，它的实现有赖于双方的自愿与诚信，因此与协商比较类似。

民间调解是在不具备专门调解职能的单位或个人主持下进行的调解，就性质而言属于私力救济范围。调解的单位或个人是争议各方都信赖的，有较大的灵活性和中立性，能够比较超脱和公正，不致因某种利害关系偏袒一方而损害另一方的合法权益。由于调解人的调解工作涉及双方利益，而且要符合法律、法规的规定，因此选择的调解人一般应具备下列条件：办事公道、为人正派；与双方当事人没有利害关系，愿意为双方出谋划策解决纠纷；懂政策、懂法律，有责任心。在调解过程中，调解人应当在查清事实的基础上，说服劝导争议各方，进而提出解决争议的合理方案，并做好双方当事人的工作，促使他们互谅互让，自愿达成调解协议，使纠纷得以公平合理地解决。

3）仲裁

所谓仲裁，亦称公断，是指由双方当事人将其争议交付第三者居中评断是非并作出裁决，该裁决对双方当事人均具有拘束力。仲裁和诉讼虽然同是对当事人之间的权利争议进行处理，但诉讼是国家审判机关对案件进行审理，显示了国家权力的权威性；而仲裁机关是社会团体，它的公信力来自法律的认可、惯例的承认以及仲裁机构的专业性。为了避免对同一案件进行重复审理，法律规定，当事人在诉讼和仲裁的选择上采取"或裁或审"的原则，即提起仲裁的案件，当事人不能向人民法院提起诉讼。

（1）仲裁协议和裁决的效力

确定一个案件是否能够提起仲裁，重要的前提条件是当事人之间是否存在仲裁协议。仲裁协议是当事人表示将双方的纠纷提交仲裁机构进行裁决的书面协议。因为仲裁建立在自愿的基础之上，如果当事人没有仲裁协议或者仲裁协议无效，相关纠纷的当事人就只能选择向人民法院提起诉讼来解决争议。

仲裁协议既可以订立为一份独立的合同，亦可以作为合同的一个条款而存在；双方当事人既可以在纠纷发生前预先订立仲裁协议，也可以在纠纷发生后再行订立仲裁协议，而且仲裁协议有独立的效力。当双方当事人在合同中约定，双方的合同纠纷应提交给某一仲裁机构仲裁时，即使该合同被认定为无效或被撤销，仲裁协议仍然有效。

当事人依仲裁协议向仲裁机构申请仲裁，仲裁机构依照有关法律，对案件进行仲裁。仲裁实行"一裁终局"制度，即仲裁裁决一经作出，即行生效，当事人不得就同一纠纷再次申请仲裁或者向人民法院起诉。生效的仲裁裁决，可以向人民法院申请强制执行。

（2）国外仲裁裁决的承认和执行

国外仲裁机构的裁决，需要中华人民共和国承认和执行的，应当由当事人直接向被执行人住所地或其财产所在地的中级人民法院申请，人民法院应当依照我国缔结和参加的国际条约，或按互惠原则办理。

总体来讲，我国对国外仲裁裁决的承认和执行是以《纽约公约》的规定为依据的。在加入该公约时，我国政府声明：我国政府只承认和执行在缔约国领土内作出的仲裁裁决，并且只承认和执行对属于契约和非契约性商事法律关系争议作出的仲裁裁决。

在国际旅游纠纷的仲裁解决过程中，遵守国际公约，适用国际惯例，是我国走向国际市场、参与国际竞争的必然要求。在这一过程中，国内的公民、企业以及国外的公民、企业的利益都将得到最大限度的保护。

4）诉讼

诉讼是指人民法院和案件当事人在其他诉讼参与人的配合下，为解决纠纷依法定程序进行的全部活动。诉讼是解决旅游纠纷的最终办法。

（1）民事诉讼

民事诉讼是人民法院行使国家审判权审理民事案件，当事人及其他诉讼参与人为解决民事纠纷、保护合法权益而进行的全部活动，以及由此而产生的各种关系。旅游者和旅游经营者是具有平等地位的民事主体，发生在双方之间的纠纷属于民事纠纷，在纠纷发生后，旅游者可以直接向人民法院提起民事诉讼，要求旅游经营者承担民事责任。旅游者提起民事诉讼应具备下列法定条件：原告必须是与本案有直接利害关系的旅游者；起诉必须有明确的被告；起诉必须有具体的诉讼请求、事实和理由；起诉的案件必须属于人民法院受理民事诉讼的范围和受诉人民法院管辖。

（2）行政诉讼

在旅游纠纷发生之后，若旅游者或旅游经营者首先向行政机关请求处理，但在认为行政机关的处理方式不正确，或应处理而未处理的情况下，旅游者或旅游经营者也可以向人民法院提起诉讼。此时，当事人针对的是行政机关的具体行政行为，因此提起的诉讼是行政诉讼而非民事诉讼。

行政诉讼是指当公民、法人和其他组织认为行政机关的具体行政行为侵犯了其合法权益，依法向人民法院提起诉讼，由人民法院对案件进行裁决的诉讼行为。根据法律规定，当事人只能对行政机关的具体行政行为提起诉讼，我国《行政诉讼法》第十二条明确了人民法院受理案件的范围：

①对行政拘留、暂扣或者吊销许可证和执照、责令停产停业、没收违法所得、没收非法财物、罚款、警告等行政处罚不服的；

②对限制人身自由或者对财产的查封、扣押、冻结等行政强制措施和行政强制执行不服的；

③申请行政许可，行政机关拒绝或者在法定期限内不予答复，或者对行政机关作出的有关行政许可的其他决定不服的；

④对行政机关作出的关于确认土地、矿藏、水流、森林、山岭、草原、荒地、滩涂、海域等自然资源的所有权或者使用权的决定不服的；

⑤对征收、征用决定及其补偿决定不服的；

⑥申请行政机关履行保护人身权、财产权等合法权益的法定职责，行政机关拒绝履行或者不予答复的；

⑦认为行政机关侵犯其经营自主权或者农村土地承包经营权、农村土地经营权的；

⑧认为行政机关滥用行政权力排除或者限制竞争的；

⑨认为行政机关违法集资、摊派费用或者违法要求履行其他义务的；

⑩认为行政机关没有依法支付抚恤金、最低生活保障待遇或者社会保险待遇的；

⑪认为行政机关不依法履行、未按照约定履行或者违法变更、解除政府特许经营协议、土地房屋征收补偿协议的；

⑫认为行政机关侵犯其他人身权、财产权等合法权益的。除前款规定外，人民法院受理法律、法规规定可以提起诉讼的其他行政案件。

由此可见，对行政机关的处理决定，旅游者和旅游经营者都可以向人民法院提起行政诉讼，要求纠正行政机关的行为。但应当注意，该诉讼应当在法定的期限内提出；否则，行政机关的处理决定即产生法律效力。

法规速递 12-1　　　　　　　　　　　　　关于旅游纠纷处理的规定

《中华人民共和国旅游法》第八章关于旅游纠纷处理的规定如下：

第九十一条　县级以上人民政府应当指定或者设立统一的旅游投诉受理机构。受理机构接到投诉，应当及时进行处理或者移交有关部门处理，并告知投诉者。

第九十二条　旅游者与旅游经营者发生纠纷，可以通过下列途径解决：

（一）双方协商；

（二）向消费者协会、旅游投诉受理机构或者有关调解组织申请调解；

（三）根据与旅游经营者达成的仲裁协议提请仲裁机构仲裁；

（四）向人民法院提起诉讼。

第九十三条　消费者协会、旅游投诉受理机构和有关调解组织在双方自愿的基础上，依法对旅游者与旅游经营者之间的纠纷进行调解。

第九十四条　旅游者与旅游经营者发生纠纷，旅游者一方人数众多并有共同请求的，可以推选代表人参加协商、调解、仲裁、诉讼活动。

12.2　旅游投诉及旅游投诉管辖

12.2.1　旅游投诉概述

1）旅游投诉的概念

《旅游投诉处理办法》第二条规定，旅游投诉是指旅游者认为旅游经营者损害其合法权益，请求旅游行政管理部门、旅游质量监督管理机构或者旅游执法机构（以下统称"旅游投诉处理机构"），对双方发生的民事争议进行处理的行为。

2）旅游投诉的特征

（1）投诉人是与本案有直接利害关系的旅游者

有直接利害关系的旅游者，指旅游经营者或者旅游辅助服务者的行为直接导致其合法人身、财产权益受到损害而依法行使相应请求权的旅游者。这里的"旅游经营者"是指以自己的名义经营旅游业务，向公众提供旅游服务的人；"旅游辅助服务者"是指与旅游经营者存在合同关系，协助旅游经营者履行旅游合同业务，实际提供交通、游览、住宿、餐饮、娱乐等旅游服务的人。在社会生活中，人们的合法权益一旦受到损害，就有可能向有关部门投诉，以保护自己的合法权益，但这些投诉并非都是旅游投诉。只有当投诉的主体——不论是投诉人（旅游者、海外旅行商、国内旅游经营者）还是被投诉人（旅游经营者或有关服务单位）参与了旅游活动，并且投诉案件发生在旅游活动过程中，才能称之为旅游投诉，这是旅游投诉与其他各种投诉活动的重要区别。

（2）投诉人的合法权益受到了损害

这是旅游投诉的重要条件，也是旅游投诉的重要特征。如果被投诉人没有给投诉人造成任何损害，那么，这种投诉则因不具备投诉的客观条件而不能成立；如果被投诉人损害的不是投诉人的合法权益，而是非法利益，则这种投诉也不受保护。因此，只有当被投诉人损害了投诉人的合法权益时，这种投诉才应该受理，才能称之为旅游投诉。这里所讲的损害，既包括财产损害，也包括人身损害。财产损害既包括直接造成投诉人现有财产的损坏、灭失或减少，也包括妨碍投诉人现有财产的增加；人身损害既包括损害投诉人的生命健康权、姓名权、肖像权、名誉权、荣誉权等人身权利，也包括不尊重投诉人的人格尊严、服务态度恶劣、造成投诉人精神上的痛苦等。

（3）投诉人的人身、财产权益损害与被投诉人（旅游经营者或者旅游辅助服务者）的违约或者损害行为之间有因果关系

在旅游活动中，旅游者、海外旅行商或国内旅游经营者的合法权益受到损害，往往是由多种原因造成的，有些损害是由于旅游经营者或有关服务单位的过错造成的，有些损害则是由旅游者、海外旅行商、国内旅游经营者自身的过错造成的，还有些损害是由不可抗力造成的。对于第一种情况，可以投诉；对于后两种情况则不应投诉。因为根据我国有关法律规定，损害的发生是因致害人的过错造成的，致害人才承担责任，即对一般侵权损害适用过错责任原则，只有被投诉人主观上有过错即故意损害投诉人的合法权益或因过失造成投诉人合法权益受到损害，投诉人才能提出投诉。

（4）投诉所涉及的纠纷应当发生在旅游活动中，双方的争议属于民事争议

旅游投诉处理机构在处理旅游投诉时，发现被投诉人或者其从业人员有违法或犯罪行为的，应当按照法律、法规和规章的规定，作出行政处罚、向有关行政管理部门提出行政处罚建议或者移送司法机关。

（5）旅游投诉受理机关是旅游投诉处理机构，其处理投诉的行为，是旅游行政管理部门的行政调解行为

旅游投诉处理机构受理投诉后，应当积极安排当事双方进行调解，提出调解方案，促成双方达成调解协议。调解不成的，或者调解书生效后没有执行的，投诉人可以按照国家法律、法规的规定，向仲裁机构申请仲裁或者向人民法院提起诉讼。

3）旅游投诉处理机构

旅游投诉处理机构是受理并处理旅游投诉案件的旅游行政管理部门、旅游质量监督管理机构或者旅游执法机构，但在实践中通常由旅游行政管理部门的一个内部工作机构，具体负责旅游投诉工作，代表设置它的旅游行政管理部门处理投诉案件，作出投诉受理与处理决定，这个机构就是旅游质量监督管理所（简称质监所）。《旅游法》第九十一条规定："县级以上人民政府应当指定或者设立统一的旅游投诉受理机构。受理机构接到投诉，应当及时进行处理或移交有关部门处理，并告知投诉者。"《旅游投诉处理办法》中对旅游投诉处理机关的设置、职责和管辖进一步作了明确规定。

（1）旅游投诉处理机构的设置

《旅游投诉处理办法》第三条规定："旅游投诉处理机构应当在其职责范围内处理旅游投

诉。地方各级旅游行政主管部门应当在本级人民政府的领导下，建立、健全相关行政管理部门共同处理旅游投诉的工作机制。"这一规定明确了我国旅游投诉的处理机构是地方各级旅游行政管理机关的内设机构，代表旅游行政管理机关处理旅游投诉案件。依据《旅游投诉管理办法》，我国的旅游投诉处理机构分为国家旅游投诉处理机构和地方旅游投诉处理机构。

（2）旅游投诉处理机构的职责

不同的旅游投诉处理机构，其职责也不相同。

国家旅游投诉处理机构的职责：

①制定全国旅游投诉管理方面的规章制度并组织实施；

③指导、监督、检查地方旅游行政管理部门的旅游投诉管理工作；

③对收到的投诉，可以直接组织调查并作出处理，也可以转送有关部门处理；

④受理对省、自治区、直辖市旅游行政管理部门作出的投诉处理决定不服的复议申请；

⑤表彰或者通报地方旅游投诉处理工作，组织交流投诉管理工作的经验与信息；

⑥管理旅游投诉的其他事项。

地方旅游投诉管理机构的职责：

①贯彻执行国家旅游投诉的规章制度；

②受理本辖区内的旅游投诉；

③受理对下一级旅游投诉管理机关作出的投诉处理决定不服的复议申请；

④协助上一级旅游投诉管理机关调查涉及本辖区的旅游投诉；

⑤向上一级旅游投诉管理机关报告本辖区的重大旅游投诉的调查处理情况；

⑥建立、健全本辖区内的旅游投诉管理工作的表彰或通报制度；

⑦管理本辖区内旅游投诉的其他事项。

12.2.2　旅游投诉管辖

1）旅游投诉管辖的含义

（1）旅游投诉管辖的概念

旅游投诉管辖，是指各级旅游投诉处理机构和同级旅游投诉处理机构之间，受理旅游投诉案件的分工和权限。

（2）确定旅游投诉管辖的原则

①效率原则。

效率是行政管理的最高价值，因此，旅游投诉管理的确定应当便于旅游行政管理部门迅速、及时发现并制裁违法行为，既要使投诉方便、及时，也要使日常的旅游行政管理的有关情况能及时得到反馈。

②兼顾旅游行政管理部门的分工与案件性质的原则。

我国旅游行政管理部门按层级组成，不同级别的机关职责不同，层级越高，其职能中的决策、综合、协调、指导和监督的内容就越多；反之，其职能中的执行内容就越多，处理具体案件和其他事务的任务就越重。据此，地方各级旅游投诉处理机构要处理较多的旅游纠纷，国家旅游投诉处理机构则要处理一些重要的、影响大的、性质恶劣的案件。

③原则性与灵活性相结合的原则。

确定旅游投诉处理机构，既要明确实施主体，也要给旅游投诉处理机构在管理上一定的灵活性，使管辖能适应各种情况的变化。

2）我国旅游投诉管辖制度

（1）级别管辖

所谓级别管辖，是指旅游投诉处理机构内部上下级之间对旅游投诉案件处理的权限范围的划分。它实质上是一种内部分工问题，不同级别的旅游投诉处理机构，职权范围不同。依照《旅游投诉处理办法》第六条的规定，上级旅游投诉处理机构有权处理下级旅游投诉处理机构管辖的投诉案件。我国的旅游投诉管理机构分为国家旅游投诉处理机构和地方旅游投诉处理机构两级，地方旅游投诉处理机构通常又分为省（含自治区、直辖市）、市、县三级。在权限划分上，国家旅游投诉处理机构管辖全国范围内有重大影响或者地方旅游投诉处理机构处理确有困难的旅游投诉案件；地方旅游投诉处理机构管辖本辖区内的旅游投诉案件。

（2）地域管辖

所谓地域管辖，是指不同地区的旅游投诉处理机构对旅游投诉案件处理权限的划分。地域管辖是由旅游活动的地区流动性和损害行为与损害结果发生的非同步性决定的，确立这类管辖有利于快速、便利、准确地处理旅游投诉案件。《旅游投诉处理办法》第五条规定，旅游投诉由旅游合同签订地或者被投诉人所在地县级以上地方旅游投诉处理机构管辖。需要立即制止、纠正被投诉人的损害行为的，应当由损害行为发生地旅游投诉处理机构管辖。因此，确立了旅游投诉案件地域管辖的三个标准：

①被投诉者所在地。被投诉者所在地就是被投诉者的住所地或主要活动场所。我国《民法通则》规定："公民以他的户籍所在地的居住地为住所，经常居住地与住所不一致的，经常居住地视为住所。"

②损害行为发生地。损害行为发生地就是被投诉者实施损害投诉者的人身、财产或其他合法权益行为的地方。将损害行为发生地的旅游投诉处理机构赋予管辖权，有利于及时调查取证，作出正确处理。

③旅游合同签订地。旅游合同签订地就是被投诉者与投诉者签订旅游合同的地方。旅游活动中，一些旅行社为了招揽游客以及旅游者经验不足等原因，造成合同履行过程中发生了许多纠纷，因此，将旅游合同签订地的旅游投诉处理机关赋予管辖权，为旅游者提出投诉、在源头处理提供了便利。

上述三个投诉管辖标准无主次、先后之分，投诉者可根据自身情况，灵活自主地作出选择，无论投诉者选择的是被投诉人所在地、损害行为发生地，还是旅游合同签订地，该地区的旅游投诉处理机构都有管辖权。为避免在跨地区的旅游投诉中，各旅游投诉受理机关相互推诿或争夺管辖权，《旅游投诉处理办法》第七条明确规定："发生管辖争议的，旅游投诉处理机构可以协商确定，或者报请共同的上级旅游投诉处理机构指定管辖。"

（3）移送管辖与指定管辖

移送管辖是指旅游投诉处理机构受理投诉后，发现该投诉案件本投诉机构无权管辖，依据法律、法规等规定将其移送至有管辖权的旅游投诉处理机构处理。受移送的机构，认为受移送的案件依照规定不属其管辖的，应当报请上级旅游投诉处理机构指定管辖，不得再行移送案件。

指定管辖是指上级旅游投诉处理机构以决定方式指定下一级旅游投诉处理机构对某一案件行使管辖权。指定管辖实际上是赋予旅游投诉处理机构在受理投诉案件上一定的自由裁量权，以适应各种错综复杂的情况，有利于解决重复管辖和管辖空白等问题。

根据我国旅游业的实际情况，《旅游投诉处理办法》第七条（具体条文上面已提及）的规定有三层含义：

①投诉人已向有管辖权的旅游投诉处理机构提出投诉，受理机构不能互相推诿，也不能固守管辖权各不相让。旅游投诉处理机构本着互相协作的精神，从维护国家旅游声誉出发，根据尽量方便投诉者与被投诉者双方，并且有利于受理机构调查取证，查明核实案情的原则，协商确定一个管辖机构。

②几方对案件发生争议，无法确定管辖权归属的，由几方的共同上级旅游投诉处理机构指定管辖。

③投诉者直接向有管辖权的上级旅游投诉处理机构提出投诉，而该上级旅游投诉处理机构认为不应该由自己管辖的，可以指定其认为有管辖权的机构管辖。

12.3　旅游投诉的受理与处理

12.3.1　旅游投诉受理

1）旅游投诉受理的概念

旅游投诉受理是指有管辖权的旅游投诉处理机构，接到旅游投诉人的投诉状或者口头投诉，经审查认为符合受理条件，予以立案的行政行为。

2）旅游投诉受理的条件

旅游投诉受理的条件是指旅游投诉处理机构受理旅游投诉案件时应当具备的基本条件。根据《旅游投诉处理办法》第十条的规定，旅游投诉应当符合下列条件：

（1）投诉人与投诉事项有直接利害关系

旅游投诉人必须是与本案投诉事项有关的旅游者、海外旅行商、国内旅游经营者和有关从业人员，且与投诉案件有直接的财产关系或人身关系，通常情况下表现为旅游投诉人在财产上或人身上受到了损害，向旅游投诉处理机构提出投诉。根据《旅游投诉处理办法》的规定，旅游投诉处理机构对超过旅游合同结束之日 90 天的投诉事项不予受理。投诉者与投诉案件没有直接利害关系的，则不具备投诉的条件，旅游投诉处理机构对其投诉不予受理。

（2）有明确的被投诉人，具体的投诉请求、事实和理由

旅游投诉必须有明确的投诉对象即指明被投诉者，对投诉者而言权益已经受到了损害，其旅游投诉行为是一种维护权益的行为。这种维权行为主要表现为恢复被侵害了的权益或权益被侵害后的补偿，不论是哪一种，通常都需要致害人实施一定的行为，即致害人

通过积极的行为才能实现，这是由债权行为的性质决定的。从一定意义上说，致害人与受害人之间的关系是一种债的关系，在债的关系中债权人的权益得以实现必须依靠债务人的积极行为。因此，没有明确的被投诉者，投诉者的权益就难以实现，其投诉也就毫无意义。投诉请求是投诉者向投诉受理机关提出的、要求被投诉人履行有关义务的请求，这是投诉受理机关处理投诉案件的重要条件，它在一定程度上可以反映出投诉者受损害的内容、范围和程度，没有投诉请求则会使得旅游投诉受理机关难以作出处理。事实根据是投诉受理机关处理案件的客观依据，也是正确解决纠纷的基础。在解决旅游投诉案件中要求投诉者提供的情况必须真实、可靠，不得编造事实，旅游受理机关要深入实际、调查研究、查明事实真相，作出正确的处理。

（3）投诉的事项必须在所规定的范围内

《旅游投诉处理办法》第八条明确规定，投诉人可以就下列事项向旅游投诉处理机构投诉：

①认为旅游经营者违反合同约定的；

②因旅游经营者的责任致使投诉人人身、财产受到损害的；

③因不可抗力、意外事故致使旅游合同不能履行或者不能完全履行，投诉人与被投诉人发生争议的；

④其他损害旅游者合法权益的。

（4）旅游投诉不予受理的情形

《旅游投诉处理办法》第九条明确规定，下列情形不予受理：

①人民法院、仲裁机构、其他行政管理部门或者社会调解机构已经受理或处理的；

②旅游投诉处理机构已经作出处理，且没有新情况、新理由的；

③不属于旅游投诉处理机构职责范围或者管辖范围的；

④超过旅游合同结束之日90天的；

⑤不符合本办法第十条规定的旅游投诉条件的；

⑥本办法规定情形之外的其他经济纠纷。

3）旅游投诉受理的程序

旅游投诉受理的程序是指旅游投诉处理机构接受投诉者的投诉，依法立案审查的工作顺序。它仅包括接受投诉、立案审查等内容，不包括处理程序，它是整个投诉处理过程的第一阶段。根据《旅游投诉处理办法》，投诉受理程序包括以下几个方面：

（1）投诉者提出投诉请求

它是指投诉者通过投诉状或口头投诉等方式向旅游投诉处理机构提出投诉的意思表示。这是受理投诉者投诉的第一道程序。旅游投诉一般应当采取书面形式，一式两份，并载明下列事项：

①投诉人的姓名、性别、国籍、通信地址、邮政编码、联系电话及投诉日期；

②被投诉人的名称、所在地；

③投诉的要求、理由及相关的事实根据。

投诉事项比较简单的，投诉人可以口头投诉，由旅游投诉处理机构进行记录或者登记，并告知被投诉人；对于不符合受理条件的投诉，旅游投诉处理机构可以口头告知投诉人不予受理及其理由，并进行记录或者登记。

投诉人委托代理人进行投诉活动的，应当向旅游投诉处理机构提交授权委托书，并载明委托权限。

（2）旅游投诉处理机构审查

它是指旅游投诉处理机构对投诉者提出的投诉状和口头投诉进行的审核与调查。这是决定是否受理投诉的关键环节。审查的主要内容是投诉者的投诉是否符合投诉条件，对符合条件的要及时受理，不符合条件的则不予受理。它要求旅游投诉处理机构及其工作人员要深入实际，调查研究，在查明全部事实的基础上作出是否受理的决定，不得马虎、主观臆断、草率行事。如果被投诉者直接接到旅游投诉的，应当自行调查核实，与投诉者协商解决纠纷，不能协商解决的，应及时将投诉移送投诉处理机构，由投诉管理机关审查处理。

（3）旅游投诉处理机构决定是否受理

根据《旅游投诉处理办法》第十五条的规定，旅游投诉处理机构接到投诉，应当在 5 个工作日内作出以下处理：

①投诉符合本办法的，予以受理；

②投诉不符合本办法的，应当向投诉人送达《旅游投诉不予受理通知书》，告知不予受理的理由；

③依照有关法律、法规和本办法规定，本机构无管辖权的，应当以《旅游投诉转办通知书》或者《旅游投诉转办函》，将投诉材料转交有管辖权的旅游投诉处理机构或者其他有关行政管理部门，并书面告知投诉人。

以案说法 12-1　　　　　　　　　　**超过诉讼时效，投诉无效**

2017 年 6 月，吴某等 10 名游客参加了某旅行社组织的赴湖南张家界五日游活动。到达景区后，旅行社没有立即着手组织游客游览，而是由导游带领他们去了多家土特产品商店购物。之后游览时，由于时间仓促，导游带领大家走马观花，甚至遗漏了几个重要景点。后来住宿时，也没有按照合同约定住进三星级宾馆，而是住进了二星级宾馆。回到当地后，吴某等人由于工作繁忙，直到 2018 年 5 月才向当地旅游行政管理部门投诉，但旅游行政管理部门以投诉超过法定时效为由，决定不予受理。

12.3.2　旅游投诉处理

1）旅游投诉处理的概念

旅游投诉处理是指旅游投诉处理机构受理投诉后，在查明事实的基础上，依据有关法律、法规判定投诉双方的责任，并作出处理决定的行政行为。它与旅游投诉的受理不同，它要求对旅游投诉受理的案件查明事实并作出处理决定，是旅游投诉处理机构受理旅游投诉行为的后续程序。

2）旅游投诉处理的程序

旅游投诉处理的程序是指旅游投诉管理机关受理投诉者的投诉，依法立

微课 12-1：旅游者维权有哪些途径和流程？

案、审查并作出处理的工作顺序。它是整个投诉处理过程的第二阶段。根据《旅游投诉处理办法》，投诉处理程序包括以下几方面内容：

（1）立案通知送达被投诉人

《旅游法》第九十一条规定，县级以上人民政府应当指定或者设立统一的旅游投诉受理机构。受理机构接到投诉，应当及时进行处理或者移交有关部门处理，并告知投诉者。

《旅游投诉处理办法》第十七条规定，旅游投诉处理机构处理旅游投诉，应当立案办理，填写《旅游投诉立案表》，并附有关投诉材料，在受理投诉之日起5个工作日内，将《旅游投诉受理通知书》和投诉书副本送达被投诉人。对于事实清楚、应当即时制止或者纠正被投诉人损害行为的，可以不填写《旅游投诉立案表》和向被投诉人送达《旅游投诉受理通知书》，但应当对处理情况进行记录存档。

（2）被投诉人作出书面答复

根据《旅游投诉处理办法》的规定，被投诉人应当在接到通知之日起10日内作出书面答复，提出答辩的事实、理由和证据。书面答复的内容应当载明下列事项：

①被投诉的事由；

②调查核实的过程；

③基本事实与证据；

④责任及处理意见。

（3）旅游投诉处理机构审查核实

旅游投诉管理机关要对被投诉者的书面答复进行复查，查明被投诉者的书面答复是否属实，证明是否充分，以利于分清责任，作出处理。旅游投诉处理机构认为有必要收集新的证据时，可以根据有关法律、法规的规定，自行收集或者召集有关当事人进行调查。需要委托其他旅游投诉处理机构协助调查、取证的，应当出具《旅游投诉调查取证委托书》，受委托的旅游投诉处理机构应当予以协助。对专门性事项需要鉴定或者检测的，可以由当事人双方约定的鉴定或者检测部门鉴定。没有约定的，当事人一方可以自行向法定鉴定或者检测机构申请鉴定或检测。鉴定、检测费用按照双方约定承担。没有约定的，由鉴定、检测申请方先行承担；达成调解协议后，按调解协议承担。鉴定、检测时间不计入投诉处理时间。

（4）旅游投诉处理机构作出处理决定

在投诉处理过程中，投诉人与被投诉人自行和解的，应当将和解结果告知旅游投诉处理机构；旅游投诉处理机构在核实后应当予以记录并由双方当事人、投诉处理人员签名或者盖章。

依据《旅游投诉处理办法》第二十五至第二十九条的规定，旅游投诉处理机构应当在受理旅游投诉之日起60日内，作出以下处理：

①双方达成调解协议的，应当制作《旅游投诉调解书》，载明投诉请求、查明的事实、处理过程和调解结果，由当事人双方签字并加盖旅游投诉处理机构印章。

②调解不成的，终止调解，旅游投诉处理机构应当向双方当事人出具《旅游投诉终止调解书》。调解不成的，或者调解书生效后没有执行的，投诉人可以按照国家法律、法规的规定，向仲裁机构申请仲裁或者向人民法院提起诉讼。

在下列情形下，经旅游投诉处理机构调解，投诉人与旅行社不能达成调解协议的，旅游投诉处理机构应当作出划拨旅行社质量保证金赔偿的决定，或向旅游行政管理部门提出划拨旅行社质量保证金的建议：

①旅行社因解散、破产或者其他原因造成旅游者预交旅游费用损失的；

②因旅行社中止履行旅游合同义务、造成旅游者滞留，而实际发生了交通、食宿或返程等必要及合理费用的。

旅游投诉处理机构应当每季度公布旅游者的投诉信息，使用统一规范的旅游投诉处理信息系统，为受理的投诉制作档案并妥善保管相关资料。

图12-1通过流程图的形式说明了旅游投诉解决流程，包含受理程序和处理程序两部分。

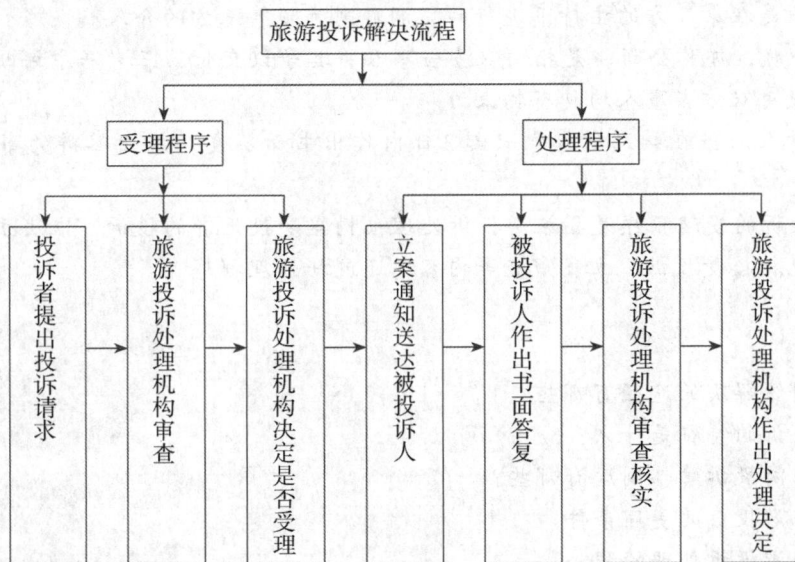

图12-1 旅游投诉解决流程

■ 本章小结

本章介绍了旅游纠纷、旅游投诉和旅游投诉管辖的概念，着重强调旅游纠纷解决的途径、旅游投诉的特征、旅游投诉管理机关的设置及职责；分析了我国旅游投诉管理制度、旅游投诉的受理及旅游投诉处理的程序。

■ 主要概念

旅游纠纷 旅游投诉 投诉管辖 协商 调解 仲裁 诉讼 投诉受理 投诉处理

■ 选择题

1.有权受理旅游投诉案件的机关是（   ）。

A.旅游协会 　　　　　　　　　　B.市场监督管理部门

C.旅游经营单位 　　　　　　　　D.旅游行政管理部门

2.旅游纠纷解决的途径有（   ）。

A.协商　　　　　　　　B.调解　　　　　　　C.诉讼　　　　　　　D.仲裁

3.我国《旅游投诉处理办法》对旅游投诉案件中的管辖较为灵活，旅游者可根据实际情况将投诉的地点选择在（　　　　）。

A.旅游者住所地　　　　　　　　　B.旅游合同签订地

C.被投诉者所在地　　　　　　　　D.损害行为发生地

■ 判断题

1.调解和协商都是当事人在自愿的基础上，经过充分的磋商达成协议。与调解方式不同的是，协商是在第三方的主持下进行的，调解则无须第三方的介入。　　　（　　）

2.所谓仲裁，亦称公断，是指由双方当事人将其争议交付第三者居中评断是非并作出裁决，该裁决对双方当事人均具有拘束力。　　　（　　）

3.被投诉人应当在接到通知之日起3日内作出书面答复，提出答辩的事实、理由和证据。　　　（　　）

4.旅游投诉的受理程序是指旅游投诉处理机构接受投诉者的投诉，依法立案审查的工作顺序。它包括接受投诉、立案审查等内容，还包括处理程序。　　　（　　）

■ 简答题

1.旅游纠纷解决的途径有哪些？

2.旅游投诉的特征是什么？

3.我国旅游投诉管辖制度有哪些？

4.简述旅游投诉的受理条件。

5.简述旅游投诉处理的程序。

■ 案例分析题

2018年4月中旬，北京游客陈女上到云南旅游，在一个景区附近，花了3 000元买下两条"白金项链"，回去后收藏起来。两个半月后，陈女士拿出项链给别人看时大吃一惊，白金项链已完全变成了铁锈链。经鉴定，该项链是纯铁制品。陈女士顿觉上当，气愤之余找来好朋友李某，向其诉说了受骗经过，并表示要将此事向云南省旅游投诉管理机关投诉。但李某说，现在已经过了两个半月了，显然已超过了旅游投诉时效，恐怕云南省旅游投诉管理机关不会受理此事。陈女士不甘心，抱着试试看的心理立即写信给云南省旅游投诉管理机关，说明受骗经过并将两条"白金项链"一并寄去。云南省旅游局接到信件后，立即责令当地旅游投诉管理机关对该事件进行调查。经过调查，陈女士投诉内容属实。

请问：（1）《旅游投诉处理办法》对旅游投诉时效有何具体要求？

（2）本案例中，陈女士的投诉是否超过了时效？

■ 实训题

假如你是旅游投诉管理机关的工作人员，在接到旅游者对某家旅行社的投诉后，如何对投诉案件作出正确处理？

附录　各章推荐学习的法律法规一览表

章	法律法规
第1章	1-1：中华人民共和国宪法
	1-2：中华人民共和国旅游法
第2章	2-1：中华人民共和国民法总则
	2-2：中华人民共和国刑法
	2-3：中华人民共和国行政法
	2-4：旅游行政许可法
第3章	3-1：中华人民共和国合同法
第4章	4-1：中华人民共和国消费者权益保护法
第5章	5-1：旅行社条例
	5-2：旅行社条例实施细则
	5-3：旅游服务质量保证金存取管理办法
第6章	6-1：导游人员管理条例
	6-2：导游管理办法
第7章	7-1：中国旅游饭店行业规范
	7-2：旅游饭店星级的划分与评定（GB/T 14308—2010）
	7-3：中华人民共和国食品安全法
	7-4：旅馆业治安管理办法
第8章	8-1：中华人民共和国民用航空法
	8-2：中华人民共和国铁路法
第9章	9-1：旅游安全管理办法
	9-2：中华人民共和国保险法
	9-3：旅行社责任保险管理办法
第10章	10-1：中华人民共和国出境入境管理法
	10-2：中国公民出国旅游管理办法
第11章	11-1：旅游资源保护暂行办法
	11-2：旅游景区质量等级管理办法
	11-3：旅游景区质量等级的划分与评定
	11-4：风景名胜区条例
	11-5：中华人民共和国自然保护区条例
	11-6：中华人民共和国野生动物保护法
	11-7：中华人民共和国文物保护法
第12章	12-1：旅游投诉处理办法

主要参考文献

[1] 梁峰. 旅游政策与法规基础 [M]. 北京：中国轻工业出版社，2017.

[2] 卢世菊. 旅游法教程 [M]. 武汉：武汉大学出版社，2017.

[3] 王天星，杨富斌. 旅游法教程 [M]. 北京：中国人民大学出版社，2015.

[4] 伏六明. 旅游法律与法规 [M]. 北京：高等教育出版社，2014.

[5] 韩玉灵. 旅游法教程 [M]. 北京：高等教育出版社，2018.

[6] 国家旅游局旅游质量监督管理所. 旅游服务案例分析 [M]. 北京：中国旅游出版社，2007.

[7] 王志雄. 旅游法规案例教程 [M]. 北京：北京大学出版社，2012.

[8] 李娌. 案例解读《旅游法》[M]. 北京：旅游教育出版社，2014.

[9] 杨富斌，杨洪浦. 中国旅游法判例精讲 [M]. 北京：旅游教育出版社，2018.

[10] 法律出版社法规中心. 旅游纠纷处理依据与解读 [M]. 北京：法律出版社，2016.

[11] 闵令波，范文文. 旅游纠纷典型案例与法规实务 [M]. 北京：法律出版社，2017.

[12] 法律出版社法规中心. 中华人民共和国旅游法注释本 [M]. 北京：法律出版社，2016.

[13] 北京市高级人民法院法制宣传处. 旅游消费中的陷阱防范与纠纷处理 [M]. 北京：中国民主法制出版社，2003.

[14] 裴春秀. 旅游法实例说 [M]. 长沙：湖南人民出版社，2004.

[15] 杨婧宇，陆阳，倪娜. 论旅游合同陷阱及其法律对策 [M] //杨富斌. 旅游法论丛. 北京：中国旅游出版社，2005.

[16] 杨富斌，韩玉灵，王天星. 旅游法论丛 [M]. 北京：中国旅游出版社，2005.

[17] COURNOYER G N，张凌云. 旅游业法律与案例 [M]. 北京：旅游教育出版社，2006.

[18] JEFFERIES J P，BROWN B. 饭店法通论 [M]. 刘敢生，译. 北京：中国旅游出版社，2003.

[19] 郑向敏，谢朝武. 旅游安全蓝皮书：中国旅游安全报告（2017）[M]. 北京：社会科学文献出版社，2017.

[20] 赵利民. 旅游纠纷与保险 [M]. 北京：旅游教育出版社，2007.

[21] 孙祁祥. 保险学 [M]. 北京：北京大学出版社，2017.

[22] 郑晶. 旅游强制保险制度研究 [M]. 北京：清华大学出版社，2014.